가장
느린
정의

가장 느린 정의

장린의 정

돌봄과 장애정의가
만드는 세계

Care Work Leah Lakshmi Piepzna-Samarasinha

리아 락슈미 피엡즈나-사마라신하 지음

전혜은·제이 옮김

오월의봄

리아와 같은 예술가들과 활동가들이 이런 책을 써서 장애정의의 뿌리에 물을 더해주고 있다는 사실이 매우 기쁩니다. 이 책은 리아가 말하고, 가르치고, 공연하고, 투쟁해온 침대에서, 거리에서, 무대 위에서 나온 책입니다. 그렇기에 이 책은 이토록 접근 가능하며, 우리의 낡고 경직된 제도와 활동가들의 운동에 살아 있는 지식을 가져다줍니다. 요즘 같은 과잉 자본주의, 과잉 남성성, 백인우월주의의 시대에 우리에겐 《가장 느린 정의》와 같은 책이 절실히 필요합니다.

— 리로이 F. 무어 주니어, 신스인밸리드 및 전국흑인장애인연합 공동 설립자

《가장 느린 정의》는 퀴어/트랜스 유색인 공간과 장애 공간에 있는 사람들 모두에게 필요한 개입입니다. 하지만 그에 앞서, 이 책은 리아가 할 말을 절실히 필요로 하는 우리들, 인식됨과 지워짐 사이 공간에 있는, 다중적인 변두리에 살고 있는 우리 모두에게 바쳐진 사랑입니다. 이 책은 우리가 필요로 하는 만큼 천천히, 불완전하게, 그리고 불균등하게 꿈꾸고 건설하고 사랑하도록 우리를 초대합니다.

— 리디아 X. Z. 브라운, 《우리 꿈의 모든 무게: 인종화된 자폐를 살아가기 All the Weight of Our Dreams: On Living Racialized Autism》 공동 편집자

우리는 미친 불구 꿈mad crip dreams을 갖고 있습니다. 그 꿈속 탈식민화되고 해방된 미래에서는 우리 중 누구의 몸과 삶도 폐기 처분되지 않습니다. 리아는 이러한 꿈을 급진적 실천으로 바꿔내는 일이 장애정의운동 안에서 이미 행해져왔고 지금도 일어나고 있다고, 그리고 우리 모두가 자유롭게 살아가는 미래가 건설될 때까지 계속될 거라고 상기시킵니다. 이 책은 우리의 여정을 가늠해볼 수 있는 척도입니다.

— 퀄리 드리스킬, 《아세기 이야기: 체로키 퀴어와 두 영혼의 기억 Asegi Stories: Cherokee Queer and Two-Spirit Memory》 저자

나는 장애가 있는 유색인들을 평생 사랑해왔습니다.
나는 우리 사람들을 사랑할수록
내가 어디로부터 왔는지를 기억하게 된다는 점에 여전히 놀라곤 합니다.
나는 우리 조상들이 보이지 않는 곳에서 서로를 보면서,
서로를 찾아냈던 것을 기억합니다.
내 조상들은 서로의 안부를 묻고 사람들이 필요로 하는 무언가를
(아마 우리가 집단적 접근성으로 이해하는 무언가를) 가졌는지 확인하는 것이
함께하기 위한 유일한 길이라는 걸 알고 있었습니다.
함께하기, 그게 살아남기 위한 최선이었습니다.
내 조상들은 취약함의 힘을 알고 있었고,
서로를 존엄하게 붙들어주는 방법을 알고 있었습니다.
내 조상들은 기쁨을 알았습니다.
내 조상들은 실수도 하면서,
공동체 안에서 어떤 사람이 되고 싶은지를 숙고했습니다.
내 조상들은 바로 그러한 사람들이 되었습니다.

—스테이시 밀번

사랑받는, 동류인, 필요한 사람들에게

차례

3부

4부

이 책은 많은 아프고 장애가 있는 유색인 펨Femme[1]들의 돌봄망이 무수히 교차하는 곳들에서 쓰였습니다. 양도한 적 없으나 점령되었던 땅인 타카론토Tkaronto[2]/디쉬 위드 원 스푼 조약Dish With One Spoon[3] 아래의 영토에서, 올로니Ohlone[4] 사람들의 영토(캘리포니아주 오클랜드)에서, 그리고 포인트 엘리엇 조약Treaty of Point Elliot[5]하에 있는 두와미시족Duwamish[6] 사람들의 영토인 시애틀 남부의 현재 제가 사는 집에서 쓰였고요. 수많은 비행기, 기차, 메가버스Megabus[7] 안에서도 쓰였습니다. 제가 집세를 내는 그곳이 어디였든 간에, 이 글들은 대부분 낡은 잠옷 바지를 입고 누운 침대 위의 장엄한 혁명적 글쓰기 공간에서 쓰였어요. 굳세고 장애가 있는 유색인 펨이 꿈꿔온 이 탈식민적인 퀴어 장애인 침대라는 공간에 감사합니다.

이 책은 똑똑하고 특별한 한 사람의 두뇌로부터 나온 결과물이 결코 아닙니다. 이 책은 많은 공동체 안에서의 대화를 통해서, 조직화 활동, 논쟁들, 망한 경험들, 험난한 도전들, 미쳤고 탁월한 생각들과 무모한 믿음들을 통해서 만들어졌습니다. 이 생각들은 집단적인 장애인 천재성·과학·노동으로 세공되었습니다. 저는 저를 쳐다보고 고개를 끄덕이면서 나머지 모두를 무시해도 괜찮을 정도로 딱 맞는 종류의 불구자cripple[8]가 아닙니다. 저는 그 나머지 모두입니다.

그렇기에, 회의실과 부엌 테이블에서, 펨들의 동굴femmecaves[9]과 온라인에서 집단적으로 장애정의운동과 공동체를 만들어온 모든 사람들에게 이루 말할 수 없이 감사한 마음입니다. 신스인발리드Sins Invalid에게 감사하고, 토론토, 오클랜드, 시애틀, 그리고 그 너머 지역의 장애가 있고, 아프고, 미쳤고, 농인인 사람들의 공동체들에 감사합니다. 페이스북 그룹 아프고장애가있는퀴어들Sick and Disabled Queers과 자폐퀴어/트랜스유색인Autistic Queer/Trans People of Color, 아프고장애가있는퀴어-트랜스-유색인SDQTPOC에, 〈농인 시인의 사회Deaf Poets Society〉,[10] 카나리아들Canaries,[11] 해리엇터브먼집단 Harriet Tubman Collective,[12] 크립-합네이션Krip- Hop Nation에, 공연/장애/예술Performance/Disability/Art, PDA, 큐피오사이러스QPOCirus, 〈자폐인 호야 Autistic Hoya〉,[13] 시애틀장애정의집단Disability Justice Collective Seattle과 〈게이에스엘GaySL〉[14]에 감사를 전합니다. 토론토와 그 외 여러 지역의 지팡이·휠체어 댄스 모임들에 감사합니다. 〈프리다와 해리엇의 온라인 어린이 작문 클래스Frida and Harriet's Children writing classes〉 개설에 참여하고 도움을 준 모든 사람들에게 감사합니다. 젊고 장애가 있는 유색인 펨 작가인 제게 멘토이자 엄마가 되어주고, 사무실 비품을 훔치는 방법과 기금을 따는 방법, 글 쓸 시간과 기력spoons[15]을 남겨줄 만한 일자리를 구하는 방법을 알려준 장애가 있는 펨 예술가와 조직활동가들organizers, 흑인 및 브라운brown,[16] 노동계급 사람들—릴리스 핀클러Lilith Finkler, 날로 홉킨슨Nalo Hopkinson, 엘리자베스 루스Elizabeth Ruth, 패티 번Patty Berne[17]에게 감사해요. 니콜 데메린Nicole Demerin, 당신에게 힘과 안식을.

제 목숨을 빚진, 그리고 이 책에 담긴 생각과 글을 빚진 동지들과 친구들이 많은데, 여기 그들의 이름을 적어봅니다. 스테이시 밀번Stacey Milbern,[18] 네베 카밀라 마지크-비앙코Neve Kamilah Mazique-Bianco, 빌리 레인Billie Rain,[19] 리디아 X. Z. 브라운Lydia X. Z. Brown,[20] 패티 번, 리로이 무어Leroy Moore,[21] 조나 얼라인 대니얼Jonah Aline Daniel, 퀄리 드리스킬Qwo-Li Driskill, 아우로라 레빈스 모랄레스Aurora Levins Morales,[22] 서레이 자렐 존슨Cyree Jarelle Johnson, 마리아 팔라시오스Maria Palacios, 캐럴린 라자드Carolyn Lazard, 나이마 니암비 로위Naima Niambi Lowe,[23] 사이러스 마커스 웨어Syrus Marcus Ware, 엘레나 로즈Elena Rose, 메그 데이Meg Day, 엘리엇 후쿠이Elliott Fukui, 아론 앰브로즈Aaron Ambrose, 미아 밍구스Mia Mingus,[24] 샤이다 카파이Shayda Kafai,[25] 돌로레스 테하다Dolores Tejada, 세타레 모하메드Setareh Mohammed, 루시 마리 파워스Luci Marie Powers, 아루나 제라Aruna Zehra, 아미라 미즈라히Amirah Mizrahi, 에이드리언 네이션Adrian Nation, 아이샤 아마툴라Aishah Amatullah, 인바르 프리시맨Inbar Frishman, 캐리 마사Carrie Martha, 카이 쳉 톰Kai Cheng Thom,[26] 룸펜 롤레타리아트Lumpen Rolletariat, 게식 설리나 아이작Gesig Selena Isaac, 로리 에릭슨Loree Erickson, E. T. 러시안E. T. Russian, 이제리스 딕슨Ejeris Dixon,[27] 리즈 래티Liz Latty,[28] 자비샤 크로미츠Zavisha Chromicz,[29]

S.B. 매케나S.B. McKenna, 아멜리 더블론Amalle Dublon, 티나 자비차노스Tina Zavitsanos,[30] 당신들은 이 여정에서 최고의 친구들이었고 함께여서 너무나 좋았어요. 제게 큰언니가 되어준 리사 아민Lisa Amin과 샤넬 갤런트Chanelle Gallant에게도 감사해요. 마치 집에 돌아온 가족을 맞이하듯 저를 환영해준 자폐인 공동체와 신경다양인 neurodivergent[31] 공동체에도 감사합니다.

수년 동안 저를 고용해서 워크숍과 강연과 공연을 하게 해주고 캠퍼스에 장애정의Disability Justice 공간을 열게 해준, 제가 근근이라도 고용 상태를 유지하도록 해준 분들에게 감사합니다. 이름을 열거하기엔 너무 많은 사람들이 있지만, 특히 틸 반 딕Teal Van Dyck, 마테오 메디나Mateo Medina, 사만다 르벤스Samantha Levens, 케스케이드Cascades, 에즈 클라넷Eze Klarnet, D 센터의 태쉬Tash of the D Center, 김은정Eunjung Kim,[32] 마이클 길Michael Gill, 티나 자비차노스, 아멜리 더블론, 그리고 실비 로젠칼트Sylvie Rosenkalt에게 감사를 전해요.

무엇보다도, 평가절하되어온 장애인 펨 노동을 함으로써 장애정의를 창출하는 모든 사람들에게 감사합니다. 그런 노동에는 이런 일들이 있지요―듣기(수어와 문자메시지, 몸짓과 증강기술 의사소통 장치[33]를 통한 듣기를 포함합니다), 잘 있나 확인하기, 돌봄 팀과 위기 대응 팀을 꾸리기, 수프를 끓여 사람들을 먹이기, 무거운 짐 드는 걸 도와주기, 자동차와 이동수단을 공유하기, 고장난 경사로를 고치기, 휠체어가 접근 가능한 승합차 구입 비용을 모금하기, 경사로를 공유하기, 영상에 자막 달기, 접근 가능한 장소 목록을 만들기, 접근성 검수하기, 사람들이 향기나는 제품을 사용했는지 출입구에서 체크하기, 조명 끄기, 수어 브이로그를 만들고 좋은 통역을 위해 모금하기, 브라운과 흑인의 머리칼과 피부에 맞는 무향 제품을 공동 제작하기, 공연장에 공기청정기와 접근 가능한 좌변기를 옮겨놓기, 예술 작품과 치유 공간을 만들기, 남은 돈 20달러를 전해주고 이펙사Effexor[34] 두 통도 건네주기. 9단계 고통이 지속되는 나날들에도, 구토증과 신경쇠약 속에서도, 신경전형적이고 청인 중심적인 억압에도 불구하고, 접근 불가능한 교통 시스템을 뚫고 나타나는 불구들이 되어주어서 고맙습니다. 누군가 장애정의운동을 어디서 찾을 수 있냐고 물을 때마다 저는 바로 여기라고 답한답니다.

리사 팩토라-보처스Lisa Factora-Borchers는 제가 언제나 필요로 했지만 지금까지 찾지 못했던, 꿈에 그리던 유색인 페미니스트 편집자입니다. 인종차별주의적이고 비장애중심주의적인 편집자들이 제 글에서 모든 브라운, 노동계급, 장애인의 언어를 도려내려는 걸 막기 위해 싸우는 데 편집 작업 시간 대부분을 할애해야 했던 수십 년을 뒤로하고, 그런 헛짓거리는 다 건너뛰고 그저 이 책을 더 낫게 만드는 데만 집중하는 필리핀계 페미니스트 편집자를 만난 건 기적 같은 선물이었어요. 당신이 이 작업을 위해 브라운 아시안으로서 깊은 사랑과 헌신의 노력을 쏟아주어서, 그리고 수년간 유색인 페미니스트 생존자들의 목소리를 증폭하기 위해 전념해주어서 진심으로 감사드립니다. 또 퀴어-트랜스-흑인-선주민-유색인, 장애인, 펨, 생존자의 문학적 목소리를 옹호하기 위해 위험을 무릅쓴 브라이언 램Brian Lam, 시나라 가이슬러Cynara Geissler를 포함해 출판사 아스널펄프의 팀 전체에 감사합니다. 제가 책을 출간해온 13년 동안 책 표지에 퀴어-트랜스-흑인-

선주민-유색인 예술가의 아름다운 예술 작품을 싣는 걸 중요하게 생각했어요. 퀴어 브라운 장애에 시각적 언어를 선사해주는, 이 책을 위해 충분히 아름다운 파격적인 표지를 만들어준 친구 텍스타퀸TextaQueen과 디자이너 올리버 맥파틀린Oliver McPartlin에게 백만 번 감사를 전합니다.

저는 제 책상을 둘러싼 아프고 장애가 있는 조상들의 사진과 책들 곁에서 이 책을 썼습니다. 글 쓰는 저를 그들이 지지해주고 목격해주었죠. 종종 벽에 부딪힐 때면 무엇이 필요할지를 그들에게 질문하곤 했어요. 그들의 이름을 불러봅니다. 바바 이브라힘 파라자제Baba Ibrahim Farajajé,[35] 오드르 로드Audre Lorde,[36] 프리다 칼로Frida Kahlo,[37] 글로리아 안잘두아Gloria Anzaldúa,[38] 마샤 P. 존슨Marsha P. Johnson, 준 조던June Jordan,[39] 타우레 데이비스Taueret Davis, 고모할머니 스테이시아 피엡즈나 스몰론Stasia Piepzna Smolon, 레슬리 파인버그Leslie Feinberg,[40] 갈바리노Galvarino,[41] 제리카 볼른Jerika Bolen, 그리고 로라 허시Laura Hershey[42].

마지막으로, 사랑하는 제시 마누엘 그레이브스Jesse Manuel Graves, 당신의 사랑과 다정함, 퀸 펨의 신랄함과 탁월함에 감사합니다. 당신과 함께하는 매일이 기적이에요. 우리가 서로를 찾아내고 사랑과 돌봄을 실천하는 건 우리 아프고 장애가 있는 생존자 조상들에겐 그들이 품었던 가장 담대한 꿈이 실현되는 일입니다. 저에게도 그렇습니다.

1 [역주] 펨(Femme)은 레즈비언 하위문화에서 부치(Butch)와 한 쌍을 이루는
  이름으로, 여성적 젠더 표현을 체현/수행하는 이들을 부르는 이름으로
  쓰여왔다. 이 범주에 들어가는 이들은 남성 중심적인 주류 사회만큼은
  아니지만 지배적인 젠더 이분법 체계로부터 완전히 자유롭지는 않은 공동체
  안에서 소위 여성적인 성 역할 규범에 대한 기대 또는 사회적 압박을 받기도
  한다. 이 책에서는 펨을 시스젠더 여성 동성애자만이 아니라 트랜스젠더나
  젠더를 이분법적으로 체현하지 않는 퀴어들 사이에서 관습적으로
  '여성적으로 젠더화되었다'고 할 만한 사람들을 부르는 느슨한 이름으로
  확장해서 사용한다. 이 용어에 대한 저자의 정의는 이 책 8장 첫머리를 보라.
2 [역주] 타카론토(Tkaronto)는 캐나다 선주민이었던 모호크족 언어로 '물속에
  서 있는 나무들이 있는 곳'이라는 뜻이며, '토론토(Toronto)' 지명이 여기에서
  유래했다고 알려져 있다.
3 [역주] 디쉬 위드 원 스푼 조약(Dish With One Spoon)은 미국과 캐나다
  국경 지역에 걸쳐 있는 오대호 지역 선주민들이 수백 년 전 만들었던 법칙의
  이름으로, 모든 거주민들이 폭력적 갈등 없이 상호협력하며 평화롭게 땅을
  공유한다는 가치를 담고 있다. 디쉬 위드 원 스푼은 또한 특히 토론토 지역
  선주민 부족 아니시나베족(Anishinaabe), 미시사가스족(Mississaugas),
  하우데노사우니족(Haudenosaunee)이 1701년 체결했던 협정을 가리키기도
  한다. 이 협정이 관할하는 지역은 온타리오주의 일부에서부터 퀘벡주의
  국경에까지 이르며, 뉴욕과 미시간 지역 일부까지도 해당된다는 주장도 있다.
4 [역주] 올로니(Ohlone)는 캘리포니아주 북부 해안 지역의 선주민들을 뜻한다.
  18세기 스페인 식민주의자들이 당도하기 전 올로니 사람들은 50개 이상의
  서로 다른 집단을 이루고 사냥과 낚시, 채집을 하며 샌프란시스코 만안
  지역에서부터 몬터레이 만안을 거쳐 살리나스 계곡 인근까지 해안을 따라
  거주했다.
5 [역주] 포인트 엘리엇 조약(Treaty of Point Elliot)은 현 워싱턴 지역인
  태평양 북서부 해안의 선주민과 미국 정부 사이의 토지 협약으로, 오랫동안
  풍요로운 자연 자원을 누리고 고유의 문화를 지키며 자유롭게 살아오던
  선주민 부족들의 땅에 미국 정착민들이 대거 이주해오면서, 물리적
  충돌을 관리하려는 미국 정부의 주도로 체결되었다. 토지 소유권이라는
  개념부터 선주민 부족 언어로 통역되기 어려운 문화적 장벽 속에 체결된
  이 조약으로 선주민 부족들은 특정 지역을 선주민 보호구역으로 지정하여
  낚시하고 사냥하고 채집할 권리, 의료와 주거와 교육의 권리를 보장받는
  한편 광대한 토지를 미국 정부에 양도하였다. 이 조약은 1855년 1월 22일
  서명되었고 1859년 4월 11일 최종 비준되었으며, 서명인으로는 시애틀

추장(Chief Seattle)과 당시 그 지역 주지사 아이작 스티븐스(Isaac Stevens),
그리고 두와미시족, 스쿼미시족(Suquamish), 스노퀼미족(Snoqualmie),
스노호미시족(Snohomish), 러미족(Lummi), 스캐짓족(Skagit),
스위노미시족(Swinomish) 등 각 선주민 부족 및 공동체의 대표들도
포함되었다. 이후 선주민들은 생계를 의존하는 자연환경을 보호할 책임을
미국 정부에 촉구하는 것을 포함하여 이 조약이 보장하는 권리들을 지켜내기
위한 소송 및 투쟁을 지속해왔다.

6   [역주] 두와미시족(Duwamish)은 러슛시드(lushootseed) 언어를 사용하며
워싱턴 서부 시애틀 지역에 살던 선주민들을 칭하던 이름이다. 두와미시족
사람들은 현재 연방 정부에 등록되진 않았으나 미국 선주민 부족으로
스스로 정체화한 시애틀의 두와미시족, 연방 정부에 등록된 러미족,
머클슈트족(Muckleshoot), 툴랄립족(Tulalip of Washington) 등 몇몇 선주민
부족으로 흩어져 속해 있다.

7   [역주] 메가버스(Megabus)는 미국과 영국에서 운영되는 민간 장거리
시외버스로 매우 저렴한 요금으로 유명하다.

8   [역주]cripple과 crip에 대해서는 서문 원주 6(과 거기 덧붙인 역주)를 보라.

9   [역주] '펨들의 동굴(femmecave)'은 '남자들의 동굴(man cave)'을 빗댄
말장난이다. 관계 상담 전문가 존 그레이(John Gray)는 《화성에서 온 남자
금성에서 온 여자》(김경숙 옮김, 동녘라이프, 2021; *Men Are from Mars Women
Are from Venus*, New York, NY: Harper Perennial, 1992)에서 '남자들의
동굴'이란 표현을 쓰며 남자들은 자기만의 동굴에 들어가 쉴 시간이
필요하다고 주장했다. 저자는 이를 우울증과 공황발작 같은 정신건강 문제로
힘들어하는 펨들이 침잠할 수 있는 개인적 시공간을 가리키는 표현으로
응용한 듯하다.

10   [역주] 〈농인 시인의 사회(Deaf Poets Society)〉는 농인이고/이거나 장애인인
작가들과 예술가들의 작품을 싣는 온라인 저널로, 2016년 설립되었고
2022년 8월부터 임시적인 공백기를 갖고 있다. 공식 홈페이지는 다음과 같다.
deafpoetssociety.com

11   [역주] 카나리아들(Canaries)은 자가면역질환 및 기타 만성질환이 있는
여성, 펨, 젠더 비순응자들의 모임으로 트위터와 인스타 계정은 남아
있으나(@wearecanaries) 2016년 4월 게시물을 끝으로 2024년 현재는
운영되지 않는 것으로 보인다.

12   [역주] 해리엇터브먼집단(Harriet Tubman Collective)은 흑인 농인 및 장애인
공동체를 억압하는 비장애중심주의, 청인중심주의, 백인중심주의 등에 맞서
싸우기 위해 2016년 텍사스 지역을 기반으로 결성된 흑인 농인 및 장애인

활동가 집단이다.

13 [역주] 〈자폐인 호야(Autistic Hoya)〉는 리디아 X. Z. 브라운이 2011년부터 2020년까지 운영한 개인 블로그로, 자폐인 권리를 포함하여 비장애중심주의 및 장애정의에 관한 생각과 자료들이 아카이빙되어 있다. autistichoya.com을 보라.

14 [역주] 〈게이에스엘(GaySL)〉은 바이섹슈얼 농인 활동가이자 스탠드업 코미디언인 헤이든 크리스탈(Hayden Kristal)이 개설한 미국 수어(American Sign Language) 수업의 명칭으로, 특히 퀴어 친화적인 수어 표현을 가르친다.

15 [역주] 이 감사의 말에서는 이해하기 쉽게 '기력'으로 번역했지만 원문의 'spoons'는 만성질환자의 기력 배분 전략을 숟가락 개수로 표현한 '숟가락 이론'에서 나온 용어다. 숟가락 이론에 대한 설명은 1장 원주 33을 보라.

16 [역주] 이 책 전체에서 인종 정체성 및 분류 명칭인 'brown'은 '브라운'으로 음차했다. 브라운은 피부색이 밝은 갈색에서 갈색인 일부 남아시아계, 중동계, 라틴계 미국인, 북미 선주민, 드물게 일부 남유럽인을 가리키며, 생물학적으로 엄밀한 분류는 아니나 그동안 그저 '유색인' 또는 '아시아계'와 같은 큰 분류로 뭉뚱그려지던 사람들을 구별하여 지칭하는 용어로 점차 더 많이 사용되고 있다. 특히 과거에는 '브라운'이 백인에 비해 피부색이 어두운 사람들을 가리켜 경멸조로 사용되기도 하였으나, 요즘에는 브라운의 고유한 피부색이나 문화에 대한 자긍심과 존중을 담은 용어로 쓰이곤 한다.

17 [역주] 패트리샤 번(Patricia Berne) 또는 패티 번(Patty Berne)은 미국의 페미니스트 장애인권 활동가, 영화감독, 예술가, 작가로, 다양한 인종의 장애인 퀴어 예술가들이 중심인 장애정의 기반 공연예술 단체 신스인발리드를 공동 설립했다. 일본과 아이티 혼혈인 퀴어 장애 여성으로서 살아온 경험을 바탕으로, 국가 폭력 생존자의 트라우마 치유 연구, 전쟁과 고문을 피해 망명한 이주민 지원, 아이티 이주민 공동체 조직, 과테말라 민주화운동 지원, 청소년 수감자들과 함께하며 사법 체계의 대안을 모색하는 운동, 폭력 생존자 정신건강 지원, 재생산 기술 분야에서 퀴어 장애 관점을 옹호하는 작업 등을 해왔다. 패티 번이 만든 다큐멘터리 〈Sins Invalid: An Unshamed Claim to Beauty〉(2014)는 한국에서 〈신스인발리드〉란 제목으로 2015년 한국 퀴어 영화제에서 처음 상영된 뒤 여러 인권 영화제에서 상영된 바 있다.

18 [역주] 스테이시 박 밀번(Stacey Park Milbern)은 선천성 근위축증이 있는 한국계 미국인 퀴어 장애인 활동가로, 24세에 샌프란시스코 만안 지역으로 이주하여 유색인 장애인 청소년 단체를 조직했다. 밀번은 장애인 활동보조 서비스 및 의료보장제도의 확대를 옹호하고, 주변화된 공동체들을 지원하고,

각 공동체들이 장애 관련 역량을 기를 수 있도록 돕는 활동 등을 해왔다. 노스캐롤라이나주 정부의 임명으로 2006년부터 2008년까지 시각장애인 위원회 위원으로, 2004년부터 2010년까지 자립생활협의회 위원으로 활동했고, 노스캐롤라이나주의 모든 학교 교과과정에 장애 역사 교육을 포함시키고 10월을 '장애 역사와 인식의 달'로 지정하는 법률이 통과되는 데 기여했다. 2014년 오바마 행정부에서 대통령 직속 지적장애인 위원회에 임명되어 2년간 활동하기도 했으며, 2020년 코로나19가 확산됨에 따라 장애정의운동 집단과 함께 직접 만든 방역 키트를 오클랜드 노숙인 캠프에 배포하며 이를 '불구 지혜'의 한 예로 칭했고, 코로나19 방역 지침이 어떤 이들에겐 생존에 필요한 다른 의료적·사회적 조치를 막는 결과를 초래함을 경고하는 활동도 했다. 2020년 5월, 신장암 수술 합병증으로 33세의 나이로 사망했다.

19 [역주] 빌리 레인(Billie Rain)은 장애인 작가, 활동가, 영화제작자이다. 시와 수필을 섞은 자전적 이야기 《엉망인 상황을 고치기: 글 모음, 1993-2010(Fix This Mess: Selections, 1993-2010)》(Seattle, WA: Dual Power Productions, 2011)을 썼고, 장편영화 〈심장이 터져나가다(Heart Breaks Open)〉와 〈회전/진화(R/EVOLVE)〉를 연출했다.

20 [역주] 리디아 X. Z. 브라운(Lydia X. Z. Brown)은 복합적인 장애를 가진 퀴어 논바이너리 중국계 미국인 활동가, 공동체 조직활동가, 교육자, 연설가, 작가이다. 장애, 섹슈얼리티, 인종, 젠더, 계급, 국적 등의 교차성에 관심을 기울이며 수많은 개인, 기관, 기업, 단체에 교육과 상담을 제공해왔고, 특히 장애인을 대상으로 한 국가적·사적 폭력을 종식하기 위한 활동을 활발히 해왔다. 자폐증이 있는 유색인들을 직접적으로 지원하는 자폐유색인기금(The Autistic People of Color Fund)을 설립하여 이끌고 있으며, 발달장애인, 정신장애인, 자폐인을 포함해 수많은 장애인을 학대하고 살해했던 시설 로텐버그판사센터(Judge Rotenberg Center)의 만행을 기록하는 온라인 아카이브를 만들기도 했다. 공식 홈페이지는 lydiaxzbrown.com, 로텐버그판사센터 사건에 관한 온라인 아카이브 페이지는 autistichoya.net/judge-rotenberg-center를 보라.

21 [역주] 리로이 F. 무어 주니어(Leroy F. Moore Jr.)는 뇌병변 장애가 있는 아프리카계 미국인 페미니스트 작가, 시인, 지역사회 활동가이다. 그는 아프리카계 장애인에 대한 사회적 인식이 부족한 현실을 변화시키고자 2000년대 장애인 힙합 뮤지션들의 존재에 주목하는 문화 활동을 펼쳤고, 이후 힙합 씬 안에서 장애인들의 재능과 역사, 권리에 대한 인식을 높이기 위한 조직 크립-합네이션을 설립했다. 신스인발리드의 공동 설립자이기도

하며, 전국흑인장애인연합(National Black Disability Coalition)의
흑인장애연구위원회(Black Disability Studies Committee) 위원장으로도
활동했다.

22 [역주] 아우로라 레빈스 모랄레스(Aurora Levins Morales)는 푸에르토리코
출신의 페미니스트 작가이자 시인으로, 유색인, 이민자, 여성, 뇌전증 및
섬유근육통과 각종 환경성 질환을 포함해 다양한 장애와 만성질환을 갖고
있던 사람으로서 인종·성별·계급 등 다중적 정체성에 중첩되어 작동하는
억압에 반대하는 문화 활동을 해왔다. 기존의 미국 역사 서술에서 지워져온
사람들, 특히 푸에르토리코계 여성의 역사와 존재를 드러내는 작업도 활발히
했으며 2007년 뇌졸중 증상으로 휠체어 사용자가 된 이후 샌프란시스코 만안
지역 장애 예술 공동체에서도 활동했다.

23 [역주] 나이마 니암비 로위(Naima Niambi Lowe)는 흑인 퀴어 장애인
작가이자 예술가이다. 공식 홈페이지는 다음과 같다. naimalowe.net/about-1

24 [역주] 미아 밍구스(Mia Mingus)는 장애정의에 초점을 맞추는 미국의
페미니스트 작가, 교육자, 공동체 조직활동가로, 집단적 접근성(collective
access)에 관한 활동을 하면서 '접근 친밀성(access intimacy)'이란 신조어를
제시한 것으로 유명하다. 장애 조직 안에서 주변화된 사람들의 경험을
중심에 놓는 장애학 및 장애운동을 촉구하고, 인종차별 반대운동, 페미니즘,
재생산정의운동, 퀴어운동, 교도소 폐지운동과 긴밀히 엮인 장애정의운동 및
변혁적 정의운동을 만들어왔다.

25 [역주] 원문에는 Shayda Kaftal이라고 적혀 있지만 오타로 보인다. 샤이다
카파이(Shayda Kafai)는 포모나 캘리포니아주립폴리테크닉대학교 젠더 및
섹슈얼리티 학부 조교수이다. 그녀는 스스로를 유색인 퀴어 미친(Mad) 펨
교육자-학자로 소개하며, 장애학, 장애정의, 퀴어학, 예술창작, 몸 정치학에
중점을 둔, 교차하는 억압 체계로부터 피억압자들의 심신을 되찾아오는
활동에 전념한다. 대표작으로 《불구 친족: 장애정의와 신스인발리드의
예술운동(Crip Kinship: The Disability Justice & Art Activism of Sins
Invalid)》(Vancouver: Arsenal Pulp Press, 2021)이 있다. 홈페이지는 다음과
같다. www.shaydakafai.com

26 [역주] 카이 쳉 톰(Kai Cheng Thom)은 캐나다의 작가이자 공연예술가,
문화노동자, 토론토 기반 공동체 활동가로, 퀴어 및 트랜스 공동체, 정신건강,
트라우마 인지적 성인 교육 등에 관해 광범위한 저술 활동을 해왔다. 대표
저서로 변혁적 정의에 관한 글 모음집 《우리가 사랑을 택하길 바라요: 세상의
끝에서 한 트랜스 소녀가 보내는 편지(I Hope We Choose Love: A Trans Girl's
Notes from the End of the World)》(Vancouver: Arsenal Pulp Press, 2019)가

있다. 홈페이지는 다음과 같다. https://kaichengthom.com/

27 [역주] 이제리스 딕슨(Ejeris Dixon)은 인종정의 및 변혁적 정의운동,
성소수자 인권운동, 반(反)폭력 및 경제적 정의운동을 조직한 활동가이자
작가로, 2020년 이 책의 저자와 함께 쓴 책《생존을 넘어서: 변혁적
정의운동에서 나온 전략과 이야기들(Beyond Survival: Strategies and
Stories from the Transformative Justice Movement)》(Ejeris Dixon and Leah
Lakshmi Piepzna-Samarasinha, Ed. Chico, CA: AK Press, 2020)을 출간했다.

28 [역주] 리즈 래티(Liz Latty)는 퀴어 페미니스트 작가, 연구자, 교육자로,
2006년 출간된 선집《우리에게 또 다른 물결은 필요 없다: 차세대
페미니스트들이 보낸 메시지(We Don't Need Another Wave: Dispatches
from the Next Generation of Feminists)》(Melody Berger, Ed. New York, NY:
Seal Press, 2006)에 글을 실었고, 단행본《스플릿(Split)》(Gainesville, FL:
Unthinkable Creatures Chapbook Press, 2012)을 출간했다.

29 [역주] 자비샤 크로미츠(Zavisha Chromicz)는 로마니 혈통이 섞인 퀴어,
비만인, 트랜스 예술가로 20년 넘게 혼합 미디어예술 및 섬유 조형예술
작품을 만들어왔다.

30 [역주] 콘스탄티나 자비차노스(Constantina Zavitsanos) 또는 티나
자비차노스(Tina Zavitsanos)는 뉴욕을 기반으로 활동하는 퀴어
장애인 예술가로, 조각, 퍼포먼스, 텍스트 아트, 사운드 아트 등
다방면으로 작품 활동을 하고 있다. 홈페이지는 다음과 같다. https://
constantinazavitsanos.com/home.html

31 [역주] '신경다양인(neurodivergent)'은 신경다양성(neurodivergency)
개념에서 파생된 말로, 신경다양성은 오랫동안 '전형적'으로 여겨진 양상에서
벗어나 병리화되고 비정상인 것으로 치부되었던 인간의 신경 발달 및 뇌
기능을 다양성으로 이해하는 인식틀에서 나온 개념이다. 이러한 관점은
개개인의 결함이 아닌 사회적 장벽이 장애를 초래한다는 장애의 사회적
모델을 기반으로 자폐인 당사자 권리운동에서 발전했으며, 최근에는 조현병,
우울장애, 강박장애, ADHD, 조현병 등 다양한 정신질환자 및 정신적·심리적
증상의 보유자들에게도 받아들여지고 있다. 신경다양성운동은 신경다양인을
치료하고 교정해 기존 사회에 맞추려는 사회구조와 문화에 문제를 제기하고,
신경다양인들의 의사소통을 보완하는 기술 및 제도의 개발, 직업훈련,
통합교육, 독립지원 등 사회적 지원이 필요함을 주장해왔다. 이러한 운동의
흐름 속에서 신경다양인과 대비하여 전형적인 사고 체계와 인지 기능을
가진 사람을 가리키는 말로 '신경전형인(neurotypical)'이라는 단어가
만들어지기도 했다.

32 [역주] 김은정(Eunjung Kim)은 페미니즘 장애학 연구자로 미국 시라큐스대학교의 여성학 및 젠더학과와 장애학 프로그램 부교수이다. 근현대 한국에서의 장애와 질병의 문화적 재현 방식을 다룬 저서 《치유라는 이름의 폭력: 근현대 한국에서 장애·젠더·성의 재활과 정치》(강진경·강진영 옮김, 후마니타스, 2023; *Curative Violence: Rehabilitating Disability, Gender, and Sexuality in Modern Korea*, Durham, NC: Duke University Press, 2017)으로 2017년 전미여성학학회 앨리슨 피프마이어상(Alison Piepmeier Book Prize)과 2019 미국 아시아학학회 제임스 B. 팔레이즈상(James B. Palaise Prize)을 수상했다.

33 [역주] 원문에는 "augmented communication device"로 나와 있는데, '증강기술 의사소통 장치'는 말 이외의 기타 모든 의사소통 방법을 뜻하는 'Augmentative and Alternative CommunicationAAC'의 여러 유형 중 하나다. AAC에는 표정 및 몸짓 표현, 글쓰기, 그림 그리기, 그림 가리키기, 글자를 가리키거나 알파벳을 하나하나 가리켜서 단어와 문장을 완성하기 등의 방법에서부터 휴대폰, 아이패드, 태블릿 등으로 문자를 작성해서 소통하기, 음성 생성 장치가 있는 컴퓨터를 사용하기 등의 하이테크 방식이 모두 포함된다. 다음을 참조하라. asha.org/public/speech/disorders/aac/

34 [역주] 이펙사(Effexor)는 뇌 내 신경전달물질 중 세로토닌과 노르에피네프린의 재흡수를 억제하는 벤라팍신(Venlafaxine) 성분 약물의 상표명으로, 항우울 및 항불안제의 일종이다.

35 [역주] 바바 이브라힘 압두라만 파라자제(Baba Ibrahim Abdurrahman Farajajé)는 종교적으로도 인종적으로도 혼합된 가정에서 자라난 미국의 퀴어 신학자, 에이즈운동가, 종교학자, 동방 정교회 성직자다. 1960년대 말부터 이스라엘의 폭거에 반대하여 팔레스타인 인권운동을 시작했다. 그는 퀴어로 커밍아웃한 최초의 흑인 신학자 중 한 명으로, 성소수자 포용적인 종교문화를 만드는 운동에 참여하고 하워드대학교에서는 아프리카계 미국인 종교 지도자들에게 HIV/AIDS 위기에 대응하는 법을 가르치는 프로그램을 개발하는 등 동성애혐오가 심각했던 1980년대에 에이즈 인권운동에 앞장섰다.

36 [역주] 오드르 로드(Audre Lorde)는 미국의 흑인, 레즈비언, 페미니스트, 사회주의자 시인, 작가, 교수이자 활동가로, 억압에 위계란 있을 수 없다는 신념을 가지고 사회적 부정의에 대한 분노를 표현하는 시와 산문을 썼고, 특히 페미니즘, 레즈비어니즘, 흑인 여성 정체성, 질병 및 장애에 관한 글을 많이 남겼다. 1977년 비영리단체 여성언론자유협회(Women's Institute for Freedom of the Press)에서 활동했고, 1980년 미국 최초의 유색인 여성

출판사 키친테이블프레스(Kitchen Table Press)를 공동 설립했으며, 1981년 성적 학대 및 친밀한 관계에서의 폭력으로부터 살아남은 여성을 지원하는 세인트크로이여성연합(Women's Coalition of St. Croix)을 공동 설립했다. 로드의 유명한 글 〈주인의 도구로는 절대 주인의 집을 무너뜨릴 수 없다(The Master's Tools Will Never Dismantle the Master's House)〉를 포함해 대표적 산문을 모은 책 《시스터 아웃사이더》(주해연·박미선 옮김, 후마니타스, 2018; Sister Outsider, New York, NY: Crossing Press, 1982)를 통해 로드는 인종차별주의적이고 가부장주의적인 부정의를 부수기 위해 여성들 간의 차이와 소수자성은 '용인'되어야 하는 것이 아니라 그 해방과 투쟁에 반드시 '필요한' 도구이자 힘이라고 주장했다. 암 환자가 된 이후 말년에는 만성질환 및 장애를 갖고 살아가는 여성으로서의 경험에 더욱 관심을 기울였다.

37 [역주] 프리다 칼로(Frida Kahlo)는 20세기 멕시코의 여성 화가로, 6세 때의 소아마비 발병으로 오른쪽 다리가 약해졌고 18세 때의 교통사고로 척추, 다리, 자궁을 다쳐 평생 30여차례의 수술을 받았다. 자신의 신체적·정신적 고통, 남편이었던 화가 디에고 리베라(Diego Rivera)와의 관계, 공산주의적 신념 등을 멕시코 토속문화가 결합된 화풍으로 그렸다. 특히 자화상을 많이 남겼으며, 깁스를 한 채 침대에 누워 양손만 움직일 수 있었을 때 거울에 비친 자신을 그리기 시작했다고 알려져 있다.

38 [역주] 글로리아 안잘두아(Gloria Anzaldúa)는 멕시코와 텍사스의 국경 지대에서 자라난 멕시코계 미국인 여성 학자이자 작가로, 치카나(Chicana) 페미니즘, 문화 이론, 퀴어 이론을 연구했다. 어느 쪽에도 온전히 속하지 못한 경계인으로서 사회문화적으로 소외되는 경험에 관한 연구 및 저술 활동으로 페미니즘운동과 학계에 크게 기여했다. 대표 저서로 《경계 지대: 새로운 메스티자(Borderlands/La Frontera: The New Mestiza)》(1987)가 있고, 유색인 여성의 경험을 중심으로 교차성 페미니즘의 필요성을 드러내는 기념비적 페미니스트 에세이 선집 《내 등이라 불린 다리: 급진적 유색인 여성들의 글(This Bridge Called My Back: Writings by Radical Women of Color)》(1981)을 체리 모라가(Cherríe Moraga)와 공동 편집한 것으로도 유명하다. Gloria E. Anzaldúa, *Borderlands/La Frontera: The New Mestiza*, San Francisco, CA: Aunt Lute Books, 2022(original 1987); Cherrie Moraga and Gloria Anzaldua, Ed. *This Bridge Called My Back: Writings by Radical Women of Color*, Albany, NY: SUNY Press, 2021(original 1981).

39 [역주] 준 조던(June Jordan)은 미국의 시인, 작가, 영문학 교수이자 활동가로, 흑인 언어를 시어로 쓰는 데 적극적이었으며 인종, 이민, 젠더, 계급, 재현 등의 주제에 몰두했다. 2000년 출간한 회고록 《전사: 한 시인의

어린 시절(Soldier: A Poet's Childhood)》(New York: Basic Civitas Books, 2000)에서 자신에게 문학을 가르친 동시에 정신적·신체적으로 학대했으며 '유색인들에 대한 전쟁 속에서 나는 전사가 되어야 했다'고 말했던 아버지에 대해 썼다.

40 [역주] 레슬리 파인버그(Leslie Feinberg)는 미국의 백인, 부치 레즈비언, 트랜스젠더 활동가이자 작가로, 1993년 람다문학상을 받은 소설 《스톤 부치 블루스(Stone Butch Blues)》(New York: Alyson Books, 2003[original 1993])를, 1996년 에세이 《트랜스젠더 워리어(Transgender Warriors)》(Boston, MA: Beacon Press, 1996)를 저술하여 젠더 연구에 선구적 기여를 한 것으로 유명하다. 파인버그는 세계노동당(Workers World Party) 당원으로서 수년간 반전운동, 인종차별주의 반대운동, 노동 관련 시위에도 적극 참여했다.

41 [역주] 갈바리노(Galvarino)는 남아메리카 선주민 중 하나인 마푸체족(Mapuche) 전사다. 기원전 5세기 즈음부터 존재했다는 마푸체족은 잉카제국에 흡수되지 않은 채 고유의 문화와 영토를 지키면서 살아왔고, 16세기 스페인이 남아메리카 대륙을 침략하여 잉카제국을 멸망시킨 이후에도 스페인에 맞서 350년 가까이 전쟁을 벌였다. 아라우코전쟁(Arauco War)이란 이름으로 알려진 이 전쟁이 오래 지속되는 데 큰 공헌을 한 인물이 갈바리노로, 전투 도중 스페인군에 잡혀 양손을 절단당하고 (항복하라는 메시지를 전달하는 용도로) 풀려났으나 오히려 돌아가서 다시 군대를 조직하고 결사 항전을 이어나갔다. 갈바리노는 잘린 손에 칼을 고정해 싸웠다고 알려져 있다. 아마도 저자는 갈바리노를 서구 제국주의에 맞서 싸운 유색인 전사이자 장애인 전사로 제단에 올린 듯하다.

42 [역주] 로라 앤 허시(Laura Ann Hershey)는 척수성 근위축증이 있는 시인이자 언론인이고 장애운동과 여성운동에 헌신한 활동가로 수많은 활동을 해왔으며 그 공로를 인정받아 대통령 직속 미국 장애인고용위원회(The Presidents on Committee on Employment of People with Disabilities)에서 1998년 대통령상을 받았다. 대표작으로 《해외로 가는 이들을 위한 생존 전략: 장애인을 위한 안내서(Survival Strategies for Going Abroad: A Guide for People with Disabilities)》(Eugene, OR: Mobility International USA, 2005)가 있다.

침대로부터의 운동에 대해
(이 운동과 함께) 쓰기

2007년에 오클랜드로 이주하면서 나는 침대에서 글을 쓰기 시작했다. 낡은 수면바지를 입고, 전기장판에 누워서, 컬러풀한 침대 동굴에 들어간 아프고 장애가 있는 덩치 큰 펨으로 시간을 보내면서 글을 썼다. 이 점에서 나는 혼자가 아니었다. 나는 문화를 만들어가는 다른 많은 아프고 장애가 있는 작가들과 함께였다. 침대에서 글쓰기는 장애인이 활동가이자 문화노동자로 살아가는 유서 깊은 방식이다. 주류 문화계는 이를 잘 인정하지 않지만, 이 계보는 침대에서 그림을 그린 프리다 칼로에서부터 98세에 휠체어에 앉아 글을 쓴 그레이스 리 보그스Grace Lee Boggs[1]에 이르기까지 멀리 뻗어나간다.

 나는 타이밍이 매우 좋았다. 장애정의가 막 하나의 운동으로 탄생하고 있을 때 오클랜드로 이주했기 때문이다. '장애정의'는 초창기 장애정의집단Disability Justice Collective의 흑인, 브라운, 퀴어, 트랜스 구성원들이 만든 신조어로, 이 단체는 2005년에 패티 번, 미아 밍구스, 스테이시 밀번, 리로이 무어, 일라이 클레어Eli Clare,[2] 서배스천 마거릿Sebastian Margaret[3]이 설립했다. 장애인 퀴어와 트랜스 흑인, 아시아인, 백인 활동가 및 예술가인 이들은 주류 장애인권 단체들이 백인 중심적이고 단일 쟁점에만 초점을 맞추는 상황에서 주변화되었던 장애인 퀴어와 트랜스 그리고/또는 흑인과 브라운의 삶과 필요, 조직화 전략을 중심에 놓는 운동을 구축할 인식틀을 꿈꿨다. 패티 번과 리로이 무어가 공동 설립한 장애정의 공연 집단인 신스인발리드[4]는 오클랜드에 본거지를 두고, 흑인과 브라운 퀴어 장애인의 섹스, 몸, 투쟁에 관한 대규모의 아름다운 공연을 제작했다. 신스인발리드는 그 공연들을 통해 사람들의 꿈과 악몽을 변화시키기 위한, 그리고 장애인 흑인과 브라운 퀴어 해방의 미래 전망을 변화시키기 위한 하나의 무기로 문화를 사용하면서 세상을 뒤흔들고 있었다. 미아 밍구스, 스테이시 밀번, 아우로라 레빈스 모랄레스, 빌리 레인과 같은 장애인 퀴어 흑인과 브라운 작가 및 활동가들의 저작은 온라인에서든 인쇄물로든 세상을 뒤흔들고 있었고, 내가 속해 있던 공동체 안에서 손에서 손으로 전해졌다. 나는 내 방에서 조용히 그 작품들을 읽고 또 읽었고, 머리가 터질 것 같았다. 그전까지 나는 장애가 있는 퀴어-트랜스-흑인-선주민-유색인disabled queer and trans Black, Indigenous, and people of color, QTBIPOC[5] 작가들이 우리 삶의 핵심적 사실들을 큰 소리로, 양해를 구하는 말 따위 덧붙이지 않은 채 이야기하는 걸 본 적이 없었다. 그건 마치, 유색인 퀴어 불구crip[6] 작가들이 아프고 장애가 있는 유색인 퀴어와 트랜스들을 위한 공간을 창조하고 있는 것처럼 느껴졌다. 그 공간에서 우리는 처음으로 스스로를 장애인으로, 정말 우리 자신이라고 여겨지는 장애인으로 명명할 수 있었고, 그전까진 숨죽여 속삭이기만 했던 일들에 대해 이야기할 수 있었다. 우리는 우리 자신을, 그리고 서로를 발견하고 있었고, 아프고 장애가 있는 퀴어-트랜스-흑인-선주민-유색인의 욕망과 이야기를 담아낼 공간을 만들어내고 있었다. 몇몇 비장애인 퀴어 및 활동가들도 관심을 갖고 비장애중심주의를 다룰 수밖에 없었고, 우리와 함께하지 않을 수 없었다. 그들이 그걸 반겼든 아니든 말이다.

장애정의가 하나의 운동으로 스스로 태동하고 있을 때, 나는 문화노동자로서 그 운동에 참여했고, 자주 침대에 누워 일했다. 신스인발리드와 함께 공연할 수 있게 되면서 나는 장애 예술가들에게 몹시 섬세하고 높은 수준의 접근성이 보장되는 것을 경험했고, 그런 경험이 내 삶의 작은 한구석에만 머물러 있길 원치 않게 되었다. 나는 내가 참여하던 모든 퀴어-트랜스-흑인-선주민-유색인 공간에 그처럼 온전히 접근할 수 있기를 원했다. 나는 교차-장애 접근성cross-disability access에 관해 몇 개의 글을 썼고, 이 글들은 내가 다른 장애인 흑인-선주민-유색인 퀴어 및 앨라이ally[7]들과 함께 최초의 집단적접근성창조하기Creating Collective Access 네트워크[8]를 만드는 데 도움이 되었다. 이 네트워크는 2010년 열린 〈미디어 연합 회의Allied Media Conference, AMC〉[9]와 〈미국 사회 포럼US Social Forum, USSF〉[10]에서 퀴어-트랜스-흑인-선주민-유색인 장애인 당사자들이 자신들을 위해 직접 행했던 접근성에 대한 실험으로, "비장애인들이 언짢아하면서도 마지못해 장애인들에게 제공하는 서비스로서의 접근성"이라는 전통적인 틀을 깨부수고, "우리가 서로에게 줄 수 있는 집단적 기쁨이자 선물로서의 접근성"으로 나아갔다. 다른 장애인 퀴어-트랜스-흑인-선주민-유색인 창작자들을 찾고 그들과 함께 이런 활동을 구축하면서, 나는 접근성이 나중에 추가되는 무언가가 아니라 처음부터 공연의 핵심이 되는 공연예술 공간을 창조한다는 게 어떤 의미인지에 대해 글을 쓰게 되었다. 내가 속한 공동체에서 퀴어와 펨들, 특히 유색인 퀴어 펨들과 다층적으로 주변화된 펨들이 계속해서 스스로 목숨을 끊었기에, 나는 우리 공동체들 안에 언제나 존재해온 현실로서의 자살경향성suicidality에 대해 글을 썼다. 10년간의 작업 끝에 마침내 내 첫 번째 회고록을 마무리하면서, 나는 유색인 펨 장애인의 트라우마 이야기를 글로 쓰기 위해 무엇이 필요한지, 그리고 생존자로 살기가 어떻게 장애정의의 일부인지에 대해 썼다.

내가 이 글들을 쓴 건 명예욕이나 문화자본을 위해서가 아니라, 유용했으면 하는 바람에서였다. 문화는 문화를 만든다. 예술 안에서 장애에 대해 이야기할 공간이 하나도 없다면—포에트리 슬램poetry slam[11]에서 사람들이 당신의 불구 시crip poem에 "너무 감동적이에요"라며 슬픈 표정을 짓거나, 아니면 그저 당혹스러워 보일 때— 유색인 장애인 예술가들은 장애인 예술을 만들 수 없을 것이다. 퀴어-트랜스-흑인-선주민-유색인 예술 공간이 얼마 없다면, 퀴어-트랜스-흑인-선주민-유색인은 예술이 생계를 유지할 수 있는 직업 선택지가 아니라고 생각하게 되기 쉽다. 장애정의는 병상에 누워 글을 쓰는 내가 나약하거나 쿨하지 않거나 진짜 작가가 아닌 게 아니라, 유서 깊은 불구 창조적 실천을 하고 있다는 걸 깨닫게 해줬다. 그리고 그런 깨달음 덕분에 나는 마침내 장애 공간에서, 나 자신을 포함해 아프고 장애가 있는 사람들을 위해 그들에 대한 글을 쓸 수 있었고, 그러면서 내가 아무도 이해 못 할 지루하고 사사로운 것들에 대해 쓰고 있다고 느끼지 않을 수 있었다.

이건 대단히 중요한 일이다. 1997년에 섬유조직염fibromyalgia 과 만성피로 면역결핍 증후군chronic fatigue immune deficiency syndrome[12]으로 아프게 되고, 평생 복합적인 PTSD를 안고 살아가는 폭력 피해 생존자 신경다양인으로 사는 동안, 나는 2015년 세 번째 시집 《몸 지도Bodymap》를 내기 전까지는 장애에 관한 그 어떤 글도 쓰거나 출간하지 않았다. 2015년은 내가 만성적으로 아프기 시작한 지 거의 20년이 되었을 때였고, 내가 첫 책을 출간한 지 10년이 되었을 때였다. 신스인발리드 및 장애에 대해 말하고 쓰는 다른 유색인 퀴어들을 만나게 되는 대단한 행운을 거머쥐기 전까지, 나는 내가 알았던 다른 많은 퀴어-트랜스-흑인-선주민-유색인과 마찬가지로 퀴어-트랜스-흑인-선주민-유색인 문화 안에서 장애란 말하거나 써서는 안 될 주제라고 생각했다. 2000년대 초 내가 속했던 (또는 내가 더 멋진 사람이 되어 소속될 수 있으면 좋겠다고 생각했던) 정치적으로 의식화된 퀴어-트랜스-흑인-선주민-유색인 스포큰 워드spoken word[13] 공동체들 안에선 장애에 관한 시를 쓰거나 접근성에 대해 사유하는 사람을 전혀 찾아볼 수 없었다.

〈데프 포에트리 잼Def Poetry Jam〉에 나왔던 시 중 장애정의에 관한 게 뭐라도 있었던가? 내 기억엔 없다. 그리고 그런 상황은 내가 성인이 되어 비장애인 퀴어-트랜스-흑인-선주민-유색인 예술가 공동체에 있을 때도 달라지지 않았다. 아무도 장애인을 혐오한다고 대놓고 말하지는 않았다. 하지만 장애는 글로 쓰기엔 우울하거나 창피한 것, 또는 "대부분의 사람들은 공감할 수 없는 주제"였다. 유색인 그리고/또는 퀴어 활동가 공동체 안에는 거대한 침묵이 공명하고 있었다. 내게는 서로의 만성질환에 대해 숨죽여 대화를 나누는 친구들이 몇 있었다. 하지만 우리가 나눈 말이라곤 대부분 "엿 같다. 그치?"였다. 우리는 우리가 공동체, 역사, 운동의 일부일 수 있다는 생각을 하지 못했다.

하지만 지난 10년간, 유색인 퀴어 페미니스트이기도 한 장애인들의 노고 덕분에 장애정의 문화가 꽃을 피웠고, 더 이상은 그렇지 않다. 적어도 언제나 그렇지는 않다. 주류 사회에서든 우리 운동과 공동체 안에서든 여전히 불구의 삶을 비장애 중심적 관점에서 무시하는 태도가 존재한다. 하지만 나는 더 이상 어떤 행사에서 마주치는 모든 사람에 대해 전부 나를 어색해하거나 동정하거나 아예 이해하지 못할까봐 걱정하진 않는다. 나는 장애정의에 대해 이야기하는 사람이 나밖에 없다는 느낌을 받지 않는다. 더 이상 내가 접근성에 대해 이야기하는 극소수의 사람들 중 하나라고 느끼지도 않고, 내가 불구 공연을 제작하면 아무도 보러 오지 않을 게 뻔하다고 걱정하지도 않는다. 나는 모든 장애인이 백인은 아니라는 사실을 더 많은 사람들이 알게 되었다고 생각한다. 2010년 즈음 내가 유색인 퀴어와 트랜스 대상으로 아픔과 장애에 대한 글쓰기 워크숍을 처음으로 열기 시작했을 때, 때로는 아무도 오지 않거나 아주 소수의 인원만 참여했고, 때로는 아무도 안 올 거라는 주최 측의 판단으로 기획 자체가 무산되기도 했다. 하지만 2015년 내가 《몸 지도》 출간 기념 투어를 돌면서 명백하게 장애에 초점을 맞춘 그 작품을 읽었을 때 내 공연들은 거의 다 만석이었다. 2015년 〈유색인 퀴어 학생 회의 Queer Students of Color Conference〉에서 내가 아프고 장애가 있는 유색인들을 위한 당사자 글쓰기 워크숍을 열었을 때, 강의실은 자신이 농장에서 일하는 동안 살충제에 노출되었던 일부터 세대 간 트라우마에 이르기까지 모든 것을 말하고 또 쓰고 싶어 하는 온갖 유색인 퀴어들로 넘쳐났다. 〈우리 몸은 미안할 일이 아니다The Body Is Not an Apology〉, 〈일상의 페미니즘Everyday Feminism〉, 〈배짱GUTS〉, 〈오토스트래들Autostraddle〉과 같은 대중적인 페미니스트 및 퀴어 블로그에서 장애가 있는 흑인과 브라운 퀴어들의 목소리는 더 이상 드물지 않다. 비장애중심주의를 의식적으로 포함하여 사유하는 글도 보인다. 〈장애 가시화 프로젝트The Disability Visibility Project〉,[14] 〈너의 목소리를 내라Wear Your Voice〉,[15] 스푸니집단Spoonie Collective,[16] 〈농인 시인의 사회〉, 〈자폐인 호야〉, 크립-합네이션뿐만 아니라 교차적 장애인들을 위해 당사자들이 만든 다른 웹사이트도 많이 열려 있다. 어디서나 돌봄노동, 감정노동, 펨 감정노동, 접근, 불구 기술 및 과학crip skills and science에 대한 이야기를 들을 수 있다.

이 모든 건 비장애인들이 불구자들을 잘 대해주기로 마음먹었기 때문에 일어난 일이 아니다. 장애가 있는 퀴어 및 트랜스 유색인들이 조직화를 시작했기 때문에 일어난 변화였고, 종종 펨이자 장애인이었던 흑인 및 유색인 퀴어들이 그 선두에 섰다. 그런 작업은 많은 부분 운동으로서의 글쓰기, 스토리텔링, 예술을 통해 이루어졌다. 우리는 대체로 잡지, 장애인 퀴어 트랜스/유색인을 위한 온라인 공동체, 텀블러와 블로그와 소셜미디어 게시글을 통해 힘을 합쳤고, 때론 부엌 식탁이나 그룹 스카이프$_{Skype}$ 통화로 세 사람이 모여 우리의 삶에 관한 이야기를 주저하며 풀어놓기 시작하거나, 어려운 상황에 처한 지인의 식사를 함께 챙기는 모임을 조직하고, 복용하는 약이나 약 정보를 공유하고, 새벽 2시에 우리의 운동과 생존에 대한 생각을 온라인에 올렸다. 이는 문서로 기록되지 않은 사적인 작업이다. 그래서 '진짜 운동'이 아니라고 여겨질 때가 많다. 하지만 그 일들은 진정한 의미에서의 운동이다. 장애정의 예술 및 운동은 이런 방식으로 세상을 바꾸고 삶을 구한다.

이 책을 쓰면서 나는 이 역사의 일부를, 그것이 만들어지고 상상되는 그대로를 담아내고 싶었다.

구체적 도구, 해방의 정치, 그리고 시: 이것이 장애정의다

우리가 쓰는 '장애정의'라는 말이 무슨 뜻인지 그 정의$_{定意}$와 역사를 간략히 서술하고자 한다. 정의와 역사의 서술이 중요한 이유는 너무도 많지만, 특히 더 중요한 이유는 바로 지금 그리고 언제나 우리의 작업과 우리가 쓰는 단어들을 흑인, 선주민, 유색인들이 창조해냈다는 사실이 지워지고 이들의 정치가 희석될 위험에 처해 있기 때문이다. 장애정의와 관련해 그런 일이 일어날 때의 특정한 위험이 있는데, 장애가 있는 흑인 및 브라운 창작자들은 우리의 정치적, 문화적 작업이 특정하게 비가시화되고 삭제당하는 상황을 맞닥뜨린다. 나는 장애정의라는 말을 창안한 흑인과 브라운, 펨들의 공로를 인정하면서, 장애정의가 무엇을 의미하고 무엇을 의미하지 않는지를 분명히 짚고 싶다.

신스인발리드의 공동 창립자이자 상임이사인 패티 번의 말을 빌리자면,

장애인권운동은 장애인들을 위한 정의를 향해 구체적이고 급진적으로 움직여왔지만, 동시에 억압이 교차하는 지점들에 사는 사람들의 삶을 비가시화해왔다—특히 유색인 장애인, 장애가 있는 이주민, 퀴어 장애인, 트랜스와 젠더 비순응gender nonconforming 장애인, 장애가 있는 노숙인, 투옥된 장애인, 조상 대대로 살던 땅을 빼앗긴 장애인의 삶을. (……) 장애정의 활동가, 조직활동가, 문화노동자들은 비장애-신체 우월주의가 다른 지배와 착취 체계들과의 관계 속에서 형성되어왔음을 이해한다. 백인우월주의와 비장애중심주의의 역사는 떼려야 뗄 수 없이 뒤엉켜 있으며, 둘 다 식민주의적 정복과 자본주의적 지배의 도가니 안에서 벼려졌다. 미국의 노예제와 선주민 땅의 약탈, 미국 제국주의의 역사를 이해하려면 백인우월주의가 어떻게 비장애중심주의를 활용해서 덜 가치 있고, 능력이 떨어지고, 덜 똑똑하고, 덜 유능하다고 간주되는 종속된 '타자'를 만들어냈는지를 보지 않을 수가 없다. (……) 비장애중심주의가 이성애 중심적 가부장제, 백인우월주의, 식민주의, 자본주의와 어떤 상관관계가 있는지 파악하지 않고서 우리는 비장애중심주의를 제대로 이해할

수 없다. 이 각각의 체계는 종속된 '타자'로부터 이윤을 뽑아내고 자격을 박탈함으로써 이득을 얻는다. 흑인과 브라운 공동체들에 500년 넘게 자행된 폭력의 역사에는 어떤 몸과 정신이 비규범적이라는 이유로 '위험하다'고 간주되었던 500년 넘는 시간도 포함되어 있다.

장애정의 인식틀은 모든 몸이 독특하고 극히 중요하다는 것을, 모든 몸이 힘을 갖고 있으며 충족되어야 할 필요를 갖고 있다는 것을 이해한다. 우리는 우리가 강력하다는 것을, 우리 몸의 복잡성에도 불구하고 강력한 게 아니라 바로 그 복잡성 때문에 강력하다는 것을 안다. (……) 장애정의는 집단 투쟁에서 탄생한 전망을 안고, 언더그라운드 문화 속 천 개의 길 안에서 문화적이고 영적인 저항의 유산을 끌어와서, 일상생활에서의 작지만 끈질긴 반란의 불길을 일으킨다. 전 지구적 다수인 흑인 및 브라운 장애인들은 삶과 정의를 위한 우리의 투쟁 속에서 식민주의적 권력에 맞서 그 권력을 전복한다는 공통의 입장을 공유한다. 모든 형태의 억압에 맞서는 저항은 언제나 있어왔고, 우리가 뼈에 사무치게 알고 있듯이, 그 저항에는 늘 우리가 번성하는 세상, 우리의 무수한 아름다움 속에서 우리를 가치 있게 여기고 우리 존재를 축하하는 세상을 마음속에 그려온 장애인들이 있어왔다.[17]

나에게 장애정의란 장애가 백인 중심적으로, 남성 중심적으로, 혹은 이성애 중심적으로 정의되지 않는 정치운동을, 그리고 그런 관점을 공유하는 서로 맞물린 많은 공동체들을 뜻한다. 장애정의와 장애인권운동의 관계는 환경정의운동과 주류 환경운동의 관계와 같다. 장애정의는 아프고 장애가 있는 유색인들, 퀴어이고 트랜스인 유색인 장애인들, 그리고 주류 장애 조직에서 소외된 모든 이들을 중심에 놓는다.

나아가 장애정의는 비장애중심주의가 인종차별주의, 기독교 우월주의, 성차별주의, 퀴어혐오와 트랜스혐오를 가능하게 만들며, 이 모든 억압 체계가 단단히 맞물려 있다고 단언한다. 장애정의는 우리의 조직화가 아프고, 장애가 있고, (알렉시스 폴린 검스Alexis Pauline Gumbs[18]의 표현을 쓰자면) "부서진 채로 아름다운 brokenbeautiful"[19] 우리 몸의 지혜, 필요, 욕망으로부터 출발한다는 점을 힘주어 말한다. 이는 선주민과 흑인 및 브라운 전통 안에서 어떻게 장애가 있는 사람들을 (신비로운 불구자가 아니라 몸-영혼에 귀한 영민함을 지닌, 어떤 차이가 있는 사람들로서) 가치 있게 여기는지를, 흑인-선주민-유색인 공동체에서 아프거나 장애가 있다는 것이 어떻게 그저 '삶'일 수 있는지를 살펴본다는 것을 뜻하고, 또한 아프고 장애가 있는 흑인-선주민-유색인이 어떻게 범죄화되는지를 고찰한다는 것을 뜻한다. 이는 비장애중심주의를 깨부수는 해방의 전망을 확고히 하는 일이 곧 사회정의의 일환임을 의미한다. 아프고 장애가 있는 우리 몸들이 매력적이고 영민하고 가치 있음을 의미한다. 우리가 뒤에 남겨지지 않는다는 것을 의미한다. 우리가 사랑받는, 동류인, 필요한 존재라는 것을 의미한다.

우리가 장애정의에 관한 작업을 할 때, 장애를 생각하면서 어떻게 식민주의가 장애를 창출했는지를 검토하지 않기란 불가능하다. 이를테면 우리는 장애를 인식하고 이해하는 선주민들의 방식을 우선적으로 살펴보게 된다. 흑인과 브라운 공동체 그리고/또는 퀴어와 트랜스 공동체들 모두에 장애가 있다는 것을 볼 수 있는 공간이 마련된다 — 헨리에타 랙스Henrietta Lacks[20]에서 해리엇 터브먼Harriet Tubman[21]에 이르기까지, 공공장소 및 대중교통의 장애인 접근권을 보장하는 재활법 제504조[22] 통과를 촉구하며 장애인 조직활동가들이 2개월간 벌인 캘리포니아주 장애인 직업재활부서 점거농성을 블랙팬서당Black Panther Party[23]이 적극적으로 지원한 일에서부터, 실비아 리베라Sylvia Rivera,[24] 준 조던, 글로리아 안잘두아, 오드르 로드, 마샤 P. 존슨, 바버라 캐머런Barbara Cameron[25]처럼 신체적 차이로, 트라우마를 살아낸 찬란함으로, 만성질환으로 특징지어지는 삶을 살았지만 대부분이 자신을 결코 '장애인'이라 부르지 않았던 유색인 퀴어 제2물결 페미니스트들의 만성질환과 장애 이야기에 이르기까지. 우리 중 상당수는 생존을 위해 정부 자금과 서비스에 의존하고 있으며, 미국장애인차별금지법Americans with Disabilities Act, ADA[26]이나 환자보호 및 부담적정보험법Affordable Care Act, ACA[27]과 같은 조치들을 지켜내고 확대하기 위해 투쟁한다. 하지만 우리는 시민으로서의 권리에 관한 법률 제정을 비장애중심주의에 대한 유일한 해결책으로 보고 매진하기보다는, 국가가 인종차별적이고 식민주의적인 비장애중심주의를 토대로 건설되었고 우리를 죽이려고 만들어졌기 때문에 그 국가가 우리를 구원하지는 않으리라는 점을 인식하는 해방의 전망에 좀 더 초점을 맞춘다. 신스인발리드가 쓰는 표현을 빌리자면, 이 운동에서 "우리는 그 누구도 뒤에 남겨놓지 않고 함께 움직인다".

내가 생각하는 장애정의 문화의 특성 중 하나는 이 문화가 아름다운 동시에 실천적이라는 점이다. 시와 춤은 접근성에 대한 꿀팁을 담은 블로그 게시물만큼이나 유용하다—왜냐하면 양쪽 다 동등하게 중요하고 상호의존적이기 때문이다. 이 책은 그 점을 보여주는 한 사례다. 이런 모자이크 안에서는 개인적인 증언과 시, 글로리아 안잘두아와 팝스타 프린스를 흑인 및 브라운 퀴어 장애인인 인물로 회고하는 글, 예시적 정치prefigurative politics[28]로서 접근 가능한 공연 공간들을 지적으로 탐구하는 풀뿌리 작업을 담은 글들을 접할 수 있는 동시에, 만성적으로 아픈 예술가로서 여행하는 법에 대한 팁이나 알레르기를 일으키지 않을 유색인용 무향 헤어 제품을 쉽게 구할 수 있는 곳에 대한 정보들도 찾아볼 수 있을 것이다.

이는 흔치 않은 방식이고, 그렇게 의도되었다. 장애 정치가 그 자체로 하나의 인식틀이자 문화인 것처럼, 이 책은 매우 구체적인 도구들과 개인적 에세이들의 혼합물이다. 이런 구체적 도구들을 포함하는 데 나는 약간 주저했었다. 자고로 진지한 문화적 작업이라면 곱슬머리용 무향 헤어 제품 목록이나 아플 때 여행하는 방법, 덜 아프기 위한 방법에 대한 안내를 포함해선 안 된다고 여겨진다. 그렇지 않은가? 하지만—**좆까라 그래라.** 장애정의 만들기는 사유와 말하기와 지식 만들기의 영역 안에, 그리고 예술과 하늘 안에 살아 숨 쉬고 있다. 하지만 장애정의 만들기는 또한 행사 공간이 '화장실만-빼고-접근-가능'일 경우에 모두가 접근 가능한 이동식 화장실을 빌려놓는 법, 코코넛 오일과 알로에를 섞어서 흑인-선주민-유색인의 엉키는 곱슬머리에 잘 맞는 무향 헤어로션을 만드는 법, 모든 사람이 아프고, 지쳐 있고, 미쳐 있으면서 반짝이는 가운데 어떻게 서로를 돌볼지를 배우는 법 안에서도 살아 숨 쉰다. 이 중 어느 하나라도 없으면 무의미하다.

아포칼립스 속에서의 돌봄노동

2016년 7월 내가 이 책 작업을 시작했을 때는 대형 학교법인에서 일하는 걸 그만둔 직후였다. 접근 가능한 생계유지 수단이 되어주기를 기대했던 그 일자리는 내게 세 달 동안의 폐렴을 선물해주고 끝나버렸다. 그때 나는 그냥 지난 10년 동안 쓴 글을 모두 모아 재빨리 선집을 만들어버리자고 생각했다. 그 글들엔 퀴어-트랜스-흑인-선주민-유색인 공연예술을 큐레이팅하는 에세이들과 〈펨 샤크 선언문Femme Shark Menifesto〉[29]이 있었다. 하지만 2017년 여름 내내 이 책을 편집하면서 나는 그중에서 가장 두드러진 글들은 모두 내가 여러 형식으로 장애정의와 돌봄노동에 대해 쓴 글들이라는 것을 깨달았다.

돌봄노동이라는 주제는 내게 장애정의와 퀴어 펨 감정노동이 교차하는 장소로서 다가왔다. "우리 없이는 우리에 관해 아무것도 하지 마라Nothing about us without us"는 1980년대 남아프리카 장애인권 단체들이 만든 장애인권 슬로건이다. 좀 더 최근에 내가 접한 장애정의 슬로건은 2014년 여름 이스라엘이 가자 지구를 폭격했을 때 드러난 인종차별주의와 비장애중심주의의 끔찍한 교차에 항거하여 신스인발리드가 만든 이미지에서 처음 보았던 것으로, "존재한다는 것은 저항한다는 것이다To exist is to resist"이다.

이 문구는 아프고 장애가 있는 퀴어-트랜스-흑인-선주민-유색인이 살아가고 생존하기 위한 일상적 투쟁이 '진정한' 운동이 되는 방식들에 대해 말해준다. 당신이 침대에 누워 숨을 쉬려고 애쓰고 있을 때나, 누군가에게 공황발작에 대해 설명할 때, 또는 메디케이드Medicaid[30]를 이용하기 위해 싸울 때나 퀴어 클럽에 들여보내달라고 싸울 때, 그 모든 것은 저항이다. 그리고 트럼프 대통령이 메디케이드, 환자보호 및 부담적정보험법, 미국장애인차별금지법을 끝장내서 아프고 장애가 있는 사람들을 죽이려 드는 이 정치적 순간에, 우리를 정말로 구해주는 것—이슬람혐오적이고 인종차별적인 트럼프의 여행 및 이주 금지에 맞서 공항에서 일어난 긴급 시위들, 남아도는 의료자원이나 주택을 얻기 위해 자금을 함께 모으는 돌봄망—이 결코 국가는 아니라는 점이 명백해진 이 정치적 순간에, 이 책은 시의적절하게 느껴진다.

또한 나는 수많은 불안을 품고 이 책을 썼다. 이 책을 엮고 편집하는 과정 내내 나는 이 책이 유색인 퀴어 작가가 장애정의에 대해 쓴 책 중 자비로 출간하거나 영세 출판사를 통해 출간하지 않은 최초의 책이 되리라는 사실을 매우 의식하고 있었다. 이는 아주 중요한데, 출판업계의 인종차별주의와 비장애중심주의를 효과적으로 보여주는 사실이기 때문이다. 장애에 대한 대중서는 시중에 나온 게 거의 없는 데다, 그나마 있는 책 대다수는 백인 장애인들이 쓴 것이다. 내가 아는 다른 모든 장애인 작가들과 마찬가지로, 나는 "독자들이 정말로 비장애중심주의가 뭔지 알 거라고" 생각하느냐는 질문을 받아왔다. 내가 장애 정치에 대해 쓴 글들을 읽은 편집자들은 이해하지 못한 채 이렇게 말하곤 했다. "당신의 질병에 관해 좀 더 말하고 싶지 않으세요?" 편집자들은 내가 그들이 이해할 수 있는 유일한 장애인 이야기—나의 '질병'에 대해 풀어놓는 단순하고 비극적이면서도 희망을 주는 이야기, 내가 그 병을 어떻게 '극복했는지'에 대한 이야기—를 말하지 않고 대신 집단 투쟁과 공동체 건설, 사랑과 행운과 기술에 대한 이야기를 풀어놓고 있으니 혼란스러워했다. 내가 아는 다른 모든 장애인 흑인 및 브라운 작가들처럼, 나는 누구든 조금이라도 관심을 갖게 하려고, 또는 내 이야기가 너무 복잡하다고 손사래치며 떠나지 않도록 하려고 분투해왔다. 그냥 내가 브라운으로서 살아온 경험이나 비장애중심주의에 초점을 맞추면 안 될까?

나는 많은 단체에서 활동해온 유색인 장애인 펨 작가인 문화노동자이기 때문에, 이 책이 무엇이 되길 원하고 무엇이 되길 원치 않는지에 대해 명확한 생각이 있었다. 지난 1년간, 앞으로 현실이 될 가능성이 높은 상황에 개입하기 위해 내가 뭘 하길 원하는가에 대해 많이 숙고했다. 즉, 내가 피부색이 밝고 흑인이 아니고 보행이 가능하고 대체로 언어적 의사소통이 가능한 사람이기 때문에, 주류 언론이 나를 '장애정의의 얼굴'로 캐스팅하길 원할 것이고 이 별나 보이는 새로운 운동에 대한 단 한 명의 '전문가'로서 스포트라이트를 쏘아대는 일이 일어날 가능성이 컸다. 내 동지들과 동료 예술가, 사상가, 조직활동가 모두를, 특히 내가 직면했던 것보다 더 노골적이고 살인적인 종류의 비장애중심주의에 직면한 사람들 모두를 지워버리고 말이다. 이 두려움은 뜬금없이 튀어나온 게 아니었다. 내게 이 책을 출판하자고 제안했던 한 출판사는 "장애정의를 주제로 하는 대단한 책을 낼 때가 왔다"고 매우 좋은 의도로 말했지만, 뒤이어 주류 출판계에서 에세이 책은 저자가 스스로를 '전문가'로 홍보하지 않으면 팔리지 않는다고 시인했다.

내 입장은 매우 명확하고, 이를 분명히 밝히고 싶다. 작가이자 활동가이자 자신을 비롯해 사람들을 살아 있게 하는 평범한 사람으로서 언제나 다양한 방식으로 작업 중인, 아프고 장애가 있는 수많은 퀴어-트랜스/흑인-선주민-유색인으로 이루어진 바다가 있다. 나는 한 명의 작가이자 공연예술가로서 그 바다 안에 존재한다. 나는 이 책이 장애정의에 대한 '대표작'이 되길 원치 않는다. 이 책은 책들의 정원에 놓인 한 권의 책이고, 나는 그 정원이 더 풍성해지기를 기원한다. 이 세계가 어떤 곳인지를 온전히 조망하려거든 부디 〈더 읽을거리와 자료들〉에 적어둔 책, 저자, 웹사이트, 잡지들을 확인해주길 바란다.

하지만 우선은, 여기 이 원칙을 봐주세요. 그리고 당신만의 원칙을 적어보세요.

장애정의의 10가지 원칙

신스인발리드를 대표해서 패티 번이 쓰고 아우로라 레빈스 모랄레스와 데이비드 랭스태프*David Langstaff*[31]가 편집했다.

신스인발리드 안에서 함께 장애정의의 인식틀과 실천 둘 다를 부화시키고 있는 내 입장에서 말하자면, 지금도 빠르게 성장하고 있는 이 인식틀에는 10가지 원칙이 있고 이 원칙 각각은 운동을 건설하는 이들에게 새로운 기회를 제공한다.

1. 교차성INTERSECTIONALITY. 우리는 모든 사람이 각자 복합적인 정체성을 갖고 있고, 그 정체성 각각이 특권이나 억압의 현장일 수 있다는 것을 안다. 억압 메커니즘의 작동과 그 작동의 결과가 산출되는 방식은 제도적인 혹은 사람들 간의 상호작용의 특성에 따라 달라진다. 장애 경험에 대한 이해 자체가 바로 인종, 젠더, 계급, 젠더 표현, 역사적 순간, 식민화colonization와의 관계 등에 의해 형성되고 있는 것이다.

2. 가장 심하게 영향받은 이들에게 리더십을LEADERSHIP OF THOSE MOST IMPACTED. 우리는 비장애중심주의가 다른 역사적이고 체계적인 억압들의 맥락 속에 존재한다는 것을 안다. 우리는 진정한 해방을 쟁취하려면 이 체계들에 대해 가장 잘 아는 사람들, 그 체계들이 어떤 식으로 작동하는지를 가장 잘 아는 사람들이 우리를 이끌어야 한다는 것을 안다.

가장 느린 정의

3. 반자본주의 정치ANTI-CAPITALIST POLITIC. 우리는 자본주의에 반대하는 자들이다. 우리의 정신/몸의 본성 자체가 자본주의적으로 '규범화된' 생산 수준에 순응하지 않겠다고 저항하는 경우가 많기 때문이다. 우리는 인간의 가치가 그 인간이 무엇을 얼마나 많이 생산할 수 있는가에 달려 있다고 믿지 않는다. 우리는 비장애-신체우월주의, 백인우월주의, 젠더 규범성에 의해 정의된 '노동' 개념을 비판한다. 우리는 자본주의를, 어떤 이들이 다른 이들을 희생시켜서 사적으로 부를 축적하도록 조장하는 체계라고 이해한다.

4. 교차-운동 연대CROSS-MOVEMENT SOLIDARITY. 필연적으로 운동을 가로지르면서, 장애정의는 사회정의운동이 장애를 이해하고 비장애중심주의를 맥락화하는 방식을 변화시키면서 공동 전선의 정치에 가담한다.

5. 총체성을 인정하기RECOGNIZING WHOLENESS. 우리는 우리 사람들을 있는 그대로, 그들 자체를 소중히 여기며, 사람들이 자본주의의 생산성 개념 바깥에서 본래적 가치를 지닌다고 이해한다. 사람들은 저마다 각자의 역사와 인생 경험으로 가득 차 있다. 누구에게나 자기만의 생각, 감각, 감정, 성적 환상, 인지력, 별난 기질로 이뤄진 내면의 경험이 있다. 장애인들은 온전한 사람들이다.

6. 지속가능성SUSTAINABILITY. 우리는 개인적으로도 집단적으

로도 오랜 기간 지속할 수 있도록 우리 자신에게 맞는 속도로 나아간다. 우리는 우리 삶과 몸의 가르침을 가치 있게 여긴다. 우리는 우리의 체현된 경험이 우리를 정의와 해방으로 향하게 하는 결정적 지침이자 참조점이라는 것을 이해한다.

7. 교차-장애 연대에 헌신하기COMMITMENT TO CROSS-DISABILITY SOLIDARITY. 우리는 우리 공동체 구성원 모두의 통찰력과 참여를 가치 있게 여기고 존중한다. 우리는 신체적 손상이 있는 사람들, 스스로를 '아픈 사람'으로 정체화하거나 만성적으로 아픈 사람들, '정병' 생존자들"psych" survivors[32]과 스스로를 '미친 사람'으로 정체화하는 사람들, 신경다양인들, 인지적 손상이 있는 사람들, 감각적 소수자sensory minority인 사람들 사이에 있는 비장애중심주의적/가부장주의적/인종차별주의적/계급적 고립을 깨부수는 데 헌신한다. 그러한 고립이 결국엔 집단적 해방을 약화한다는 것을 이해하기 때문이다.

8. 상호의존INTERDEPENDENCE. 서유럽의 확장이라는 대규모 식민주의적 기획이 있기 전에, 우리는 우리 공동체들 안에 존재하는 상호의존의 본성에 대해 알고 있었다. 우리 모두는 하나의 행성을 공유하고 있기에 우리는 모든 생명계와 땅의 해방이 우리 공동체의 해방에 필수적이라고 본다. 우리는 해방을 향해 나아가는 과정에서 서로의 필요에 부응하고자 한다. 이때 항상 국가적 해결책을 얻으려 하지 않는다. 왜냐하면 그런 방식의 해결은 결국 불가피하게 우리 삶에 대한 국가의 통제

를 확장하기 때문이다.

9. 집단적 접근성COLLECTIVE ACCESS. 브라운/흑인이자 퀴어 불구로서 우리는 서로에게 관여할 때 유연성과 창조적 섬세함을 발휘한다. 우리는 비장애-신체적/비장애-정신적 규범성을 넘어서는 일들을 할 새로운 길을 창조하고 탐구한다. 접근성과 관련된 필요는 수치스러운 일이 아니다. 우리 모두는 다양한 환경에서 다르게 기능하는 다양한 역량을 갖고 있다. 접근성에 대한 필요는 공동체 안에서 표명될 수 있고, 개인적으로나 집단을 통해서 충족될 수도 있으며, 이는 개인의 필요, 욕망, 집단의 역량에 달려 있다. 우리는 접근성에 대한 우리의 필요를 함께 책임질 수 있다. 우리는 우리의 온전함integrity을 타협하지 않으면서 우리의 필요를 충족시킬 것을 요청할 수 있다. 우리는 공동체 안에 존재하면서 자율성의 균형을 잡을 수 있다. 우리는 우리의 힘이 존중받는다는 것을 알고 우리의 취약성을 두려워하지 않을 수 있다.

10. 집단적 해방COLLECTIVE LIBERATION. 우리는 어떻게 다양한 능력과 인종, 젠더, 계급이 혼합된 사람들로서 성적 지향의 스펙트럼을 가로지르며 함께 나아갈 수 있을까? 그 어떤 몸도 정신도 뒤에 남겨지지 않는 곳으로 어떻게 함께 나아갈 수 있을까?

이것이 장애정의다. 장애정의는, 몸 또는 정신이 규범에 순응하지 않을 우리 모두가 물려받은 장구한 회복탄력성과 저항의 유산을 기리는 일이다. 장애정의는 아직 광범위한 대중운동은 아니다. 장애정의는 아직 도래하지 않은 전망이자 실천이고, 우리의 다양성과 역사의 폭과 깊이 속에서 우리가 우리 조상들 그리고 앞으로 있을 후손들과 함께 만드는 지도이며, 모든 몸과 정신이 아름답다고 여겨지는 세상을 향해 나아가는 운동이다.

1   [역주] 그레이스 리 보그스(Grace Lee Boggs)는 중국계 미국인 페미니스트
철학자, 활동가, 작가로, 2015년 100세에 세상을 뜨기까지 평생
사회운동에 헌신했다. 20대에 시카고의 열악한 주거환경 속에서 지역
흑인 공동체와 함께 임차인 권리운동과 인종차별 철폐운동에 참여하기
시작했고, 1940~1950년대에는 칼 마르크스(Karl Marx)의 저작 다수를
영어로 번역하고 사회주의노동자당(Socialist Workers Party) 계열 조직
존슨포레스트텐던시(Johnson-Forest Tendency)를 공동 설립하는 등 급진
좌파운동에 주도적으로 참여했다. 1950년대에 디트로이트로 이주해 흑인
노동자이자 사회주의 활동가 제임스 보그스(James boggs)와 결혼했고,
그와 함께 디트로이트 항쟁(1967)을 포함해 디트로이트의 흑인 민권운동과
노동운동에 깊이 관여했다. 1980년대 이후에도 환경정의를 위한 공동체 운동,
총기 폭력 반대운동을 조직하고 다음 세대 활동가들을 교육하는 프로그램을
만드는 등 활발한 활동을 펼쳤다. 제임스 보그스와 함께 쓴 책《20세기의
혁명과 진화(Revolution and Evolution in the Twentieth Century)》(New
York: Monthly Review Press, 1974)를 포함해 다수의 저서가 있고, 동명의
한국계 여성 감독이 그를 다룬 다큐멘터리 영화 〈미국의 혁명: 그레이스 리
보그스의 진화(American Revolutionary: the Evolution of Grace Lee Boggs,
Grace Lee)〉(2013)가 있다.

2   [역주] 일라이 클레어(Eli Clare)는 미국의 백인 젠더퀴어 장애인 활동가이자
시인, 작가, 교육자로 장애, 퀴어, 여성, 환경 등의 복잡한 교차를 다루는 책
《망명과 자긍심: 교차하는 퀴어 장애 정치학》(전혜은·제이 옮김, 현실문화,
2020; *Exile and Pride: Disability, Queerness, and Liberation*, Cambridge, MA:
South End Press, 1999), 15년간 쓴 시들을 묶은 시집《골수의 이야기:
움직이는 말들(The Marrow's Telling: Words in Motion)》(Ypsilanti, MI:
Homofactus Press, 2007)을 펴냈다. 2023년《눈부시게 불완전한: 극복과
치유 너머의 장애 정치》(하은빈 옮김, 동아시아, 2023; *Brilliant Imperfection:
Grappling with Cure*, Durham, NC: Duke University Press, 2017)가 한국어로
번역 출간되었다. 클레어는 미국과 캐나다 전역의 대학, 콘퍼런스, 커뮤니티
행사 등에서 강연, 교육, 상담 등을 해왔고 트랜스젠더법률센터(Transgender
Law Center) 장애 프로젝트의 공동체 자문위원단으로도 활동하고 있다.

3   [역주] 서배스천 마거릿(Sebastian Margaret)은 영국에서 태어나 뉴멕시코로
이주한 백인 트랜스 퀴어 장애인이며 장애정의 공동체 교육가이자
조직활동가이다. 그는 인종적·경제적 정의와 젠더 및 섹슈얼리티 정의운동,
이주민과 선주민의 권리 투쟁을 비롯해 정치적 공간들에서 소외되거나
지워지거나 배제되는 사람들의 관점을 중심에 두고 그들을 리더로 삼는

공동체를 조직하는 활동을 해왔다.

4 퍼포먼스 집단으로서 신스인발리드의 생동하는 역사에 대해 좀 더 알고 싶다면 다음을 보라. sinsinvalid.org/ 또는 youtube.com/CripJustice.

5 [역주] 이 책 전체에서 Queer, Trans Black, Indigenous, People Of Color(QTBIPOC)는 '퀴어-트랜스-흑인-선주민-유색인'으로 번역했다. 이 표현은 성소수자 공동체 안에서도 인종차별, 국수주의, 민족주의, 제국주의, 트랜스혐오 등으로 가장 소외되고 배제되는 이들을 중시하기 위해 만들어진 용어다. 이 용어는 퀴어운동에서, 또 인종차별 반대운동에서 가장 교차적이고 가장 민주적인 운동을 만들기 위한 출발점이자 구심점의 표식으로 기능한다. 저자는 여기에 '아프고 장애가 있는(sick and disabled)'을 덧붙여 SDQTBIPOC라는 용어를 사용하며, 이에 해당하는 사람들을 장애정의운동의 중심에 놓는다.

6 '불구(Crip)'는 장애 공동체의 많은 이들이 사용하는 용어로, '불구자(cripple)'의 줄임말이고, 혐오자들의 면상에 중지를 치켜올리며 되찾아온 언어다. 이는 퀴어들이 '퀴어'란 단어를 되찾아온 방식과 유사하다. 모든 사람이 이 단어를 좋아하는 것도 아니고 또 사용하는 것도 아니다. 사람들은 이 단어에 복잡한 감정을 느끼며, 비장애인들이 이 단어를 사용하는 것도 그리 마음에 들어 하지 않는다. 리로이 무어는 갱단/거리 경제 조직의 이름이기도 한 Crip을 사용하지 않으려고 'Krip'이란 신조어를 만들기도 했다.

[역주] 한편 《불구 이론: 퀴어성과 장애의 문화적 징후들(Crip Theory: Cultural Signs of Queerness and Disability)》(New York, NY: New York University Press, 2006)에서 'crip'을 비판적 장애 이론 및 실천을 위한 개념으로 공식화한 로버트 맥루어(Robert McRuer)는 리로이 무어의 입장과는 반대로 이 갱단을 불구의 역사와 불구 정치를 개념화하는 작업에 중요하게 포함한다. '크립' 갱단은 로스앤젤레스 지역의 아프리카계 미국인으로 이뤄진 집단으로, 1970년대에 만들어져 1990년대까지 활동했다. 로스엔젤레스는 미국에서도 인종차별주의와 경찰 폭력이 극심한 지역으로, 1960년대에는 이런 폭력에 맞서 블랙팬서당이 활동했고 1992년에는 백인 경찰관들이 교통법규를 어긴 흑인을 무자비하게 구타하고도 무죄판결을 받아서 폭동이 일어나기도 했던 곳이다. 맥루어는 자신의 책에서 '장애 이론' 및 '장애학계'가 중산층 백인 남성 이성애자 중심의 단일 쟁점 정치로 굳어지는 경향에 맞서 다양하고 복잡한 교차성의 정치 한복판에서 장애를 이론화한다. 이런 맥락에서 맥루어가 이 갱단을 불구 정치의 한 부분으로 주목하는 이유는 크게 두 가지다. 첫째, 어린 시절부터 심각한 인종차별과

빈곤, 각종 폭력에 시달리는 흑인 청소년들에게는 갱단 말고는 다른 대안이 거의 없는데, 갱단의 삶은 죽거나 투옥되거나 총상으로 인한 장애를 안게 되는 세 가지 결말로 귀결된다. 이런 현실에서 장애의 생산은 계급 및 인종 문제와 밀접하게 얽혀 있으며, 가난한 흑인 도시 "공동체의 핵심 구성 요소"이다(McRuer, 69). 둘째, 1970년대에도 흑인 갱단들은 흑인들의 직업·거주·교육 문제 개선을 지역사회에 요구했고, 특히 1992년 폭동 이후 '크립' 갱단이 라이벌 갱단인 '블러드' 갱단과 화평 조약을 맺었을 때 이 조약에는 아프리카계 미국인 공동체를 위한 교육과 경제적 기회뿐 아니라 공동체가 겪고 있는 에이즈 위기와 보건의료 문제 해결을 시 당국에 요구하는 내용이 들어 있었다. 이런 점에서 맥루어는 갱단이 흑인사회에 끼친 많은 악영향에도 불구하고 이들이 적어도 "공동체와 장애제도를 건설하는 데 전념하는 상호의존적 네트워크"를 만들려 노력했다는 점에 주목한다(67). 이는 《가장 느린 정의》 1장에서 저자가 예시하는 장애 당사자 돌봄망처럼 주류 사회에서 배제되고 소외된 사회적 소수자들이 직접 만들어가는 불구 정치로 볼 수 있다.

7   [역주] 앨라이(ally)는 사회적 소수자운동에서 발전한 용어로, 본인이 성소수자 당사자가 아닌데도 성소수자들이 겪는 차별과 억압에 반대하고 평등한 세상을 만들기 위해 함께 힘쓰고자 하는 개인이나 집단을 일컫는 용어다. 한국에서는 비온뒤무지개재단이 2010년대 중반부터 '앨라이 캠페인'을 벌이고 있다(https://rainbowfoundation.co.kr/allymodel). 한편 이 앨라이 캠페인에서는 성소수자 '당사자'에 포함되는 사람들도 앨라이로 포함한다. 본인이 직접 경험한 정체성이 아니면 성소수자로 묶이는 집단 내부의 다양성과 차이를 온전히 이해할 수 없다는 점에서, 서로가 서로의 앨라이가 될 수 있고 되어야 한다는 것이다. 이 책의 서문과 1장에서 설명하는 '교차-장애 연대'가 이러한 함의를 담고 있다.

8   집단적접근성창조하기(Creating Collective Access)에 대해 더 알고 싶으면 다음의 웹사이트를 참조하라. creatingcollectiveaccess.wordpress.com/. 나는 이 책의 1장 〈돌봄망: 집단적 접근성을 창조하는 실험들〉에서 집단적접근성창조하기에 대해 좀 더 자세히 이야기했다.

9   [역주] '미디어 연합 회의(Allied Media Conference, AMC)'는 미디어를 활용해 사회를 변혁하고자 하는 퀴어·장애인·유색인 중심의 네트워크다. 1999년 오하이오주에서 설립된 '중서부 잡지 회의(Midwest Zine Conference)'로 출발해 2002년 명칭을 '미디어 연합 회의'로 바꾸고 2007년에 디트로이트로 이전한 다음 2022년까지 매년 동명의 콘퍼런스 〈미디어 연합 회의〉를 개최했다(2019년 한 해만 쉬어감). 디트로이트를 기반으로 하되 점차 전국

규모로 커졌으며, 〈미국 사회 포럼〉과 함께 교차적인 사회정의운동들의 교류와 연대의 장으로 기능했다. 예를 들어 2014년 〈제1회 국제 유색인 트랜스 여성 네트워크 모임〉이나 2015년 〈제1회 '흑인의 생명도 소중하다' 전국 모임〉 등 역사적으로 중요한 모임이 여기서 열렸다. 2023년 23년간의 활동을 갈무리하며 운영을 공식 종료했고, amc.alliedmedia.org에 활동이 아카이빙되어 있다.

10 [역주] 〈미국 사회 포럼(US Social Forum, USSF)〉은 2007년 애틀랜타에서 처음 열린 이래 매년 개최되어온 전국적 규모의 시민사회운동 포럼이다. 2001년 브라질에서 개최되어 연례화된 〈세계 사회 포럼(World Social Forum)〉에 뿌리를 두고 있으며, 미국 전역 수십 개의 사회운동 단체들과 다양한 사회적 배경의 활동가 및 시민들이 모여 경험을 나누고 토론하고 연대를 결의함으로써 자본주의가 초래한 경제위기와 환경위기에 대응하고 대안적 미래를 그리는 공동 운동을 구축하고자 한다.

11 [역주] 포에트리 슬램(poetry slam)은 시인들이 청중 앞에서 시를 낭독하고 경연하는 예술 행사로, 1984년 미국의 시인 마크 스미스(Marc Smith)가 창안했다고 알려져 있다. 2002년부터 2007년까지 미국 케이블 채널 HBO에서 방영된 시리즈 〈데프 포에트리 잼〉을 계기로 북미 대중에게 주목받았고, 현재는 유럽 포에트리 슬램 챔피언십, 포에트리 슬램 월드컵 등 국제 경연 대회를 포함해 다양한 국가들에서, 또 마을 도서관이나 카페 같은 소규모 공간들에서도 포에트리 슬램이 개최되고 있다.

12 현재 공식 웹사이트 같은 곳에서 가장 널리 쓰이는 용어는 '만성피로 면역기능 장애(Chronic Fatigue Immune Dysfunction)'다. 하지만 나는 이 병명을 '만성피로 면역결핍 증후군'이라 배웠고, 근 20년 이상 이 용어를 사용해왔기 때문에 이 용어를 계속 쓸 것 같다.

13 [역주] 스포큰 워드(spoken word)는 시를 낭독하는 형태의 공연예술을 주로 뜻하며, 포에트리 슬램, 짧은 코미디, 힙합 공연 등 재담과 운율, 억양을 활용해 미학적 효과를 만들어내는 구어예술 장르를 통칭하기도 한다.

14 [역주] 〈장애 가시화 프로젝트(The Disability Visibility Project)〉는 척수성 근위축증이 있는 아시아계 미국인 장애 여성 활동가이자 작가인 앨리스 웡(Alice Wong)이 2014년 설립한 온라인 커뮤니티로, 장애 미디어 콘텐츠와 문화를 만들고 기록하고 확산하는 것을 목적으로 한다. 공식 홈페이지는 다음과 같다. https://disabilityvisibilityproject.com/. 2019년까지 이 프로젝트에 모인 글이 다음의 선집으로 출간되어 있다. 앨리스 웡 엮음, 《급진적으로 존재하기: 장애, 상호교차성, 삶과 정의에 관한 최전선의 이야기들》, 박우진 옮김, 가망서사, 2023(Alice Wong, Ed. *Disability Visibility:*

First-person Stories from the Twenty-first Century, New York, NY: Vintage Books, 2020). 그리고 최근 번역된 웡의 단독 저서에서도 이 프로젝트 관련 글이 곳곳에 실려 있다. 앨리스 웡, 《미래에서 날아온 회고록: 장애인 신탁 예언자가 전하는 지구 행성 이야기》, 김승진 옮김, 오월의봄, 2024(Alice Wong, *Year of the Tiger: An Activist's Life*, New York, NY: Vintage Books, 2022)

15 [역주] 〈너의 목소리를 내라(Wear Your Voice)〉는 퀴어, 흑인, 선주민, 유색인 당사자들의 온라인 매거진으로, 2014년부터 2021년까지 운영되었다.

16 [역주] 스푸니집단(Spoonie Collective)은 크리스틴 미세란디노(Christine Miserandino)의 에세이 〈숟가락 이론(Spoon Theory)〉에 공감하는 아프고 장애가 있는 사람들이 이 이론을 바탕으로 만든 운동 단체다. 로스앤젤레스 지역을 기반으로 주로 퀴어 유색인 장애인 활동가들로 구성되어 있으며 장애정의를 명시적으로 추구한다. 숟가락 이론에 대해서는 1장 원주 33을 보라. 공식 홈페이지는 다음과 같다. spooniecollective.org

17 Patty Berne, "Skin, Tooth, and Bone—The Basis of Our Movement Is People: A Disability Justice Primer," *Reproductive Health Matters 25*, no. 50, May 2017, 149–50.

18 [역주] 알렉시스 폴린 검스(Alexis Pauline Gumbs)는 미국의 퀴어 흑인 페미니스트 작가, 독립 연구자, 시인, 활동가이자 교육자이다. 유색인 여성 생존자들이 이끄는 젠더화된폭력종식연합우분투(UBUNTU A Women of Color Survivor-Led Coalition to End Gendered Violence)의 공동 설립자이자 킨드레드서던치유정의집단(Kindred Southern Healing Justice Collective)의 초기 구성원이기도 하며, 흑인, 선주민, 노동계급, 여성, 유색인, 퀴어 주도의 운동으로부터 나온 회복탄력성을 확산하고 억압받는 공동체들의 문제들에 천착해왔다. 그가 설립한 브릴리언스리마스터드(Brilliance Remastered)는 독립 예술가와 지식인들을 위한 쉼과 교육을 제공하고 있다. 주요 저서로는 《유출: 흑인 페미니스트 탈주의 장면들(Spill: Scenes of Black Feminist Fugitivity)》(Durham, NC: Duke University Press, 2016), 《M 아카이브: 세상의 끝 이후(M Archive: After the End of the World)》(Durham, NC: Duke University Press, 2018)〉, 《떠오르는 숨: 해양 포유류의 흑인 페미니즘 수업》(김보영 옮김, 접촉면, 2024; *Undrowned: Black Feminist Lessons from Marine Mammals*, Durham, NC: Duke University Press, 2020) 등이 있다. 공식 홈페이지는 다음과 같다. alexispauline.com

19 Alexis Pauline Gumbs, *brokenbeautiful press*, brokenbeautiful.wordpress.com

20 [역주] 헨리에타 랙스(Henrietta Lacks)는 1920년 미국 버지니아주에서

흑인 노예의 후손으로 태어난 여성으로, 자궁경부암으로 사망한 후 그녀를 치료하던 존스홉킨스 병원은 무단으로 그녀의 세포를 배양하여 더모피셔과학연구소(Thermo Fisher Scientific)로 보냈다. 보통의 세포와 달리 빠르게 증식하며 노화하지도 않았던 그 세포는 그녀의 이름을 따 헬라(HeLa)라고 이름 붙여졌고 이후 전 세계 현대의학 연구에 큰 기여를 하며 수백억 달러의 수익을 창출했으나, 그녀의 유가족은 1975년까지 이러한 사실을 알지도 못한 채 빈곤층으로 살고 있었다. 유가족은 더모피셔과학연구소를 상대로 수년간 소송을 하며 의료 연구윤리의 문제, 특히 흑인들을 대상으로 인종차별적이고 착취적으로 행해진 의료실험의 역사를 가시화했다. 2021년 세계보건기구(WHO)는 랙스 덕분에 수많은 과학적 성취가 이뤄졌다며 그녀를 추모하는 행사를 열기도 했다. 10년 동안 랙스의 삶과 헬라 세포에 관해 조사한 과학 저술가 레베카 스클루트(Rebecca Skloot)의 책 《헨리에타 랙스의 불멸의 삶》(김정한·김정부 옮김, 꿈꿀자유, 2023; *The Immortal Life of Henrietta Lacks*, New York: CROWN Publishers, 2010)이 번역 출간되어 있다.

21 [역주] 해리엇 터브먼(Harriet Tubman)은 19세기 노예해방운동에 매진한 노예 폐지론자다. 태어날 때부터 노예였던 터브먼은 탈출한 뒤 '지하철도'라는 반노예 운동가 네트워크와 아지트를 통해 해방 시설 13곳을 세워 노예 70여 명을 구했다. 남북전쟁이 발발하자 북쪽의 공작원으로 활약했다.

22 [역주] 미국 재활법 제504조(Section 504 of the Rehabilitation Act of 1973)는 장애인권을 보장한 최초의 미국 연방법 중 하나로 1973년 통과되었다. 누구든 장애를 이유로 연방 재정 지원을 받는 모든 프로그램이나 활동에서 배제되거나 차별받아선 안 된다고 명시함으로써 고용, 학습, 이동, 통신 등 제반 영역에서의 장애인 접근권을 확대했다.

23 [역주] 블랙팬서당(Black Panther Party)은 1966년 흑인 활동가 로버트 조지 실(Robert George Seale)과 휴이 P. 뉴턴(Huey P. Newton)이 설립한 흑인 운동 조직으로, 초기 핵심 활동은 흑인에 대한 경찰의 잔혹한 폭력을 감시하는 것으로 흑인 공동체의 자기방어를 위한 무장 순찰이었고, 흑인의 완전 고용과 병역 면제, 공정한 재판 등을 목표로 했다. 검은 옷을 입고 주먹을 드는 의례와 총을 든 모습 때문에 블랙팬서당이 폭력적이라는 세간의 편견이 만들어졌지만, 학생들을 위한 무료 아침 식사 제공, 흑인 및 저소득층 대상 건강 진료소 및 식료품 제공 등의 프로그램을 운영하며 국가가 소외시킨 공동체의 생존을 모색했던 지역사회 기반 조직이었다. 블랙팬서당은 캘리포니아 오클랜드에서 시작하여 점차 미국 전역으로 파급력을 키우며 샌프란시스코, 시카고, 뉴욕, 시애틀 등 미국 주요 도시뿐만 아니라

알제리에도 지부를 두었고, 베트남전쟁 반대운동, 빈민운동, 장애운동에도 연대하며 1960년대 신좌파운동 전반에 큰 영향을 끼쳤다고 평가된다. 1969년 FBI가 블랙팬서당을 국가 보안 위협 세력으로 지목한 후 핵심 당원들을 대대적으로 구속하고 지지자들을 괴롭히며 내부 분란을 조장하는 등 집요하게 탄압했고, 1970년대 들어 주류 언론의 비난과 내분으로 약화되면서 1982년 해산했다.

24 [역주] 실비아 리베라(Sylvia Rivera)와 마샤 P. 존슨(Marsha P. Johnson)은 뉴욕 기반의 드랙퀸 퀴어 성노동자 활동가로, 두 사람은 1960년대 초 뉴욕의 길거리에서 처음 만나 친구이자 동료가 되었다. 아프리카계 미국인이었던 존슨과 푸에르토리코계 브라운이었던 리베라는 게이해방전선(Gay Liberation Front)을 비롯한 많은 백인 게이 레즈비언 중심의 동성애자 해방운동이 주류 사회에 '정상인'으로 동화되고자 하면서 다양한 트랜스젠더 및 젠더 비순응자의 의제와 존재를 운동에서 소외시키고 있음을 소리 높여 비판했다. 존슨은 1969년 성소수자들이 주로 이용하던 바 스톤월 인(Stonewall Inn)을 급습한 경찰의 관행적 폭력과 모욕에 항거해 성소수자들이 벌인 스톤월 항쟁(Stonewall Uprising)에 주도적으로 참여했으며, 리베라와 함께 1970년에 거리에 사는 젠더퀴어들을 위한 급진적 운동 단체인 스타(Street Transvestite Action Revolutionaries, STAR)를 공동 설립했고, 스타 하우스(STAR House)를 통해 가난하거나 홈리스인 퀴어 트랜스 청소년들에게 먹을 것과 머물 공간, 네트워크 등을 지원하기도 했다. 1973년 동성애자 자긍심 퍼레이드 주최 측은 드랙퀸들의 행진 참여가 운동에 오명을 씌운다며 존슨과 리베라의 행진 참여를 금지했고, 이에 두 사람은 퍼레이드 앞줄에서 반항적으로 행진하는 것으로 응수했다고 알려져 있다. 존슨은 HIV 양성 판정을 받은 당사자로서 1980년대 액트업(AIDS Coalition to Unleash Power, ACT UP)에서 에이즈 인권 활동가로 일하기도 했다. 1992년 허드슨 강에서 존슨의 시신이 발견되자 경찰은 성급히 자살이라고 판정했으나, 동료들과 퀴어 공동체는 혐오범죄에 의해 사망했을 가능성을 제기하며 진상 규명을 요구하는 행진을 벌였다. 존슨의 죽음 이후 리베라는 홈리스 퀴어 인권을 지지하는 활동을 이어갔고, 2002년 간암 합병증으로 세상을 뜨기 전까지 계속해서 트랜스젠더들이 퀴어 인권운동의 최전선에서 싸워야 한다고 역설하며 당시 주류 퀴어운동이 군대 내 동성애자 포용 정책이나 혼인 평등 같은 동화주의적 운동 의제에만 초점을 맞추고 있다고 비판했다.

25 [역주] 바버라 캐머런(Barbara Cameron)은 미국 선주민 사진가, 시인, 작가이자 활동가로, 동성애혐오적 선주민 공동체와 인종차별주의적

동성애자 공동체 양쪽에서 소외되어온 동성애자 선주민의 요구와 권리를
가시화하고자 1975년 미국 최초의 동성애자 선주민 해방운동 단체인
게이아메리칸인디언스(Gay American Indians, GAI)를 공동 설립했다.

26 [역주] 미국장애인차별금지법(Americans with Disabilities Act, ADA)은 모든
공적 영역에서 장애에 기초한 차별대우를 금지하는 민권법이다. 1973년의
재활법이 정부기관, 연방 정부와 계약한 사업체, 연방 정부의 지원을 받는
프로그램에 한정해서 장애인 차별 금지를 정한 법으로서 적용 범위에
한계가 있었다면, 1990년에 제정된 이 법은 그 범위를 일반 민간 영역으로
확대함으로써 장애차별금지의 기본을 세웠다. 미국을 포함한 해외의
장애차별금지 관련법과 한국의 장애 관련법을 비교한 연구로는 다음을 보라.
한국노동연구원, 〈장애인 고용차별 금지 개선에 관한 연구〉, 연구 책임자
황수경, 2003년 노동부 수탁연구과제 보고서.

27 [역주] 환자보호 및 부담적정보험법(Affordable Care Act, ACA)은 오바마
정부 주도로 2014년 1월부터 시행된 의료보험제도 개혁안으로, 흔히 '오바마
케어'라고 불린다. 수많은 사람이 기존 공공의료보험 가입 자격 요건에 맞는
저소득층은 아님에도 의료보험료나 의료비를 부담할 돈이 없어 아파도
의료서비스 이용을 포기하는 심각한 국민 건강 위기를 해결하기 위해
도입되었다. 가구당 소득을 기준으로 공공의료보험 대상 범위를 확대하고,
특정 민간 보험료에 정부 보조금을 지급하며, 보험사의 가입자 차별 및
거부를 금지하는 등의 정책으로 전 국민의 의료보험 가입을 목표로 한다.
트럼프 정부 시기 여러 차례 오바마 케어를 폐지하려는 시도가 있었으나
실패했고, 2024년 현재 이 법에 따라 의료보험에 가입한 미국인의 수는
2000만 명 이상으로 역대 최대치를 기록했다. 미국건강보험개혁법으로도
불리는 이 제도에 대한 자세한 설명은 의료정책연구원 연구보고서 〈미국의
건강보험개혁 동향과 시사점〉(2014)을 보라. https://rihp.re.kr/bbs/board.ph
p?bo_table=research_report&wr_id=227&page=6

28 [역주] 예시적 정치(prefigurative politics)에 관해서는 이 책 9장을 보라.

29 [역주] 〈펨 샤크 선언문(Femme Shark Menifesto)〉은 2008년에 쓰였고
저자의 홈페이지에서 전문을 볼 수 있다. brownstargirl.org/femme-shark-
manifesto

30 [역주] 메디케이드(Medicaid)는 1965년 도입된 미국의 저소득층
의료보장제도다. 65세 미만 미국 시민권자 또는 합법적 이주민 중 특정
소득기준 이하의 사람 또는 장애인에게 연방 정부와 주 정부 공동의 자금으로
공공의료보험 혜택을 제공한다. 연방 정부가 설정한 기본 기준하에서 각
주별로 세부 자격기준과 혜택 범위를 달리하며, 수혜자는 주 정부가 지원하는

의료서비스를 무료 또는 매우 낮은 비용으로 이용할 수 있다. 메디케이드는 '메디케어'(1장 역주 20을 보라)와 더불어 장애인들에게 매우 중요한 복지제도다. 메디케이드에서 장애인은 노인, 시각장애인, 장애인을 한 범주로 묶은 ABD Medicaid(ABD는 Aged, Blind, or Disabled의 약자)에 들어가며, 장애인 자격조건은 사회보장국(Social Security Administration)이나 주 정부의 메디케이드 장애 심사팀에서 판정한다. 의료비뿐 아니라 활동 보조 지원도 메디케이드에서 받을 수 있다. 다만 모든 장애인이 메디케이드 자격을 얻을 수 있는 것은 아니다. 메디케이드는 원칙적으로 저소득층을 위한 의료보장제도이기에, 메디케이드를 받을 수 있는 첫 번째 자격은 소득이 매우 낮아야 한다는 것이다. 공공부조를 받을 만큼 형편이 어렵고 임금노동을 할 수 없는 장애 상태임을 입증해야만 메디케이드 자격을 받을 수 있으며, 실질적인 소득이 발생할 만한 활동을 하는 경우 자격이 취소될 수 있다. 이 때문에 상당수가 빈곤 상태에 처해 있는 장애인들을 살리는 제도인 동시에 계속 빈곤 상태에 가두는 제도라는 비판이 제기되어왔다. 또한 매년 까다로운 서류심사를 통해 메디케이드 자격이 축소되거나 박탈당할 수 있으며, 자격을 얻어도 정치적 상황에 따라 대대적인 예산 삭감이 이뤄질 수 있다(특히 트럼프 정부 당시). 이는 많은 장애인의 목숨을 위협한다(앨리스 웡의 《미래에서 날아온 회고록》 중 〈나의 메디케이드, 나의 생명〉을 보라). 더욱이 메디케이드 자격은 미국 시민권자와 합법적으로 등록된 외국인만 대상으로 하기 때문에, 이 책 곳곳에서 저자가 서술하듯 많은 장애인이 복지 사각지대에서 비합법적인 방식의 공동체 돌봄을 모색할 수밖에 없는 상황에 처해 있다. 한편 메디케이드는 미국의 극악한 의료보험 체계에서 저소득층을 구제할 대안으로 만들어진 것이긴 하나, 한국의 공공의료보험인 국민건강보험제도와 저소득층 대상의 의료급여제도처럼 중앙 정부가 주관하는 것은 아니다. 그러다보니 각 주마다 메디케이드 자격조건과 혜택 범위가 매우 다양하고 복잡하며, 매년 증가하는 메디케이드 예산에 대한 부담 때문에 주 정부가 비용 일부를 제공하고 보험사를 통해 메디케이드를 관리하는 부분 민영화 형식으로 운영되고 있다(예를 들어 미국의 대표적 건강보험업체인 유나이티드헬스케어에서는 각 주별 메디케어와 메디케이드 플랜을 짜주는 프로그램을 제공하면서 사보험과 공보험 양쪽을 관리한다).

31 [역주] 데이비드 랭스태프(David Langstaff)는 미국의 작가, 교육자, 조직활동가로 2016~2017년 신스인발리드의 프로그램 매니저로 일했고, 주거권운동, 감옥 폐지운동, 장애정의운동, 반시온주의운동 등 다양한 사회운동에 참여해왔다.

32 [역주] 이 책 전체에서 저자가 psychiatric survivor와 psychic survivor,

"psych" survivor라는 표현을 섞어 쓰고 있어서, 잠정적으로 첫 번째 단어는 '정신의학적 생존자'로, 뒤의 두 단어는 '정병 생존자'로 번역했다. 자세한 논의는 옮긴이 해제를 보라.

1부

1장

돌봄망

집단적 접근성을 창조하는 실험들

너 오늘 차 가지고 있니? 하야티, 나 버스 정류장에 있는데 너무
아파. 데리러 올 수 있어? 이봐, 나 20달러만 빌려줄래? 나갈 때
식료품점 좀 들러서 먹을 것 좀 사다줄 수 있니? 여기 장볼 목록
줄게. 지역 침술소에 같이 갈래? 있잖아, B를 교대로 돌볼 사람들
이 더 필요한데, 페이스북에 이거 퍼가줄 수 있니? 시내에 갈 건
데 휠체어 들어가는 승합차 같이 타고 가도 될까? 너 오면 내 활
동보조인이라고 해, 그럼 넌 돈 안 내도 돼. 아네모네 팅크tincture[1]
있으면 좀 가져다줄래? 나 지금 폭발할 것 같아. 날 좀 안아주면
좋겠어. 내가 네 수동휠체어 가져가서 테이크아웃하면 우리 다
먹을 만큼 담아 올 수 있어. 나랑 병원에 함께 가줄래? 내가 의사
랑 얘기하고 있을 동안 메모 좀 해줄래? 이지더즈잇Easy Does It[2]에
픽업 예약하려는데 네 주소 좀 써도 될까? 지금 막 오클랜드 경
계를 넘어 들어가는 중이야. 우리 행사에 수어 통역을 제공할 수
있게 기부금 좀 모으자. 통역자 명단 네가 갖고 있니? 여기 우리
가 구글 독스Google docs에 만들어놓은 접근 가능한 행사 장소 목록
이 있어. 내 매드 맵mad map[3] 위기 팸crisis fam[4]의 일원이 되어줄래?
우리가 한 도시에 살더라도 네가 밖으로 나올 수 없다면 스카이
프를 할까? 나랑 함께 푸드스탬프food stamp[5] 사무소에 갈래? 너 진
료소 갈 거면 약용 대마초 8분의 1[6]만 가져다줄 수 있어?

(장애, 보육, 경제적 접근성 등등) 접근성과 돌봄에 대한 우리의
생각을 전환한다는 건 어떤 의미일까? 불행히도 불운한 몸을 가
지게 된 대가로 하기 싫어도 해야 하는 개인적인 일에서, 어쩌면
엄청나게 즐거울지도 모르는 집단적 책임으로 바꾸어 생각한다

는 것은 무엇을 뜻할까?

그건 우리 운동에서 어떤 의미일까? 우리의 공동체/팸에게는? 우리 자신과, 장애 및 만성질환과 함께 살아가는 우리 고유의 체험에는 어떤 의미일까?

부드러움과 강함, 취약성, 자긍심, 도움을 요청하거나 요청하지 않기에 대한 관념들과 씨름한다는 건 무엇을 의미하는가? 이 모든 관념은 너무도 깊이 인종화되고 계급화되고 젠더화되어 있다.

만약 집단적 접근성이 동정심을 뺀 혁명적인 사랑이라면, 우리는 어떻게 서로를 사랑하는 법을 배울 수 있을까? 어떻게 하면 이 집단적 돌봄이라는 사랑의 노동을 배울 수 있을까? 우리를 내버리는 게 아니라 북돋아주는, 돌봄이 복잡하게 얽히는 그 모든 심오한 방식을 붙들고 씨름하는 그런 일을 우리는 어떻게 배울 수 있을까?

이 글은 돌봄에 관한 에세이다ー아프고 장애가 있는 사람들이 자율성과 존엄성을 갖고서 우리 고유의 방식대로 우리가 필요로 하는 돌봄과 지원을 받으려고 시도하는 방법들에 대한 글이다. 특히 이 글은 아프고 장애가 있는, 주로 흑인이고 브라운인 퀴어들이 우리를 위한, 그리고 우리에 의한 돌봄 네트워크를 창출하기 위해 지난 10년 동안 열어온 몇몇 실험들에 관한 에세이다.

이 글은 세상에서 그리고 우리의 집에서, 정부나 때로는 우리의 생물학적 가족에 일차적으로 의존하지 않고도 사랑하고 살아가기 위해 필요한 것을 상호의존적으로 얻고자 하는 우리의 시도들에 관한 글이다. 정부와 생물학적 가족은 아프고 장애가 있는 사람들이 돌봄을 받으려면 의존할 것을 가장 많이 강요받는 곳이다. 그 과정에서 때로는, 음, 꽤나 자주, 학대와 통제력 상실을 함께 강요받는다. 이 글은 우리가 통제할 수 있고, 기뻐하고, 공동체를 건설하고, 사랑받고, 서로 주고받도록, 그 과정에서 그 누구도 번아웃되거나 학대당하거나 임금을 착취당하지 않도록 돌봄에 깊숙이 접근할 방법을 꿈꾸고자 시도하는 몇 가지 방식에 대한 글이다. 이 글은 우리를 위한 글이고 우리에 의한 글이다. 또한 자신이 비장애-신체에 규범적인 정신을 가졌다고 생각하는 사람들, 그렇지 않을 수도 있는 사람들, 항상 그렇진 않을 사람들, 그리고 돌봄에 대한 나쁜 기억이 아직도 어른거려서 돌봄받는 게 죽기보다 더 비참한 일이라는 심한 공포에 시달리는, 그 무엇보다 돌봄을 필요로 하지만 그걸 말할 수조차 없는 사람들, 이 모두를 위한 글이다.

이 글은 아프고 장애가 있는 퀴어-트랜스-흑인-선주민-유색인들의 이야기로 가득하다. 그 이야기들은 특정 장애인 퀴어-트랜스-흑인-선주민-유색인 활동가 서클 안에서는 잘 알려져 있지만, 우리가 서로를 발견하게 해줄 매체들의 접근성과 안전성이 낮아지면서(트럼프 시대의 페이스북) 또는 소실되면서(웹 2.0) 사라져버리거나 전달되지 않을 위험에 처한 이야기들이다. 그리고 나는 또한 퀴어 전설과 신화를 통해 알게 된, 오랜 세월 존재해온 돌봄망care webs을 생각하고 있다. 장애인 이야기로 여겨지지 않는 경우가 많고 당사자들도 이걸 장애인 돌봄에 관한 이야기로 생각하지는 않았겠지만 그럼에도 접근성 관련 도구, 의약품,

돌봄을 공유했던 연결망들이 있다. '스타 하우스STAR House'는 흑인이자 브라운 트랜스 펨 성노동자 혁명가 마샤 P. 존슨과 실비아리베라가 시작한 하우스로, 유색인 트랜스들과 거리의 트랜스들이 자유롭게 머물고, 서로를 지지하고, 치유와 젠더 긍정gender affirmation[7]을 위한 호르몬제 및 기타 물자를 공유하는 안전한 공간이었다. 존슨과 리베라는 성노동을 하며 번 돈으로 집세를 내면서 이 공간을 유지했다. 1980년대와 1990년대 에이즈 활동가 수감자 네트워크들은 더 안전한 섹스 용품과 에이즈 치료제를 공유했고 수감자들이 의료서비스를 받을 수 있도록 투쟁했다. 매드운동은 비밀리에 은신처를 제공하고 약과 대체요법을 공유할뿐만 아니라 안전하게 약을 끊는 방법도 공유했다. 오늘날의 뉴잉글랜드마약사용자연합New England Drug Users Union처럼 종종 범죄화되지만 그럼에도 약으로 인한 손상을 줄이고자 모인 지하 네트워크들에서는 거실에 모여 오피오이드를 사용하는 사람들에게 펜타닐 검사지와 날록손을 나눠주었다.[8] 우리는 전부터 서로를 발견해왔고 서로에게 치유와 접근성을 제공해왔다. 그리고 앞으로도 그럴 것이다.

이 글은 질문으로 가득 차 있다. 아프고 장애가 있는 우리가 돌봄에 접근하게 해주는 것이 무엇인지에 관한 질문들이다. 우리는 돌봄에 대한 우리의 요구가 경제에, 국가에, 가족에, 버스정류장을 같이 이용하는 사람에게 골칫거리이자 부담이므로 우리가 최대한 자리를 덜 차지해야 한다고 배워왔다. 이 글은 노동계급 유색인 장애인 펨으로서 내가 알고, 살고, 목격한 이야기들에 뿌리를 두고 있으며, 우리 같은 사람들이 엄청난 역경에 맞서 서로를 구해왔고 계속해서 구하고 있는 그 모든 방법을 담고 있다. 이 글은 아프고 장애가 있는 유색인 공동체들이 서로를 위해 만드는 기적에 대한 글이고, 또한 모순과 균열에 대한 글이다. 질문 중 일부는 이를테면 흑인과 브라운 공동체 출신이라서 돈을 거의 혹은 한 푼도 못 받고 항상 다른 이들을 돌봐야만 했던 우리가 돌봄을 요청할 수 없도록 가로막는 것이 무엇인지에 관한 것이다. 또는 아프고 장애가 있는 사람들이 서로를 잊지 않는 유일한 존재일 때, 그런데 우리 모두가 너무도 극도로 지쳐 있을 때 무슨 일이 일어나는가에 관한 질문들이다. 내가 이 글을 쓴 이유는 우리 이야기의 힘을 열렬히 믿기 때문이다—우리가 서로를 위해 음식을 만들고, 판단을 내리지 않은 채 서로의 말에 귀 기울여주고, 약을 나눠 쓰고, 정신착란이 일어난 동안 함께 시간을 보내고, 화장실에 가거나 스쿠터를 타기 위해 서로를 들어올려줄 때 우리가 하는 혁명적 노동의 힘을 진심으로 믿기 때문이다.

내가 이 글을 쓴 이유는 아프고 장애가 있는 퀴어-트랜스-흑인-선주민-유색인 이야기들을 기록하는 일이 중요하다고 열렬히 믿기 때문이고, 돌봄을 창출하는 방법들을 구축했던 지난 10년간 내가 목격하고 참여해온 그 이야기들을 믿기 때문이다. 그 이야기들은 장애정의 작업의 핵심적인 부분이자 다음 세상을 만드는 작업, 즉 우리가 원하는 세상, 트럼프 이후의, 파시즘 이후의, 종말 이후의 세상을 만드는 작업의 핵심적인 부분이다. 내가 이 글을 쓴 이유는 우리가 우리 작업이 선사할 선물과 그 작업이 예기치 못하게, 불가피하게 붕괴할 위험이 교차하는 곳에 서 있다고 생각하기 때문이다. 그리고 우리에겐 새로 떠오르는, 회복력이 강한 돌봄망을 건설할 방법을 꿈꾸고 계속 꿈꿔갈 기회가 있다고 믿기 때문이다. 나는 새로운 세상을 창출하는 우리의 작업이 그 돌봄망에 달려 있다고 믿는다—왜냐하면 우리 모두는 장애인이 될 것이고 아프게 될 것이기 때문에, 그리고 정부 시스템은 실패하고 있는데 아직 '공동체'는 언제나 빨래를 도와주고 필요할 때 열려 있는 마법 유니콘 같은 원스톱 센터가 아니기 때문이다. 나는 우리가 완전 현실적이 되는 것, 우리의 수사가 안 먹히는 곳, 진이 빠져버리는 곳, 또는 이 짓거리가 진정으로 끔찍하게 힘들어지는 곳을 그저 안 보이게 덮어버리지 않는 것이 우리가 이 작업을 할 유일한 방법이라고 믿는다.

이 글은 내 엄마를 위해 쓴 글이다. 엄마는 노동계급이고, 아일랜드와 로마니Romani[9] 혈통이 섞였고, 심각한 유년기 성폭력과 물리적 학대로부터 살아남은 생존자이고, 아무런 의료적 돌봄도 못 받은 채 회백척수염 후 증후군post-polio syndrome[10]과 더불어 살아왔고, 그다음엔 해리성 정체감 장애dissociative identity disorder와 복합적인 외상 후 스트레스 장애complex post-traumatic stress disorder뿐 아니라 인종차별적 환경에 의해 암이 생겨버린 장애 여성이다. 엄마는 자신의 장애에 대해 그 어떤 형식으로든 돌봄이나 지원에 접근할 수 있었던 적이 극히 드물었다. 엄마는 장애가 있는 신경다양인 청소년인 나를 의료적 돌봄 없이 방치하면서도 동시에 장애인 시설에 집어넣지 않고 보호해줬는데, 이는 시스템을 전혀 신뢰하지 않고 사람도 별로 안 믿는 노동계급 생존자로서 할 수 있는 명백한 최선이자 아주 흔한 일이었다. 이 글은 더 어릴 때의 나, 새롭게 또 엄청나게 아팠고 고립되었던 스무 살의 나, 장애 공동체나 책이나 기도에 의지할 수도 없고 미래가 어떻게 될지 추측할 수도 없고 꿈조차 꿀 수 없이 고립되어 내 장애를 돌볼 방법을 혼자서 만들어냈던 나를 위해 쓴 글이다. 이 글은 생계급여Supplemental Security income, SSI, 사회보장장애보험Social Security Disability Insurance, SSDI,[11] 온타리오주 장애지원프로그램Ontario Disability Support Plan, 혹은 당신이 살고 있는 주의 장애 지원금이 뭐라고 불리든 간에 그 지원금을 거부당한 사람들, 혹은 처음이든 네 번째로든 장애인에게 '공식적'으로 제공되는 편의accommodation[12]를 거부당한 사람들, 아픔이나 장애에 대한 '의료적 증명'을 하지 못해서 정부가 우리에게 마지못해 제공하는 것—교통비 할인, 장애인 콜택시Access-A-Ride,[13] 주 정부나 연방 정부의 장애수당, 복지, 학교나 직장에서 제공되는 편의—중 그 어떤 것도 받지 못하는 모든 사람을 위해 쓴 글이다. 이 글은 우리 중에 건강보험과 일자리에서부터 사회적 수용과 자본에 이르기까지 생존에 필요한 모든 것을 계속 지키기 위해 장애를 벽장 속에 숨기고 있는 사람들을 위한 글이다.

이 글은 우리 중에 자신의 장애, 광기Madness, 농聾, Deafness,[14] 병을 벽장 속에 숨길 수 없는 사람들, 즉 눈에 띄는 장애가 폭력의 표적, 경찰·의사·가족이 우리를 살해하고 가둬두려는 시도의 표적이 되는 게 그저 어쩔 수 없는 삶의 현실인 사람들을 위한 글이다. 이 글은 그러한 포획과 통제, 폐기 처분을 피하려는, 그럼에도 살아가려면 여전히 장애인으로서 필요한 것들이 있는 우리 모두를 위한 글이다. 이 글은 도움을 요청하려고만 하면 몸이 굳어버리는, 설거지를 해달라거나 화장실을 청소해달라거나 옷 입는 걸 도와달라고 누군가에게 요청할 생각을 결코 한 번도 해볼 수조차 없다고 느끼는 모든 흑인과 브라운을 위한 글이다. 왜냐하면 그런 일들은 노예화, 식민지 침략, 이민, 인종차별적 빈곤의 와중에 우리 자신이나 우리의 가족들이 돈을 거의 또는 전혀 못 받으면서 해왔던 일이기 때문이다. 그리고 이 글은 돈도 존경도 거의 또는 전혀 못 받으면서 화장실을 청소하고 오물을 닦아낸 우리들을 위한 글이고, 존경과 존엄이 수반된 돌봄을 필요로 하고 그런 돌봄을 받을 자격이 있는 우리들을 위한 글이다. 이 글은 우리 모두를 위한 글이다. 특히 국가에 의해 버림받는 동시에 감시당하는 경험을 한 후에도, 건강보험을 거부당하고 생체 실험에 직면하는 상황에서도 우리의 공동체를 계속 살려온 모든 흑인, 선주민, 브라운 펨을 위한 글이다.

이 글은 돌봄이 필요하지만 아동구호 위탁관리 프로그램[15]은 피해야 했던, 내가 아는 모든 친구들을 위한 글이다. 이 글은 간절하게 돌봄을 필요로 하지만 국가가 자신이나 자기 아이들을 끌고 가버릴까 무서워서 결코 자기 집에 돌봄노동자를 들이지 않을 모든 사람을 위한 글이다. 이 글은 돌봄이 가족 구성원이나 파트너, 돌봄노동자나 낯선 타인들에 의한 통제를 의미했기 때문에 돌봄을 받아들이지 못하고 도망쳐야만 했던 모든 이들을 위한 글이다. 이 글은 아는 장애인이 단 세 명밖에 없어 서로를 위한 모든 돌봄을 그 안에서 감당하다가 좌절, 스트레스, 고함 속에서 결국 와해되고 마는, 스트레스에 지친 모든 퀴어-트랜스-흑인-선주민-유색인 친구들 그룹을 위한 글이다. 이 글은 우리 공동체에서 뒤로 내쳐지고 잊혀왔던 우리들, 유기와 고립 속에서 살아남거나 결국 살아남지 못했던 우리들을 위한 글이다. 이 글은 자신이나 친구들이 정신병동에 들어가지 않게 하려고 애쓰는 이들, 하지만 때로는 엉망진창인 것들 말고 정말로 도움을 줄 진짜 전문가를 그 무엇보다도 원하는 모든 이들을 위한 글이다. 이 글은 내가 기적처럼 좋은 돌봄을 받고 안도했던, 무엇이 가능한가에 대한 나의 이해를 바꾸어놓았던, 내가 잘 돌보는 데 성공하고 또 실패했던 그 모든 시간을 위한 글이다. 이 글은 우리가 앞으로 나아가면서 만드는 길을 위한, 우리가 마땅히 누려야 할 자율적인 돌봄이라는 이상적 미래를 위한 글이다.

사람들은 어떻게 돌봄을 받는가(그리고 받지 못하는가), 그리고 돌봄은 무엇을 의미하는가

나는 학계에서 훈련받은 장애학자가 아니고, 이 절이 (백인 지배적인) 장애학계의 학문적 기준에 잘 들어맞는다고 주장하지도 않을 것이다. 돌봄에 접근하거나 거부당한 장애인들의 역사, 그리고 우리의 필요가 감시당하고 이용당해온 방식들은 엄청 많고 광범위해서, 글 하나에 이 역사를 제대로 다 담아낼 방법은 없다—하지만 북미의 식민주의 이전과 이후에 우리에게 돌봄이 제공되거나 제공되지 않은 방식에 대해 매우 간략한 역사를 개괄하고자 한다. (장애를 다루는 너무도 많은 글이 얼마나 백인 지배적인 장애학 분야와 언어에만 한정되어 있는지, 그래서 어쩌면 그런 글들을 이용할 수도 있을 아프고 장애가 있는 사람들 대다수가 그것에 접근하기가 얼마나 불가능한지도 잘 알고 있다. 그러니 학계 안팎의 접근법에는 각각 장단점이 있다.) 자, 그런데, 수세기 동안 아프고 장애가 있는 사람들이 우리가 필요로 하는 돌봄에 접근해온 백만 가지 방법이 있었다. 그 모든 방법을 다 검토할 시간은 없다. 가볍게 대강 훑어보면, 식민지 시대 직전에 유럽인들이 접촉했던 공동체 상당수에서는 장애인으로 존재한다는 것이 낙인, 수치심, 추방, 죽음을 뜻하지 않는 방식들이 있었음을 알 수 있다. 장애인 체로키 학자 퀄리 드리스킬은 유럽인들이 접촉하기 전 체로키족 시대에는 다양한 종류의 몸, 병, 그리고 손상으로 간주될 만한 것이 있는 사람들을 부르는 단어가 많았음을 지적한다. 그리고 그 단어 중 어느 것도 부정적인 의미가 아니었고 아프거나 장애가 있는 사람들을 결함이 있다고 보거나 규범적으로 신체화된normatively bodied 사람들보다 나쁘다고 여기지 않았다고 지적한다.[16]

백인 정착민 식민주의가 도래하면서 상황이 달라졌는데 좋은 쪽으로는 아니었다. 대서양을 횡단하는 노예화, 식민지 침략, 강제노동 아래에 놓인 아프고 장애가 있는 흑인, 선주민, 브라운 상당수에게 국가가 지원하는 돌봄 따위는 전혀 없었다. 돌봄은 커녕 우리가 일할 수 없을 만큼 너무 아프거나 장애가 심할 경우 공장주나 농장주들에게 돈을 벌어다 줄 수 없다는 이유로 살해당하고 팔리고 죽게 방치되는 경우가 많았다. 아프고 장애가 있고 정신장애인에 농인에 신경다양인인 사람들의 돌봄과 치료는 우리의 인종·계급·젠더·위치에 따라 달랐지만, 대부분의 경우 기껏해야 우리는 붙잡히는 것을 피해 우리 스스로 돌볼 방법을 찾거나 가족, 민족, 또는 공동체―우리의 흑인과 브라운 공동체에서 장애 공동체에 이르기까지—에서 돌봄을 받을 방법을 찾는 게 최선이었다. 최악의 경우, 법적이고 사회적인 비장애중심주의와 인종차별주의와 식민주의의 결합은 곧 우리가 '우리 자신을 위해' 시설이나 병원에 갇혀 있어야 한다는 뜻이었다. 1700년대 중반부터 1970년대까지 미국에 기록된 어글리 법Ugly Laws은 많은 장애인이 공공장소에 있기엔 "너무도 추하다"고 명시했고 장애인들이 공공장소에서 공간을 차지할 수 없도록 법적으로 금지했다. 어글리 법은 1800년대와 그 이후 병원, '거주 시설', '위생 시설', '자선 기관'의 대규모 창설과 밀접히 얽혀 있는데, 그런 공간들의 규범은 장애인, 질환자, 광인, 농인을 비장애-신체적인 '정상 사회'로부터 격리시키는 것이었다.[17]

이런 시설들은 선주민 자녀를 훔쳐와서 학대하고 그들의 언어와 문화를 빼앗았던 선주민 대상 기숙학교, 그리고 수익을 목적으로 흑인, 브라운, 빈곤층, 트랜스, 퀴어, 성노동자, 범죄자 취급당하는 사람들을 가둬놓았던 교도소들과 같은 다른 교도소/감금 체계와 중첩되었다. 돌봄에 접근하기를 두려워하는 사람들의 마음은 난데없이 생겨난 것이 아니다. 그 공포는 돌봄을 필요로 한다는 것이 곧 감금당하기, 인권과 시민권을 잃기, 학대의 대상이 되기를 뜻했던 몇 세기와 몇 세대에 걸친 역사에서 나온 것이다. 우리 모두는 돌봄을 요청할까 고민하거나 돌봄을 필요로 할 때면 아직도 '거주 시설'과 감금이라는 유령에 시달린다.

1960년대와 1970년대 장애인권운동과 정신질환자 해방운동mental patients liberation movements에서 우선적이고 가장 열정적으로 요구한 것 중 하나는 자립생활independent living과 탈시설화deinstitutionalization

였다. 장애인권운동이 어떻게 롤링쿼즈Rolling Quads에서 출발했는가는 널리 알려진 불구 이야기다. 롤링쿼즈는 회백척수염 생존자인 신체장애인 백인 남성들로, UC버클리에 다니는 동안 흑인 및 브라운 권력운동[18]과 자유언론운동[19]을 목격하면서, 또한 그들이 대학 내 양호실 안에서만 사는 것이 허락되었기 때문에 그들끼리 함께 격리되어 살면서 급진화되었다. 졸업 후 그들은 최초의 자립생활 센터를 설립했다. 그리고 장애인들이 시설 대신 자기 아파트에서 살 수 있도록, 또한 옷 입고 화장실을 사용하고 침대에서 의자로 옮겨가는 데 도움을 받을 수 있도록 메디케어Medicare[20]와 메이케이드에서 정부 지원 개인 활동보조인 서비스 비용을 지불할 것을 요구했다.

하지만 패티 번이 말한 것처럼, 우리 중 일부 혹은 다수는 장애인권운동의 "낭떠러지에 매달려" 살고 있다―이곳은 백인 지배적이고, 단일 쟁점을 지향하며, 장애 해방을 달성하기 위해 법적 소송을 사용하는 능력에 의존하는 시민권 접근법이 우리 중 상당수를 뒤에 내버리고 가는 공간이다.[21] 우리 장애인 중 어떤 이들은 주 정부, 보건 당국이나 사회복지 프로그램이 비용을 지불하는 활동보조인 서비스에 접근할 수 있어 살아가는 데 필요한 도움을 받는다. 우리 중 어떤 이들은 자신의 장애를 정부가 결코 승인하지 않기 때문에 그 장애가 '진짜'가 아니게 된 사람들이다. 우리 중 어떤 이들은 누군가를 집에 들여 우리를 돌보게 하면 곧 우리가 무능함을 공표하는 셈이 되고 우리의 시민권을 빼앗길까봐 두려워 우리가 아플 수도 있는 그 공간에 아무도 못 들어오게 한다. 우리 중 어떤 이들은 돌봄을 받아들인다는 것이 활동보조인의 퀴어혐오, 트랜스혐오, 비만혐오나 섹스혐오를 받아들여야 한다는 뜻임을 알고 있다. 우리 중 어떤 이들은 어느 정도 돌봄이 필요하지만 국가가 정한 '완전 및 영구 장애Total and Permanent Disability'[22]의 모델에 딱 들어맞지 않고, 그렇다고 노동하기에 적합하고 일할 준비가 되어 있는 것도 아닌 애매한 중간에 끼어 있다—그래서 우리는 기존의 서비스에 접근할 수 없다. 우리 중 많은 이들이 정말로 끔찍하게 아프고 도움이 필요하지만, 달리 방도가 없을 때면 느리게나마 아직 혼자 요리하고 장 보고 일할 수 있기 때문에 공식적인 불구 심사를 통과하지 못하는 상황에 익숙하다. 우리 중 어떤 이들은 시민이 아니다. 우리 중 어떤 이들은 너무 많이 번다—무려 20달러나.[23] 우리 중 어떤 이들은 주 정부에서 제공하는 장애보험 대상자가 되면 결혼할 권리를 잃거나, 일자리를 잡거나 거주지 마련의 기회에 접근할 수 없게 될 것이다.[24] 우리 중 어떤 이들은 주 정부가 주는 돈을 받아들이지 않을 선주민 부족에 속해 있다. 우리 중 어떤 이들은—항상, 그리고 특히 트럼프 이후에, 미국에서는 메디케이드, 환자보호 및 부담적정보험법, 미국장애인차별금지법의 중지를 요구하고 전 세계적으로는 사회 의료보장제도 및 인권법 제정의 중단을 요구하는 파시즘이 부상함과 더불어—국가가 지원하는 돌봄을 받을 우리의 위태로운 권리가 사라진다면 무슨 일이 일어날 것인지, 그다음엔 우리의 생존 전략이 어떻게 될지에 대해 계속 걱정하고 있다.

과거의 악몽에서 벗어나 집단적 접근성이라는
미래를 위한 전략들을 향해 움직여가기

우리가 죽길 바라는 시스템들에 직면해서, 아프고 장애가 있는 사람들은 우리 자신과 서로를 돌볼 방법을 오랫동안 찾아왔다. 밴쿠버의 〈급진적 접근성 지도 만들기 프로젝트Radical Access Mapping Project〉[25]가 말하길, "비장애인들이여, 만약 당신들이 접근성을 어떻게 실현할지 모르겠다면 장애인들에게 물어보라. 우리는 오랫동안 그 일을 해왔고, 대개 돈도 안 받고 해왔고, 그 일을 정말로 잘한다". 때로 우리는 그 일들을 돌봄망 또는 돌봄 집단care collectives이라 부르고, 때로는 "나를 이따금 도와주는 친구들"이라 부르고, 때로는 아무 이름으로도 부르지 않는다―돌봄망은 그냥 삶이고, 그냥 당신이 하는 일인 거다.

이 글에서 내가 소개하는 돌봄망들은 장애 지원에 접근할 유일한 방법인 유급 활동보조 모델에서 벗어나 있다. 자선과 감사의 모델에 저항하면서, 이 돌봄망들은 그 망을 운용하는 장애인들의 필요와 욕망에 의해 관리된다. 어떤 돌봄망들에서는 장애인과 비장애인이 섞여서 도움을 주는가 하면, 어떤 돌봄망들은 '불구가 만든 접근성crip-made access' 실험이다. 즉 오직 장애인들을 위해 장애인들이 직접 만드는 접근으로, 장애인은 오로지 수동적으로 돌봄을 받을 수만 있지 돌봄을 줄 수도 없고 우리가 어떤 종류의 돌봄을 원하는지도 결정할 수 없다는 기존 모델을 확 뒤집어놓은 것이다. 장애인으로만 구성되었든 아니면 비장애인과 장애인이 섞여 있든 간에, 이 돌봄망들은 **자선이 아닌 연대** 모델을 바탕으로, 상호원조와 존중 속에서 서로를 위해 있어주는 방식으로 작동한다. 내가 '상호원조'라는 개념을 처음 배운 것은 무정부주의자였던 10대 시절이다. 어슐러 르 귄Ursula Le Guin의 《빼앗긴 자들The Dispossessed》 같은 책들과 크로포트킨Kropotkin[26] 같은 백인 남자 이론가들을 인용한 수많은 잡지에서 본 것이었다. 그 모든 작가들, 그리고 다른 많은 무정부주의자 작가와 탈권위주의자 작가들의 글에서 이 용어는 상호이득을 위한 자원과 서비스의 자발적이고 호혜적인 교환을 의미한다. 상호원조는 자선과 반대로, 주는 사람이 받는 사람보다 도덕적으로 우월함을 뜻하지 않는다. 상호원조 개념을 고안한 건 백인들이 아니었다—식민지 시대 이전의 (그리고 이후의) 수많은 흑인, 선주민, 브라운 공동체들은 돌봄을 교환하는 복잡한 그물망을 갖고 있었다. 그러나 백인 무정부주의가 상호원조라는 아이디어에 관해 이야기하는 가장 큰 공간 중 하나로 존재한다는 걸 고려하면, 내가 처음 접했던 집단적 돌봄의 사례 중 하나가 한 백인 남부 장애인 퀴어 펨 무정부주의자가 장애와 상호원조 개념을 결합한 정치로 고안해낸 것이었다는 점은 그리 놀라운 일이 아니다.

프리퀄: 로리 에릭슨의 돌봄 집단

사랑하는 여러분, 안녕하세요.

모르는 분들을 위해 소개하자면 저는 로리 에릭슨입니다. 퀴어 펨 불구자femmegimp[27] 포르노 스타 연구자이고, 지금은 온타리오주 토론토에 살고 있지만 버지니아주 리즈버그에서 자랐고 리치먼드에서도 8년쯤 살았어요. 제 작업은 명시적인 성적 재현과 체현과 욕망할 만함desirability[28]이란 주제를 탐구하기 위해 급진적 퀴어, 장애, 섹스/섹슈얼리티의 교차를 개인적 경험, 창조성(영상과 사진을 통한), 이론과 합치는 데 초점을 맞추는 편이에요. 또한 개인적 보조/돌봄 관계를 둘러싼 이론화 작업을 하고 있고, 대안적인 지원구조를 창출하는 작업을 해요. 그리고 태양, 반짝반짝 빛나는 것들, 사회정의를 사랑해요. 저는 미국 대학에 다니는 젊은 장애인 여성들을 위해 당사자들이 주도하는 일일 세미나에 참석하기 위해 워싱턴 D.C.에 갈 예정이에요. 그다음엔 물론 리치먼드로 가서 내 사람들을 만나야 하고요(821 카페에서 비스킷과 그레이비도 먹을 거예요).

저는 D.C.에 금요일 1시쯤 도착해서 월요일 아침까지 있을 거예요. 그다음 수요일 저녁까지 리치먼드로 향할 거고요. 제게 필요한 돌봄을 좀 도와줄 수 있는 친구랑 여행하고 있지만, 도움을 줄 친절한 지원자들도 필요해요. 게다가 이건 엄청 멋지고 친절한 사람들을 만나고 제 오랜 친구들도 볼 수 있는 완전 좋은 기회인 거죠!

당신이 어떻게 도와줄 수 있냐면요:

저는 휠체어를 사용하고 있고, 제 개인적인 돌봄 필요(이건 침대에 눕거나 침대에서 일어나거나 화장실에 가는 일을 가리키는 고급진 단어)에 도움을 줄 사람들을 모집하려고 해요. 경험자일 필요 없고요(저는 사람들과 이야기하는 걸 정말 잘하고요, 제가 도움을 필요로 하는 일들은 꽤나 단순해요), 그저 당신이 좀 튼튼한 사람이면 좋겠어요. 제 몸무게는 130파운드 정도지만 보기보다 힘들지 않아요. 만약 당신이 날 들어올릴 수 있을까 걱정된다면, 제가 당신을 다른 사람과 짝지어줄 수 있고 아니면 당신이 친구랑 짝을 지어 와도 돼요. 두 사람이 들어올린다면 훨씬 쉽고 안전하겠죠! :-) 시간이 그리 오래 걸리진 않아요(소변보는 건 보통 1시간보다 덜 걸리고, 침대에 들어갔다 나왔다 하는 건 약간 더 걸리죠). 저는 보통 12시, 5시쯤에 소변을 보고, 침대에 들어갈 때와 잠에서 깼을 때 소변을 봐요. 만약 당신이 시간을 많이 할애해줄 수 없다면 단 한 번 옮겨주는 거라도 아주 엄청 많은 도움이 될 거예요.

관심이 있다면 연락주세요. 아니면 관심 있을 만한 다른 분이 떠오른다면 그분들에게 이 글을 보내주세요. (저를 도와주는 모든 젠더의 사람들에게 감사드립니다.) 이 여정이 얼마나 힘들지 가늠할 수 있도록 가능한 한 빨리 알려주시면 좋겠어요. 게다가 우리는 곧 도착할 거거든요! :) 당신이 언제 도움을 줄 수 있는지를 알려주실 수 있다면 너무 좋을 거 같아요.

이 중 일부라도 도와주신다면 굉장히 좋을 거고요, 이 소식을 다른 좋은 사람들에게 전달해주셔도 엄청나게 감사할 거예요. 너무 감사해요……

빨리 당신과 당신 친구들을 만나보고 싶네요!!

—로리

인터뷰어: 당신의 집단적 돌봄 모델은 우리 사회가 상호돌봄을 이해하는 데 장애를 포함합니다. 당신이 하고 있는 일은 우리

사회가 집단적으로 돌봄을 이해하는 방식을 바꾸는 데 도움이 되고 있어요. 이건 매우 정치적이죠.

로리 에릭슨: (고개를 끄덕이며) 네, 맞아요. 정말 그렇죠. 서로를 돌보는 게 급진적인 일이어야 한다니 안타까워요.[29]

로리 에릭슨의 예술작업과 조우하고 나서, 그다음 그녀의 돌봄 집단에 대해 배우고 목격하고 나서, 내 삶은 바뀌었다. 그녀의 예술작업과 그녀가 조직한 장애 공동체를 통해 나는 장애, 펨으로 산다는 것, 욕망할 만함, 또는 상호의존 개념이나 집단적 돌봄을 세상에 존재할 만한 무언가로 이야기하는 펨 장애인을 처음 보았다. 남부 지역 백인 퀴어 펨 장애인 무정부주의자로서 그녀의 예술, 조직화, 그리고 자아는 2000년대 중반 토론토에 살던 내가 매일 겪던 정치적 현실의 일부였고, 그 도시의 활동가 공동체에 엄청난 영향을 미쳤다. 토론토 및 그 외의 지역에 사는 많은 사람들에게 그녀의 돌봄 집단은 돌봄 만들기라는 대안적 꿈을 위한 획기적인 모델이자 장애 활동과 문화 안으로 들여와야 할 중요한 것이었다.

버지니아주에 살던 20대의 로리는 하나의 생존 전략으로서 돌봄 집단을 시작했다. 주 정부는 (주 정부가 제공하는 사회적 서비스가 대부분 그렇듯이) 활동보조 서비스에 충분한 비용 지원을 해주지 않았고, 이는 즉 그녀가 활동보조인들에게 지불할 수 있는 급여가 최저임금 이하라는 뜻이었다. 그녀가 보건복지부Department of Health and Human Services, DHHS의 돈으로 활동보조인을 고용할 수 있었을 때도, 그들의 동성애혐오 때문에 퀴어 영화를 보거나 다른 퀴어 친구들과 어울리는 것에 도움을 받지 못하는 경우가 많았다. 이에 대응해 에릭슨은 활동보조인들을 해고하고, 친구들과 모임을 열어, 친구들끼리의 집단적 돌봄을 실험한다는 전망을 함께 생각해냈다. 그녀가 토론토로 이사하고서도 돌봄 집단은 계속 이어졌는데, 그 이유 중 일부는 로리에게 캐나다 영주권이 없어 정부가 지원하는 가정 활동보조 서비스에 접근할 수 없었다는 점이다. 지난 15년간 그녀의 돌봄 집단은 매주 교대근무를 하며 그녀가 옷 입고 목욕하고 이동하는 것을 도와주는 장애인과 비장애인 친구들 및 공동체 구성원들로 가득했다. 그녀는 모든 돌봄노동을 혼자서 할 필요가 없다. 그녀에겐 이메일을 보내고 일정을 조율하고, 앞으로 교대로 돌볼 사람을 교육하는 등의 관리 업무를 담당하는 친구들이 있다. 그녀가 회의에 참석하기 위해, 또는 워크숍에서 강연하고 가르치기 위해, 친구들과 연인들을 방문하기 위해 토론토의 본거지를 떠나 여행할 때, 그녀나 그녀의 지지자들은 페이스북과 이메일을 통해 그 지역의 사람들에게 그녀의 돌봄 팀의 일원이 되어 도와달라고 요청한다. 로리가 점점 나이 들어가고 그녀의 공동체 자체도 점점 장애가 늘어감에 따라, 최근 몇 년 동안 로리와 로리의 앨라이들은 보조기기 adaptive devices를 구입하기 위해, 그리고 교대로 돌봐주는 사람들 중 들이는 시간과 돌봄노동에 비해 벌이가 시원찮거나 가난한 이들에게 보상하기 위해 소규모 기금 모금을 계획해왔다.

　로리의 돌봄 집단은 로리가 필요로 하는 돌봄을 얻기 위한 실용적인 생존 전략인 것만은 아니다. 이 집단은 공동체와 정치 조직화가 이뤄지는 장소이고, 많은 사람들이 여기서 처음으로 현재 진행 중인 장애 정치(이론과 실제 둘 다)에 대해 배운다. 한 인터뷰에서 로리는 토론토로 이주하고 나서 그녀의 돌봄 집단이 좀 더 명시적으로 정치적인 공간이 되었다고 말했다. "거긴 좀 더 공동체를 결성하는 것과 비슷했어요. 나는 새로운 사람들을 만나고 있었고, 사람들과 연결되어 있었고요, 나는 이 집단적 돌봄이 사람들에게 비장애중심주의에 맞서는 훈련으로 기능하는 방식을 알아보기 시작했죠." 사람들은 그 집단에 참여하면서 돌봄과 장애를 중심으로 급진화되어가고 있었다. "이건 제가 화장실에서 워크숍을 열거나 강연을 한다는 뜻이 아니에요. 그러니까 말이죠, 우리는 서로의 삶에 대해 이야기하고 있고, 그게 그 교육이 이루어지는 방식 중 하나인 거예요."[30]

로리의 돌봄 집단에서 접근성에 대한 로리의 필요는 그녀가 필요로 하는 것이자 마땅히 누려야 하는 것으로, 지루한 허드렛일이 아니라 공동체를 건설할 기회로, 로리와 어울릴 기회로, 그리고 즐거운 일로 받아들여진다. 이는 세상에서 돌봄이 이해되는 대부분의 방식—결코 기쁨, 즐거움, 공동체 건설의 현장이 될 수 없고 고립된 채 마지못해 수행하는 업무로서의 돌봄—과는 확실히 다르다.

이는 급진적이다. 이는 상호원조라는 무정부주의적 개념을 가져와 장애와 펨 관점에서 돌봄의 의미를, 장애의 의미를 급진적으로 고쳐 쓰는 일이다. 나는 로리가 돌봄 집단의 기금 마련을 위해 찍은 영상을 사람들에게 보여준 적이 있다. 그 영상에서는 그녀가 교대로 돌봐주는 사람의 도움을 받아 화장실로 이동하는 장면이, 그녀가 그들과 아침 식사를 하면서 수다 떨고 데이트에 대한 조언을 주고받는 장면과 섞여 배치되어 있다. 내가 꾸린 돌봄에 관한 워크숍에서 영상을 함께 본 한 참가자는 이렇게 말했다. "수치심 없이, 모든 사람과 웃으며 좋은 시간을 보내면서 매우 사적인 돌봄에 접근하는 사람을 보고 있자니 마음이 너무도 벅차요."

로리의 돌봄 집단은 돌봄이 필요한 누구에게나 적용할 수 있는 해결책이라기보다는 그 가능성이 심오한 모델이다. 이 돌봄 집단의 작동 방식은 그녀가 친구들과 지인들로 이뤄진 광범위한 네트워크에 접근할 수 있다는 점, 그리고 그녀가 활동가로서 사회적 삶을 살고 있기에 사람들이 그녀를 알고 있고 그녀를 돕는 데 관심을 갖는다는 점에 의존한다. 많은 사람들, 특히 아프고 장애가 있고 미친 사람들은 너무도 사회적으로 고립되어 있어 이러한 자원에 접근하기 어렵다. 그녀의 집단을 존경하고 그 집단을 보면서 많은 것을 배우긴 했지만, 나는 토론토에 흑인과 브라운 저소득층이면서 자폐, 신체장애, 혹은 만성질환이 있는 사람들을 위한 집단이 백만 개쯤 있지는 않다는 점에 대해서도 생각한다. 나를 포함해 흑인이거나 브라운인 친구 및 지인들은 몇 년은 고사하고 일주일이나 한 달 정도라도 기꺼이 돌봐줄 수 있는 사람들을 구하는 데도 애를 먹는다. 특히 딱히 해결할 수 없을 통증 또는 정신건강상 위기와 관련된 돌봄의 경우 더 그렇다. 나는 로리가 교대로 자신을 돌봐주는 사람들에게 기꺼이 정서적 돌봄을 제공해온 방식들, 그녀가 백인이라는 점, 외향적인 성격의 신경전형인이라는 점이 그녀가 풍족한 돌봄에 접근할 수 있도록 도와주는 요인들이었다는 것에 대해 생각한다―모두가 그런 요인을 갖고 있진 않다.

나는 또한 내 지인들 중 모르는 이에게 돌봄을 받을 때 그 사람과 거리를 두고 싶어 하거나 그래야 하는 사람들에 대해서도 생각한다. 휠체어를 사용하는 신체장애인인 흑인 펨 친구는 이렇게 말했다. "로리가 자신에게 맞는 돌봄 집단을 꾸린 건 다행이야. 하지만 내 경우엔 만약 누군가 연락을 끊어버린다면, 누군가 교대 시간에 나타나지 않으면 죽을 수도 있어. 나는 내가 원할 때 변기에 똥 쌀 권리를 위해 공동체로부터 호감이나 사랑을 받는 것에 절대로 의존하고 싶지 않아."

나는 이 모든 것이 동시에 참일 수 있다고 생각한다. 로리의 집단은 나 자신과 다른 이들에게 돌봄이 가능한 세계를 더 많이 만들어준, 불구가 창조한crip-created 돌봄에의 접근 방식으로서 여전히 엄청나게 중요한 사례다.

디트로이트에서 집단적 접근성 창조하기, 2010년 6월부터 2012년 6월까지

우리는 우리 중 많은 이들이 접근성을 신경쓰고 있다는 걸 알고 있습니다. 여행하거나 도시를 돌아다닐 때, 동선, 빌딩, 보도, 대중교통, 탑승, 공기, 화장실, 머물 곳, 속도, 언어, 비용, 군중, 출입문, 거기 함께 있을 사람들 그리고 그 외에도 아주 많은 것들을 생각할 때면 말이죠.

집단적 접근성을 창조하기 위해 함께 일하고 있는 불구들과 우리의 앨라이/동지들의 네트워크에 당신도 연결되고 싶으신가요?

집단적 접근성이란 무엇일까요? 집단적 접근성은 우리가 의도적으로 만드는, 그리고 개인적으로가 아니라 집단적으로 창조하는 접근입니다. 대부분의 경우, 접근성은 그걸 필요로 하는 개인들에게 맡겨집니다. 당신의 접근성을 해결하는 건 당신에게 달려 있거나, 때로는 당신과 당신에게 돌봄을 제공하는 사람, 개인활동보조인이나 그때그때 도와주는 친구에게 달려 있습니다. 접근성은 집단적 책무와 존재 방식에 거의 엮여들어 있지 않습니다. 그것은 고립되어 있고, 나중에나 생각해볼 것으로 밀려나 있습니다(꼭 장애인들처럼요).

접근성은 복잡합니다. 그건 단지 경사로를 만들거나 장애인/불구를 회의에 참여시키는 일 그 이상입니다. 접근성은 멈추지 않는 부단한 과정입니다. 접근성은 어려운 일이고, 당신이 도움을 받더라도 혼자서는 해결하기 불가능할 수 있습니다.

우리는 불구들과 그 너머의 사람들 사이에 상호원조를 창조하는 일을 하고 있어요! (……) 우리는 우리가 함께 집단적 접근성의 문화를 창조할 수 있길 바랍니다. 우리 한번 해보는 거예요! 이 일이 어떤 모양새가 될지 실행해보는 데 우리와 함께하지 않으실래요? 아이디어가 있으신가요? 당신은 도움을 주고 싶거나 함께할 기회를 기다리는 앨라이/동지인가요?[31]

집단적접근성창조하기는 2010년 여름 불구-펨-유색인들이 결성한 하나의 찬란한 작품이었다. creatingcollectiveaccess.wordpress.com에 들어가면 이에 대해 더 많은 정보를 읽을 수 있다. 내 관점에서 이야기를 풀어보면, 집단적접근성창조하기가 생겨난 건 세 명의 아시아계 퀴어 장애인 펨이 2010년에 〈미디어 연합 회의〉와 〈미국 사회 포럼〉—수만 명의 사람들이 디트로이트에 모여 혁명적 미래를 상상하는 거대한 사회정의 모임—에서 우리가 조직하고 있던 워크숍을 기획하기 위해 전화로 회의를 하고 있었고, 우리가 그 대규모 콘퍼런스들을 어떻게 헤쳐나가야 할지에 대해 완전 빡치도록 스트레스를 받고 있었기 때문이었다.

이는 매우 일반적인 장애 경험이다. 콘퍼런스에 참석하러 갈 채비를 하면서 그 모든 게 얼마나 심하게 당신의 몸을 조져버릴지 걱정하며 질색하는 것 말이다. 공항에서 휠체어를 막으면 어쩌지? 향기에 노출되어 아파지면 어쩌지? 주최 측이 약속한 휠체어 들어가는 승합차나 수어 통역이 막상 준비가 안 되면 어떡하지? 음식은 어디 있지? 당신이 먹을 수 있는 음식일까? 수천 명의 사람들이 격한 주제로 논의하는 것을 듣고 당신이 1000퍼센트 과도한 자극을 받게 된다면? 당신의 집과 평소 당신에게 접근성 관련 팁을 제공해주던 사람들로부터 2000마일 떨어진 곳에서 공황발작이나 자살충동을 느낀다면? 요약하자면, 당신이 사는 곳에서 활용하던 불구 생존 기술로부터 멀리 떨어진 세상과 어떻게 협상할 것인가? 우리는 우리의 장애 경험이 사적이고, 창피하고, 입 밖에 낼 만한 것이 아니라고 느끼곤 했고—특히 비장애인 사회정의 공동체에서 주로 일해온 불구라면 더 그렇게 느낄 것이다—콘퍼런스에 참석하고 여행을 할 때면 더더욱 그랬다.

가장 느린 정의

하지만 2010년, 장애정의 조직화가 시작되던 시점에 우리 중 몇몇이 모였다. 우리는 유색인 퀴어 트랜스 장애인으로서 함께 했고, 때로는 머뭇거리면서 우리의 교차적 삶에 관해 이야기했고, 우리의 그 어떤 일부도 뒤에 남겨놓고 가지 않는 장애 조직화란 어떤 것일까에 대해 이야기했다. 우리는 다른 유색인 퀴어 트랜스 장애인들이 만들어놓은 기반에 뿌리내렸다. 그들은 〈아졸라 이야기Azolla Story〉(유색인 퀴어 트랜스 장애인들을 위한 비공개 온라인 포털) 같은 온라인 포털을 통해, 신스인발리드와 장애정의집단의 문화적·정치적 작업을 통해, 그리고 우리의 블로그와 유색인 불구들끼리 오가는 길에서의 우연한 만남을 통해 서로를 발견하고 있었다. 그리고 그 전화 회의에서, 스테이시와 미아와 나는 모든 것이 명확해지는 심오한 순간을 맞이했다. 우리는 접근성에 대한 우리의 필요를 우리끼리 알아서 처리하기, 아니면 회의 주최 측과 항공사가 우리를 무사히 돌봐주는 행운이 일어나길 빌기 둘 중 하나를 선택할 필요가 없었다. 우리는 함께 힘을 합쳐 서로를 돌봐주는 실험을 할 수 있을 것이었다. 흑인 및 브라운 장애인들이 중심이 되는 공간, 유색인 퀴어 펨 장애인들이 주도하는 공간, 비장애인들이 마지못해 우리를 '도와주는' 대신에 우리 스스로 우리를 돕는 공간을 창조한다면 그곳은 어떤 모습일까? 그곳이 어떤 모습일지 우리는 몰랐다. 다만 백인 불구들과 그들의 일상적이고 노골적인 인종차별주의가 지배하던 너무도 많은 기존의 장애인 공간들과는, 우리가 항상 접근 서비스를 받으려고 대기해야 했던 너무도 많은 주류 공간들과는 정반대이리란 것은 알았다. 우리는 우리가 무엇을 하고 있는지 잘 몰랐지만,

무엇을 하고 있다는 것은 알았다. 우리는 우리가 혁명적인 뭔가를 창조하고 있다는 것은 알았다.

그래서 우리는 그 일을 했고, 재빨리 했다. 디트로이트로 떠나기 전까지 3주 동안 우리는 대부분 흑인과 브라운인, 아프고 장애가 있는 다른 퀴어들과 우리가 서로를 찾을 수 있게 해주는 워드프레스 사이트를 서둘러 개설했다. 우리는 우리가 수천 명을 위한 접근성을 창조할 수는 없다는 건 알고 있었지만, 우리가 가진 자원으로 뭘 할 수 있을지 알고 싶었다.

그리고 일이 잘 풀렸다. 아프고 장애가 있는 유색인 퀴어들이 이메일과 페이스북 게시물을 통해, 친구의 친구를 통해, 우리가 디트로이트에 도착하고 나서는 현장에서 마주치면서 우리를 찾았다. 어떤 일이 타이밍이 맞으면 그다지 힘들지 않고 수월하다는 느낌이 들 때가 있는데, 이번 일이 그런 식으로 이루어졌다. 몹시도 창조적이었고, 시끌벅적했고, 재미있었다. 그리고 아주 멋진 유색인 퀴어 장애인들이 있었다. 집단적접근성창조하기의 구성원 중 한 명은 자신의 개인 활동보조인과 다른 유색인 장애인 두 명과 함께 휠체어가 들어가는 승합차를 몰고 노스캐롤라이나에서 디트로이트까지 운전해 왔다. 네 명이 탈 수 있는 차에 13명의 불구들이 꾸역꾸역 눌러 타고 디트로이트에서 드라이브하면서 배꼽 빠지게 웃던 순간을 찍은 사진이 남아 있다. 우리는 무향의 바디케어 제품이 왜 중요한지에 대한 정보를 나누었고 흑인과 브라운 헤어와 피부에 특히 더 잘 맞는 제품에 대한 정보도 나누었다. 우리 중에는 '무향'이란 말을 전에는 한 번도 들어보지 못했지만 그게 우리가 함께할 수 있게 해주는 거라면 관심을 가질 사람들도 포함되었다. 우리는 함께 잠을 자고 어울려 놀 수 있도록 접근성이 보장된 숙소를 예약했다.

집단적접근성창조하기는 내가 나중에 교차-장애 연대라고 부르게 되는 것을 만난 첫 번째 장소 중 하나였고, 나아가 우리의 다양한 장애가 골칫거리가 아니며 우리가 서로를 지지하는 방법들이 있을 수 있다는 현실을 마주한 곳이었다. 한 사람은 '불쌍하고 귀여운 불구자' 기술을 선택적으로 사용해서 숙소 직원들의 마음을 사로잡아 잠겨 있던 4층 주방을 열었다. 그 덕분에 우리는 식료품을 보관하고 요리도 할 수 있었다. 이동하는 데 문제가 없는 한 신경다양인은 가장 가까운 식당까지 1마일을 걸어가서, 우리 중 또 다른 사람이 내어준 여분의 수동휠체어에 우리가 주문한 샤와르마shawarma[32]를 싣고 돌아와 그렇게 멀리 걸어갈 수 없는 모두에게 음식을 가져다주었다.

덜 고립되어 있다는 점은 우리가 〈미디어 연합 회의〉에 보내는 집단적 요구를 효과적으로 만드는 데 도움이 되었다. 왜냐하면 그 요구들은 단지 한 명의 불구가 참가신청서에 개인적으로 적어낸 것이 아니라, 장애인들의 집단적 힘으로부터 나온 것이었기 때문이다. 당시 디트로이트 행사장 인근에는 닥터브로너스의 무향 제품이 있는 슈퍼마켓은 말할 것도 없고 아예 슈퍼마켓 자체가 없어서, 〈미디어 연합 회의〉는 화장실에 놓을 무향 비누를 배송시켰다. 우리가 구축한 관계와 집단적 힘은 우리가 〈미국 사회 포럼〉을 헤쳐나오는 데도 도움을 주었다. 그 포럼엔 접근성에 있어 중대한 문제들이 있었다(가령, 모든 포럼 홍보물에는 휠체어 접근 가능한 셔틀버스가 있다고 적혀 있었지만 실제로 그런 셔틀버스는 없었다. 우리가 전화로 셔틀버스가 어디에 있는지 묻자, 전화를 받은 사람은 "행사장에 오셔서 질문해주실 수 있나요?"라는 식이었고, "아뇨, 물리적으로 거기까지 갈 수가 없다니까요"라고 답하자 무슨 말인지 잘 알아듣지 못했다). 나는 회의장 한쪽 끝에서 널브러진 누군가가 보냈던 문자를 기억한다. "나 숟가락[33]이 떨어져가요, 불구 사랑이 필요해요." 우리 모두 최대한 빨리 그곳에 도착했고, 그 사람은 그저 우리가 걷고 휠체어를 굴려서 오는 모습을 본 것만으로도 모든 게 달라졌다고 말했다.

우리는 그저 그 회의에 무사히 참여하기만 한 게 아니었다—우리는 강력한 공동체를 만들었다. 그 누구도 뒤에 남겨두지 않으려고 최선을 다하면서, 우리는 휠체어 사용자, 지팡이 사용자, 느리게 움직이는 사람들로 구성된 크고 느린 무리를 꾸려 회의장을 굴러다녔다. 우리 대부분이 겪곤 했던 고전적인 비장애-신체 중심적 회의 경험 대신에, 즉 비장애-신체를 가진 이들이 자신들의 비장애-신체 중심적 속도로 걸어가면서 우리가 두 블록이나 뒤처져 있거나 혹은 아예 존재하지 않는다는 걸 알아차리지도 못하는 그런 경험 대신에, 우리는 가장 느린 사람에 맞춰 느리게 걸어가면서 서로를 저버리기를 거부했다. 사람들은 길을 비켜주었다. 우리는 접근할 수 없는 파티 장소들로 나가는 대신 집 안에 머무르길 선택했고, 함께 밥을 먹으며 우리 장애인 삶에 관한 이야기를 나눴다. 우리 중 몇몇에겐 난생처음 있는 일이었다. 사람들은 울고, 플러팅하고, 사랑에 빠졌다.

집단적접근성창조하기는 참여한 모든 사람과 그 이야기를 전해 들은 수많은 사람들을 바꿔놓았다. 이 경험은 고작 나흘이었지만, 사람들은 집으로 돌아가 자신의 공동체를 변화시켰다. 우리는 더 이상 기꺼이 고립을 받아들이거나 한 줌의 접근성에 감지덕지할 생각이 없었고, 그나마 접근 가능한 유일한 장애 공동체라는 이유로 백인 장애인들에게 둘러싸여 있거나 아니면 그저 잊히는 걸 받아들일 마음도 없었다. 우리는 서로와 함께한 시간이 우리에게 어땠는지에 대해 이야기했다. 우리는 유색인 퀴어 장애인 펨 브런치 모임을 했다. 우리 그리고 다른 세 명의 아프고 장애가 있는 유색인 펨뿐이긴 했지만, 우리는 침대에 앉아 우리 삶에 관한 이야기를 나누고 또 나눴다. 우리는 불구들의 아지트와 잡지, 불구 공연의 밤을 처음으로 시도해보았다. 우리는 영구적으로 지속될 우리만의 돌봄 집단을 갖는다는 게 무슨 의미일지 사유하기 시작했다. 우리는 회의와 공동체 공간에 존재하는 비장애중심주의를 덜 참아내게 되었다. 왜냐하면 우리는 달라질 수 있다는 것을, 집단적 접근성 창조하기가 디트로이트처럼 물리적 자원이 부족한 곳에서도 일어날 수 있다면 그것은 어디에서나 가능한 일이라는 사실을 깨달았기 때문이다. 그 느릿한 야생 무리의 일부가 되는 경험, 전에는 한 번도 소리내어 말하지 못했던 방식으로 우리 장애인 삶에 대해 머뭇거리며 이야기하는 경험은 모두의 삶을 변화시켰다.

여담이자 세 번째 이야기: 망해버린 비상대응 모델

퀴어-트랜스-흑인-선주민-유색인 공동체와 대부분이 백인이었던 펑크 공동체와 같은 많은 비장애-신체 중심적 활동가 공동체에서 나는 앞서 쓴 것들과는 매우 다른 형태의 또 다른 돌봄망의 일원이자 목격자였다. 그 돌봄망은 비상대응 돌봄망으로, 비장애인인 누군가가 일시적으로 혹은 영구적으로 장애인이 되면, 그의 친구들로 이뤄진 비장애인 네트워크가 갑자기 작동하기 시작하는 것이다. 친구가 자전거를 타고 가다 차에 치이거나 폐렴에 걸리면, 이메일과 전화와 돌봄 일정표가 꾸려지고 (대부분 비장애-신체인) 사람들이 병원에 나타난다. (대부분 비장애-신체인) 사람들이 음식을 요리하고 모금행사를 연다. 여기엔 절박감이 느껴진다! 목적! 행동! 오마이갓, 누가 아프대! 우리는 그들을 돕기 위해 하나의 공동체로 힘을 합쳐야 한다. (많은 장애인들은 이 순간 눈알을 굴린다: **와우, 산에 오르던 당신 친구가 자전거에 치이면 신경을 쓴다 이거지? 응? 항상 장애인인 나나 다른 사람들을 위해서는 그러지 않으면서? 응?**)

긴급 돌봄 일정표로 돌아가는 돌봄망은 몇 주 또는 한 달 정도 지속된다. 그다음엔…… 사람들이 서서히 빠져나간다. 사람들은 저 사람이 다 나아 괜찮아졌다고 생각한다. 더 이상은 그 순간의 재미난 명분이 없는 셈이다. 사람들은 생각한다. **와우, 너 아직도 장애인이야?**

이런 모델은 지속가능성, 느림, 장기적 관점에서의 건설 작업을 중심에 놓는 장애정의 모델들로부터 배울 것이 아주 많다. 비상대응 모델은 장애인이나 장애인 공동체나 장애운동이, 음, 존재한다는 사실 자체를 모르는 사람들이 만드는 경향이 있다. 그들은 우리가 존재한다는 사실을 모르기 때문에(혹은 고집스레 우

가장 느린 정의

리의 존재를 무시해왔기 때문에), 자주 (휠체어가 있는데도) 바퀴 단의자를 재발명한다. 만성적인 장애가 있거나 선천적 장애인이거나 만성 신체질환과 더불어 살아왔거나 광기/정신건강과 춤을 추며 살아온 나와 내 친구들이 돌봄과 지원을 향한 우리의 일상적이고도 급박한 요청에 응답이라도 받으려고 분투해왔던 걸 생각하면, 여태 비장애인으로 살다가 갑자기 급박한 필요가 생긴 누군가를 위해 보조금과 돌봄을 열심히 요청하는 모습을 보면서 쓰라림을 느끼는 불구가 나뿐만은 아닐 것이다.

이런 비상대응 돌봄망들은 그 돌봄망이 돕던 사람이 장기적으로 장애인이 되면 말 그대로 무너져버리는 경우가 많다. 그 돌봄망의 구성원들은 그 '사안'이 그들 친구의 개인적 문제가 아니라는 걸 깨닫는다—그 친구에게 돌봄이 필요하다는 것을 넘어 그 친구가 일상 세계에서도, 매우 퀴어하고 활동가적인 공간에서도 비장애중심주의에 큰 영향을 받고 있다는 사실을 깨닫게 되는 것이다. 그들이 어울리곤 하던 클럽은 휠체어가 접근할 수 없고(그들은 이걸 처음 알게 된다), 보험사와 싸우고 휠체어가 들어가는 승합차와 씨름하는 데 하세월이 걸린다. 헐! 원래 이런 거야? 그들이 알고 지내던 한 불구에게 이메일이 쏟아지기 시작한다. "안녕, 아무개가 접근 가능한 주택을 어디서 찾을 수 있는지 혹시 아니? 찾기 어려워 보이던데." 그런 사람들이 필요로 하는 것에 접근하는 걸 내가 원치 않는다는 말은 아니다—하지만 그들이 비장애중심주의를 그제야 알아차리고 있는 모습을 보면 나도 눈알을 굴리게 되고 마는 것이다. 나는 그들의 친구가 직면하고 있는 투쟁이 새로운 것도 고유한 것도 아니라는 걸 그들이 이해하길 바란다. 나는 대체로 내 지식을 공유하긴 하겠지만, 우리 중 너무도 많은 이들이 (한정된 수의) 숟가락을 사용해서 오랫동안 이런 투쟁들을 벌여왔다는 사실을 그들이 이해하길 바란다.

이런 돌봄망들이 계속 굴러가게 하려면, 그 친구들의 머릿속에서 패러다임 전환이 일어나야 한다. 그들은 우리가 접근성이나 우리 삶에 관해 이야기하려고 애써왔던 수년 동안 듣지도 않고 머릿속에서 지워버렸던 장애인들을 제대로 볼 필요가 있다. (사과도 한다면 좋겠다.) 그들은 자신들의 친구가 나머지 사람들보다 더 멋지고 특별한 불구는 아니라는 것을 이해할 필요가 있다. 즉, 그들이 직면하고 있는 문제가 개인적인 문제가 아니라 모든 불구가 직면하고 있고 집단적 해결책을 필요로 하는 체계적 투쟁이라는 점을 이해해야 한다는 것이다. 그들은 자신들이 어째서 주변의 장애인들이 말해왔고 말하고 있는 것의 가치를 알아보거나 받아들이길 체계적으로 거부해왔는가를 스스로에게 물어봐야 한다.

그들에게는 장애 공동체들이 수년간 해오고 있는 돌봄 작업과 기술을 경청하고 배우는 일이 필요하다—그리고 아마도 그 지식에 보답해야 할 것이다. 적어도 고맙다는 말은 해야 한다.

네 번째 이야기: 샌프란시스코 만안 지역에서 집단적 접근성 창조하기

2010년 가을, 디트로이트에 있었던 우리 중 몇몇은 샌프란시스코 만안 지역으로 왔다. 전부터 거기에 살던 사람들도 있었고 새로 이주해온 사람들도 있었다. 그리고 우리는 이런 생각을 하게 되었다―왜 우리는 여기에서 비슷한 무언가를 시도해보지 않았을까? 우리가 디트로이트에 머무른 나흘에서 열흘 동안 그토록 아름답게 작동했던, 유색인 불구가 만들어낸 일시적인 접근성 실험을, 우리의 고향에 장기적으로 들여온다는 건 어떤 의미일까? 우리는 유색인 퀴어 트랜스 장애인들을 위한, 당사자들에 의한 샌프란시스코 만안 돌봄 집단을 창출하려는 온건하고도 굉장히 야심 찬 계획에 곧장 뛰어들었다.

우리는 아주 많은 희망과 엄청난 갈망, 우리가 거의 평생을 기다려왔던 어떤 공동체에 대한 갈망을 품고서 한데 모였다. 수면 아래 대부분이 잠겨 있는 빙산처럼, 우리는 너무도 많은 필요와 너무도 많은 두려움을 품고 모였다.

우리가 맨 처음 그 모임을 가졌을 때, 나는 앞으로 일이 어떤 식으로 진행될지 정확히 알고 있다고 생각했다. 장애 돌봄과 지원이라는 면에서 내가 필요로 하는 게 무엇인지 생각해봤을 때, 나는 곧바로 그게 뭔지 정확히 말할 수 있었다. 일주일에 두 번씩 내 단짝 친구를 침술 치료소와 식료품점과 이슬람 사원에 태워다주려면 나는 분명 누가 좀 도와주면 좋겠다고 생각하게 될 거다. 나는 친구들을 돕는 것이 너무도 좋았다. 하지만 그들을 지원하고, 나 자신을 부양하고, 두세 가지 일을 겸업하고, 거기에 더해 각각이 파트타임 일자리와 맞먹는 무보수 단체 두세 곳에서 일하느라 나 자신이 고갈되어버렸다. 그러다보니 머릿속에서 바깥으로는 나오지 않는 더 작은 목소리가 이렇게 속삭였다. **나도**

내가 뭘 하게 도와줄 사람들이 있으면 좋겠는데.

　이 기획은 내가 생각했던 것보다 좀 더 복잡한 일이라는 사실이 드러났다. 모든 사람이 질문을 잔뜩 갖고 있었다. 샌프란시스코만안지역에서 집단적접근성창조하기CCA Bay는 백인들에게도 열려 있어야 할까 아니면 오직 유색인들에게만 열려 있어야 할까? 그냥 불구나, 퀴어-트랜스-흑인-선주민-유색인인데 비장애인인 앨라이에게도 열려 있어야 할까? 어떤 이들은 우리 중 일부가 이미 돌봄을 공유하는 '지지 집단pods'³⁴ 안에 백인 불구들을 넣고 있었으니 백인 불구를 배제하는 건 말이 안 된다고 주장했다. 또 다른 이들은 백인 장애인들이 항상 불구 공간을 지배한다는 느낌을 강하게 받았다며, 계속 싸워야만 유색인들을 중심에 놓을 수 있는 공간을 창출하는 위험을 무릅쓰길 원치 않았다. 어떤 이들은 비장애인 흑인-선주민-유색인에게도 열려 있는 것이 비장애인 퀴어-트랜스-흑인-선주민-유색인 공동체를 덜 비장애중심적으로 만드는 일을 할 새싹 조직활동가들을 성장시키는 데 도움이 되리라고 생각했다.

　그러다 한 구성원이 일정 관리 앱인 구글 캘린더로 곧장 넘어가기 전에, 각자의 의견을 좀 적어가며 생각을 나눠보자고 제안했다. 그녀는 우리가 뭔가 하기 전에 먼저 우리가 돌봄을 주고받을 수 있게 해주는 것이 무엇인지에 대해 이야기를 나눌 필요가 있다고 말했다. 그녀는 우리 대부분은 쓰레기 같은 돌봄, 학대나 다름없는 돌봄, 조건부 돌봄을 받아왔다고 지적했다. 그러면서 우리 대부분이 돌봄을 주고 싶어 하겠지만, 그다음 우리에겐 뭐가 필요하냐는 질문을 받으면 그저 으쓱하면서 "잘 모르겠네. 난 괜찮아"라고 말할 것 같다고 추측했다. 우린 이런 이야기를 계속 나눴다. 무엇이 우리가 돌봄을 받을 수 있게 해줬을까? 무엇이 돌봄을 받아들이는 행위와 긴밀히 묶여 있었을까? 어떤 조건 아래서 우리가 취약해질 수 있었던가?

알고 보니 이런 질문들은 매우 심오하고 필요한 질문들이었다. 답하기 어려운 질문들이기도 했다. 불구들의 6만 4000달러짜리 문제들.[35] 그 친구가 옳았다. 우리 모두는 돌봄을 몹시 제공하고 싶어 했다. 돌봄받는 거? 그건 별로였다. 내가 필요한 것을 요청하기보다 다른 사람들에게 돌봄을 제공하는 게 훨씬 더 쉬웠다. 너무도 많은 이유에서 말이다. 우리 중 많은 이들이 이민자 그리고/또는 유색인 여성이나 유색인 펨으로서 항상 벌떡 일어나서 사람들을 먼저 먹이고, 설거지를 도맡아 하고, 누가 요청하지 않아도 돕고, 우리 자신은 가장 마지막에 돌보도록 길러졌다. 우리 중 많은 이들에게 돌봄은 강요되어온 무언가였다. 우리가 돌봄을 좋아하든 싫어하든 상관없이, 학대하는 가족 구성원이나 교사나 보건의료 종사자들이 우리에게 강요했던 일이었다. 또는, 돌봄은 우리가 필요하다고 말하지 않는 게 나은 그런 것이었다 — 왜냐하면 우리를 돌봐줄 것이라곤 아무것도 없었으니까. 보건의료서비스도 없고, 치료사도 없고, 돌볼 시간이 있는 부모도 없고, 실제로 돌봐주는 부모도 우리에게 안전하지 않았으니까. 장애인으로서 우리가 만약 그 어떤 종류든 자립을 원했다면, 우리는 우리에겐 도움이 전혀 필요 없다고 부정해야 했을지도 모른다 — 주류 계층에 머무르기 위해서, 대학에 가기 위해서, 혹은 데이트를 하기 위해서는, 우리는 우리가 아무것도 필요하지 않다고 말해야만 했을 것이다. 내가 고등학생일 때 엄마가 했던 말을 똑똑히 기억한다. 그때 나는 처음으로 내가 신경다양인일지도 모른다고 생각했는데, 내가 그 단어를 알게 되기 수십 년 전이었는데도 나는 나의 두뇌, 인지력, 공간을 읽는 능력이 주변 사람들 대부분과 상당히 다르다는 걸 진짜 완전히 확신하고 있었다. 엄마는 개인교사가 필요할 것 같다는 말 따윈 꺼내지도 말라고, 새로 생긴 장애인차별금지법 아래서 새로이 허용된 개인교사며 편의제도 따위는 부잣집 백인 도련님들을 위한 것이라고 말했다. 장학금을 받으려면 나는 남들보다 두 배는 더 똑똑해야 했고 실력을 계속 유지해야 했다. 나는 '멍청해' 보일 여유가 없었다.

그리고 마지막으로, 우리가 필요로 하는 것 중 어떤 것들은 요청하기엔 너무도 취약하고, 너무도 창피하고, 너무도 복잡해서 그냥 그런 걸 필요로 한다는 걸 인정하지 않는 편이 훨씬 더 쉽다. 이런 얘기가 오가는 와중에 **나도 정말 도움을 받고 싶었지**, 라고 가만히 생각에 잠기면서 가장 먼저 떠오른 것 중 하나는 아플 때 집안일 도움이 자주 필요했다는 것이었다—잠자리를 마련하고, 설거지하고, 집 안의 온갖 잡일과 빨래를 하고, 식료품을 사오고, 음식을 요리하는 일들 말이다. 하지만 네가 먹은 식탁은 네가 치우라고 항상 가르쳐온 전직 웨이트리스 엄마에게서 길러진 노동계급 펨이자, 생계를 위해 이 집 저 집을 청소해온 사람으로서, 나는 항상 집안일은 직접 해야 한다는 강력한 노동계급 윤리를 갖고 있었다. 친구에게 화장실을 청소해달라거나 설거지를 해달라고 요청하면서 내가 쓰레기 같은 인간이 된 기분을 느끼지 않는 건 상상도 할 수 없는 일이었다. 친구들이 아플 때면 정기적으로 그리고 행복하게 친구들을 위해 집안일을 했음에도 말이다.

우리는 1년 동안 일주일에 두 번 정도씩 만났다. 해산하기 전까지 우리는 관계를 구축하고, 어울리고, 신체적 돌봄에서 감정적 돌봄에 이르기까지 다양한 방식으로 서로를 지원하는 일에 아주 많은 시간을 썼다. 그리고 우리와 비슷한 많은 집단이 직면해왔고 앞으로도 다시금 직면할 몇 가지 난제에 맞닥뜨렸다. 우리 모두가 유색인 퀴어이고 트랜스인 장애인이라 하더라도, 서로의 접근성에 교차-장애가 필요하다는 점을 저절로 알게 되진 않는다는 사실을 깨달았던 것이다. 신체장애가 있는 사람들은 정신장애가 있는 사람들의 필요를 자동적으로 이해하지 못했고, 그 반대도 마찬가지였다. 때때로 우리는 그런 오해를 배신이라고 여겼다. 서로의 실수를 인정하거나 가르쳐달라고 요청할 기회로 여기는 대신에 말이다.

"네가 어디에 있든 거기가 내가 있고 싶은 곳이야."[36] 미아 밍구스가 불구 공동체에 헌신하는 일에 관해 쓴 에세이의 제목이자 그 글에서 자주 인용되는 한 구절이다. 접근성에 대한 필요들이 상호보완적이지 않을 때면, 또 우리가 물리적으로 한 공간에 있을 수 없을 때면 이 구절은 시험대에 올랐다. 누군가 두 층의 계단을 올라 이사하는 데 도움이 필요할 때, 그 도움 요청 메시지에 "상자를 들어 옮기는 걸 도와줄 수 있으면 와주세요! 그저 정신적 지지를 보태고 싶다면 잠깐 들러요! 나눠 먹을 음식 좀 가져다주세요!"라고 (물리적으로 상자를 옮기고 음식을 가져오는 일과 정신적 지지를 제공하는 일이 똑같이 완전 도움 되는 방식이라는 걸 암시하면서) 쓰여 있다고 해도, 내가 만약 너무 피로해서 침대 밖으로 나가지도 못하고 너무 빈털터리라서 먹을 걸 싸갈 수도 없다면, 난 좋은 공동체 구성원이 아니게 되는 걸까? 우리는 로리가 일찍이 참여했던 돌봄망과 관련해 한번 이야기했던 것과 비슷한 난제를 맞닥뜨리고 있었다. 만성적으로 아픈 사람들이 신체장애인들을 보조하려 애쓸 때 무슨 일이 일어나는가? 만성적으로 아픈 사람들은 피로, 체력 고갈에 자주 시달리고 아파질 때면 일정을 변경하거나 취소해야 하는 경우가 잦다. 반면 신체장애인들은 무거운 것들을 들어올릴 수 있는 사람의 도움이 필요하고 어느 정도 일정이 정해진 삶을 산다(예를 들어 교대근무하는 활동보조인들의 보조를 받으며 4시간에서 6시간 간격으로 소변을 보는 휠체어 이용자가 그렇다). 우리는 "좋아, 그건 안 먹혔네. 뭘 하면 될까?" 이런 식으로 다정함과 호기심을 품고 그 모순들과 같이 있는 것을 언제나 잘 해내진 못했다.

대신에, 우리는 상호의존이 마법처럼 잘 풀려나가지 않는 현장들을 배신으로, 서로를 실망시키는 곳으로 경험하는 경우가 많았다. 우리는 서로에게 너무도 많은 희망을 품었다. 우리가 정체성을 공유하기만 한다면 아무런 노력을 들이지 않고도 자동적으로 서로에게 모든 것이 되어줄 수 있으리라고 너무도 단단히 믿었다. 그리고 우리는 살면서 백인 장애인들과 비장애인들에게 너무도 많이 배신을 당했었고, 그래서 우리가 마침내, 마침내 사랑하는 아프고 장애가 있는 흑인-선주민-유색인 공동체를 찾아냈으니 우리는 결코 일을 망치지도 않을 거고(또는 지치지도 않을 거고), 항상 해야 할 일을 똑바로 알고 있을 거고, 그걸 다 할 수 있으리라 낙관했다. 결과적으로는, 내가 정체성을 공유하는 사람들과 함께한 모든 순간 그랬듯이, 거기엔 더없는 행복이 있었고, 그 행복이 쉽고 영원할 거라고 가정했을 때 찾아오는 비통함이 있었다.

밴쿠버의 급진적접근성지도만들기프로젝트 구성원인 로엄 romham은 이렇게 썼다.

> 만약 상호의존성이 우리의 DNA 안에 있다면, 그게 제대로 안 돌아간다는 건 무슨 의미일까? 우리 몸과 정신에 무언가 필요한 것이 있는데 그걸 얻으려면 상호의존이 필요할 때, 이런 현실을 우리는 어떻게 다뤄야 할까? 당신이 나를 지원하는 방식으로 내가 당신을 지원할 수 없을 때 그건 무엇을 의미하는가? 상호의존성은 우리가 서로에게 항상 똑같은 걸 해준다는 뜻인가? 마치 이런 일에 있어서 '똑같은' 거라도 있는 것처럼? 상호의존성은 온화한 밀물과 썰물 같은 것인가? 만약 나의 썰물이 결코 당신의 밀물과 꼭 맞지 않는다면 어쩌지? 그게 때로는 억수같이 쏟아지는 폭우라서 우리 중 한 명이 빠져 죽으면 어떡하지? 그럼 우린 뭘 해야 하지?[37]

더 많은 질문이 남아 있었다. 예를 들면, 우리 중 몇몇은 이동할 때 필요한 것이 더 적어서(일반 자동차에 탈 수 있고 사람들 눈에 띄는 상황에 대처할 수 있어서) 우리끼리는 더 잘 맞을 수 있지만 이와 달리 다른 몇몇은 그럴 수 없을 땐 어떻게 될까? 우리 중 일부가 아프고 너무 지쳐서 일정을 취소해야만 하는데 다른 사람들—어쩌면 '닥치고 참아내면서' 통증을 더 잘 견디는 연습을 하는 부류 또는 아마도 그저 통증과 피로를 겪어본 적 없는 부류의 사람들—은 자신들이 모든 일을 다 하고 있다는 기분 속에 남겨졌을 때, 우리는 어떻게 하면 공정하게 느껴지도록 할 수 있을까? 우리 중에 비장애인 행사에 함께 가서 시간을 보내고 가시성을 획득하면서 마음이 더 편안해졌던 사람들과, 뻔히 바라보는 눈길에 더 압도당하거나 더 불안해졌던 사람들의 경우는 또 어떤가?

그리고 어쩌면 이게 장애인 공동체에서 가장 중요한 질문일 거다. 항상 그 방의 유일한 유색인 퀴어 장애인이곤 했던 많은 사람들이 더 이상은 그런 유일한 사람이 아니게 될 때 어떤 일이 벌어지는가? 그것이 우리가 함께 일하고 공동체를 건설하고 갈등을 해결하는 방식에 어떤 영향을 미치는가? 때때로, 우리가 비장애-신체 중심적인 몰지각의 바다에서 비장애중심주의와 싸우는 유일한 혁명주의자 불구로 존재하는 데 익숙해져 있었기 때문에, 우리는 우리가 항상 옳지는 않다는 말을 듣는 게 거북했고, 의견이나 접근법이나 경험의 차이들에 대해 이게 틀린 것도 아니고 공격도 아니고 위협도 아니란 점을 이해하기가 힘들었다.

1년 뒤, 우리 집단은 이 모든 압박과 어려운 지점들과 얽히고 설킨 인간관계의 갈등 때문에 깨졌다. 힘든 이별이었다. 내가 꿈꾸던 아프고 장애가 있는 퀴어-트랜스-흑인-선주민-유색인 크루가 무너진 것 같았고, 내가 열정을 다해 믿고 내 한정된 에너지의 상당량을 쏟아부었던 공동체가 실패해버린 것 같았다.

나는 한 집단이 깨졌다고 해서 그게 꼭 돌봄망을 건설한다는 생각이나 그 운동이 끝났다는 뜻은 아니라는 걸 몰랐다. 우리가 부딪힌 투쟁이 실패가 아니라, 혹은 우리가 얼마나 부적절한지를 보여주는 징후가 아니라, 이루 말할 수 없이 가치 있는 배움의 과정이었다는 걸 우리가 알았더라면 좋았을 텐데. 지금 내가 알고 있는 것을 그때 알았더라면 좋았을 텐데―이 모든 문제가 600만 불구들의 문제라는 점을, 단연코 우리가 그런 문제들과 싸워온 유일한 퀴어 장애인이 아니었다는 점을, 이런 문제들을 해결하기 위한 우리의 투쟁이 우리 운동 과업의 핵심이라는 점을. 나는 지금 내 인생에서 돌봄을 구축하면서 내 몸의 아카이브도 계속 쌓아올리고 있고, 집단적접근성창조하기는 그 아카이브에 축적된 또 다른 가치 있고 불완전한 모델이다.

다섯 번째 이야기: 현재진행형 가상 돌봄망, '아프고장애가있는퀴어들'

장애인 미즈라히Mizrahi[38] 젠더퀴어 작가이자 조직활동가인 빌리 레인은 2010년에 '아프고장애가있는퀴어들'이라는 페이스북 그룹을 만들었고, 그 그룹은, 그러니까, 아프고 장애가 있는 퀴어들을 위한 것이었다. 빌리는 '아프고장애가있는퀴어들'을 아프고 장애가 있는 퀴어라면 누구에게나 열려 있는 온라인 공동체를 건설하는 실험으로서 시작했다. 이 공동체는 아프고 장애가 있는 유색인 퀴어들과, 주류 장애인권 공간들에서 전통적으로 주변화되어 있던 사람들을 중심에 놓았다. 또한 고립되어 있거나,

집에 틀어박혀 있거나, 직접 누군가를 만나러 물리적으로 이동할 에너지나 능력에 한계가 있는 많은 아프고 장애가 있는 퀴어들이 접근 가능한 공동체를 건설하고자 했다. 전반적으로, 빌리는 많은 아프고 장애가 있는 퀴어들이 침대에 누워서 온라인으로 어울려 놀 수 있고 서로 수다 떨 수 있는 공간을 원했다. '아프고장애가있는퀴어들'은 8년이 넘도록 존속하면서 북미 전역을 아우르는 가상 공동체로 폭발적으로 확장되었다. 어마어마하게 많은 실천적 돌봄과 지원을 제공하는 동시에—여기 모인 사람들은 질병, 의사, 장애 판정에 관한 지식을 공유했고, 서로의 증인이 되어주고 집세, 의료비, 휠체어가 들어가는 승합차를 마련하기 위해 모금했다—장애정의를 사유하고 관계를 건설하고 운동을 조직하는 중심지가 되었다.

'아프고장애가있는퀴어들' 구성원들이 한 돌봄노동을, 우리가 만든 이론들로부터, 우리가 도구를 공유하고 시를 쓰고 우정을 창출해온 방식으로부터 분리하기란 나로선 불가능하다. 이 그룹의 구성원들은 정기적으로 서로에게 약, 여분의 흡입기, 보조기기를 보내주곤 했다. 요청이 들어왔을 때 우리는 어떤 치료법이 우리에게 잘 듣고 어떤 게 효과가 없는지에 대한 정보를 공유했고, 장애 판정이 잘 나오게 하는 팁을 공유했다. 우리는 휠체어를 도난당해 새로 마련해야 하거나, 집에서 독성물질을 제거해야 하거나, 재활을 위해 생활비를 마련해야 하거나, 안전하지 않은 주거환경에서 벗어나야 하는 사람들을 위해 크라우드펀딩을 진행했다. 사람들은 한 번도 직접 만나본 적 없는, 병원이나 재활원, 정신병동에 있는 구성원들을 위해 돌봄 패키지를 보내고 방문 팀을 꾸렸다. 영상에 자막 넣기에서부터 신경다양성 의 사소통 양식에 이르기까지, 우리는 놀랍고도 점차 진화하는 교차-장애 모범 실천/공동체에 대한 가이드라인 문서를 함께 창안하여 사람들이 본인의 장애와는 다른 장애들에 대해 배울 수 있게 도왔다. 전성기 때의 이 공동체는 소셜미디어로 인해 가능해진 모든 좋은 것들 그 자체였다—당신이 위기에 처했을 때 당신 이야기를 들어주거나 당신 주변의 그 누구도 답해주지 못하는 장애 관련 질문에 답해줄 수 있는, 정체성과 관심사를 공유하는 백만 명의 사람들과 즉각적으로 연결되었던 것이다. 이 공동체의 구조는 대부분의 장애인이 직면하고 있는 가장 큰 장벽 중 두 가지를 깨부쉈다—바로 고립과 수치심을 깬 것이다.

'아프고장애가있는퀴어들'은 실제로 장애정의의 핫스폿처럼 느껴졌다. 가장 훌륭한 장애정의 사유 중 일부가 여기서 생겨났고, 대체로 '활동가 스타덤'으로부터는 자유로우면서도 집단적인 장애인 지성으로 가득 차 있다고 느껴졌다. 그곳은 소수의 '특별한 불구' 대신에 수많은 사람들이, 특히 체계적인 권력과 세상으로부터 매우 고립되고 배제되는 경우가 많은 사람들이 함께 생각하고 대화를 나누고, 침대에 누워 셀카를 찍고 공유하고, 운동기능과잉증hypermobility[39]과 섹스에 대한 팁을 공유하고, 무료 클리닉보다 훨씬 빠르게 서로를 진단해주고, 또한 장애, 예술, 섹스, 대중운동, 삶에 대한 중대한 질문들을 제기하는 장소인 것 같았다. 한창 잘되던 시기에 '아프고장애가있는퀴어들'은 크고, 지속 가능하고, 꽤나 끝내주게 교차-접근 가능한 돌봄망으로 기능했는데, 이 공동체를 가동한 구성원들은 집에 틀어박혀 있고, 일을 많이 못하고, 고립된, 장애가 있는 사람들로, 문자나 인터넷, 전화를 통해 지원을 보내고 기도해주고 연결하는 일에 기꺼이 할애할 시간이 있었다. '아프고장애가있는퀴어들'은 그 포맷이 텍스트에 기반하고 있어 청각장애인 또는 직접 사람을 만나거나 음성을 이용하여 소통하기 어려운 사람들도 접근 가능했다. 일하고 있는 사람들, 광활한 인터넷 세상에 압도당하거나 불안해지는 사람들, 혹은 전자기에 민감하여 컴퓨터를 쓰는 게 어렵거나 불가능한 사람들에게는 좀 더 이용하기 힘들고 접근성이 떨어지는 포맷이었고, 지금도 그렇다.

'아프고장애가있는퀴어들'은 사람들이 역량을 갖추지 못했더라도 부끄러워하지 않고, 할 수 있는 방식으로 할 수 있는 만큼 응답하는 것을 공동체의 가치로 삼았다. 또한 이 그룹은 지속가능하게 일하는 방법을 장애인들이 안다는 것을 우리가 설명하고자 할 때 그게 무슨 뜻인지를 보여주는 하나의 모델이기도 하다. '아프고장애가있는퀴어들'은 애초에 매우 지속가능했다. 왜냐하면 당신은 주변에 사는 지인 여섯 명에게 도움을 요청하려 애써야만 하는 것이 아니라 전 세계 수천 명의 사람들에게 다가갈 수 있고, 누군가는 항상 깨어 있을 것이고, 누군가는 항상 자금이 있거나, 뭐든 당신에게 말해줄 에너지나 역량을 갖고 있을 것이기 때문이었다. '아프고장애가있는퀴어들'은 한 명의 관리자로 시작해 여섯 명의 관리자가 있는 공동체로 성장했다. 그래서 누군가 아프거나 기력이 다 떨어졌을 때면 나서서 도와줄 다른 누군가가 항상 있었다. '아프고장애가있는퀴어들'은 비장애-신체 중심적인 주류 운동판의 99퍼센트에서 밀려나는 사람들, 어떤 종류의 조직화나 정치적 활동에도 역량이 없다는 말을 듣는 사람들이 이끄는 지속가능한 조직이란 어떤 모습인지를 보여주는 생생한 사례 같았다.

'아프고장애가있는퀴어들' 안에서 일어났던 열띤 논쟁을 기억한다. 새로 들어온 한 구성원이 자신은 이 공간을 좋아하지만 "여기서 운동이 활발히 펼쳐지고 있는 것처럼 보이진 않아요"라고 말했다. 사람들은 정말로 열받았다. 우리는 우리가 '아프고장애가있는퀴어들' 안에서 하고 있는 일 ― 대화하고 약을 공유하고 일을 기획하고 생존을 지원하는 일 ― 이 어떻게 전적으로 운동일 수 있는지, 우리가 하고 있는 그 일들이 어떻게 우리의 불구화된cripped-out 이미지들로 운동이란 무엇인가에 대한 전통적 통념들을 바꿔나가는 방식이었는지에 대해 열정적으로 이야기했다. 그리고 우리가 서로의 목숨을 부지하기 위한 지원을 주고받지 않는다면, 우리는 운동을 위해서든 그저 삶을 위해서든 계속 살아남지 못할 거라고 이야기했다.

돌봄의 미래들

내가 이 글을 쓰고 있는 지금은 트럼프 임기 2년째다. 우리는 미국장애인차별금지법, 아프고 장애가 있는 사람들이 보건의료에 접근하게 해주는 환자보호 및 부담적정보험법, 가정에서의 유급 돌봄 서비스 자금을 지원하는 메디케이드를 파괴하려는 트럼프 정부의 시도에 맞서왔다. 내가 아는 모든 이들은 초조해하

고, 다음엔 어떤 개떡 같은 일이 닥쳐 대혼란이 될지 끝없이 걱
정하고, 과민하게 반응하거나 패닉에 빠지지 않으려 애쓰고, 때
로는 우리에게 필요한 미래를 건설하는 일에 터무니없는 희망과
열정을 품으면서 이 모두를 섞어놓은 듯한 상태로 지내고 있다.

　나는 10년 동안 집단적 접근성과 돌봄에 관한 이런 험난한 실
험들을 해왔고, 그 이야기들이 내 경험으로 쌓여 있다는 데 감사
한 동시에 여전히 내가 모르는 게 얼마나 많은지 충분히 알고 있
다는 데도 감사한 마음이다. 나는 위급한 상황에 처할 때나 일상
적인 필요가 있을 때면 가까운 사람을 부를 수 있고, 누군가의 필
요에 응답할 수도 있다는 점에 의지하여 계속 살아가고 있다. 나
는 누군가 집에서 쫓겨나거나 의료비 문제를 겪거나 응급상황에
처하거나 정신건강상의 위기를 겪는 등 장애 관련 위기에 직면
하면 힘을 합쳐서 비상돌봄 모임을 열고 고펀드미GoFundMe[40]에서
모금캠페인을 벌인 경험이 많은 베테랑이다. 돌봄을 제공할 수
있고, 음식을 갖고 들를 수 있고, 돈을 보낼 수 있고, 문자메시지
에 답할 수 있는 한 무리의 사람들을 조직하는 방법에 대해 나는
좀 일가견이 있다.

　그럼에도 나는, 그러니까 돌봄을 창조하고 또 돌봄을 받는 이
런 삶을 살아나가면서도, 국가가 좆되고 공동체도 좆될 수도 있
고 부족할 수도 있을 때 어떻게 우리가 서로를 살려놓을 방법들
을 찾아내는지에 계속해서 깊은 감명을 받는다. 나는 친구들 그
리고 낯선 사람들이 크라우드펀딩으로 돌봄 비용을 마련하고 구
글 독스로 돌봄 교대 일정표를 짜는 데 점점 더 익숙해져가는 모
습을 보는 게 좋다. 또한 나는 펨과 장애인이 종종 노동으로 소

진되거나 그 노동을 착취당하는 것을 본다. 사람들의 에너지, 돈, 시간이 완전히 바닥났을 때 무슨 일이 일어나는지도 본다. 나는 남들에게 돌봄을 받기는커녕 보여주기에도 여전히 너무 수치스러운 나의 필요들에 대해 생각한다.

또한 나는 친구들이나 모르는 사람들 중에서 필요한 건 너무도 많은데 기꺼이 그들을 돌봐주고 잘 돌볼 수 있는 친구나 타인들을 구하긴 쉽지 않은 이들에 대해서도 생각한다. 공동체는 마법 같은 유토피아가 아니다. 가족이 유토피아가 아닌 것과 마찬가지다. 우리는 그저 마법처럼 모두가 서로를 사랑하지도 않고 심지어 좋아하지도 않는다. 우리가 모든 정치적 사안에 동일한 의견을 갖지 않는다는 건 말할 것도 없다. 나는 내가 아는 사람 중 심술궂거나 화가 나 있거나 신랄하거나 '좋아하기 힘든' 부류이면서 장애가 있는 사람들에 대해 생각한다. 그리고 그런 점들이 한 사람 안에 합쳐지게 되는 것이 어째서 놀랄 만한 일이나 우연한 일이 아닌지에 대해 생각한다. 우리 중 많은 사람이 비장애중심주의와 그로 인한 고립에 맞서며 수십 년을 견뎌내느라 정말로 기분이 더럽고 심술궂어지고 신랄해지기 때문이다. 나는 내가 아는 사람 중에서 자기가 싼 오줌 위에 누워 죽는 꼴을 보고 싶진 않지만 그렇다고 그 기저귀를 내가 갈아주고 싶지도 않은 그런 사람들에 대해 생각한다. 나는 아직도 친구들에게 도와달라고 부탁할 수 없는 것들, 몇 주간 고통에 시달린 이후에 끔찍하게 더러워진 집을 치우고 똥이나 피도 처리해야 하는 일 같은 것에 대해 생각한다. 나는 돌봄을 얻기 위해 애정이나 사랑을 받는 것에 의존해서는 안 된다고 했던 친구의 말에 대해 생각한다.

최근에 나와 내가 사랑하는 사람이 둘 다 몇 달에 걸쳐 만성
질환과 정신건강 위기를 겪고 난 후 나는 내가 돌봄 제공 번아웃
caregiving burnout에 부딪혔다는 걸 깨달았다. 개념으로서만 익숙했
지 한 번도 내게 일어나리라고 생각해본 적은 없는 일이었다. 구
글 검색으로 우리 지역 돌봄 제공자 웹사이트를 찾아 이메일을
보낸 후, 나는 우리가 24시간의 한시적 긴급 대체 돌봄 서비스를
받을 자격이 될 거라는 기분 좋은 전화를 받았다. 지자체에서 보
수를 지급받은 누군가가 나타나 약을 받아오고 설거지를 하고
요리를 하고 이야기를 들어준다는 거였다. 전화를 걸어온 담당
자는 센스 있게 설명해줬다. "많은 사람들이 친구한테 청소나 요
리를 해달라고 부탁하는 것보다 돈을 받고 도와주러 오는 사람
이 그런 일을 해주는 걸 더 편하게 생각해요." 친구에게 이런 서
비스가 있다고 이야기했더니 반색하며 이렇게 소리쳤다. "어째
서 우리 친구들 전부 다 이걸 이용하지 않고 서로를 소진시키고
만 있는 거지?" 나는 그 답을 알고 있다—수치심, 웹 접근성 결
여, 그런 게 존재할 리 없다는 생각, 혹은 정말로 그런 게 존재하
지 않거나 우리가 그런 걸 받을 자격이 안 되거나 불타는 링을 통
과해야만 받을 수 있는 현실. 나는 그 서비스로 인해 더 많은 가
능성을 볼 수 있게 되었다.

나는 돌봄에 대한 필요에 단 하나의 유일한 답이 있다고는 생
각하지 않는다. 내가 원하는 건 그저, 내 친구 도리Dori의 말을 빌
리자면, 더 많은 돌봄과 더 많은 시간이다. 나는 우리가 종말 이
후에 올 혁명적인 사회들에서의 상호원조를 꿈꾸길 바란다. 거
기서는 모든 사람이 다양한 종류의 돌봄에 접근할 수 있을 것이

가장 느린 정의

다─친구들로부터의 돌봄, 온라인에서 만난 낯선 사람들로부터의 돌봄, 장애 공동체 센터들로부터의 돌봄, 그리고 돌봄 제공자들에게 충분한 보수를 지급하고 건강보험과 휴가를 제공하고 아프고 장애가 있는 사람들의 자율성과 선택을 귀중히 여기는, 좀 엉망진창이지 않고 지금의 국가와는 다른 국가로부터의 돌봄 말이다. 나는 우리가 서로를 돌보는 꿈을 실현할 이 모든 대담하고 야심 찬 방법들을 계속 꿈꾸고 실험하길 바란다.

돌봄망을 꿈꾸는 사람들을 위한 몇 가지 도구, 그리고 조심해야 할 함정들

불구는 불구가 돕는다! 다른 사람은 안 돼! 절대로! 불구끼리의 지원은 멋지다! 비장애중심주의에 절여진 비장애인들이 형편없거나 학대나 다름없는 돌봄을 던져주고는 우리 스스로는 아무것도 할 수 없을 거라고 가정하는 것을 한평생 겪고 나면, 서로를 돌보는 장애인들은 종종 서로에게 깊은 치유를 선사할 수도 있다. 대부분은 아닐지라도 우리 중 많은 사람들에겐 비장애인들이 정말로 알아들을 거라고, 돌봄이나 지원을 주겠다는 약속을 실제로 이행할 거라고 믿지 못할 만한 충분한 이유가 있다. 내가 아는 많은 장애인은 이런 경험에 익숙하며 서로를 위해 와주는 건 거의 언제나 다른 아프고 장애가 있는 사람들뿐이라는 것도 알고 있다. 우리는 격렬하게 구토하는 와중에도 변기 옆에서 당신에게 힘이 될 문자메시지를 보낼 수 있다.

하지만 내 생각에, 장애인으로서 함께 움직이는 데는 몇 가지 중요한 주의사항이 따른다. 다른 불구들과의 연대는 접근 불가능한 세계라는 현실과 접근할 능력에 있어서의 교차성이란 현실을 마주한다는 뜻이기도 하다. 만성적으로 아픈 내가 당신을 들어올려 화장실로 데려갈 기력이나 힘이 없다고 해서 나쁜 앨라이가 되는 건 아니다. 우리 모두가 동시에 돌봄을 필요로 할 때도 있다는 것 또한 현실이다. 나는 몇몇 친구들이 자신의 필요를 충족하지 못하는 불구 전용 공간 앞에서 배신감과 절망으로 가득차던 모습을 종종 보았다. 나는 그러는 대신에 시험 삼아 뭔가를 해보고 어떻게 작동할지 지켜본 다음 조정하는 모델을 만드는 것이 가능하다고 믿는다. 우리는 실패할 수도 있고 예상보다 더 복잡한 일이 될 수도 있다는 걸 알면서도 시도해볼 수 있다.

또한 나는 정말로 정신 차린(혹은 그렇게 훈련될 수 있는) 비장애인들을 모집하는 것도 어떤 돌봄에는 좋은 선택지일 수 있다고 생각한다. 또한 숟가락이나 에너지가 많이 드는 노동을 하는 사람이나 그 노동시간에 대해 현금을 지불하거나 다른 노동/기술과 맞바꾸는 건 어떨까? 반드시 '동등하게'나 '항상'이 아니라 자신이 할 수 있는 만큼 기여하는 체계를 가치 있게 여기는 건 어떨까?

불구로서 우리가 본질적으로 서로의 접근 필요를 이해한다거나 (심지어 우리가 같은 종류의 장애를 갖고 있다 해도) 접근성과 관련된 친밀성이 저절로 생겨난다고 가정하기. 또는 우리가 처음에 정말로 서로의 필요를 이해했다고 해도 그게 영영 변치 않을 거라고 가정하기.

돌봄의 젠더화된/인종화된/계급화된 역학에 주의를 기울이지 않기 ─ 달리 말해, 가난한 노동계급 장애인 펨들이 항상 모든 일을 다 하고 있는가? 돌봄은 여성화되고 비가시화된 노동이다. 돌봄은 (전부는 아닐지라도) 많은 가난한/노동계급 사람들이 숨 쉬듯 하는 일이다 ─ 우리 시간 있잖아! 그냥 당연히 해야 할 일이야, 안 그래? 인종과 돌봄받을 자격 사이에 무슨 일이 일어나는가? 돌봄을 편하게 부탁하는 건 누구인가? 백인이고 예쁘고 중산층에다 상대적으로 행복하고 날씬하고 정상인 퀴어들이 돌봄을 더 많이 받고 있는가? 남성적으로 젠더화된 사람들 중 상호적인 돌봄 없이 내가 쎄빠지게 돌봄을 퍼줘야 했던 인간들은 얼마나 많았나? 이런 것들에 관해 얘기하자! 진짜 중요해! 엎어버리자! 남성적이고, 예쁘고, 비장애인인 사람들이 시간을 내게 해!

모든 관리 업무를 스스로 하기! 아프고 장애가 있는 사람들이 모든 일을 하는 모습을 너무도 자주 봤다 ─ 돌봄 제공도 다 하고, 물품을 사오는 일도 다 하고, 이메일 보내고 정리하는 일도 다 하고. 비장애-신체를 가진 열성적인 인간 좀 데려와서 그 빌어먹을 일정 관리 좀 시키라고!

'그것'을 제대로 하는 데 오직 단 하나의 방법만 있다고, 그러니까 돌봄을 제공하거나 조직하는 올바른 방법이 단 하나뿐이라고 가정하기, 그리고 잠시나마 작동했던 하나의 방식이 변함없이 작동하리라고 가정하기. 처음에 여섯 명이 뭉쳐 만든 모임이 모든 일을 영원히 계속할 수는 없을 것이다. 관리/조직 쪽 일을 너무도 잘하는 사람은 그 일에 진짜 질려버리게 될 수 있다. 특히 그 사람이 자기 머릿속에 모든 정보를 담고 있었다면 말이다. 역량을 구축해라. 모든 사람이 접근할 수 있는 곳에서 도구들을 공유해라. 역할을 바꿔가며 맡아라. 우리에게 위기상황이 닥쳤을 때 우리를 돌봐줄 사람들에 대한 계획을 미리 세워둬라. 잡다한 일을 조직하고 조정할 기술과 역량이 있는 사람을 단 한 명만 두는 것은 번아웃으로 가는 지름길이다.

돌봄망이 거대해야 한다거나 어딘가 다른 곳에 '전문가'가 있을 거라고 가정하기. 우리는 전문화된 장애인 돌봄에, 의료 및 치료 전문가들만이 우리의 끔찍한 몸과 맞닿을 자격을 갖고 있다고 가정하는 데 너무 익숙해져 있다. 하지만 첫 번째 집단적접근성 창조하기는 3주 만에 만들어졌다. 변혁적 정의transformative justice[41]처럼 아주 많은 것들이 집단적 돌봄이 될 수 있다. 너의아지트를불구화하라 모임"crip your hangout" hangout,[42] 수어를 사용하는 모임, 많은 도움의손길Lotsa Helping Hands 일정표,[43] 음식을 가져가고 담배 형태의 고함량 CBD[44]를 함께 피우러 모이는 장소 같은 것들 말이다.

그런 집단적 돌봄은 완벽하지 않을 때도 있다. 장애인들은 자주 고립된다(놀랍지?). 의지할 수 있는 큰 공동체가 있는 사람들도 있지만, 우리 중 많은 이들은 그렇지 못하다. 하지만 어떤 접근성이든 아예 없는 것보단 있는 게 낫듯이, (좋은) 돌봄은 부족하더라도 없는 것보다는 낫다. 그걸 바탕으로 더 쌓아올릴 수 있으니까.

돌봄망이나 돌봄 집단을 시작할 때
스스로에게 묻고 또 물어야 하는 질문들

- 돌봄망의 목표는 무엇인가? 누가 돌봄을 필요로 하는가? 어떤 종류의 돌봄을 필요로 하는가?

- 그 안에 누가 있는가? 그들의 역할은 무엇인가: 돌봄 제공자? 돌봄을 받는 자? 혹은 둘 다? 관리 업무 담당자? 모금 담당자?

- 그 일을 하면서 어떻게 자선 모델에 저항할 것인가?

- 돌봄을 받는 사람들이 돌봄을 잘 받을 수 있도록 해주는 가장 좋은 실천은 무엇인가?

- 돌봄을 제공하는 사람들이 돌봄을 잘 제공할 수 있도록 해주는 가장 좋은 실천은 무엇인가?

- 접근성이 제대로 작동하게 만들려면 어떤 물리적 도구가 필요한가? (승합차? 무향 클렌저? 승용차? 스마트폰?) 그걸 해내려면 얼마의 비용이 혹은 어떤 다른 자원이 필요한가?

- 어떻게 이 일을 기념할 만하고 즐거운 일로 만들 것인가?

- 사람들이 아프고 플랜 B가 필요할 때 휴식시간과 일하는 시간을 어떻게 짜넣을 것인가?

- 진행상황을 확인하고, 사안을 상세히 논하고, 계획대로 일을 진행하기 위해 어떤 회의 구조가 필요한가?

- 오직 비장애인들만이 '돌봄 제공자'라고 가정하는 대신 장애인들도 돌봄을 제공할 수 있는 방법들을 구축하고 있나?

- 갈등이 일어나면 어떻게 대처할 것인가?

- 일을 어떻게 문서화할 것인가? 지출을 관리하고, 누가 몇 시

간 일하는지 기록하는 업무일지가 필요한가?

- 악취나는 역학이 돌봄에 몰래 기어들지 않도록 확인하고 경계하기 위한 계획이 있는가? 이 역학은 뭐든 될 수 있다. 동정, 순교, 죄책감, 경계선을 협상하기 어려운 문제에서부터 젠더 역학(여성이나 펨이 남성적인 사람들보다 돌봄을 더 많이 행하면서도 돌봄을 더 적게 받는 것, 대다수 젠더의 사람들은 돌볼 '준비가 되어 있다'는 기대), 인종 역학(백인 경험의 보편화, 흑인이나 브라운들이 청소를 하거나 백인들을 물리적으로 돌보고 있을 때 스멀스멀 올라오는 인종차별), 계급 역학, 성노동자혐오, 내면화된 비장애중심주의, 혹은 교차-장애 역학(예를 들어 좀 더 가시적이고 명백한 장애가 있는 사람들의 경험과 비가시화된 장애가 있는 사람들의 경험 간 차이) 등. (이건 그저 몇 가지 예를 든 것일 뿐 모든 걸 다 담은 목록은 아니다.) 일하면서 생길 수 있는 여러 쟁점들을 살펴보고 이를 점검하는 정기적인 일정을 미리 잡아두면 도움이 될 것이다.

1 아네모네는 불안과 공황발작에 사용될 수 있는 허브다.
   [역주] 팅크(tincture)는 알코올에 혼합하여 약제로 쓰는 물질을 가리킨다.
2 이지더즈잇(Easy Does It)은 휠체어의 접근 가능성이 확보된 승합차 서비스로
   캘리포니아주 버클리에서 운영 중이다.
   [역주] 공식 홈페이지는 다음과 같다. easydoesitservices.org/
3 매드 맵(mad map)은 이카루스프로젝트(Icarus Project)가 고안한 용어로,
   한 사람의 정신건강 상태가 어떤 식으로 보이는지, 그리고 그가 어떤 돌봄을
   받거나 받지 않길 원하는지를 설명하는 데 쓰이는 돌봄 계획을 가리킨다. 더
   많은 정보를 얻으려면 다음을 보라. theicarusproject.net
4 [역주] 팸(fam)은 가족(family)의 줄임말로, 한국에서는 이 용어가
   '가출팸'이라는 청소년 관련 용어로만 유통되는 경향이 있지만, 보통 혈연이나
   혼인으로 이루어진 가족이 아니면서도 서로 친밀하게 일상생활을 공유하는
   소규모 공동체를 이르는 말이다.
5 [역주] 푸드스탬프(food stamp)는 빈곤층을 대상으로 바우처 형식의 식비를
   지원하는 미국의 사회보장제도로, 정부가 지정한 업체에서 일정 금액까지
   식품을 구매할 수 있도록 쿠폰이나 카드를 제공한다. 1939년 실험적으로
   시작되어 1964년부터 전국 규모의 제도로 시행되었다. '푸드스탬프
   프로그램'이란 이름으로 널리 알려져 있으나 공식 명칭은 '영양 보충 지원
   프로그램(Supplemental Nutrition Assistance Program)'이다.
6 [역주] 캐나다에서는 2018년부터 대마초(마리화나) 사용이 합법화되었고, 그
   이전에도 약용 대마초 판매가 제한적으로 허용되었다. 8분의 1온스는 대마초
   무게를 측정하는 기본 단위로 약 3.5g이며 'an eighth'라고 줄여 부르기도
   한다.
7 [역주] 'gender affirmation'은 태어날 때 의료·행정제도에 의해 정해진
   법적 성별, 즉 '지정성별(assigned sex)'과 자신의 젠더 감각이 맞지 않아
   고통을 겪는 사람들이 자신을 좀 더 온전히 담아낸다고 느껴지는 성별에
   맞춰 몸과 삶의 방식을 조정하는 이행(移行) 과정인 '트랜지션(transition)'
   전체를 뜻하거나 그 과정 중 시행하는 의료적 시술이나 수술 단계를 가리키는
   용어다. 이 단계를 부르는 이름도 시대에 따라 변화해서, 성별 '교정(gender
   corrective surgery)'에서 '재지정(sex reassignment 또는 gender reassignment
   surgery)'으로, 그다음 '확정'이나 '긍정'(sex affirming, gender affirming,
   gender affirmation 등)으로 넘어왔다. 이런 표현의 변화는 섹스와 젠더에
   대한 이해가 변화함에 따라, 그리고 트랜스젠더에 대한 인식이 여성에서
   남성으로(또는 남성에서 여성으로) 성별이 '전환'된 것이 아니라 수술 전후의
   모든 삶과 경험이 트랜스젠더인 사람의 역사로서 연결되어 있다는 점을

이해하는 방향으로 달라짐에 따라 의료적 조치를 부르는 이름도 함께
변화한 것으로 볼 수 있다. 최근 gender affirmation은 의료적 절차에만
국한된 것이 아니라 트랜스젠더를 포함해 이분법적 젠더 체계에 순응하지
못하는/않는 사람들이 진정 자기 자신이라 여겨지는 젠더 정체성으로
살아가는 것과 관련된 광범위한 행동과 가능성을 포괄하는 우산 개념으로
사용되고 있다(다음을 참조. www.transhub.org.au/101/gender-affirmation).
gender affirmation의 번역어를 정하는 문제에 있어, 최근 한국의
트랜스젠더 인권단체 '조각보'는 세계트랜스젠더보건의료전문가 협회(World
Professional Association for Transgender Health, WPATH)가 발간한 〈World
Professional Association for Transgender Health Standards of Care: for
the Health of Transgender and Gender Diverse People〉(줄여서 WPATH
SOC) 제8판을 번역해서 〈트랜스젠더-성별 다양성이 있는 사람을 위한
건강관리 실무표준 제8판〉으로 배포 중인데, 여기서 gender affirmation을
'성별 확정'으로 번역하고 있다(www.transgender.or.kr/29/?idx=165801
42&bmode=view). 다만 이전에 번역한 글에서 나는 'gender affirming
care'를 '젠더를 긍정하는 케어'로 잠정 번역하면서 이런 역주를 단 바 있다.
"〈건강관리실무표준〉 7판 한글판 부록 A 용어집 99쪽에선 sex reassignment
surgery를 gender affirmation surgery와 동의어로 놓는데, 한글판에선
전자를 '성전환수술'로, 후자를 '성별확정수술'로 번역한다. 개념 정의에
따르면 이 수술은 '일차 및/또는 이차 성징을 변화시킴으로써 당사자의 성별
정체성과 신체를 부합시키고자 하는 수술'로, '성별 위화감을 완화시키는
데 필요한 의학적 조치에 중요한 역할을 할 수 있'다. gender affirming
care는 이러한 수술을 포괄하는 개념이다. 여기서 나는 부족한 번역어이긴
하나 '젠더를 긍정하는 케어'로 번역한다. 물론 젠더를 확정한다는 생각은
역사적으로 트랜스젠더들의 경험에서 나온 것이지만, 이는 마치 젠더가
하나에서 다른 하나로 건너가면 그것으로 영원히 확정되고 고정되는 것처럼
상상함으로써 케어를 시작하기 전의 삶을 트랜스젠더의 생애 서사에서
부정하고 소외시키는 문제가 있고, 또한 젠더 플루이드(gender fluid)
정체성을 선언하는 사람들을 배제한다는 점에서 심각한 문제가 있다. 현재
점점 더 많은 퀴어들이 자신의 젠더 정체성을 유동적이고 복잡하게 사유하고
자신을 칭하는 이름 또한 복잡다단하게 확장하고 있는 만큼, 젠더 '확정'이란
용어는 시대 변화를 담기엔 부족해 보인다. 그보다는 차라리 '긍정'으로
번역하는 편이, 젠더를 경직된 이분법에 맞춰 한번 고정되면 벗어날 수
없는 자리로 이해하는 대신 젠더 자체의 결말을 열어두고 젠더를 정의하고
해석하고 받아들이는 유동적인 과정으로 이해하는 데 도움이 되리라

생각한다. 이 맥락에서 젠더를 긍정하는 케어는 당사자가 본인의 젠더라고 느끼는 감각, 젠더 정체성, 젠더 표현을 긍정하고 존중하기 위해 받는 의료적 처치 일반을 가리키는 용어로 이해될 수 있다."(에반 T. 테일러 & 메리 K. 브라이슨, 〈암의 가장자리: 트랜스 및 젠더 비순응자의 지식 접근과 암 건강 경험, 의사결정〉, 전혜은 옮김, 《여/성이론》 36호, 여이연, 2017, 65쪽 역주 10). 이런 맥락에서 gender affirmation을 잠정적으로 '젠더 긍정'으로 번역했다.

8   [역주] 오피오이드(opioid)는 아편으로 만드는 마약성 진통제로 대표적인 약물이 모르핀(morphine)이다. 중독성이 강하고 호흡 저하 부작용으로 과다 투여 시 사망에 이를 수 있다. 불법 마약인 헤로인(heroin)도 오피오이드 계열에 속한다. 펜타닐(fentanyl)도 오피오이드 계열의 마약성 진통제로 모르핀보다 호흡 억제 부작용은 덜하면서 진통 효과가 100배 이상 강하다고 알려져 있으며 주로 말기 암 환자에게 처방된다. 펜타닐 또한 극소량으로 사망할 수 있는 위험한 약물이며 마약으로 유통되고 있다. 펜타닐 검사지(fentanyl testing strips)는 모든 종류와 형태의 약물에서 펜타닐 성분을 감지할 수 있는 작은 종이 검사지로 약물 오남용을 막기 위해 개발되었다(뉴욕시에서 배포하는 펜타닐 검사 방법 참조. https://www.nyc.gov/ assets/doh/downloads/pdf/basas/fentanyl-test-strips-brochure.pdf). 날록손(naloxone)은 아편길항제로 아편 계열 약물을 과다 투여했을 때 그 약효를 감소하거나 상쇄하는 작용을 한다.

9   [역주] 로마니(Romani)는 서아시아와 유럽에서 살아온 유랑 민족으로 주로 '집시(Gypsy)'라고 불려온 사람들이 자신을 칭하는 당사자 이름이다. '집시'는 이 집단이 겪은 핍박의 역사 속에서 비하와 멸시의 의미로 쓰였기에 현재는 인종차별적 표현으로 인식되는 추세다.

10 [역주] 회백척수염 후 증후군(post-polio syndrome)은 5세 미만의 영유아들이 주로 감염되는 바이러스 질병인 급성 회백척수염(poliomyelitis, 줄여서 polio)을 앓은 뒤 몇 년에서 몇십 년이 지나 발병하는 질환으로, 약 25~40퍼센트의 확률로 발생하며 신경 근육의 쇠약, 근관절 통증, 심각한 만성피로를 불러온다.

11 [역주] 생계급여(Supplemental Security income, SSI)와 사회보장장애보험(Social Security Disability Insurance, SSDI)은 미국 공공부조 체계 중 장애인이 받을 수 있는 생활보조금제도다. '보족적(補足的) 소득 보장'이나 '생활보조금'으로도 종종 번역되는 생계급여는 소득과 주거환경이 특정 기준 이하거나 아예 없는 저소득층·빈곤층을 대상으로 장애인과 65세 이상 노령자에게 최소한의 현금을 매달 지급하는 제도다. 장애인이 받는 생계급여는 특별히 장애인생계급여(Suplemental Security

Income for Disability)로도 불린다. 사회보장장애보험의 공식 명칭은 '사회보장장애보험수당(Social Security Disability Insurance Benefits)'으로, 소득수준과 무관하게 입증 가능한 고용 상태로 임금노동을 하면서 사회보장세를 납부한 이력이 있는 사람이 은퇴 연령 전에 최소 1년 이상 지속되거나 사망에 이를 것으로 예상되는 질병 및 장애를 후천적으로 갖게 되고 그 장애로 인해 고용 능력을 잃었다는 것이 의학적·법적으로 판단될 수 있는 경우에 한정해서 당사자 및 가족 구성원에게 장애수당을 지급하는 제도다. 즉 장애인생계급여와 사회보장장애보험수당의 차이는, 전자는 한국의 기초생활수급제도의 생계급여와 유사하고 후자는 한국의 국민연금처럼 사회보장세 크레딧을 일정 수준 충족한 사람에게 지급된다는 점에 있다. 이 두 제도 모두 영주권자·시민권자·합법적인 거주 자격을 갖춘 외국인에 한한다. 또한 정기적으로 엄격한 감사를 통해 자격이 취소되거나 소급 적용으로 지금까지 받은 혜택을 물어내야 할 수 있다. 연방 정부의 지원으로 주 정부에서 지급하는 것이기에 같은 자격조건이라도 주마다 받는 금액이 다를 수 있다.

12 [역주] 'accommodation'은 사전적 의미로는 '응화(應化), 적응, 조절, 조정, 편의 제공' 등 상호 어울림을 증진하는 수단이나 활동에 쓰이는 용어다. 한국의 장애인차별금지법(공식 명칭은 '장애인차별금지 및 권리구제 등에 관한 법률'이며 줄여서 '장차법'으로 자주 불린다)의 제11조에 '정당한 편의 제공 의무'라고 적힌 것이 바로 이 accommodation이다. 제11조에서는 장애인이 "장애인 아닌 사람과 동등한 근로조건에서 일할 수 있도록" "정당한 편의를 제공"해야 한다고 밝히면서 그 정당한 편의의 내용을 "1. 시설·장비의 설치 또는 개조 2. 재활, 기능평가, 치료 등을 위한 근무시간의 변경 또는 조정 3. 훈련 제공 또는 훈련에 있어 편의 제공 4. 지도 매뉴얼 또는 참고자료의 변경 5. 시험 또는 평가과정의 개선 6. 화면낭독·확대 프로그램, 무지점자단말기, 확대 독서기, 인쇄물음성변환출력기 등 장애인보조기구의 설치·운영과 낭독자, 한국수어 통역자 등의 보조인 배치"로 정한다. 그러나 《에이블뉴스》에 실린 이원무의 칼럼에서 지적하듯, 이는 장애인도 당연히 누려야 하는 권리를 마치 비장애인들이 굳이 그럴 필요가 없는데도 배려심을 발휘해서 편의를 제공하는 것으로 취급한다는 점에서 철저히 비장애 중심적 관점의 개념이다(이원무, 〈'정당한 편의'와 '포용', 장애인 권리 관련 용어로 적절한가?〉, 《에이블뉴스》, 2023.8.2. https://www.ablenews.co.kr/news/articleView.html?idxno=205937). 이 칼럼에서는 UN 장애인 권리협약에서 'Resonable Accommodation'이란 개념을 "다른 사람과 동등하게 장애인에게 모든 인권과 기본적인 자유의 향유 또는 행사를 보장하기

위하여, 그것이 요구되는 특별한 경우, 불균형적이거나 부당한 부담을
지우지 아니하는, 필요하고 적절한 변경과 조정을 의미한다"로 정의하고
있음을 근거로 '합리적 조정/변경'이란 번역어를 제안하면서 이 권리협약에
담긴 의미를 한국의 장차법에도 적용하자고 제안한다. 다른 한편, 전 세계
장애 관련 법 정책 대부분이 accommodation의 틀에서 장애 문제를 다루는
것과 달리, 이 책의 바탕이 되는 불구 이론 및 정치는 2000년대 초반부터
accommodation이란 개념에 담긴 비장애중심주의와 동화주의적 함의를
지양하여 '접근성(access)'이란 틀에서 장애인권을 논의해왔다. '편의'에서
'접근성'으로의 변화는 장애인이 객체가 되느냐 주체가 되느냐의 중대한
인식틀 전환이기도 하다.

13 [역주] 'Access-A-Ride'는 뉴욕을 중심으로 북미 지역을 기반으로 하는
큰 대중교통 회사 MTA(The Metropolitan Transportation Authority)가
운영하는 장애인을 위한 보조 교통서비스 중 하나다. 서비스를 이용하려면
적격성 심사를 거쳐야 하고 대중교통 이용이 어려운 장애가 있음을
의료적으로 증명하는 문서를 제출해야 한다(https://new.mta.info/
accessibility/access-a-ride). 한국의 장애인 콜택시와 여러모로 유사한데,
한국의 이 시스템 또한 장애 정도에 따라 이용 대상이 한정되어 있고, 미리
신청하고 관련 서류를 접수해서 등록해야만 택시 예약이 가능하며 유료
서비스이다. 지방자치단체별로 운영하는 방식이므로 이 서비스가 없는
지역도 많으며, 운영하는 지역도 차량 수가 절대적으로 부족해서 등록한
장애인도 이용이 쉽지 않다. 이 책 4장을 보면 'Access-A-Ride' 또한 한국과
유사하게 장애인들의 이용에 어려움이 있는 것으로 보인다. 이런 점에서
'장애인 콜택시'로 번역했다.

14 [역주] Madness, Deafness처럼 첫 글자를 대문자로 쓰는 표기 방식은 장애인
당사자운동에서 나온 당사자 용어임을 뜻한다. Deafness는 미국 청각장애인
공동체가 청각장애를 오로지 고쳐야 할 결함으로 취급하는 비장애
중심적 사회에 맞서 청각장애인들만의 고유한 언어와 문화 체계, 사회와
역사를 강조하고 지키기 위한 움직임 속에서 만든 용어다. 한국의 당사자
공동체에서는 그런 의미로 '농(聾)'이란 용어가 있기에 Deafness에 대응하는
번역어로 사용하였다. 한편 Madness도 정신질환 및 장애 당사자운동에서
인간 다양성과 자긍심의 의미로 사용하는 용어인데 한국의 당사자운동은
비교적 최근에야 형성되는 중이기에 딱 맞는 대응어를 찾기 어려웠다.
정신장애 당사자운동에서 나온 용어 관련 고민은 옮긴이 해제에 풀었다.

15 [역주] 원문의 표현은 "Children's Aid and foster care"로, 이는 부모가
아이를 키울 수 없는 상태일 때 위탁가정을 주선하는 시스템을 미국에서

처음 도입하고 확산시킨 단체가 뉴욕시에 있는 아동구호협회(Children's Aid Society NYC)이며 이후 연방 정부의 제도로 정착된 데 기인한 것으로 보인다. 미국은 각 주마다 연방 정부의 감독 아래 위탁 프로그램을 운영하고 있는데(한국에서도 각 시도별로 가정위탁제도를 운영하고 있다) 특정 인종 및 계급에 속한 여성들이 아이 양육 자격을 더 의심받아 친자식을 뺏길 확률이 높다는 점이 꾸준히 비판받았고, 위탁가정에서의 아동학대 및 방치 관련 법적 분쟁도 자주 일어났다.

16 퀼리 드리스킬, 2011년 8월 저자와의 개인적 대화.

17 이 엄청난 장애인 역사에 대해 좀 더 알고 싶다면 다음을 보라. Eli Clare, *Brilliant Imperfection: Grappling with Cure*(Durham, NA: Duke University Press, 2017)[한국어판: 《눈부시게 불완전한: 극복과 치유 너머의 장애 정치》, 하은빈 옮김, 동아시아, 2023]; Susan M. Schweik, *The Ugly Laws: Disability in Public*, New York, NY: New York University Press, 2010.; Sunaura Taylor, "After the Ugly Laws," The Baffler, February 28, 2017, https://thebaffler.com/blog/after-the-uglylaws-taylor, and "I Want to Help the Handicapped ... According to the Charity Model of Disability," www.ju90.co.uk/help/eng/help1.
[역주] 킴 닐슨(Kim E. Nielsen)의 《장애의 역사: 침묵과 고립에 맞서 빼앗긴 몸을 되찾는 투쟁의 연대기》(김승섭 옮김, 동아시아, 2020; *A Disability History of the United States*, Vol. 2, Boston, MA: Beacon Press, 2012) 177쪽에 달린 역주에서는 'Ugly Laws'를 이렇게 설명한다(이 책에서는 '어글리 로'로 음차한다). "'어글리 로는 실제 법 조항의 이름이 아니라, 19세기 중후반 미국의 여러 도시에서 제정된, 이른바 흉한 외모를 가진 사람이 공공장소에 나오는 것을 금지하던 법을 지칭하기 위해 1970년대 연구자들이 만들어낸 용어다."

18 [역주] 흑인권력운동(Black power movement)은 1965년 말콤 엑스(Malcolm X)의 사망 직후 흑인 분리주의운동을 일부 계승하여 등장했다. 백인 사회로의 통합과 그 안에서의 시민권 쟁취를 목표로 하는 주류 민권운동을 비판하면서, 흑인들의 공동체 의식을 구축하고 흑인으로서의 자긍심을 기르고 흑인 자결권과 자율성을 달성하기 위해 정치적·경제적·문화적 힘을 독자적으로 갖추자고 주장했다. 이 운동 지지자 중엔 완전한 분리를 주장하는 이들도 있었고 흑인 민족주의운동이나 비폭력 노선 포기 주장 등 다양한 경향성이 혼재했으나 주류 민권운동과 흑인권력운동 모두에 참여한 사람들도 많았다. 브라운권력운동(brown power movement)은 치카노운동(Chicano movement)으로도 불리며, 1960년대 말부터 1970년대에

멕시코계 미국인과 이주자 전반의 인권을 위해 브라운 권력을 주장했다. 미국은 제2차 세계대전 당시 부족한 노동자 공급을 위해 멕시코 정부와 협력하여 1942년 '브라세로 프로그램(Bracero Program)'을 만들었고, 이 프로그램으로 멕시코에서 수많은 젊은 노동자들이 건너와 미국의 농장이나 철도에서 일했다. 1964년 이 프로그램이 종료될 때까지 약 460만 명의 멕시코 노동자가 가족과 함께 미국으로 건너왔다. 이 과정으로 미국 영주권을 취득한 이들도 많았지만, 현재 한국의 이주노동 현황과 마찬가지로 수많은 멕시코인들이 합법과 불법의 경계에서 언제든 미등록 이주자로 낙인찍힐 위협에 시달리며 열악한 환경에서 노동하고 또 추방당했다. 그러나 미국은 1954년 웨트백 작전(operation Wetback)으로 멕시코인을 포함해 국경을 넘는 사람들의 입국을 막았고 그 과정에서 심각한 인권침해와 살상이 이뤄졌다. 이런 맥락에서 브라운권력운동이 일어났고, 이 운동은 흑인권력운동과 서로 영향을 주고받으며 흑인-브라운 연대와 연합을 촉구했다. (브라운권력운동에 대해 더 자세한 설명은 다음을 보라. www.sutori.com/en/story/brown-power-movement—j2HrsCdSH9YpysPavqJ7f5fC; digilab.libs.uga.edu/exhibits/exhibits/show/civil-rights-digital-history-p/black-brown-power)

19 [역주] 자유언론운동(free speech movements)은 1964~1965년 캘리포니아대학 버클리 캠퍼스(UC버클리)에서 장기간 지속되었던 대규모 학생시위로, 미국 대학에서 일어난 최초의 대규모 시민 불복종 행위로 평가된다. 이 운동은 캠퍼스 내에서 학생들의 정치 활동을 금지하고 처벌하는 대학 당국에 반대하여 시작되었으며 정치적 자유, 언론의 자유, 학문의 자유(당시 대학은 교수진에게 충성 맹세를 강요하고 교과과정 전반을 통제했으며 거슬리는 교수들을 해고했다)를 주장했다. 이 운동은 당시의 여러 민권운동과 베트남전쟁 반대운동과 영향을 주고받았으며, 이후 1970년대 초반까지 미국 전역의 대학에서 일어난 반전운동과 대학 자치운동의 토대를 닦았다고 평가된다.

20 [역주] 메디케어(Medicare)는 미국 시민권자나 영주권자 중 65세 이상 노인에게 의료 혜택을 주는 연방 정부 주관 건강보험 프로그램으로, 월 보험료를 내면 의료비의 80퍼센트를 정부가 지원하는 방식이다. 이런 점에서는 '노령건강보험제도'라고 번역할 수 있겠지만 65세 미만의 법적 장애인도 가입 자격이 있다. 65세 이상이면서 저소득층인 사람들은 저소득층 의료보장제도인 메디케이드(Medicaid)를 받을 수 있다. 장애인이 저소득층에 해당할 때 메디케이드 수급 자격이 있다. 메디케어와 메디케이드 두 제도의 자격 요건을 모두 충족한다면 중복 수혜를 받을 수도 있다. 정리하자면, 1장 역주 11에 정리했듯 생계급여(SSI)와 사회보장장애보험(SSDI)이

장애인이 받을 수 있는 생활보조금제도라면, 메디케어와 메디케이드는
활동보조인 서비스와 의료비 지원 등 장애인이 받을 수 있는 의료보험 관련
복지제도이다. 메디케어와 메디케이드의 자격 요건 차이는 생활보조금제도와
마찬가지로 소득수준에 달려 있다. 즉 저소득층으로 생계급여 대상자는
메디케이드, 일반 소득수준으로 사회보장장애보험 대상자는 메디케어를
받을 자격이 된다. 이 제도들 또한 영주권자와 시민권자, 합법적 거주 자격을
갖춘 외국인을 대상으로 하며 장애 심사를 통과해야 한다. 미국은 장애인
대상 복지제도를 따로 만드는 대신 저소득층과 노령자를 위한 복지제도에
장애인을 추가한다는 점도 특징적이다.

21 [역주] 패티 번은 한 인터뷰에서 주류 장애인권운동의 문제를 이렇게
설명한 바 있다. "장애인권운동의 많은 전략이 (소송에 초점을 맞추고 있는데)
사람들이 교육, 교통, 고용에 접근하지 못하기 때문에 이해는 갑니다.
그러나 그러한 인식틀 안에서 누가 고려되는가 하는 관점에서 보자면,
이주자 신분이나 장애 때문에 공식적으로 기록되지 못하는 수많은 불구가
있습니다…… 장애인권운동이 남긴 클리프행어가 있는 것입니다(There are
cliffhangers left by the Disability Rights movement). 그래서 우리는 지난
2005년에 장애정의에 대한 고민을 시작했고, '제2물결 장애인권(second wave
Disability Rights)' 또는 그냥 장애정의라고 부르는 것의 장단점이 무엇인지를
자세히 살펴보기 위한 대화를 시작했습니다. 유색인 장애인, 젠더 비순응
장애인, 만성질환이 있거나 아픈 사람으로 정체화하는 사람들을 포함해서
이들을 중심에 놓는 일에 대해 대화를 나눴습니다."(D. Allen, "Liberating
Beauty: A Conversation with Sins Invalid's Patty Berne," *the body connected*,
2013.10.6. https://thebodyconnected.com/2013/10/06/liberating-beauty-a-
conversation-with-sins-invalids-patty-berne/)

22 [역주] '완전 및 영구 장애(Total and Permanent Disability)'는 보험업계와
법조계에서 사용하는 용어로, 노동 능력이 완전히 소실되어 일할 수 없는
상태를 가리킨다. 영구 장애 중 '영구적 부분 장애(permanent partial
disability)'는 전일제 노동을 수행할 수 없는 장애 상태를 가리킨다. 예를 들어
다음을 참조. Julia Kagan, "Total Permanent Disability (TPD): Definition,
What Qualifies," *Investopedia*, 2022.3.8. https://www.investopedia.com/
terms/t/total-permanent-disability-tpd.asp

23 [역주] 메디케이드처럼 다양한 저소득층 지원 제도에서 정하는 소득기준을
약간이라도 초과할 경우 지원이 끊기는 상황을 가리킨다.

24 [역주] 예를 들어 '캘리포니아주정부 장애보험프로그램(The California
State Disability Insurance, SDI)'은 질병이나 부상으로 인해 휴직 또는

실직에 처한 노동자가 신청하면 심사를 거쳐 이전 소득수준을 기준으로
단기 장애수당을 지급하거나, 질병이나 장애가 발생한 가족을 돌볼
'단기유급가족휴가수당(Paid Family Leave, PFL)'을 제공한다. 그러나
이러한 사회보장제도들이 수급 자격에 배우자의 소득과 자산을 포함하도록
요구하기 때문에, 메디케이드에서 제공하는 의료서비스와 약간의 수당에
의존해야 하는 장애인들은 결혼 자체를 포기해야 한다. 다음을 보라.
Gabriella Garbero, "Rights Not Fundamental: Disability and the Right to
Marry", *St. Louis University Journal of Health Law & Policy* 14.2, 2021, 587-
614.

25 *Radical Access Mapping Project*, https://radicalaccessiblecommunities.wor
dpress.com
[역주] 공식 홈페이지의 소개에 따르면, 2009년에 시작된 〈급진적
접근성 지도 만들기 프로젝트〉는 지역사회에 쓸 만한 접근성 관련 정보가
부족하다는 문제의식에서 출발했다. 이 기획은 개인이 실천할 수 있는 총 세
개의 주제로 구성되어 있다. "① 접근성 감사/자문, ② 비디오/영화 자막 제작,
③ 비장애중심주의, 접근 가능성, 교차성에 대해 개인적으로 성찰하기."

26 [역주] 19~20세기 러시아의 지리학자, 저술가, 무정부주의자인 표트르
알렉세예비치 크로포트킨(Pyotr Alexeyevich Kropotkin)을 가리킨다.

27 [역주] 'femmegimp'는 로리 에릭슨의 인스타그램 아이디이자, 에릭슨이
자신의 정체성이자 저항의 정치적 현장으로 제시하는 개념이다. 다음을 보라.
Loree Erickson, "Revealing Femmegimp: A Sex-positive Reflection
on Sites of Shame as Sites of Resistance for People with Disabilities,"
Atlantis: Cultural Studies in Gender, Culture, and Social Justice 31. 2, 2007,
42-52.

28 [역주] 'desirability'는 보통 '바람직함'으로 번역되지만, 한국어에서
'바람직하다'는 표현은 뭔가를 욕망한다는 의미보다는 도덕적 건전함의
의미로 통용되는 경향이 있다. 그런데 불구 이론을 공식화한 퀴어 장애학자
로버트 맥루어는 비장애 중심적 사회에서 desirability가 장애와 연결되는
것으로 상상조차 안 되거나 장애의 대척점에 있다고 여겨지는 경향성에
반대하여, 장애를 욕망할 수 있고 욕망할 만한 것으로 다시 상상하는 대항
담론을 만들어왔다. 이런 맥락에서 desirability를 잠정적으로 '욕망할
만함'으로 번역했다. 관련 논의는 다음을 참조하라. Robert McRuer and
Abby L. Wilkerson, "Introduction", *GLQ: A Journal of Lesbian and Gay
Studies* 9. 1-2(special issue: Desiring Disability: Queer Theory Meets
Disability Studies), 2003, 1-23; Robert McRuer, "Disabling Sex: Notes

for a Crip Theory of Sexuality," *GLQ: A Journal of Lesbian and Gay Studies* 17.1, 2010, 107-117; Robert McRuer and Anna Mollow Ed, *Sex and Disability*, Durham, NC: Duke University Press, 2012. 이전에 쓴 글에서 나는 desirable이 '바람직한'으로 번역된다는 것 자체가 "무엇이 욕망할 만한 것으로 인정되고 무엇이 욕망할 만하지 않은 것, 나아가 욕망해서는 안 되는 것인지를 가르는 가치 체계가 욕망과 도덕에 관한 사회적 통념을 직조한다는 점"을 나타낸다고 지적한 바 있다. 전혜은, 〈장애와 퀴어의 교차성을 사유하기〉, 전혜은·루인·도균, 《퀴어 페미니스트, 교차성을 사유하다》, 여이연, 2018, 46쪽.

29 Elizabeth Sweeney, "Young, Hot, Queer & Crip: Sexing Up Disability Is a Way of Life for Loree Erickson," *Daily Xtra* September 9, 2009. https://www.dailyxtra.com/young-hotqueer-crip-12141

30 Muna Mire and Mary Jean Hande, "'The Pace We Need to Go': Creating Care Culture," *Action Speaks Louder: OPIRG–Toronto's Field Manual for Those Who've Had Enough*, Fall 2013, 8-9.

31 "Crips Visiting Detroit!" Creating Collective Access, June 2, 2010. https://creatingcollective access.wordpress.com/2010/06/02/crips-visiting-detroit

32 [역주] 샤와르마(shawarma)는 고기를 층층이 기다란 꼬챙이에 꿰어 원뿔 형태를 만들고 이를 세로로 꽂아 회전시키면서 굽는 아랍권의 대표 음식 중 하나다. 꼬치에 매달린 상태로 고기를 얇게 썰어내 채소와 함께 빵에 싸 먹는다.

33 '숟가락'은 아프고 장애가 있는 사람들의 공동체에서 에너지와 역량의 단위를 기술하기 위해 만들어낸 은어로, 특히 만성질환이나 장애 때문에 에너지의 양이 제한되는, 아픈 사람과 장애인의 맥락(그러니까, 어떤 게 할 일이고 어떤 게 내버려둘 일인지를 결정해야 하는 상황, 더 느린 속도로 움직이거나 '불구 시간에 맞춰' 움직이는 상황 등) 안에서 작동하는 은어다. 이 개념은 크리스틴 미세란디노가 에세이 〈숟가락 이론〉에서 창조한 것으로, 이 글은 그녀의 웹사이트 〈하지만 넌 그리 아파 보이지 않는걸(But You Don't Look Sick)〉에 포스팅되어 있다. 만성적으로 아픈 한 여성은 만성질환과 함께 살아간다는 게 어떤 것인지를 묘사하려는 시도로서 한 움큼의 숟가락을 꺼내곤 그것들을 에너지의 단위로 비유하며, 많은 비장애인들에겐 당연하게 생각되는 일상적인 일들에 얼마만큼의 에너지를 쓸지 조심스럽게 계산해야 한다는 게 어떤 일인지를 이야기한다.

34 [역주] 지지 집단(pod)은 2014년 샌프란시스코만안지역 변혁적정의집단(Bay

Area Transformative Justice Collective)이 사용하기 시작한 용어로, 변혁적 정의운동 안에서 구성원들이 폭력이나 학대의 피해자, 목격자, 또는 가해자로서 지속적 안전을 확보하기 위해, 자신의 행동을 변화시키고 행동에 책임지기 위해, 또는 개인적이고 집단적인 치유와 회복을 위해 주변의 지지가 필요할 때 연락할 수 있는 사람들의 집단을 지칭하는 단어다. '공동체'라는 단어도 여전히 사용하지만, '공동체'에 연결되어 있지 않다고 느끼는 사람들이 많고 사람들마다 '공동체'로 감각하는 집단의 범주가 지나치게 다양하기 때문에 폭력 피해 상황에서 서로를 지지하는 연결망을 뜻하는 새로운 단어가 고안되었다. 샌프란시스코 변혁적정의집단 홈페이지에 2016년 미아 밍구스가 작성한 글에서 이 단어에 대한 설명과 개인 또는 모임에서 활용할 수 있는 '지지 집단 지도 그리기 워크시트(Pod Mapping Worksheet)'를 볼 수 있다. 다음을 보라. batjc.wordpress.com/resources/pods-and-pod-mapping-worksheet

35 [역주] 〈6만 4000달러짜리 문제들($64000 questions)〉은 1955~1958년에 방영된 미국의 퀴즈 쇼 프로그램 제목이다. 뒤로 갈수록 문제가 어려워지는 구조이며, 마지막 문제까지 맞히면 최고 상금 6만 4000달러를 탈 수 있었다.

36 Mia Mingus, "Wherever You Are Is Where I Want to Be: Crip Solidarity," *Leaving Evidence*, May 3, 2010. https://leavingevidence.wordpress.com/2010/05/03/where-ever-youare-is-where-i-want-to-be-crip-solidarity/

37 "What Happens When We Can't Live Interdependency All the Time?" *Radical Access Mapping Project*, November 9, 2015. https://radicalaccessiblecommunities.wordpress. com/2015/11/09/what-happens-when-it-feels-like-we-cant-live-interdependency-all-the-time/

38 [역주] 미즈라히(Mizrahi) 또는 미즈라흐(Mizrach)는 히브리어로 '동쪽'을 의미하며 '아랍'으로 통칭되는 북아프리카와 서아시아 지역에 기원을 둔 유대인들을 부르는 범주이다. 이스라엘 국가 건설 과정에서 유럽 중 독일과 프랑스에 기원을 둔 '아슈케나지' 유대인 집단(Aschkenasi Jews or Aschkenasim)이 이스라엘의 주류가 되었고, 스페인과 포르투갈이 있는 이베리아 반도에 기원을 둔 '스파라디' 유대인 집단(Sephardi Jews or Sephardim)이 그다음 위계를 차지하고, 미즈라히는 내부의 민족적 타자가 되었다. 이스라엘은 전 세계에서 이주해온 다양한 유대인들을 하나의 국민으로 통합하는 과정에서 유럽 아슈케나지를 기준 삼은 동화정책을 펼쳤으며 미즈라히가 그 동화의 대상이 되었다(다음을 참조. 임안나, 〈시온주의 국가 건설이 남긴 파편들: 이스라엘 유대인사회의 에스닉 범주와 정체성〉,

서울대학교 아시아연구소 서아시아 센터 웹진 *Asian Regional Review DiverseAsia*
1.5, 2019. https://diverseasia.snu.ac.kr/?p=2755)

39 [역주] 'hypermobility'의 정식 명칭은 'joint hypermobility syndrome'으로,
관절과운동성 증후군, 관절운동기능과잉 증후군, 관절운동기능과잉증 등으로
불린다. 관절이 정상적인 한계보다 과도하게 유연한 상태로, 잦은 부상이나
탈구의 위험이 있으며 만성통증 및 심한 경우 보행장애나 운동장애를
야기한다.

40 [역주] 고펀드미(GoFundMe)는 개인이나 단체가 축하 행사 또는 질병이나
사고 같은 힘든 상황에 필요한 다양한 기금을 모금할 수 있는 미국의
크라우드펀딩 플랫폼이다.

41 [역주] 저자는 이 책의 5장에서 '변혁적 정의(transformative justice)'를
이렇게 간략히 정의한다. "국가에 대부분을 의존하지 않으면서 학대
생존자들을 위한 정의, 치유, 안전을 창출하는 전략들". 좀 더 길게 설명하자면
변혁적 정의는 처벌·투옥·경찰 감시·통제 등 국가 주도의 억압적인
형사 사법제도에 맞서, 첫째로 그러한 사법제도가 제국주의, 식민주의,
인종차별주의, 자본주의, 계급차별주의, 가부장제, 성차별주의, 동성애혐오와
트랜스혐오, 비장애중심주의, 우생학, 종차별주의 등에 기초해 구축된 지배
체계들에서 억압받는 위치에 있는 이들에게 더 가혹하게 작동하면서 이 지배
체계들을 재생산하고 유지하는 방식을 폭로하고 비판한다. 둘째, 모든 혐오와
불의와 억압적 메커니즘을 해체하고자 노력하며 공동체 관점에서 교차적
연대를 구축하는 일에 전념한다. 셋째, 이런 맥락에서 개인이 저지른 폭력을
한 개인의 일탈로 탓하는 대신 그러한 폭력을 가능케 한 구조적 원인에
초점을 맞춰 공동체가 그러한 근본적 원인을 제거하는 일을 함께 책임지도록
하며, 피해자의 회복과 치유에도 공동체가 책임지고 일하도록 한다. 저자가
공동 편집을 맡은 선집 《생존을 넘어서》는 변혁적 정의운동에 대한 상세하고
다채로운 논의를 제공하는데, 여기서 설명하는 변혁적 정의운동은 이 책
전체에서 설명하는 장애정의운동과 마찬가지로 교차적인 다중 쟁점 정치를
지향한다. 아프고 장애가 있는 퀴어-트랜스-흑인-선주민-유색인의 위치에서
탈식민주의, 무정부주의, 교도소 폐지운동, 치유정의, 혁명적 사회정의
저항운동, 회복적 정의운동 등을 바탕으로 투쟁한다.

42 [역주] 너의아지트를불구화하라 모임("crip your hangout" hangout)의
공식 홈페이지는 없지만, 이 모임에 대한 간단한 소개를 다음의 블로그에서
찾아볼 수 있다. brownstargirl, "Crip genderqueer genius wondering
about doing sex work for the first time", *asksharkmom: snarky, sharky,
compassionate advice from a femme shark mini elder*, 2016.05.11. https://

asksharkmom.wordpress.com/author/brownstargirl/ 시애틀은 퀴어
장애인들이 많이 사는 곳이지만 그럼에도 여전히 장애 차별이 심하고 장애인
공동체가 없다고 느낀 사람들이 한 달에 한 번 장애인들이 모여 먹고 이야기
나누는 모임을 결성했다는 것이다. 이 모임을 계기로 이후 시애틀에 다양한
퀴어 장애인 공간 및 공동체가 만들어졌다고 한다.

43 [역주] 많은도움의손길(Lotsa Helping Hands)은 돌봄 제공자들을 위한
온라인 사이트와 앱을 지원하는 업체로, 가족이나 친구 단위로 돌봄을
조직할 때 활용할 수 있는 일정표와 메시지 기능을 제공하고, 지역사회에서
돌봄이 필요한 사람과 돌봄을 제공할 자원봉사자나 종교 단체 등이 연결될
수 있도록 하는 기능도 제공한다. 공식 홈페이지는 다음과 같다. https://
lotsahelpinghands.com/

44 [역주] CBD는 대마에서 추출한 화학물질인 칸나비디올(cannabidiol)의
약어로, 흔히 CBD가 함유된 오일이나 담배, 약물 등을 통칭하기도 한다. 불안,
우울, 통증 등을 완화하는 효과가 있다고 알려져 있으며 의료보험제도가
제대로 마련되어 있지 않은 미국에서는 저소득층 만성통증 환자들이
진통제로 쓰기도 한다. 의료용 대마초는 1996년부터 캘리포니아주를
포함하여 28개 주와 워싱턴 D.C.에서 합법화되어 있고, 기호용 대마초는
2023년 기준 뉴욕을 포함한 미국 내 21개 주에서 합법화되어 있다.

2장

불구 감성적 지성

흑인 퀴어 펨 작가 킴 캐트린 밀런Kim Katrin Milan은 '펨 과학femme science'[1]이란 용어를 창조했는데, 이 용어는 펨 기술·테크놀로지· 지성femme skills, technologies, and intelligences을 뜻한다. 펨이 실제로 특별한 기술·재능·과학·문화를 갖고 있다는 선언을 들은 것은 내게 혁명적인 일이었다. 내가 '불구 기술crip skills'이나 '불구 과학crip science'이란 용어를 언제 처음 들었고 언제부터 사용하기 시작했는지는 확실치 않은데, 아마 거의 같은 시기였을 거다. 어쨌든 이는 뭔가 의미가 있었다. 내가 보고 배워온, 나를 포함해 장애인들이 갖고 있던 모든 불구 기술을 명명하고 이에 관해 이야기하는 것은 유의미한 일이었다. 이게 의미 있었던 또 다른 이유는 대부분의 사람들이 장애를 바라보는 관점인 결함 모델이 장애인을 오로지 결여되어 있고 흠 있고 손상된 물건, 치료할 필요가 있는 물건으로만 본다는 점 때문이었다. 우리가 문화, 기술, 과학, 테크놀로지를 갖고 있다는 생각은 이 모든 통념을 거스른다. 대대적으로.

이러한 명명은 일부 비장애인들의 빤히 쳐다보는 시선에 대처해야 한다는 걸 의미하기도 한다. 비장애-신체인 사람들은 비장애인들이 모르는 것들을 장애인들이 알 수도 있다는 점을 정말로 모르면서도 그것을 부끄러워하지도 않는다—우리는 고유의 문화와 역사와 기술을 갖고 있는데도. 비장애인들이 우리로부터 배울 게 있을 수도 있는데도.

실제로 우리에겐 배울 만한 것들이 있다. 이제부터 불구 감성적 지성crip emotional intelligence[2]의 특징이라고 생각하는 몇 가지 점들, 우리가 우리 문화 속에서 서로 사용하는 기술에 관해 이야기해보겠다.

· 불구 감성적 지성은 다른 장애인이 당신에게 무뚝뚝하게 굴
때, 할 말을 찾느라 말을 더듬을 때, 불만스러워할 때, 때로는
그걸 개인적 문제로 받아들이지 않는 걸 뜻한다. 대신에 당신
은 그들이 그저 8시간을 토했나보다, 일주일 동안 자살충동
과 싸웠나보다, 다리에 다시 세포염증이 왔나보다, 다섯 개의
거대한 섬유종을 발견했고 어떤 치료법을 시도해볼지 결정
하려고 고심 중인가보다, 이렇게 추측할 수 있다. 언어폭력을
봐주자는 얘기가 아니다. 우리가 서로를 몰아붙이지 않는 방
법들에 관해 이야기하는 것이다. 누군가 심한 고통을 견뎌내
고 있거나, 일곱 겹 케이크처럼 비장애중심주의와 손상이 층
층이 쌓인 상황에 직면해 있거나, 음성언어를 사용하는 데 어
려움을 겪고 있다고 추정하는 데서 출발하는 방식에 관해 이
야기하는 것이다. 비장애-신체 중심적인 상상력이 보길 거부
하는 것을 볼 수 있다는 점—아프고, 장애가 있고, 정신장애
가 있고, 농인이고, 신경다양성으로 사는 삶들, 그리고 비장
애중심주의가 그 삶들을 쓸리고 벗겨질 때까지 건드려대는
곳에서 우리가 받는 스트레스는 정상이라는 것을 볼 수 있다
는 점—이 우리가 서로에게 주는 선물이라고 이야기하는 것
이다. 스트레스에 내몰린 우리가 어떤 행동을 할 때 그건 우
리가 비장애 규범에 맞지 않는 괴짜여서이거나 사과할 일인
것이 아니라, 우리가 보기엔 마땅하고 기본값인 일이 일어나
는 것일 뿐이다. 불구 감성적 지성은 또한 누군가가 정확한

단어를 쓰지 않았다고 해서 언제나 그 말을 못 알아듣지는 않는 것이다. 불구 감성적 지성은 누군가가 씹새끼인 것과, 누군가가 뇌손상이나 실어증이 있거나 사회적으로 심각하게 고립된 상황이거나 아니면 그저 오벌린대학[3]에 가지 않았을 뿐인 것의 차이를 아는 것이다.

• 불구 감성적 지성은 또한 학술적 용어가 아닌 좀 더 소소한 단어, 아마 당신이 글을 쓸 때 써봤던 그 단어들과는 다른 단어를 사용하여 의사소통하는 방법을 알아내고 이해하는 것이다. 이는 누군가가 자신의 증강기술 의사소통 장치에 문장의 철자를 다 쓸 때까지 기다렸다가 응답하는 것이다. 이는 문자언어를 이용한다. 이는 의사소통에서 청인들의 방식과 학술적인 방식이 가장 똑똑하거나 가장 좋은 방식이라고 가정하지 않는 것이다.

• 불구 감성적 지성은 미리 가정하지 않는 것이다. 그 무엇도 말이다. 이는 항상 질문하는 것이다―닿거나 만져도 되는지, 당신의 몸이나 아픔을 뭐라고 부르는 게 좋을지, 당신이 무엇을 필요로 하는지, 당신의 문제에 대해 뭔가 제안해주길 원하는지 아니면 그저 들어주길 원하는지. 이는 장애인 각자가 자기 몸/정신에 대한 전문가라는 점을 이해하는 것이다.

• 불구 감성적 지성은 고립을 이해하는 것이다. 아주 깊이. 우리는 정말로 홀로 있는 것이 어떤 건지 안다. 모임에서, 파티

에서, 이 세상의 사회생활 전반에서 당신이 줄곧 빠져 있었다는 걸 사람들이 아예 기억하지도 못하는 식으로 잊힌다는 것. 공동체라는 사회적 세계로부터 고립되고, 외면당하고, 단절된다는 것은 얼마나 끔찍한 일인가? 왜냐하면 당신은 문자 그대로 그것이 당신을 죽일 수도 있다는 걸 알기 때문이다. 하지만 그렇게 홀로 있다는 것이 언제나 죽도록 가혹하기만 한 건 아니다. 홀로 있기는 고요함, 조용함, 낮은 자극, 휴식의 오아시스가 될 수도 있다.

· 불구 감성적 지성은 누군가가 약속을 취소해도 불쾌하게 여기지 않고 그 사람을 계속 초대하는 것이다. 그 사람을 잊어버리지 않는 것이다.

· 불구 감성적 지성은 누군가가 야채나 물티슈를 미리 잘라놓거나 드라이브스루 식당에 가거나 특정 자동차를 탄다고 해서 그 사람에게 창피를 주지 않는 것이다. SUV 차량을 포함해서 말이다. SUV는 휠체어가 들어갈 만큼 크다.[4]

· 불구 감성적 지성은 장애인들이 그들의 장애, 의료-산업복합체, 그리고 이 세상을 다뤄가면서 풀타임 일자리를 가질 수 있음을 이해하는 것이다. 이를 이해하면 노동, 에너지, 삶에 대한 사회의 일반적인 기대를 내다 버릴 수 있을 것이다.

· 불구 감성적 지성은 온타리오주 장애지원프로그램이나 사회

보장장애보험의 대상 자격 정기심사에 대한 공포, 푸드스탬프 사무실에 늘어선 긴 줄에 대한 두려움을 이해하는 것이다. 전문의와의 진료 예약을 절대로 놓치지 않는 것, 병원에 가는 게 대체로 첫 번째 대응은 아니라는 것, 어딘가에 장애인 주차권을 놓고 왔다가는 엄청나게 골치 아파진다는 것, 약물이나 본인부담금, 치료요법, 보충제에 너무나 많은 비용이 든다는 사실을 이해하는 것이다.

· 불구 감성적 지성은 우리가 항상 한정된 숟가락 개수 이상으로 자신을 밀어붙이는 그 모든 방식을 알아채고 존중을 표하는 것이다―한창 공황발작을 겪고 있는 사람에게 상담해줄 때나 머릿속 자원을 글로 쓰기 위해 키보드를 두드리느라 남은 숟가락 한 개 분량의 여력까지 손목에 탈탈 털어낼 때. 불구 감성적 지성은 우리가 장애인이거나 아프거나 통증이 있는 와중에도 어떻게 일할지를 협상하는 춤을 끊임없이 추고 있다는 것을 이해하는 것이다.

· 불구 감성적 지성은 자원을 공유하는 것이자 필요할 때 나타나주는 것이고, 그런 상황에 놓인 두 명의 불구가 있다면 그 둘 각자에게 나름의 일이 있다는 사실을 인정하는 명시적이거나 암묵적인 규칙을 두는 것이다. 당신은 당신이 할 수 있는 것을 제안할 수 있다. 당신은 멈춰야 할 때 멈출 수 있다. 당신은 당신의 제안에 '아니오'란 응답이 돌아와도 기분 상하지 않고 받아들일 수 있다.

- 불구 감성적 지성은 누군가의 얼굴, 몸짓언어, 에너지를 읽고 그가 고통받고 있거나 고군분투하고 있다는 걸 알아보는 능력이다. 불구 감성적 지성은 고통, 피로, 압도, 트리거trigger를 알아차리는 기술에 능숙한 것이다.

- 불구 감성적 지성은 당신이 당신의 장애에 관해 설명하고 나서 비장애인들이 내뱉는 "기분이 얼른 나아졌으면 좋겠네!" 라거나 "아이고, 진짜 안됐다!" 같은 말들이 입에 담아선 안 되는 말임을 아는 것이다.

- 불구 감성적 지성은 당신의 몸에 맞는, 접근성 있는 운동 방법을 찾아내는 건 정말 좋은 일이라는 걸 이해하는 것이다. 하지만 통증을 야기하지 않는 운동 방식이 없거나 당신이 많이 움직일 수 없기 때문에, 혹은 단지 그러고 싶었기 때문에 소파에 누워서 하루를 보내는 것도 그저 괜찮다는 걸 이해하는 것이다. '건강한'이 얼마나 상처를 줄 수 있는 말인지 이해하지 못한 채 모든 사람의 목구멍에 철인 3종 경기 완주하기나 줌바5 하러 가기를 쑤셔넣는 세상에서 침대에 누워 있는 것을 서로 부끄러워하지 않는 게 신성한 과업임을 이해하는 것이다.

- 불구 감성적 지성은 침대가 세계라는 걸, 집이 세계라는 걸, 자동차가 세계라는 걸 이해하는 것이다.

- 불구 감성적 지성은 (유성애자라면) 성적으로 행동하는 데는 백만 가지 방법이 있음을 이해하는 것이고, 그중 일부는 전화를 통해서만 이루어지거나, 성기와 전혀 무관하거나, 1년에 한 번쯤 있는 일이란 걸 이해하는 것이다. 불구 감성적 지성은 누군가 단지 손가락 세 개나 이마의 일부분만 움직일 수 있을 때를 포함하여 모든 운동이 운동이고 중요하다는 걸 이해하는 것이다. 모든 섹스는 섹스다.

- 불구 감성적 지성은 누군가가 "나 좀 기분이 구려/나 몸이 안 좋아"라고 말했을 때, 자동적인 반응이 항상 "오, 그럼 집에 있어/그거 하지 마/내가 해줄게!"여서는 안 된다는 걸 이해하는 것이다. 대신에 당신은 상대방을 고치려 들지 않으면서 이렇게 말할 수 있다. "저런, 오늘은 어떤 걸 할 수 있을 것 같아?"

- 불구 감성적 지성은 모든 일이 안 풀릴 거고, 생각보다 오래 걸릴 거고, 지하철역 엘리베이터는 고장날 거고 보조 교통서비스는 3시간쯤 늦을 것임을 이해하는 것이다. 그리고 그게 놀랄 일도 아님을 아는 것이다. 이는 접근성을 중요시하지 않거나 접근성을 높이는 데 돈을 들이지 않는 세상에서 고의로 행해지는 일들이다.

- 불구 감성적 지성은 빨래를 해주겠다고 제안하는 것이다. 제안하고 또 제안하는 것이다. 다른 장애인이 당신의 제안을 받아들이기 전에 아마 백만 번은 더 도와주겠다고 말해야 함을

아는 것이다.

- 불구 감성적 지성은 당신이 할 수 있는 것을 제안하는 것이다. 제안해도 되는지 물어보는 것이다. 할 수 없을 땐 할 수 없다고 말하는 것이다.

- 불구 감성적 지성은 누군가가 어떤 일을 스스로 할 때 그것이 악전고투처럼 보일지라도, 항상 '수동 공격적'인 건 아님을 이해하는 것이다. 때때로 그건 그저 우리일 뿐이다. 식료품을 계단 위로 끌어올릴 때 우리의 모습 그대로일 뿐이다. 때로 우리는 머리를 쓰다듬는 걸 원치 않는다. 때로 우리는 나타나지도 않아놓고선 장애인을 돕는 게 얼마나 어려운지 불평하는 사람들에게 의존하지 말아야 한다는 것을 배웠다.

- 불구 감성적 지성은 기적의 치료법을 권하는 것이 입에 담아선 안 되는 말임을 아는 것이다. 대체로 치료가 중요한 게 아님을 아는 것이다. 우리 몸이 치료되거나 고쳐져서 정상성 안으로 들어가야만 가치 있는 건 아님을 아는 것이다.

- 불구 감성적 지성은 일단 서로의 말을 믿어주는 쪽으로 기우는 것이다. 우리는 너무도 많은 사람에게 버림받으며 살았다. 우리는 서로를 버리지 않으려고 노력한다. 누군가의 의견이 사람들의 호응을 얻지 못하거나 형편없을지라도.

- 불구 감성적 지성은 당신이 집까지 운전해 갈 수 있고, 병원까지 누군가의 동행이 되어줄 수 있고, 일상적인 업무·요리·식사를 수행할 수 있도록, 당신의 한계를 밀어붙이고/거나 풀어주는 대수학$_{algebra}$을 아는 것이다. 불구 감성적 지성은 "그냥 너 자신을 돌봐라!"가 좋은 의도에서 하는 말이라도 완전 부적절함을 아는 것이다. 우리가 항상 할 수 있는 것보다 더 많은 일을 한다는 걸 아는 것이다. '한계'가 협상의 문제임을 아는 것이다.

- 불구 감성적 지성은 결코 함부로 추정하지 않는 것이다. 그 어느 것도.

1   Kim Katrin Milan, "Femme Science & Community Based Research, presented at the Allied Media Conference," 2013. https://prezi.com/bkpfroriyfuz/femme-science-communitybased-research/

2   [역주] 옥스퍼드 심리학 사전에서 'Emotional Intelligence'는 "자신의 감정과 다른 이들의 감정을 관찰하고, 서로 다른 감정을 구별해서 적절한 이름을 붙여 분류하고, 감정 정보를 사용하여 생각과 행동 습관을 인도하는 능력"으로 정의된다(Andrew M. Colman, *A Dictionary of Psychology* 4th Revised Edition, Oxford: Oxford University Press, 2015, 244). 한국에서 이 개념은 '감성 지능', '감정 지능', '정서 지능'으로 번역되어 쓰이고 있다. 이 개념은 1960년대부터 심리학 문헌에 간간이 등장하다가 1990년대부터 주로 신자유주의적 자본주의 체계 아래 리더십과 직장 내 사회생활 기술과 관련해서 주목받고 정의되고 활용되었다. EI를 '능력(ability)'으로 정의하는 연구들은 기업의 노동자 채용 평가기준이나 업무성과, 학업성과 등을 파악할 기준으로 IQ 테스트와 유사하게 감정을 정량화하는 검사 모델 구축에 매진해왔다. 그리고 이런 검사를 비판하는 연구들은 검사의 신빙성과 예측력, 보편적 적용 가능성에 문제를 제기해왔다. 이처럼 이 개념이 만들어지고 발전한 역사는 비장애 중심적이고 자본주의적인 성격을 띤다. 대중담론들에서는 이 개념의 다섯 가지 핵심 요소로 제시되는 자각(self-awareness), 자기 조절(self-regulation), 동기 부여(motivation), 공감(empathy), 사회적 기술(social skills) 중 개인 및 기업의 성공과 관련된 요소들이 가장 중시되고 '공감'은 그런 요소들을 뒷받침하기 위해서만 쓰이는 경향이 있다. 또한 감정을 '지능'으로 보는 관점은 사람의 심적·지적 다양성을 수치화하여 서열을 매기고 차별하는 우생학적 사고를 바탕으로 한다. 이와 달리 이 장에서 저자는 장애인 공동체들이 발전시킨 불구 지식 및 지혜의 일환으로, 다양한 장애와 살아가는 다양한 삶을 이해하고 연대할 방법으로 '불구 감성적 지성'을 제안한다. 이때의 '불구 감성적 지성'은 개인의 사회적 성공에 초점이 맞춰진 기존 '감정 지능' 담론들의 비장애 중심성과 거리를 두고, 이런 담론들에서 중시해온 다른 요소들보다 '공감'을 중심에 놓는다. 또한 이 공감이 (비장애 중심적 사회가 그러하듯) 자기를 기준으로 타자를 재단하는 '동정'이 아니라, 정말로 다양한 차이들을 이해하려 노력하고 함께 살아가고자 애쓰는 교차적 실천이 되도록 불구 감성적 지성을 개념화한다. 이런 저자의 의도를 살리고 비장애 중심적 정의를 지양하려면 '지능'이란 번역어는 적절하지 않기에, 우리는 emotional intelligence를 '감성적 지성'으로 번역했다.

3   [역주] 오벌린대학은 미국 오하이오주에 있는 대학으로 학생들이 학교

안팎의 사회운동에 적극 참여해온 전통으로 유명하며, 미국에서 가장 성소수자 친화적인 대학으로도 알려져 있다. 따라서 본문의 오벌린대학 언급은 '여기서나 괴상한 사람처럼 보이지 빨갱이 퀴어 반골들이 득시글대는 운동권 대학에 갔다면 정상이었을 사람' 같은 뜻의 농담으로 해석할 수 있다.

4   [역주] 환경운동가들은 어마어마한 이산화탄소 배출량으로 기후위기에 악영향을 끼치는 이동수단들의 사용 자제를 촉구해왔으며, 여기엔 비행기뿐 아니라 SUV 자동차도 포함된다. 국제에너지기구(International Energy Agency)의 2019년 보고서에 따르면, 국제 자동차시장에서 SUV의 매출이 증가함에 따라 2010년 이후 전 세계 이산화탄소 배출량 증가의 가장 큰 원인 중 2위가 SUV 자동차로(1위는 전력 부문), 중공업, 트럭, 항공 부문을 앞질렀다(Laura Cozzi & Apostolos Petropoulos, "Growing preference for SUVs challenges emissions reductions in passenger car market," *iea*, 2019.10.15. https://www.iea.org/commentaries/growing-preference-for-suvs-challenges-emissions-reductions-in-passenger-car-market). 2022년 보고서에 따르면 전 세계에서 SUV 자동차의 이산화탄소 배출량은 10억 톤에 다다른다(Laura Cozzi, et al., "As their sales continue to rise, SUVs' global CO2 emissions are nearing 1 billion tonnes," *iea*, 2023.2.27. https://www.iea.org/commentaries/as-their-sales-continue-to-rise-suvs-global-co2-emissions-are-nearing-1-billion-tonnes). 이런 맥락에서, 스웨덴의 환경운동가 그레타 툰베리(Greta Thunberg)가 항공 여행의 탄소 배출에 대한 대중인식 고양 운동으로 '비행 수치심(flight shame, 스웨덴어로는 flygskam)'이란 표어를 만든 것을 따라, 미국에서는 'SUV shame'에 대한 담론도 조성되기 시작했다.

5   [역주] 줌바(zumba)는 라틴댄스에 에어로빅을 결합한 고강도 유산소 운동이다.

3장

접근 가능한 공간 만들기는
우리 공동체를 위한
사랑의 행위다

일러두기: 이 글은 2010년 〈미국 사회 포럼〉을 준비하면서 마지막 3주 동안 집단적접근성창조하기를 계획하며 쓴 여러 글 중 한 편이다. 이 글은 당신이 오후 2시나 새벽 1시에 아파서 잠들 수 없을 때, 뭐라도 의미 있는 일을 해보려고 침대에서 거칠게 갈겨쓰는 그런 종류의 글과 같다.

집단적접근성창조하기에 오는 장애인 중 화학물질로 인한 피해에 취약하지 않은 사람들에게 향기 없는 모임을 만드는 연대 활동에 동참해달라고 부탁하는 글을 써달라는 요청을 받았다. 화학물질과 향기 때문에 아프게 되는 장애가 있는 사람들도 모임에 참석할 수 있도록 하기 위해서였다. 이는 특수하고도 구체적인 종류의 접근성을 보장하기 위한 작업이었으며, 이 작업의 일환으로 나는 흑인과 브라운을 중심에 놓는 방식으로 향기 및 화학 접근성fragrance and chemical access에 관해 이야기했다. 구체적으로는, 사람들이 화학 접근성을 오직 유난히 짜증나는 백인 채식주의자들이나 신경쓰는 좀 이상한 헛짓거리가 아니라, 청소노동과 살충제를 쓰는 노동에서부터 오염된 도시 주거환경에 이르기까지, 천식에서부터 암에 이르기까지 이 모두로 인해 흑인과 브라운들이 갖게 된 문제로 틀을 바꾸어 생각해보도록 했다. 그리고 종종 화이트워싱white-washing 방식으로 논의되곤 했던 화학장애에 대해 틀을 바꿔 생각해보도록 했을 뿐 아니라, 흑인과 브라운의 머리와 피부에 잘 맞으면서 구하거나 만들기 쉽고 저렴한 바디케어 및 헤어케어 제품의 목록을 제공하기도 했다. 이 마지막 부분은 내 글 중에서 사람들이 가장 많이 찾는 자료 중 하나가

되었다―초고의 제목은 〈(향기 없는 유색인 펨) 진짜임〉이었고, 최종적으로 〈향기 없는 유색인 펨 천재Fragrance Free Femme of Colour Genius〉라는 제목이 된 그 글[1]은 내가 처녀자리 달[2]로서 초집중 검색 기술을 발휘해 만든 제품 개요서다.

하지만 이 글은 예상치 못한 방식으로 뜨거운 반응을 불러일으켰고 여기저기 퍼날라졌다. 아마 내 글이 접근성을 급진적 연대의 한 형식으로 보면서 사랑이라고 부른 점이 사람들의 신경을 건드린 것 같다.

접근성에 대해 생각할 때면 나는 사랑에 대해 생각한다.

내 생각에 불구 연대, 그리고 불구들과 (아직) 불구가 아닌 이들 간 연대는 강력한 사랑의 행위이자 같은 편이 되어주는 것이다. 이 연대는 거대한 사안들에도 존재하지만, 우리가 변화를 만들어가면서 모두가―개개인의 몸 안에서―반드시 치열하게 현존할 수 있도록 매 순간 행하는 자잘한 일들 속에도 존재한다.

여기엔 거대한 패러다임 전환이 내포되어 있다. 우리의 불구 몸들은 골칫거리, 즉 우리를 제한하고 동정을 불러일으키는 무언가로 여겨지지도 않고, 숭고하게 초월해야 할 무언가로 여겨지지도 않는다. 나는 그저 당신과 비슷한 사람이니까. 우리의 불구 몸은 그 자체로 선물이고, 훌륭하고, 맹렬하며, 노련하고, 가치 있다. 우리의 불구 몸은 우리 자신, 우리 공동체, 우리 운동, 이 망할 놈의 행성 전체와 관련되어 있고 이들을 살려놓는 데 필수적인 것들을 우리에게 가르쳐주는 자산이다.

내가 어느 아픈 날 언어를 처리하는 데도 어려움을 겪을 때, 잘 못 알아듣는 내게 당신이 반복해서 말해주고 더 짧고 쉬운 말로 이루어진 접근 가능한 언어를 사용해주길 원할 때 당신이 그렇게 해준다면, 그게 사랑이다. 그리고 그게 바로 연대다. 내가 휠체어 이용자가 아닌데도 비장애인 실무자들과 함께 만드는 워크숍에서 의자 사이의 통로 너비가 반드시 최소 3피트 이상 확보되도록 한다면, 이게 사랑이고 연대다. 이게 바로 우리가 우리를 신경쓰지도 가치 있게 여기지도 않았던 운동들에 대한 쓰라림과 실망에서 벗어나 뭔가를 건설해내는 방법이다. 내가 이런 얘기를 했을 때, 어떤 사람들은 분노로 반응했다. 그들 말로는 장애인이 접근성을 얻기 위해 사랑받아야 할 필요는 없다는 것이었다. 그들은 우리가 그저 장애인 시민으로서 법에 따라 우리의 권리를 존중받아야 한다고 주장했다. 내 생각에 이는 장애권리와 장애정의의 충돌을 보여주는 훌륭한 하나의 예시다. 권리를 중심에 둔 인식틀은 미국장애인차별금지법과 다른 민권 법안들이 장애인 '시민들'에게 권리를 부여한다고 말한다. 즉 단순히 법을 언명하기만 하면 우리의 필요가 충족된다는 것이다. 장애정의는 이렇게 말한다. 만약 당신이 장애인이면서 미등록 이주민이라면? 만약 당신이 우리가 살고 있는 이 국가가 애초에 백인들이 몰려와 정착한 식민지 국가이며 이걸 국가라고 믿는 것 자체가 웃긴 짓이고 환각이라고 생각한다면? 만약 당신에게 접근성을 제한하는 사업체를 고소할 돈이 없다면? 당신에게 편의나 접근 테크놀로지를 제공하는 사람들, 혹은 제공하지 않는 사람들이 국가로부터 돈을 받는 게 아니라 당신 공동체의 일부라면?

나는 접근성과 세계에 대한 우리의 접근이 바람직함이나 인기, 또는 비장애인 대중—혹은 그 누구든—의 승인에 의거해서는 안 된다는 점에 동의한다. 그리고 나는 우리 중 너무도 많은 이들이 여러 방식으로 사랑에 접근하길 거부당해왔다는 사실을 깊이 존중한다. 하지만 내가 '사랑'이란 단어를 말할 때, 이는 우리 중 많은 이들이 그 안에서 살아남고 또 살아가려고 노력하길 강요당했던 전통적인 바람직함의 정치보다 좀 더 불구화되고 이상한 무언가를 뜻하는 것이다.

내 말은, 우리가 서로에게 닿으려 애쓰며 가능한 한 최대한의 접근성을 마련하고자 할 때, 그게 바로 급진적인 사랑의 행위라는 뜻이다. 모든 행동이나 행사를 상상하기 시작할 때부터 접근성을 그 중심에 놓을 때, 그게 급진적인 사랑이다. 내게 접근성은, 접근할 수 있도록 하려면 필요한 것들을 적어놓은 체크리스트를 훨씬 넘어서는 것이다. 물론 체크리스트도 필요하고 필수적이다. 내 말은, 서로를 향한, 우리의 불구 심신을 향한 깊은 사랑과 돌봄 없이도 한 행사에 무향 비누와 통역사와 36인치 너비의 출입구를 죄다 갖출 수는 있다는 것이다. 그러고도 여전히 공허할 수 있다는 것이다. 어떤 단체들은 좋은 취지로 나에게 장애와 접근성에 대해 교육해달라고 요청했는데, 그들이 원하는 건 접근성을 높이기 위해 그들이 할 수 있는 10가지 일 같은 체크리스트였다. 만약 그 단체들이 장애인들을 슬프고 불쌍한 것들로 바라보는 자신들의 내면세계는 바꾸지 않은 채 그런 일들을 한다면, 또는 우리 같은 사람들이 이미 그들의 삶 속에 있다는 걸 이해하길 거부한다면, 그 단체들이 모두 수화를 도입하고 곳곳에 경사로를 설치한다 하더라도, 우리는 우리를 사랑하지도 않고 필요로 하지도 않고 리더로 여기지도 않는 곳, 그저 마지못해

서비스를 베풀어야 하는 대상으로 우리를 보는 사람들이 있는 곳에 우리가 가지 않으리란 것을 안다.

내 말은, 내가 속해왔던 아프고 장애가 있는 사람들의 공간들, 내가 함께 만들었고 그 안에서 비틀거렸으며 또 나를 변화시켜온 그 공간들은 최상의 상태일 때 깊은 사랑으로 가득 차 있었다는 것이다. 그리고 그 깊은 사랑은 내가 느껴본 가장 강렬한 치유 중 하나였다. 이건 의료-산업복합체와 비장애중심주의 사회는 이해하지 못하는 사랑이다. 그렇기 때문에 의사들은 내가 잘 지내고 있는 것 같다고 평하면서 머리를 긁적이고, 내가 사랑하는 장애 공동체가 많고 그게 도움이 된다고 말할 때 멀뚱히 쳐다보는 것이다. 내가 내 심신을 증오하지 않게 되기까지 10년이 걸렸다. 내가 필요로 하는 것을 있는 그대로 수치심 없이 요청할 수 있게 되기까지는 10년이 더 걸렸다.

내가 말하는 사랑은 이보다 많은 것을 뜻한다. 내 말은 모든 사람이 기본소득, 돌봄, 접근성을 보장받을 자격이 있다는 급진적인 관념 같은 걸 뜻하는 거다. 모든 사람이. 당신이 좋아하지 않는 사람들도 포함해서. 그다지 호감 가지 않는 사람들도 포함해서. 솔직히 말해서 난 내가 살아오면서 본, 다른 사람들을 해치고 때론 나를 해치고 쓰레기처럼 굴었던 인간들을 떠올릴 수 있다. 그럼에도 그들 중 몇몇이 장애가 생기거나 집세나 식비, 주거비를 충당하기 위해, 혹은 좀 더 접근 가능한 아파트나 도시로 이사하기 위해 돈을 필요로 할 때면 여유가 되는 한 그들의 인디고고Indiegogo[3] 페이지에 20달러를 보냈다. 왜냐하면 접근성의 결핍으로 죽거나 고통받아 마땅한 사람은 아무도 없기 때문이다. 그들이 아무리 쓰레기라 할지라도 말이다. 나는 디제잉을 굉장히 잘하는 몇몇 사람들을 본 적이 있는데, 이를테면 그들은 금요일 밤 저녁 식사에 모든 사람을 초대하는 관행을 계속 이어갔다. 그 자리엔 괴팍하고, 인기 없고, 까다로운 사람들도 다 초대되었다. 왜냐하면 가장 불구화된 사람들은 가장 사회적으로 고립되어 있고 그런 자리를 가장 필요로 하기 때문이었다.

장애인인 우리 중 많은 이들은 일반적으로, 혹은 비장애인들 사이에서 특별히 호감 가거나 인기 있는 사람들이 아니다. 비장애중심주의란 우리가—우리의 공황발작이, 우리의 트라우마가, 우리의 트리거가, 우리가 비만인을 위한 좌석이 필요하다거나 휠체어가 접근할 수 있게 해달라고 끊임없이 징징대고 접근 불가능한 상황에 짜증을 내는 것이, 그리고 또, 집에만 있는 것이—특별히 쿨하거나 섹시하거나 흥미로운 사람이 아니라 아주 성가신 골칫거리로 여겨진다는 뜻이다. 다시 말하자면, 비장애중심주의는 슈퍼장애인(접근성을 거의 혹은 전혀 필요로 하지 않으면서 비장애-신체에 맞춰진 클럽 공간, 모임, 직장에 뒤처지지 않고 참여할 능력이 되는) 아니면 불쌍한 불구자 둘 중 하나만을 고집한다. 비장애중심주의와 가난과 인종차별주의는 우리 중 많은 이들이 정말로 기분이 나쁜 상태가 되게 한다. 정신적 차이와 신경다양성 또한 우리가 퉁명스럽거나, 우울하거나, 비장애중심주의 세계의 세입자들이 '다루기 어려운' 사람이 될 수도 있게 만든다.

그리고 나는 여전히, 우리가 사랑받을 자격이 있다는 급진적인 견해를 주장하고 있다. 우리 모습 그대로. 있는 그대로.

기독교인이나 체 게바라 포스터 같은 걸로 보일 위험을 무릅

쓰자면, 사랑은 하찮고 엿같이 바람직함을 따지는 정치보다 더 크고 대단하고 더 복잡하고 더 궁극적인 것이다. 우리 모두는 사랑받을 만하다. 행위 동사로서의 사랑. 완전히 포함되고, 중심에 놓이고, 잊히지 않음으로서의 사랑. 우리의 장애와 우리의 이상함에도 불구하고가 아니라, 우리의 장애와 이상함으로 인해 사랑받는 것.

우리가 교차-장애 접근 공간들을 창출하기 위한 전략을 짤 때 그 행동엔 사랑이 담겨 있다. 우리가 서로를 버리길 거부할 때. 우리가, 장애인으로서, 불구 형제자매들의 접근성 필요를 위해 싸울 때. 단체나 행사를 조직하는 비장애인들이 이것 때문에 혼란스러워하는 모습을 보아왔다. 나는 무향 공간이나 경사로가 개인적으로 필요한 것도 아닌데 왜 그렇게 맹렬하게 싸우고 있는 걸까?

장애인들이 자유로워질 때 모든 사람이 자유로워진다. 더 많은 접근성은 모든 사람이 모든 것에 더 접근할 수 있게 한다.

그리고 일단 당신이 그 자유의 공간을 맛보고 나면, 접근 불가능한 공간들은 곧바로 그런 생명을 구하고 삶을 긍정하는 종류의 사랑이 몹시 결여된 곳처럼 보이게 될 것이다. 정말 메마른 곳. 정말 불만족스러운 곳. 그리고 혐오로 가득 찬 곳으로 말이다.

어째서 그런 것의 일부가 되고 싶겠는가?

그러니 당신이 공간들을 접근 가능하게 만들고, 더욱더 접근 가능하게 만드는 일을 할 때, 당신의 행동이 깊고 심오한 사랑의 자리에서 나온 것일 수 있음을 알았으면 좋겠다. 그리고 만약 당신이 우리를, 또는 당신 자신을 사랑할 수 없다면—스스로를 사랑하는 매일의 실천이 그 모든 안전한 방, 접근 가능한 의자, 경사로와 밀접한 관계가 있다는 사실을 알았으면 좋겠다. 전자와 후자는 한 쌍이다. 이런 것들이 갖춰질 때 우리는 우리 몸이 제자리에 속해 있음을 보게 된다.

사랑은 비웃음당한다, 이 얼마나 나약하고 비정치적이고 펨 같은 짓이냐고. 사랑은 근육도 아니고 행위 동사도 아니고 생존 전략도 아니라고. 하지만 난 그게 다 헛소리라고 말하겠다. 사랑의 한 형태로서 접근 가능한 공간을 만드는 일은 유색인 장애인 펨이 가진 하나의 무기다.

1 　[역주] 〈향기 없는 유색인 펨 천재(Fragrance Free Femme of Colour Genius)〉는 다음의 링크에서 전문을 읽을 수 있다. https://brownstargirl.org/fragrance-free-femme-of-colour-genius/

2 　[역주] 서양 점성술에서는 출생 시 태양의 위치를 기준 별자리로 삼고 동시에 달과 태양계의 나머지 행성들의 위치를 보충적으로 따져서 개인의 성격과 운명을 볼 수 있다고 믿는다. 이 책에서 저자가 점성술과 관련해 자신을 칭하는 방법으로 "처녀자리 달"은 한 번, "황소자리"는 두 번 등장한다.

3 　[역주] 인디고고(Indiegogo)는 기업과 개인을 위한 크라우드펀딩 플랫폼의 일종이다. 기업의 아이디어 상품 개발을 위한 모금 프로젝트가 주로 열리지만, 예술가들의 작품 판매나 성소수자의 트랜지션 비용 모금 등 다양한 개인 프로젝트도 열린다.

4장

불구 도시 토론토

1997~2015년, 어떤 순간들에 대한
그다지 짧지는 않은 불완전한 개인사

토론토에는 아프고, 장애가 있고, 미쳤고, 농인인, 퀴어-트랜스-흑인-선주민-유색인들이 자신들을 위해 만든 장애 조직 및 공동체의 역사가 풍성하다. 거리시위에서 페이스북 투쟁에 이르기까지, 부엌 식탁에서의 대화에서부터 접근 가능한 섹스파티가 어떤 모습일지 상상하는 데 이르기까지, 그런 조직들은 백만 가지 방식으로 생겨났다.

내 책상 위 벽에는 토론토의 상징적이고 급진적인 남아시아 축제 '데시 파르데시Desh Pardesh'의 후원금으로 진행된 한 남아시아 퀴어 공동체 행사의 홍보를 위해 복사기로 찍어낸 낡아빠진 전단지가 걸려 있다. (아직 그 전단지를 갖고 있는 이유 중 하나는 그 행사가 포함된 연속 행사의 전단지를 붙이고 다니는 비공식 아르바이트를 했기 때문이다.) 그 행사는 '공동체 기반 치유'에 대한 공개토론회로, '장애정의'라는 용어를 사용하진 않았지만, 세 명의 필리핀 여성과 남아시아인 발언자들이 출연하여 유색인 공동체 안에서의 광기에 관해, 요가를 탈식민화하는 작업에 관해, 보건의료에 접근하고자 하는 이민자들이 직면하는 장벽들에 관해 이야기했다. 전단지엔 이 행사가 장애인이 많이 거주하는 흑인과 브라운 이민자 동네의 중심에 자리하며 무료라서 대단히 많은 사람이 이용하는 공간인 파크데일 공동체 도서관에서 열린다고, 현장에서 무료로 아이 돌봄을 제공하고 여러 가지 교환권도 배포하며 휠체어가 접근 가능한 공간이라고 자랑스럽게 적어놓았다. 이 워크숍은 **2000년에 열렸다.** 나는 누군가가 우리 공동체에서 장애와 접근성을 조금이라도 신경쓰면서 이 주제에 관해 이야기하는 것이 새로운 일이라는 말을 감히 꺼낼 때마다 저 망할 전단지를 들이대고 싶어진다.

　이 장을 쓰면서 누군가는 이 역사에 관해 책을 써야 한다는 걸 깨달았는데, 글 하나로 다루기엔 너무 방대한 주제이기 때문이다. 내가 말할 수 있고 말하고 싶은 이야기가 백만 가지는 더 있다. 투쟁하는자매들캠프Camp Sisters in Struggle, Camp SIS(퀴어 선주민 여성과 유색인 여성들의 토지 프로젝트로, 1990년대 후반부터 토론토와 온타리오에서 공연도 개최해왔다)가 매년 열었던 자긍심 공연 행사에서 수어 통역과 접근성을 보장했고, 그 행사를 비롯해 자신들의 단체 조직에 퀴어 장애 유색인 여성들이 계속 참여할 수 있도록 했다는 이야기. 수어 통역을 제공하고, 모든 노래 가사에 실시간 자막을 달고, 고립되어 있거나 대인관계를 불안해할지도 모를 관객들을 환영하며 맞이하는 사람들을 두는 등 근본적으로 깊이 있는 접근성을 제공했던 미안해하지않는풍자극Unapologetic Burlesque[1]의 존재. 2010년대 유색인 정신장애인들의 조직화운동. 2011년 토론토의 많은 청인과 농인 퀴어-트랜스-흑인-선주민-유색인들이 수강하기 시작해서, 아프고 장애가 있는 퀴어-트랜스-흑인-선주민-유색인들로 이뤄진 청인 공동체와 퀴어-트랜스-흑인-선주민-유색인 공동체 전반에 내재한 청인중심주의에 대한 투쟁으로 이어진 퀴어 수어 수업들. 토론토의 인기 있는 퀴어 섹스파티 '푸시/플레저 팰리스Pussy/Pleasure Palace'가 수년간 접근 불가능한 장소에서 개최되어오던 2000년대 중반에, 널리 접근 가능한 섹스파티를 불구들이 직접 만들고자 했던 토론토 기반 장애인 퀴어들의 소규모 집단 억세섹서블Accessexable까지.

　이런 이야기들은 이 글에 담지 못했다. 이 글에 담은 역사는 부분적이고 불완전한 역사다. 하지만 나는 많은 부분적이고 불완전한 역사들처럼 이 기록도 쓸모가 있다고 믿는다. 나는 훈련받은 역사학자는 아니지만, 많은 이들이 그러했듯 기억은 곧 저항 행위이자 미래를 바꾸는 행위라고 생각하면서 기억하고 또 기억하고자 투쟁하는 사람이다. 또한 글을 쓸 때마다 내 이야기와 내 공동체의 이야기를 기록하려 노력해온 사람이다. 이 글을 쓸 때 모델이 된 작가 중 한 명은 조앤 네슬Joan Nestle이었다. 조앤은 노동계급 유대인 펨 작가이자 교사이고, 장애인 암 생존자이자, 브롱크스 출신인 바 다이크bar dyke[2]였다. 《제한된 나라A Restricted Country》와 《지속되는 욕망: 펨-부치 선집The Persistent Desire: A Femme-Butch Reader》 같은 책에서, 그리고 〈레즈비언과 성매매: 역사적 자매애Lesbians and Prostitutes: A Historical Sisterhood〉와 같은 글에서, 조앤은 노동계급 펨, 성노동자, 그리고 그녀 자신과 그녀가 속한 공동체의 퀴어 트랜스 역사들을 기록한다 ― 개인적으로 기억하는 순간들, 출입구에서의 짧은 마주침, 파묻혔다 다시 캐낸 이야기들을. 또한 나는 미아 밍구스의 기념비적인 장애정의 블로그 〈증거를 남기기Leaving Evidence〉를 떠올렸다. 거기서 그녀는 유색인 퀴어 장애인들에 대해 이렇게 말한다. "우리는 증거를 남겨야 한다. 우리가 여기 있었다는 증거, 우리가 존재했다는 증거, 우리가 생존했고 사랑했고 아파했다는 증거를. 우리가 결코 느껴본 적 없는 온전함과, 우리가 서로에게 주었던 엄청난 충만감의 증거를. 우리가 누구였는지, 우리가 우리 자신을 누구라고 생각했는지, 우리가 결코 누구여선 안 되었는지에 대한 증거를. 생존을 넘어, 고립을 넘어, 삶을 살아갈 다른 방식들이 존재한다는, 서로를 위한 증거를."[3] 내가 기억하는 흑인과 브라운 장애인 이야기들을 기록하면서, 나는 유색인 퀴어 민중의 전통, 장애인 지식인의 전통, 노동 계급 역사의 전통에 나 자신의 기반을 두는 데 자긍심을 느낀다.

1996~2000년: 《불도저 공동체 뉴스 서비스》

브라운이고 미쳤으며 곧 장애인이 될 스물한 살짜리 젊은 퀴어 펨으로서 나는 1996~1997년 즈음에 토론토로 이주했고, 거기엔 많은 이유가 있었다—유색인 퀴어들의 조직화와 문화 예술이 약동하는 현장, 내가 처음으로 접한, 나와 내 아버지만의 공동체보다 더 큰 스리랑카인 공동체, 내 연인, 채소를 기를 수 있는 뒷마당이 딸린 침실 한 개짜리 아파트를 빌릴 형편이 되었다는 사실, 체류 자격이 인정되면 결국 생계를 꾸릴 만한 급여를 받을 수 있을 거라는 점. 그렇지만 또한 나는 장애가, 그리고 정신의학적 생존자이자/또는 학대 생존자로 존재한다는 것이 침묵당하지 않고, 이야기되고, 그것을 중심으로 조직화가 이뤄지는 급진적 퀴어 트랜스 흑인 브라운 운동 및 공동체로 들어간 것이기도 했다.

내가 활동가로서 첫 번째로 맡은 일 중 하나는 《불도저 공동체 뉴스 서비스Bulldozer Community News Service》에 글을 쓰고 뉴스를 편집하고 배포하는 일이었다. 이 서비스는 1980년에 설립되었고 이전에는 《교도소 뉴스 서비스Prison News Service》로 알려져 있었다. 《불도저 공동체 뉴스 서비스》는 수감자, 수감 이력이 있는 사람,

정신의학적 생존자, '퍼스트 네이션스First Nations'[4]에 속한 사람들, 유색인, 가난한 사람들을 구독자로 삼은 급진적인 신문이었다. 이 이름은 신문의 모토를 따서 만들어졌다. "교도소 개혁을 위한 유일한 수단은 불도저다!"

《교도소 뉴스 서비스》로서 그 신문은 1980년대와 1990년대에 북미의 교도소정의를 다루는 가장 중요한 신문 중 하나였고, 그룹홈group home, 정신의학 시설, 교도소를 같은 체계의 한 부분으로 연결짓는 강력한 분석을 발전시켰다. 급진적 학계에서 '감금 체계carceral systems'라는 용어가 사용된 것보다 몇 년 앞선 일이었다. 백인 장애인 퀴어 작가인 일라이 클레어는 2000년에 저서 《망명과 자긍심Exile and Pride》[5]에서 이런 질문을 했었던 것 같다. 만약 장애정의운동과 교도소정의운동이 1980년대에 동맹을 맺었더라면, 교도소와 정신의학적 시설과 병원과 요양원 모두가 백인우월주의-자본주의-식민주의-비장애중심주의-가부장제white supremacist capitalist colonialist ableist patriarchy, WSCCAP[6]가 가두고 싶어 하는 사람들을 가두고 있다는 걸 인식했다면 어떻게 되었을까?[7] 글쎄, 토론토에선 이미 1996년에 몇몇 사람들이 그런 질문을 제기하고 그 문제의식을 중심으로 조직을 만들고 있었다. 불도저 단체는 완전 노동계급에다 인종적으로 혼합된 집단이었고, 젊은 유색인 퀴어들, 나이 든 백인 노동계급이자 수감 이력이 있는 사람들, 성노동자, 현재 혹은 과거 마약 사용자, 학대와 정신병리화psychiatrization로부터 살아남은 생존자들이 속해 있었다. 그리고 우리 중 대부분이 이런 범주 모두에 들어맞았다. 비록 우리가 우리 자신을 장애 집단으로 보진 않았을지라도, 장애, 외상 후 스트레스 장애, 광기는 우리가 했던 사회정의 저널리즘에 깊이 얽혀 있었다. 우리는 아동 성 학대, 외상 후 스트레스 장애, 광기의 생존자로서 우리 경험에 관해 이야기하고 글을 썼다. 짐 캠벨Jim Campbell[8]은 주 편집자이자 가장 오래 있었던 단체 구성원으로(그는 도시시설 관리기사로 일하면서 번 임금을 털어 거의 혼자서 《불도저/교도소 뉴스 서비스》의 자금을 모았다), 온타리오 북부의 백인 노동계급 농업 공동체에서 어린 시절 성적 학대를 겪었던 기억을 되찾는 일에 관해, 그리고 아동기 성 학대와 식민지화, 억압, 교도소 간 관련성에 관해 이야기하면서 특별히 용감한 논조를 유지했다. 1997년부터 《불도저 공동체 뉴스 서비스》엔 매 호마다 무기명 기사들이 실렸다(경찰이나 캐나다 보안정보국 같은 다른 보안기관의 감시를 피하기 위해서였다). 이 기사들은 미쳐가는 구치소 생활에서도 책·명상·허브에 의지해서 살아남는 법, 거리에서 일하는 노동자들을 지역 밖으로 쫓아내려는 님비NIMBY(내 뒷마당에선 안 돼not in my backyard) 형식의 제약에 맞서는 성노동자 조직화, 모호크족Mohawk 조직활동가 다카자와에아Dacajawaea[9]의 최근 토론토 여행기, 신병 훈련소 형식의 소년원에서 탈출한 유색인 청소년의 이야기 등을 다뤘다.

1990년대: 미친 유색인 펨 리더십 공간으로서의 정병 생존자 자긍심의 날

토론토의 파크데일은 현재 젠트리피케이션이 매우 심한 지역이지만, 1980년대와 1990년대에는 브라운과 흑인 노동계급과 빈곤층이 가득했고, '캐나다에서 가장 큰 정신질환자 게토'로 알려져 있었다. 1960년대와 1970년대에 주사제나 알약으로 되어 있고 효능이 오래가는 향정신제가 개발됨에 따라, 퀸스트리트 정신건강센터라고도 알려진 퀸스트리트웨스트 999번지[10]는 입원 환자들을 가둬두는 데서 지역사회 그룹홈으로 풀어주는 방향으로 옮겨갔다. 그룹홈에서는 온타리오주 장애지원프로그램이나 사회복지제도에 따라 입주자들에게 일일급여를 지급하고 약물복용 상태를 점검했다. 이는 인도주의적 노력인 것처럼 보였지만, 이윤을 극대화하고자 한 것이기도 했다. 미친놈들을 가둬두는 것보다 그룹홈에 맡기는 게 훨씬 싸게 먹혔던 것이다.

하지만 탈시설화는 또한 미친 사람들Crazy people[11]이 한데 모이고, 좀 더 자유롭게 움직이고, 우리의 정신건강 상태와 관련된 조직을 만들고, 우리가 정신의학 체계가 말했던 그대로 정말로 미친 건지, 아니면 우리가 좀 미쳤을 순 있지만 학대, 기숙학교, 식민지화, 이주에서 살아남느라 그렇게 된 것인지에 관해 이야기할 수 있게 해주었다.

'정신의학적 생존자 자긍심의 날Psychiatric Survivor Pride Day'은 1990년대에 토론토에서 미친 사람들이 조직적으로 힘을 모으기 위해 함께했던 장소 중 하나였다. 이 행사는 1993년에 릴리스 핀클러가 만들었는데, 릴리스는 퀴어 노동계급 리비아 출신 유대인 정병 생존자이자, 파크데일공동체법률서비스Parkdale Community Legal Services의 정신의학적 생존자 공동체 담당 법률노동자였다—이 독특한 직책은 미친 누군가가 다른 미친 사람들이 기존 체계를 헤쳐나가는 것을 돕는 역할이었다.[12] 나와 내 지인들에게 파크데일공동체법률서비스는 사회정의 관점에서 무료로 법률 상담을 해주는 곳이었고, 파크데일의 정말 많은 주민이 이민, 법률 체계, 정신의학 체계, 혹은 세 가지 모두에 대한 도움을 받기 위해 의존하는 생명줄이었다. 이곳은 캐나다에서 드물게 정신건강 관련 법에 명확히 초점을 맞췄던 법률 상담소 중 하나로, 빈곤층, 유색인, 미친 사람들 공동체에 매우 인기 있는 곳이기도 했다. 상담하러 가면 모든 사람을 다 마주칠 정도였다. 이 공동체 법률노동자들은 가난한 사람들에게 무료 법률서비스를 제공하는 동시에 지역사회를 조직했는데, 이 모두가 유급노동의 일환이었다. (이 광경을 상상해보라.)

그런 공동체 법률노동자 중 한 명으로서, 릴리스는 지칠 줄 모르는 미친 노동계급 퀴어 펨 유색인 조직활동가였다. 그녀는 내게 너무도 많은 것을 가르쳐줬다. 릴리스에 대해 가장 강렬하게 남아 있는 기억 중 하나는, 그녀가 글래드스톤호텔 맞은편의 도넛 가게 컨트리사이트 카페에서 사람들과 어울리며 조직화를 하던 모습이다. 글래드스톤호텔은 지금은 화려한 부티크 호텔이지만, 그 당시엔 일주일 단위로 숙박료를 받던 초라한 호텔로 수많은 가난한 사람들이 수십 년 동안 거주하며 공동체를 구축한 멋진 곳이었다. 그 도넛 가게는 글래드스톤호텔이나 인근 지역의 하숙집, 소형 원룸 아파트에 살던 사람들로 온종일 북적였고, 퀸스트리트 정신건강센터에서 동네로 돌아오는 길에 잠시 들러 쉬는 장소로 인기가 많았다. 릴리스는 사회복지기관에 팩스로 전단지를 보내는 방식으로 정병 생존자들을 조직하지 않았다.

그녀는 컨트리사이트 카페 입구에 죽치고 있으면서 도넛 가게에 있는 모든 사람에게 이름을 불러가며 인사하고, 잘 지내냐고 묻고, '정신의학적 생존자 자긍심의 날 조직위원회' 모임 전단지를 나눠주고, 때로는 커피숍 구석에서 무료로 법률 조언을 해주곤 했다. 그녀를 보면, 그녀가 다른 미친 사람들을 얼마나 많이 사랑하는지, 그녀가 그 누구도 뒤에 남겨두지 않으려고 얼마나 헌신하는지를 분명히 알 수 있었다. 또한 '넌 너무 미쳐서 그 무엇도 결정할 수 없어'라는 말을 들어온 사람들이 어떤 사안에 어떤 행동을 취해야 할지에 관한 복잡한 정치적 결정을 스스로 내릴 수 있도록 하는 일에 그녀가 얼마나 헌신하는지도 분명히 알 수 있었다. 그녀를 지켜보면서 나는 너무도 많은 걸 배웠다.

그런 모임에 나갈 당시 나는 미쳐 있고 일주일을 11달러 정도의 식비로 살아가며 빈털터리로 간신히 버티던 스물두세 살의 퀴어 브라운 펨이었다. 모임 장소까지 3마일씩 걸어갔는데, 그때가 아마 내 인생에서 섬유근육통과 만성피로 및 통증이 가장 심했을 때일 거다. 그 사실을 알고 충격받은 릴리스는 내게 한 달 치 대중교통 이용권을 주었다. 다른 많은 프로그램에서 마지못해 두 개씩 나눠주던 것과 달리, 한 묶음을 통째로 준 거였다. 그 이용권들이 내 목숨을 구했다. 그 점을 릴리스도 알고 있었던 것 같지만, 그녀는 그에 대해 눈곱만큼도 호들갑을 떨지 않았다. 그 모임들은 나나 다른 이들이 장애정의 문화의 특징이라고 부를 만한 것들을 처음 마주친 곳들이었다. 즉, 사람들이 좋아했고 골라 먹을 수 있었던 공짜 음식, 무료 대중교통 이용권, 물리적으로 접근 가능한 공간, 조직에 참여하는 사람들의 필요로부터 출발하여 그 사람들의 속도에 맞춰 진행되는 조직화 작업, 그리고 미친 사람들에게 조직화 역량이 있다는 믿음, 이뿐만 아니라 너무도 많은 사회서비스 '공동체 참여' 기획이 결국 그리되는 것처럼 위에서 이미 결정된 '결과'를 우리에게 부과하면서 우리를 쇼윈도 장식으로 써먹는 게 아니라, 정신의학적 생존자를 주제로 하는 조직화라면 그게 뭐든 간에 우리의 필요, 우리의 주장, 우리의 욕망에서 나와야 한다는 믿음. '정신의학적 생존자 자긍심의 날'을 조직하면서 불구 스타일이 생겨났다ㅡ느리고, 늦게 시작하고, 누군가 자제력을 잃거나 토하거나 울어야 하면 잠시 멈추는 식으로. 우리는 서로에게 소리를 지르고, 트리거가 눌리고, 다른 의견으로 부딪쳤다. 우리는 '눈에 띄게 미쳤다'. 그리고 할 일들을 해냈다.

그리고 많은 '정병 생존자' 조직에서와 마찬가지로, 미친 친구들 중 백인 시스젠더 이성애자들이 지배하려 들 때도 있었지만, 내 기억에 참여자의 대다수는 흑인, 브라운, 선주민 여성들이었고 그들 중 다수가 퀴어였다. 릴리스가 우리의 리더였는데, 그녀는 미친 백인 남자가 미친 브라운 여자에게 소리 지르지 못하게 막는 일에 능숙했다. 그녀가 말하길, '정신의학적 생존자 자긍심의 날'이라는 아이디어는 그녀가 미친 브라운 퀴어라는 점에서 나왔다ㅡ수치심이 아니라 자긍심이라는 개념은 퀴어들이 생각해낸 것인데, 정병 생존자들은 퀴어인 동시에 극복해야 할 많은 수치심을 안고 있는 경우가 많았다.

내가 '정신의학적 생존자 자긍심의 날'에서 활동했던 몇 년 동안, 우리가 준비한 행사 중엔 토론토에서 수십 년간 많은 시위와 행사에 참석했던 크리족Cree[13] 원로 번 하퍼Vern Harper가 개회식을 맡고 하루 종일 진행된 대회도 있었다. (주거, 일자리, 복지 문제, 정신의학 체계와 강제 치료에 어떻게 대처할 것인가를 주제로 열린) '당신의 권리를 알라' 워크숍, 치유 공간들도 있었고, 우리가 천주교 노동자들로부터 기부를 받아낸, 모든 사람이 집으로 가져가려 했던 맛있는 공짜 점심도 있었다. 그리고 그 모든 일 중 최고는, 퀸스트리트 한복판을 무단으로 행진한 일이었다. 많은 퀴어-트랜스/흑인-선주민-유색인을 포함하여 엄청 많은 미친 사람들이 '강제 치료 그만', '미친 게 자랑스럽다'라고 적힌 피켓과 풍선을 들고서, 당시 화재로 인해 정병 생존자 여섯 명이 사망한 하숙집으로 행진해갔던 것이 기억난다. 한 무리의 광인들이 민중으로서 모여 우리의 죽음을 애도하고 우리의 인간성을 주장하고, 처벌받지 않고 미쳐 있을 권리를 요구하면서 위엄 있게 저항하며 행진하는 광경은, 그 속에서 행진하던 사람들과 길가에서 그 행진을 지켜본 사람들 모두에게 커다란 영향을 미쳤다.

릴리스는 1990년대 말 장애학과 광기 관련 학술작업을 하기 위해 직장을 그만두고 동부 해안 지역으로 이주했고, 퀴어 펨 인도-카리브인 조직활동가인 페기-게일 데할-람슨Peggy-Gail Dehal-Ramson이 그녀의 자리를 대신했다. 그녀는 '정신의학적 생존자 자긍심의 날'의 이름을 '매드 프라이드Mad Pride'로 바꾸고, 유색인 퀴어 여성들이 이끄는 토론토 정병 생존자 조직화의 전통을 계속 이어가고 있다.

1997년: 토론토 경찰에게 살해당한 에드먼드 유

에드먼드 웨이-홍 유Edmond Wai-Hong Yu는 중국계 이민자로 정신의학적 생존자이기도 했다. 그는 의과대학에 다니기 위해 홍콩에서 토론토로 이주했는데, 이후 편집성 조현병으로 진단받게 되는 정신건강 위기로 인해 대학에서 쫓겨나 노숙인이 되었다. 1997년 2월 20일, 스퍼다이나역에서 전차에 타고 있던 규범적인 백인들이 그가 "비정상적인 행동을 한다"고 불평했다. 누군가 경찰에 신고했다. 전차 뒷좌석에 경찰들이 들이닥쳤을 때, 유는 견과류를 깨는 용도로 쓰던 작은 망치를 꺼냈고, 토론토 경찰 루 파스퀴노Lou Pasquino는 바로 앞에서 유를 세 번이나 쏴서 죽였다.[14] 살해당할 당시 유는 서른다섯 살이었다.

나는 2주 동안 토론토에 있었고, 그때의 기분이 어땠는지 기억한다. 나는 캐나다에도 그 도시에도 온 지 얼마 안 됐었고, 교도소정의운동과 경찰 폭력 반대운동을 조직하는 일에 참여하고 있었다. 그런 입장에서 활동가들이 그의 죽음에 항의하기 위해 재빨리 모이는 것을 지켜보았다. 또한 뉴욕에서 목격했던 경찰 폭력 반대운동에서와 달리 활동가들이 그 살인을 인종차별적인 동시에 비장애 중심적이라고 명명하는 방식에도 주목했는데, 유가 경찰에게 살해당한 건 바로 그가 미친 노숙인 아시아계 이민자 남성으로서 겪은 맞물린 억압들 때문이었다는 것이다. 토론토인종차별반대연합Toronto Coalition Against Racism, TCAR(이 단체는 1993년 백인우월주의자 스킨헤드 집단이 스리랑카 타밀족Sri Lankan Tamil[15] 난민이자 식당노동자였던 시바라자 비나시담비Sivarajah Vinasithamby를 거의 죽기 직전까지 폭행한 사건 이후에 설립되었다)[16] 같은 토론토의 장애인 단체, 미친 당사자 단체, 그리고/또는 유색인 단체들이 앞장서서 움직였다. 토론토인종차별반대연합 지도부에 끝내주게 멋진 유색인, 흑인, '퍼스트 네이션스' 여성 조직활동가들이 얼마나 많은지를 내 친구들이 일러주었고 나 역시 분명히 알아보았던 게 기억난다. 그다음 세상의다수자레즈비언들World Majority Lesbians, 흑인행동방어위원회Black Action Defence Committee, 빈곤에반대하는온타리오연합Ontario Coalition Against Poverty 같은 단체들도 함께했고, 그렇다, '정신의학적 생존자 자긍심의 날'도 있었다.

열여섯 살 때부터 다양한 종류의 활동을 경험한 노련한 활동가이면서 반쯤 신입이기도 한 스물두 살 활동가로서, 나는 경찰폭력 및 교도소 반대투쟁에 참여하는 사람들과 강제 치료 및 강제 수감과 같은 정신의학적 생존자 관련 사안에 참여하는 사람들이 어떻게 함께 모여 이 거대한 연합을 이루면서 이런 사안들이 연결되어 있다고 명명했는가에 주목하는 동시에 이를 당연시했다. 여기 모인 사람들은 교도소, 경찰 살인, 정신병리화가 모두 인종차별주의와 식민주의에 절어 있고 똑같은 것—우리를 가두고 죽이는 체계들이라는 점에서—이 중첩된 버전들이라는 점을 이해하는 것 같았는데, 그게 그저 당연한 일 같아 보였다. 유의 살인 현장인 스퍼다이나가와 킹가의 교차로에서 퀸스파크까지 행진했던 거대한 시위를 기억한다. 수천 명의 사람들이 무단으로 거리를 가득 채웠다. 사람들이 인종차별주의와 미친 사람들에 대한 억압을 한 문장 안에서 소리내어 호명할 수 있다는 게 이상해 보이지 않았다. 어떻게 보면 우리는 장애정의라는 용어가

발명되기 10년 전부터 장애정의를 실천하고 있었던 셈이다.

그 시위 이래 20년이 흘렀고, 경찰에 의해 살해당한 흑인이나 브라운 정신질환자는 유가 마지막이 아니었다. 토론토에서 유의 이름은 총 맞아 죽은 미친 사람들의 긴 목록—오토 바스Otto Vas, 앤드루 로쿠Andrew Loku, 레이얼 자딘-더글러스Reyal Jardine-Douglas 등—에 올라 있다. 내가 이 글을 쓰는 지금 살고 있는 시애틀에서는, 2017년 '정신적으로 아프다'는 꼬리표가 붙은 다수의 흑인과 선주민 여성들이 경찰에게 살해당했다. 다섯 아이의 엄마이자 임신한 흑인 여성 샤를리나 라일스Charleena Lyles는 누군가 집에 침입했다고 생각해서 경찰을 불렀지만, 도착한 경찰은 그녀가 작은 칼을 들고 있는 걸 보고 총으로 쏴버렸다. 머클슈트족 Muckleshoot인 러네이 데이비스Renee Davis 역시 임신한 싱글맘이었는데, 그녀의 정신 상태를 살펴보러wellness check[17] 온 경찰에게 총을 맞았다. 현재 공식 통계에 따르면, 법 집행 과정에서 살해된 인종화된 사람들racialized people[18] 중 최소한 절반은 신체적 또는 정신적 장애인, 농인, 그리고/또는 자폐인이다.

인종차별주의와 비장애중심주의를 분명히 호명하는 시위도 있고, 우리 사람들의 죽음에 비장애중심주의가 얼마나 큰 역할을 하는지를 망각하는 시위도 있다. 지금 이 순간 나는 이런 연결을 기억하고, 우리 사람들이 왜 살해당하는지를 알고, 우리가 죽길 바라는 이 세상을 끝장내기 위해 목숨 걸고 싸우는 사람들이 우리 이전에도 존재했다는 걸 마음에 새긴다.

2012년: 신스인발리드가 토론토에 오다, 아프고 장애가 있는 퀴어-트랜스-흑인-선주민-유색인 이야기

2006년 신스인발리드가 설립된 이래, 우리의 본격적인 공연은 모두 샌프란시스코 만안 지역에서 열렸다. 왜냐하면 12명의 장애인 공연자와 많은 스태프가 북미의 또 다른 지역으로 모두 이동하는 데 드는 비용은 대개 엄두도 못 낼 정도로 비싸기 때문이다. 하지만 2010년부터 우리는 북미 전역의 대학 캠퍼스와 행사장에서 우리 공연의 축소된 버전(두서너 명의 공연자에 영상을 포함한)을 상연하기 시작했다. 보통 우리는 공연 하나에 장애정의 워크숍 하나를 더해 제공했고, 공연과 워크숍 둘 다를, 유색인 퀴어 트랜스들 그리고 주류 백인 장애 조직에서 대개 주변화되는 모든 사람을 중심에 놓는 우리의 장애정의 전망을 공유해 사람들을 조직화할 기회로 보았다.

2011년, 퀴어 흑인 장애인 트랜스 예술가이자 문화노동자이고 '블록오라마Blockorama'[19]와 토론토 재소자 정의 영화제Toronto's Prisoners' Justice Film Festival의 공동 조직위원이며 온타리오 미술관의 청년 예술노동자인 사이러스 마커스 웨어Syrus Marcus Ware가 신스인발리드에 연락을 해왔다. 웨어는 토론토 온타리오 미술관에 신스인발리드를 초청하고 싶어 했다. 웨어가 흑인 장애인 퀴어/트랜스 문화에서 획기적인 작업을 해왔음을 알기에, 나는 토론토의 아픈 사람-장애인-퀴어-트랜스-유색인 공동체와 퀴어-트랜스-흑인-선주민-유색인 공동체들이 신스인발리드 공연을 아름답고 접근 가능한 극장에서 라이브로, 무료로 볼 수 있게 된다는 것이 너무 신났다.

조직 과정에 어려움이 없지는 않았다. 주로 조직위의 나머지 사람들의 인종차별주의에서 비롯된 문제였다. 웨어가 육아휴직에 들어갔고, 신스인발리드를 초청하는 기획에 관여한 장애학자들 다섯 명 중 네 명은 백인 장애인이었는데, 그들은 자신들의 장애학 프로그램에서 흑인과 브라운 장애인들에게 인종차별을 행한 전력이 있었다. 우리와 함께 공연을 계획하는 동안 그들은 여러모로 자신들의 인종차별주의를 드러냈다. (1) 그들은 장애인 퀴어-트랜스-흑인-선주민-유색인은 한 명도 모른다고 주장했다(그들의 학계 프로그램에서 아프고 장애가 있는 퀴어-트랜스-흑인-선주민-유색인을 쫓아내거나 그들이 떠날 때까지 괴롭혔으면서). (2) 그들은 로리 에릭슨(토론토에 기반을 둔 백인 퀴어 장애인 펨 예술가이자 포르노 제작자이며 제대로 된 인종차별 반대 정치를 하는 활동가로 당시 조직위에 속해 있었다)에게 "당신이 유색인 장애인을 좀 알고 있을 거 같은데, 그들이 참여하게 좀 해줄래요?"라고 물었다. (3) 그들은 우리의 장애정의 워크숍이 진행되는 동안 신스인발리드 공연자(나)에게 이렇게 말했다. "우리는 우리에게 다양성 문제가 있었다는 걸 알아요. 그래서 여러분을 초대한 겁니다!" 그리고 마지막으로, (4) 그들이 애프터파티 장소로 선택한 술집은 물리적으론 접근 가능했지만, 토론토대학 인근의 백인 남학생들이 모이는 사교클럽 전용 공간으로, 성 패트릭 축일이면 술에 취한 백인 이성애자 비장애인 고객들로 가득 차는 곳이었다. 즉, 장애인 퀴어-트랜스-흑인-선주민-유색인은 불편하고 안전하지 못하다고 느껴서 **접근할 수 없는** 곳이었다.

공연을 시작하려고 준비하면서 많은 신스인발리드 예술가들과 아프고 장애가 있는 퀴어-트랜스-흑인-선주민-유색인들은 관객석을 초조하게 응시했다. 우리의 예상보다 백인/비장애인들이 더 많은 자리를 차지하고 있었다. 아프고 장애가 있는 퀴어-트랜스-흑인-선주민-유색인 상당수는 이민자들이 주로 사는 교외나 도시 외곽에 살아서 미덥지 않은 휠-트랜스Wheel-Trans[20]에 의존해야만 하니 공연장에 늦게 도착할 수밖에 없는데 공연장은 이미 최대 수용 인원이 꽉 찬 상태였다. 이는 공연장에 아프고 장애가 있는 퀴어-트랜스-흑인-선주민-유색인을 우선적으로 들여보내거나 이들을 위한 지정석을 마련했더라면 예방할 수 있는 문제였다. 이런 것들이 바로 인종차별적 비장애중심주의가 조직화 및 문화 생산의 현장에서 미시적으로 또 거시적으로 작용하는 방식들이다.

하지만 모든 게 나쁘지만은 않았다. 장애인 퀴어-트랜스-흑인-선주민-유색인들은 조직적으로 신스인발리드 예술가들이 머물 곳을 마련하고 공항에 마중 나오고 함께 어울리고 관계를 구축했다. 신스인발리드 예술가들과 토론토의 퀴어-트랜스-흑인-선주민-유색인 예술가들은 공연이 끝난 다음 애프터파티를 차버리고 어느 초밥집에서 어울려 놀았다. 아프고 장애가 있는 많은 퀴어-트랜스-흑인-선주민-유색인들이 워크숍과 공연을 보러 왔고, 그들은 이 공연이 말 그대로 몇 년 동안 기다려온 바로 그것이라고 말해줬다. 그리고 아프고 장애가 있는 퀴어-트랜스-흑인-선주민-유색인 예술가 몇몇, 그러니까 나, 사이러스 마커스 웨어, 이샨 라피Eshan Rafi, 아티 메흐타Arti Mehta, 닉 레드Nik Red

는 다음 일요일에 함께 브런치를 먹으러 나가서 글루텐프리 크레이프를 먹으며 백인 장애학계 내부의 인종차별주의에 관한 이야기와 토론토 버전 신스인발리드가 어땠는지에 대한 생각들을 나누었다.

2013년: 엘리샤 림과 로리 에릭슨이 '내 친구들을 가로막는 파티에 내가 왜 가겠어?' 액션을 시작하다

안녕 여러분! 여러분은 저의 퀴어 집단 브레인이고, 전 여러분을 너무나 애정해요. 커다란 사랑과 함께 이 제안을 보냅니다.
저는 지금부터 휠체어로 접근할 수 없는 파티에는 가지 않겠습니다!
이는 우리가 휠체어가 접근 가능한 곳에서 파티를 주최할 수 있고, 우리가 다른 파티에 갈 때 휠체어가 접근 가능한 출입구를 마련해달라고 요구할 수 있다는 신념에 의한 행동입니다. 자유롭게 동참해주세요, 그리고 이 행동을 공유해주세요!
파티 플래너 여러분! 여러분도 우리 사람이고 저는 여러분을 사랑해요. 여러분은 공동체의 이름으로 일을 척척 해치우고, 자금을 모으고, 노동하고 땀을 흘리죠. 여기에 휠체어가 접근 가능한 파티 장소에 대해 사라 핀더Sarah Pinder가 정리한 끝내주는 스프레드시트가 있어요. 부디 여기에 동참해주시고 다음 파티를 계획할 때 이걸 고려해주세요.
— 엘리샤 림Elisha Lim

2013년 1월 17일, 비장애인이자 혼혈이고 아시아인 젠더퀴어 시각예술가 엘리샤 림은 작지만 거대한 일을 했다. 페이스북 이벤트 페이지를 만든 것이다. 그 페이지의 제목은 '내 친구들을 가로막는 파티에 내가 왜 가겠어?'였다.[21] 거기서 림은 어디든 접근성 없는 행사는 1년 동안 참여하지 않겠다고 공개적으로 선언했다.

이 액션은 백인 퀴어 펨 장애인 활동가인 로리 에릭슨과의 오랜 우정에서 비롯되었다. "그건 정말 개인적인 일이었어요." 림은 말했다. "지난 몇 년 동안 로리에게 거짓말을 해왔다는 걸 깨달았죠. 로리가 '이번 주말에 뭐해?'라고 물으면 저는 '모르겠어'라고 답했거든요."

림이 시인하지 않았던 진실은, 장애인 접근성이 보장되지 않아 로리는 못 가는 행사들에 갈 예정이라는 것이었다. 림은 내게 설명했다. "그걸 더 이상 참을 수가 없었어요. 저는 그냥 접근성 없는 파티는 나 혼자서 보이콧하자고 결심했어요. 그러고 나서 생각했죠, 어쩌면 지금이 이 문제에 대해 공개적으로 발언할 기회일지도 몰라."

림은 페이스북 이벤트 페이지에 합류한 사람들의 수를 보고 놀랐다. 첫 주에 거의 400명이 모였다. 북미 전체에서 많은 사람이 이 액션을 알게 되었고, 그 페이스북 페이지는 사람들이 토론하고, 집단적으로 자금을 모으고, 새로운 자원을 공동으로 창출하기 위한 접근 가능한 핫스폿이 되었다. 이 페이지는 내가 토론토의 퀴어 작가 사라 핀더가 만들고 이후에 집단적으로 작성된, 토론토의 접근 가능한 공연 공간을 목록화한 구글 문서를 처음 발견한 곳이기도 했다. 이 문서의 템플릿은 텍사스처럼 멀리 떨어진 곳에서 자기 공동체를 위해 비슷한 자원을 만들고 싶어 하는 조직활동가들도 가져다 썼다.

"(그 액션에서) 가장 좋았던 건 여러 대화와 논쟁이었어요"라고 엘리샤는 말했다. 나는 그 논쟁을 기억한다. 온라인과 오프라인을 넘나드는 거대한 다툼이었다. 림은 비장애-신체의 퀴어 트랜스 유색인 조직활동가들 일부의 비판과 반발에 직면했던 일을 자세히 설명했다. 그 사람들은 화가 잔뜩 나서는, 돈이 별로 없는 퀴어-트랜스-흑인-선주민-유색인 행사 기획자들은 장애 접근성은 없지만 그들이 가진 돈으로는 최선인 가정집이나 여타의 공간들에서 행사를 열고 있다고 말했다. 림과 다른 조직활동가들은 대부분의 장애인 역시 가난하다고 응답했다. 사람들은 저렴하면서 접근 가능한 공연 장소에 대한 정보를 집단적으로 조사하고 공유했다. 예컨대 토론토에서는 쇼퍼스드러그마트Shoppers Drug Mart에서 35달러에 경사로를 빌릴 수 있다는 정보가 공유되었다. 이 페이스북 이벤트 페이지는 일종의 운동이 되었다—장애인 퀴어-트랜스-흑인-선주민-유색인, 비장애인 퀴어-트랜스-흑인-선주민-유색인, 그리고 아프고 장애가 있는 백인 퀴어들이 함께 모여 논쟁하고 토론하고 학습하는 곳이 된 것이다. 그 페이지는 하나의 현장이었다.

사람들은 불구들이 만든 구체적인 접근 가능성 도구들을 공유하고 그에 대해 이야기했다. 예를 들면, 향료가 포함된 제품을 쓰지 않는 행사에 대해 빌리 레인이 정리한 자료,[22] 밴쿠버의 백인 퀴어 불구들이 만든 블로그 〈모든 곳에 급진적으로 접근 가능한 공동체를 건설하기Building Radical Accessible Communities Everywhere〉[23]
와 그 블로그에 올라온 여러 공간의 접근성을 조사한 목록과 접
근 관련 팁들이 가득한 게시글, 이를테면 "그래서 만약 당신이 행
사를 여는 장소의 화장실에 휠체어 접근이 불가능하다면 어떻게
할 것인가?"(경첩을 풀어 문을 떼고 커튼을 달아라, 접근 가능한 이동식
화장실을 빌려라, 주변에 접근 가능한 화장실을 갖춘 팀홀튼Tim Hortons[24]
이라든지 다른 지역사회 공간이 있는지 알아보고 사람들이 화장실을 이
용할 수 있게 매장 매니저와 상의해라), 그리고 토론토 장애인권 단
체 젠장2025DAMN 2025의 문서 〈수어-영어 통역자를 예약하는 법:
(망가진) 공동체 조직활동가들을 위한 서론〉. 기본적으로 그 이벤
트 페이지는 우리가 필요로 하는 접근성을 창출하기 위해 아프
고 장애가 있는 저소득층 사람들이 진작부터 쌓아올린 탁월함에
사람들이 의지하고 배움을 얻는 하나의 커다란 핫스폿이었다.

　엘리샤가 내게 말했다. "사람들은 많이 싸웠고, 또 정말로 타
협하지 않았어요. 제 느낌엔 '이 파티는 접근 가능한가?'를 묻는
게 좀 더 유행이 된 것 같았어요. QPOC(토론토의 한 퀴어 댄스파티)
처럼 어떤 파티들은 이 액션 때문에 접근 가능한 공간으로 장소
를 옮겼어요. 어쩌면 '쿨'하지 않았을 공간들이 접근 가능하다는
점 때문에 쿨해졌어요. 문화적 변동이 있었던 거죠." 로리는 이
말에 동의했지만, 페이스북 이벤트 페이지의 연대 요청에 서명
한 사람은 많았어도 림과 함께 접근성 없는 파티를 전부 보이콧
한 사람은 소수였음을 지적했다. 로리와 엘리샤 둘 다, 이 액션은
엘리샤의 비장애-신체적 특권과 유명한 비장애인 퀴어-트랜스-
흑인-선주민-유색인 예술가라는 문화자본을 사용하여 접근 가

능성의 인지도를 올리는 방법이었다고 느꼈다. 행사를 조직하는 사람들에게 접근성과 비장애중심주의 문제를 제기하는 역할을 언제나 장애인들이 떠맡았던 것과 다르게 말이다.

나도 동의한다. 나는 이 액션 그리고 액션이 창출한 자원들이 토론토에서 문화적 변동을 촉발하는 것을 보았다. 2010년대 초에 잠시나마 토론토에서는 퀴어-트랜스-흑인-선주민-유색인 공연들이, 특별히 장애인 공연이나 장애인들이 이끄는 공연이 아닐 때도 접근성 관련 정보를 상세히 제공하기 시작했고, 트랜작Tranzac, 글래드스톤Gladstone이나 유닛 2Unit 2처럼 접근 가능한 장소에서 개최했고, 수어 통역을 제공했고, 그러지 못할 때면 공동체의 분노에 직면할 준비를 하게 되었다. 접근성을 확보하지 않았을 때 공동체 안에서 감당해야 하는 것들이 생겨났다. 행사를 조직하는 비장애-신체의 퀴어-트랜스-흑인-선주민-유색인들이 접근 가능성 문제에 대해 '잊어버리는' 건 더 이상 일상적인 일이 아니게 되었다.

엘리샤는 페이스북 이벤트 페이지를 만든 지 1년 후에 공식적으로 이벤트를 종료했다. 하지만 그 페이지는 열광적인 시간의 아카이브로서 여전히 열려 있다. "로리한테 더 이상 거짓말하지 않는다는 게 정말 기뻐요." 엘리샤는 말했다. "지금도 저는 접근성이 확보되지 않는 파티에는 가지 않아요. 그 말은 아예 밖에 나가지 않는 날도 많다는 뜻이죠. 때로는 단절된 것 같고 외로움을 느끼기도 해요. 하지만 장애가 있는 사람들은 항상 그렇게 느끼잖아요."

2013~2015년: 당신의 세계와 공연/장애/예술을 불구화하라

신스인발리드의 온타리오 미술관 공연이 끝난 뒤 있었던 글루텐프리 브런치 모임을 기억하는가? 모임은 거기서 끝나지 않았다.

이메일과 문자를 주고받으며 같이 쓴 지원금 신청서가 여러 번 떨어지고 단 한 번 성공하면서, 나와 사이러스 웨어는 토론토에 기반을 둔 퀴어-트랜스-흑인-선주민-유색인이 다수인 장애 예술 집단을 꾸릴 계획을 세웠다. 공연/장애/예술Performance/Disability/Art, PDA. 우리의 퀴어-트랜스-흑인-선주민-유색인 공연 〈당신의 세계를 불구화하라: 아프고 장애가 있는 두 명의 퀴어-트랜스/유색인의 전 우주적 광상극Crip Your World: An Intergalactic 2QT/POC Sick and Disabled Extravaganza〉은 북미 지역에서 10명의 아프고, 장애가 있고, 농인이고, 미친 장애정의 공연예술가들—영상예술가와 무대예술가가 섞여 있었다—을 불러 모았고, 이 공연은 2014년 '메이웍스 페스티벌Mayworks Festival'에서 매진을 기록했다. 그해 말 우리는 〈위대한 장애 예술 피정The Great Disability Arts Retreat〉이라 부른, 교차 장애인, 퀴어-트랜스/유색인을 중심에 둔 예술 워크숍을 계획하고 실행했다. 워크숍은 8주 동안 이어졌다. 우리는 모이고 어울리고 우리의 일에 관해 이야기했다. 또 보이지 않는 비장애 중심적인 장벽이 너무도 많을 뿐만 아니라 우리에겐 창조할 능력이 전혀 없다고 가정하는 세상에서 불구 작가나 예술가로 존재한다는 게 어떤 의미인지에 관해서도 이야기를 나눴다. 우리가 최근에 했던 공연 〈공연/장애/예술이 예술가들의 가판대를 장악하다PDA Takes Over the Artists' Newsstand〉는 바로 이런 사례를 다뤘다—우리가 접근 불가능한 장소에서 공연해달라는 요구를 받았을 때(주최 측은 장애 접근성이 없는 체스터 지하철역의 유휴 가판대를 쓰라고 했다), 우리는 접근 가능한 지하철역 중 가장 가까운 브로드뷰역에서부터 불구 예술가 행진을 벌였다. 지하철역을 장애인 예술가, 수어 통역자, 스쿠터나 휠체어를 타고, 지팡이를 짚고, 통증이 있고, 수어를 쓰고, 광기를 지닌 채로 그 공간을 차지하고 앉은 수많은 사람으로 채움으로써 원래 섭외받은 장소의 접근 불가능성을 부각했다.

우리는 불구를 기반으로 만나고 창조하고 공연하는 일을 계속한다—공동 제작자인 사이러스 마커스 웨어가 말했듯 "숟가락들이 남아 있는 한" 말이다. 나는 우리의 작고도 중요한 공간이 퀴어-트랜스-흑인-선주민-유색인들로 채워진 다른 아프고 장애가 있는 예술 공간들이 자라나는 데 도움이 되었다고 믿는다. 나는 우리의 작업이 다른 아프고 장애가 있는 퀴어-트랜스-흑인-선주민-유색인 예술가들이 자신들도 대규모 공연을 열 수 있고 크고 복잡한 작품을 쓸 수 있겠다고 느끼게 해주었다고 믿고 싶다. 우리의 예술 실천에 대해 글을 씀으로써 나는 장애정의 예술 실천에 대한 수많은 질문을 생각해보게 된다. 흑인과 브라운, 빈곤층, 여러 장애가 교차하는 사람들로 가득하고, 아이 돌봄이 제공되면서 저렴한 장애인 예술 공간을 만든다는 건 무슨 의미일까? 또한 느리고, 아프고, 약속을 잡았다가도 종종 취소하고, 장애인 콜택시를 불러도 콜택시 시스템 자체가 엉망이라 늦어버리는 우리 몸의 속도에 맞춰 움직이는 장애인 예술 공간을 만든다는 건 무슨 의미일까? 이는 비장애 예술 실천 판에서의 '아주 잘 나가는', '패기 넘치는' 비장애-신체 중심적 속도로, 심지어는 비장애인 퀴어-트랜스-흑인-선주민-유색인 실천 판에도 존재하는 그런 속도로 무언가를 만들어내지 않는다는 뜻이기도 하다. 그것 때문에 우리가 덜 진지해 보이나? 우리는 어떻게 우리의 느리게 움직이고, 강하고, 취약한, 아프고 장애가 있는 퀴어-트랜스-흑인-선주민-유색인 예술 실천을 계속 고수할 수 있을까?

이 장에 담은 이야기들은 여전히 현재진행형이다.

1 [역주] 미안해하지않는풍자극(Unapologetic Burlesque)은 2012년 토론토의 풍자극 공연자 스콜피오 라이징(Scorpio Rising)과 베나 카바(Vena Kava)가 만든 공연 프로젝트 팀이다. 이들은 소수자들을 배제하고 주변화하고 문화적으로 착취해온 기존의 백인-이성애 중심적인 공연예술계에 반대하며, 유색인, 선주민, 퀴어, 트랜스젠더, 다양한 신체를 가진 공연자들이 중심이 되어 자신의 이야기를 펼치는 풍자 공연 공간을 열었다. 수어 통역을 제공하고 무대로 이어진 휠체어용 경사로를 설치하는 등 공연 현장의 접근성을 높이고, 그동안 존중받지 못했던 유색인/퀴어 공연자와 스탭, 활동가들의 노동에 적절한 보수를 지급하는 데도 힘썼다. 2015년 여름을 끝으로 활동을 공식적으로 마무리했으며, 관련 기록과 자료를 아카이빙한 공식 홈페이지는 다음과 같다. unapologeticburlesque.weebly.com

2 [역주] '다이크(dyke)'는 남성적 젠더 표현과 성역할 등이 강하게 드러나는 레즈비언을 부르는 멸칭이었다가 나중에 저항적인 당사자 이름으로 되찾은 용어 중 하나다. 다이크에 대한 좀 더 맥락화된 정리는 일라이 클레어의 《망명과 자긍심》의 〈옮긴이 후기〉 310~311쪽을 참조하라. '바 다이크(bar dyke)'는 게이 전용 술집을 주 서식지 삼는 다이크를 부르는 하위문화 용어로 보인다. 은어(隱語)의 특성상 검색 가능한 기록으로 남지 않아 정확한 뜻을 파악하기 어려운데, 거의 유일하게 공식화된 기록으로는 1980년대에 레즈비언 극작가 메릴 머시룸(Merril Mushroom)이 집필한 단막극 〈Bar Dykes〉가 알려져 있다. 이 단막극은 1950년대 미국의 게이 바 문화를 다룬 역사적 기록으로 주목받는다(booklyn.org/catalog/merril-mushroom-bar-dykes/). 다만 이 기록물은 온라인으로 접근 불가능하다.

3 Mia Mingus, "About," *Leaving Evidence*. https://leavingevidence.wordpress.com/about-2/

4 이 책 전체에서 나는 '퍼스트 네이션스(First Nations)'란 용어를 사용한다(이 용어는 내가 1990년대에 처음 알았고 지금도 미국의 특정 공동체에서 쓰이는데, 투쟁적인 선주민 작가들, 활동가들, 내 지인들은 터틀 아일랜드(Turtle Island)에서 자신들이 여전히 국가로서 존재하고 있었고 따라서 백인 정착민 식민주의자들이 주장해온 토지 소유권과 주권에 대해 자신들이 우선권을 갖고 있음을 확고히 하고자 이 용어를 사용했고 지금도 사용하고 있다). '선주민(Indigenous)'과 '토착민(Native)'이란 용어는 북미에 원래 살았던 사람들을 가리킨다. 나는 이 용어도 사용한다. 그 이유는 이 단어들이 다 같은 뜻이라고 생각해서가 아니라, 우리가 우리 자신을 부르는 단어들과, 특히 우리에게 강요되어온 식민주의적 언어들 속의 단어들과 사람들이 맺고 있는 복잡한 관계를 존중해서이고, 내가 여태껏 들었듯 다양한 선주민

동지들·친구들·사람들이 각기 다른 시기에 각기 다른 용어를 유동적으로
사용하는 방식들을 존중하기 때문이다.

[역주] (1) '터틀 아일랜드(거북이 섬)'는 북미 대륙을 칭하는 용어로 일부 북미
지역 선주민들과 선주민 인권 활동가들이 사용한다. 홍수로 세상이 멸망할
위기에 처하자 커다란 거북이가 육지를 짊어져서 모든 동물을 살렸다는
이 지역 선주민들의 오래된 창조 설화에서 비롯되었다. (2) 한국에서
'First Nations'란 개념이 간혹 소개될 때는 '퍼스트 네이션' 또는 '퍼스트
네이션스'로 쓰이고 있다. 이 책에서도 이 경향을 따라 '퍼스트 네이션스'로
썼다.

5 Eli Clare, "A Challenge to Single-Issue Politics: Reflections from a
   Decade Later," *Exile and Pride*, Cambridge, MA: South End Press, 1999.
   [한국어판: 일라이 클레어, 《망명과 자긍심》, 전혜은·제이 옮김, 현실문화,
   2020]

6 WSCCAP는 나와 샤넬 갤런트, 아티 메흐타, 로리 에릭슨이 2010년 즈음에
   만들었던 신조어로, **이 모든 게 악이다**, 라는 걸 보여주는 마음에 드는 용어다.

7 [역주] 일라이 클레어의 《망명과 자긍심》은 1999년에 초판이 출간되었고
   2009년에 2판이 나왔다. 한국어판은 2015년 아우로라 레빈스 모랄레스의
   추천사가 추가된 3판을 저본으로 한다. 저자가 언급한 글은 2판 서문 "A
   Challenge to Single-Issue Politics: Reflections from a Decade Later"로,
   한국어판에서는 〈[2판 서문] 단일 쟁점 정치에 도전하다: 10년 뒤의 회고〉란
   제목으로 실렸다. 여기서 저자가 자신의 기억을 더듬어 쓴 대목을 정확히
   인용하자면 다음과 같다. "만약 이 두 단체가 사람들을 가두는 각기 다른
   방식이, 그리고 이러한 투옥으로 이득을 얻는 각기 다른 제도가 서로
   연결되어 있다는 것을 이해하고 이에 의거하여 행동한다면, 해방의 비전은
   어떠한 새로운 형태로 만들어질까?"(29쪽)

8 짐에 대한 더 자세한 정보는 다음의 부고 기사에서 찾아볼 수 있다. https://
   kersplebedeb.com/posts/jim-campbell-remembered/ 이 기사에는
   〈불도저의 15년과 그 이상의 것들: 개인적인 것, 정치적인 것, 그리고 몇 가지
   연결들(Fifteen Years of Bulldozer and More: The Personal, the Political, and
   a Few of the Connections, from I 1995)〉의 재판본이 실려 있고, 짐과 《교도소
   뉴스 서비스》에 대한 다른 기사들이 링크되어 있다.

9 [역주] 저자는 'Dacajawaea'로 표기했지만 이는 오타로 보인다. 위키피디아에
   따르면 이 활동가의 모호크족 이름 표기는 Dacajeweiah('하늘을 쪼개는
   자'라는 뜻)이고 미국식 이름은 존 본코어(John Boncore)이며 이 두 이름
   외에도 John Pasquale Boncore, John Boncore Hill, John B. Hill, John Hill

등으로 알려져 있다(https://en.wikipedia.org/wiki/John_Boncore). 1971년 뉴욕의 아티카 교도소 반란(Attica Prison revolt)으로 처음 언론의 주목을 받았으며, 이후 교도소 인권운동, 선주민 인권운동 활동가로 활약했고 배우로도 일했다. 아내인 크리족 여성 산드라 브루더러와 공동 집필한 자서전 《하늘을 쪼개다: 아티카에서 구스타프센 호수까지(Splitting the Sky: From Attica to Gustafsen Lake)》(2001)를 자비출판했다. 제임스메디슨대학 대학신문 《산들바람(the Breeze)》에서 인터뷰한 기사에서는 Dacajawea로 표기되어 있는데 이 또한 오타로 보인다(MJ Carscallen, "Mohawk fights for indigenous people," *THE BREEZE*, 1992.4.9. https://commons.lib.jmu.edu/cgi/viewcontent.cgi?article=1382&context=i19901999).

10 [역주] 퀸스트리트웨스트 999번지는 19세기부터 쭉 정신질환자 관련 시설이 있었던 곳으로, 시대에 따라 시설의 명칭과 기능은 변화해도 주소지는 그대로였기에 시설의 공식 명칭보다 주소지가 더 유명해졌다. 1850년에 토론토 최초의 정신질환자 관련 시설로서 정신장애인과 정신질환자 감금을 목적으로 하는 주립정신병자수용소(The Provincial Lunatic Asylum)가 설립되었고, 입소자들에 대한 노동착취와 학대 등 인권침해로 악명을 날렸다. 1900년대 초에는 의료적 돌봄 및 치료로 목적을 바꾸면서 시설 명칭도 정신병원(Hospital for the Insane)으로 바뀌었고, 1960년대에 들어서는 장기 입원보다 탈시설화를 지향하는 흐름 속에서 1966년 퀸스트리트 정신건강센터(Queen Street Mental Health Centre)로 명칭을 변경하고 외래 진료 위주로 운영했다. 1998년 이후 지금까지 중독 및 정신건강센터(Centre for Addiction and Mental Health)란 이름으로 운영되고 있으며, 주소지도 퀸스트리트웨스트 999번지에서 퀸스트리트웨스트 1000번지로 바뀌었다.

11 [역주] 저자는 이 책 전체에서 '정신의학적 생존자(psychiatric survivor)', '정병 생존자(psychic survivor/"psych" survivor)', '미친 사람들(Crazy people)' 등 다양한 이름을 사용하는데, 이것들은 낙인찍고 비하하는 멸칭이 아니라 정신 영역에서의 비장애중심주의(달리 부르자면 '강제적 비장애-정신성(compulsory able-mindedness)')에 맞서 인간 다양성의 틀에서 정신장애와 정신질환을 이해하고자 하는 당사자운동에서 나온 이름들이다. 옮긴이 해제를 보라.

12 '정신의학적 생존자 자긍심의 날(Psychiatric Survivor Pride Day)'을 다룬 학술 논문으로는 다음을 보라. Lilith Finkler, "Psychiatric Survivor Pride Day: Community Organizing with Psychiatric Survivors," *Osgoode Hall Law Journal 35*, nos. 3-4 (Fall/Winter 1997), Special Issue on Parkdale Community Legal Services: 763-72. https://

digitalcommons.osgoode.yorku.ca/cgi/viewcontent.cgi?article=1596&context=ohlj

13 [역주] 크리족(Cree)은 북미 대륙의 선주민으로 '퍼스트 네이션스'을 이루는 선주민 중 가장 생존 인구가 많다. 주로 캐나다에 거주하며 미국에선 캐나다에 인접한 몬태나주에 모여 산다. 북미 선주민 언어 모음인 알곤킨어(Algonquian language) 계통의 크리어를 사용하며, 이 언어는 현재도 캐나다 전역에서 다양한 방언의 형태로 활발하게 사용되고 있다.

14 "Letters to the Editor: Bowie but No Glenn Frey?" *Now*, January 27, 2016. https://nowtoronto.com/news/letters-to-the-editor/letters-to-the-editor-bowie-but-no-glenn-frey/

15 [역주] 5장에서 저자가 자신의 혈통 중 하나로 소개하기도 하는 스리랑카 타밀족(Sri Lankan Tamil)은 스리랑카에서 두 번째로 많은 민족이다. 타밀족은 스리랑카에서 천 년 이상 정착해 살아온 타밀족과, 네덜란드와 영국의 식민지배를 거치면서 인도에서 이주해온 타밀족으로 나뉜다. 오랜 토착민인 전자의 타밀족은 고위 카스트가 많은 반면, 후자는 백인 제국주의자들이 플랜테이션 노동자로 착취하고자 강제 이주시킨 이들이다. 1948년 스리랑카 독립 이후 국가 민족 구성 중 대다수를 차지하는 싱할라족 중심의 스리랑카 정부는 이 이주노동자 계급의 타밀족에 대한 차별정책을 폈다. 싱할라족과 타밀족 간 갈등은 30년 동안의 스리랑카 내전으로 이어졌다. 내전은 2009년 타밀족의 패배로 끝났다. 본문에 나오는 스리랑카 타밀족 난민은 이 내전으로 인한 것이다.

16 토론토인종차별반대연합(Toronto Coalition Against Racism, TCAR)의 역사에 대해 더 알고 싶으면 다음을 보라. Raghu Krishnan "Remembering Anti-Racism," *THIS*, January 01, 2003. this.org/2003/01/01/remembering-anti-racism/

17 [역주] '웰니스 체크(wellness check)'는 지인이나 가족, 친구, 이웃이 정신적으로 위험한 상태일 수 있다는 염려가 들 때 경찰에 신고해 그 사람의 상태를 확인하도록 할 수 있는 제도다. 원래 취지는 가정폭력이나 자살위험이 의심되는 상황에서 보호하기 위해, 또는 정신질환 및 장애가 있는 사람이 본인의 동의 없이 가족들에 의해 정신병원에 끌려가 감금당하지 않도록 하기 위해 공권력의 개입을 제도화한 것이었다. 하지만 본문에 소개된 사건에서처럼 보호받아야 할 사람이 유색인인 경우 오히려 집에 찾아온 경찰에 의해 살해당하는 경우가 많다.

18 [역주] '인종화된 사람들(racialized people)'이란 표현은 비판적 인종 이론(critical race theory)에서 발전된 것으로, 이 용어는 첫째,

'인종'이 자연스럽고 객관적인 사실이 아니라 백인이 중심을 차지하는
식민주의적·제국주의적 세계관에 따라 인간 다양성을 편파적으로 분류하고
차별적으로 생산한 권력 구분 체계 그 자체라는 점을 폭로한다. 둘째, 한
개인을 그저 사람으로 보는 대신에 인종 구분과 위계에 따라 '흑인', '동양인'
같은 범주에 부당하게 부여된 정형화된 특징에 근거해 해석하고 낙인찍는
권력의 작동 방식을 지적한다.

19 [역주] '블록오라마(Blockorama)'는 토론토의 예술가, 공동체 조직활동가,
보건의료 활동가 등이 모여 결성한 조직 블랙니스예스!(Blackness Yes!)가
1998년부터 지금까지 매년 주최하는 페스티벌이다. 이 행사는 캐나다에서
가장 큰 퀴어문화축제인 '프라이드 토론토(Pride Toronto)'가 백인 위주로
운영되고 아프리카계, 흑인, 카리브해 사람들은 주변화된다는 문제의식에서
출발했다. 지역사회 흑인 및 퀴어 예술가들이 공연자로 참여하며 현재
캐나다에서 가장 규모가 큰 흑인 퀴어 행사로 자리잡았다. https://
blockorama.ca/

20 [역주] 휠-트랜스(Wheel-Trans)는 토론토 지역 장애인의 이동을 보조하는
교통 체계 중 하나다. https://www.ttc.ca/wheel-trans

21 행사에 대한 기록과 모든 해설을 보려면 다음의 페이스북 페이지를 방문해
보라. Elisha Lim, "Why Would I Come to a Party If My Friends Are
Barred?" www.facebook.com/events/350503528389995/

22 이 문서는 다음에서 찾아볼 수 있다. dualpowerproductions.c
om/2011/03/14/multiple-chemical-sensitivities-mcs-accessibility-
basics.
[역주] 현재 이 페이지 주소는 접속 불가능하다.

23 "So If the Bathroom in a Space You Throw Events in Isn't Wheelchair
Accessible, What Are You Going to Do?", *Radical Accessible
Communities*, April 14, 2013. radicalaccessiblecommunities.wordpress.
com/2013/04/14/so-if-the-bathroom-in-a-spaceyou-throw-events-in-
isnt-wheelchair-accessible-what-are-you-going-to-do/; "Needs and
Strategies," *Kindred Healing Justice*. www.kindredhealingjustice.org/
needs_strategies.html; Tanuja Jagernauth, "Jagernauth: Just Healing,"
Organizing Upgrade, October 31, 2010. archive.organizingupgrade.com/
index.php/modules-menu/community-care/item/91-jagernauth-just-
healing

24 [역주] 팀홀튼(Tim Hortons)은 캐나다 전역에 있는 프랜차이즈 패스트푸드
음식점으로 주로 커피와 도넛을 판매한다.

5장

아프고 미친 치유자

치유정의운동에 대한 그리 짧지 않은 개인사

우리의 운동은 그 자체로 치유여야 한다. 그렇지 않으면 아무 의미가 없다. ─ 카라 페이지Cara Page, 킨드레드서던치유정의집단 활동가

유용한 조언/깜짝 퀴즈

이런 말들: 아픈 사람. 장애인. 치유자. 당신은 이 단어들을 나란히 떠올릴 수 있는가?

당신은 아픈 사람, 미친 사람, 농인, 신경다양인, 그리고/또는 장애인이 치유를 할 수 있다고 생각하는가?

당신은 '치유'가 뭐라고 생각하는가? 당신은 그게 가능한 한 비장애-신체에 가까워지는 걸 뜻한다고 생각하는가?

당신은 아프거나 장애인이라는 것이 항상 슬프거나 끔찍한 일이라고 생각하는가? 당신은 모든 사람이 비장애-신체에 신경전형인이길 원할 것이며, 만약 할 수만 있다면 그쪽을 선택하리라고 생각하는가?

당신에게 치유정의Healing Justice란 언젠가 아무도 장애인이 되지도 아프지도 않으리란 것을 의미하는가? 독성 폐기물도 없을 거고 모두를 위한 보건의료가 있을 테니까?

내가 아는 모든 사람은 치유를 갈망한다. 그걸 얻기가 어려울 뿐. 좋은 종류의 치유 말이다. 즉, 비용이 적당하고, 보육을 지원하고, 계단은 없고, 우리의 젠더를 오인하거나 우리의 장애나 성노동을 멸시하지 않고, 우리가 다쳤을 때 우리를 믿어주고, 우리가 필요로 하는 걸 말할 때 들어주고, 우리가 자기 몸과 정신에 대해 하나부터 열까지 모든 권한을 갖는 주체라는 걸 이해하는 치유.

내가 아는 사람들은 대부분 치유를 갈망하며 운동판에 오지만, 우리의 운동은 치유보다는 비장애중심주의와 번아웃으로 채워지는 경우가 더 많다. 우리는 위기상황에서 일하고 또 일하고 또 일한다. 치유는 지엽적인 것, 돈 있는 자들만을 위한 것, 개인의 책임, 네가 따로 시간을 들여서 알아서 할 일이라고 일축된다. 우리의 운동은 너무도 번아웃을 유발하는 속도로 진행되어 슬픔, 분노, 트라우마, 영성spirituality, 장애, 노화, 양육, 아픔이 들어설 여지가 거의 없고, 그래서 많은 사람이 나이 들거나 아이를 가졌거나 아프게 되거나 더 아파지거나 더 장애가 심해지거나, 혹은 더 이상 일주일에 12번씩 열리는 회의에 참석할 수 없게 되었을 때 운동판을 떠나게 된다.

치유의 계보

나는 치유정의운동으로 알려진 운동에 2010년부터 참여해왔고, 해방과 사회정의의 한 양식으로서의 치유에 한평생 참여

가장 느린 정의

하고 투자해왔다—조그마한 브라운 펨 장애인 어린이 생존자였을 때부터 내 제단祭壇이나 허브, 타로카드에 대한 관심이 '진짜 투쟁으로부터 벗어난 것'이라는 이유로 부끄러워하던 열아홉 살 때까지. 번아웃, 치유를 대수롭지 않은 것으로 폄하하고 묵살하는 비장애중심주의적 운동판 문화, 억압받는 사람들에게 양질의 치유 및 보건의료에 대한 접근성이 결여된 상황까지, 치유정의 운동은 이 모든 것에 대한 응답으로 생겨난 것이었다. 그리고 식민지화 이전부터 지금까지, 억압받고 또 살아남아온 우리 공동체들이 언제나 치유해온 방식들을 되찾으리라는 희망으로 생겨난 것이었다.

운동으로서 그리고 개념으로서의 치유정의는 퀴어-트랜스-흑인-선주민-유색인들이 만든 것으로, 2004년 킨드레드서던치유정의집단의 작업에서 시작되었다. 이는 우리의 전통적인 치유법들을 되찾아오려는 정치적으로 의식화된 흑인 및 브라운 치유자들의 운동을 정의하기 위한 것이자, 치유와 건강이 어떤 의미일 수 있는지, 특히 세대 간 트라우마를 다룰 때 어떤 의미일 수 있을지를 재정의하기 위한 것이었다. 물론 '치유정의'라는 용어가 있기 이전부터 치유자들은 오랫동안 부엌 식탁과 공동체 치료소에서 사람들을 치유해왔다—1970년대 북미의 무툴루 샤쿠르Mutulu Shakur처럼 블랙팬서당이 운영했던 침술소들에서부터, 뼛속 깊이 우리 흑인-선주민-유색인의 전통이자 기독교 시대 이전 유럽의 전통인 허브, 침술, 접촉, 기도, 수술을 통한 치유에 이르기까지. 나의 멘토이자 직관력 있는 치유자 도리 미드나잇Dori Midnight이 말하길, "사람들을 집에 초대해서 차를 내주고, 그들의 슬픔을 들어주고, 그들의 고통을 위한 공간을 마련하고, 바닥에 쿠션을 깔아 그들이 누울 수 있게 해주고, 그들과 함께 기도하거나 그들을 만지거나 에너지를 북돋워주고, 식물과 돌로 만든 치료약을 제공하는 건 전혀 새로운 일이 아니다".

내가 참여해온 치유정의 실천 공간들에서는 크고 작은 행사를 열었다. 집회 현장 한구석이나 세번째뿌리Third Root[1]와 해리엇 의약제상Harriet's Apothecary[2] 같은 작은 공동체 공간 한 귀퉁이에, 그리고 〈'흑인의 생명도 소중하다'를 위한 치유정의Healing Justice for Black Lives Matter〉[3]와 같은 액션들 속에 존재했던 그 공간들은 마치 사원 같았고 위안처럼 느껴졌다. 2010년 디트로이트에서 열린 〈미국 사회 포럼〉에서는 오래된 노조 회관에 '치유정의 실천 공간'이 마련되었다. 회관 입구에 디트로이트의 물과, 치유자들이 대륙 전역과 그 너머에서 가져온 다른 물을 가득 담은 그릇을 둔 제단이 있었다. 사람들은 공동체 침술을 받으면서 조용히 둥글게 모여 앉았다. 커다란 종이판에 매직펜으로 치유자들의 일정이 휘갈겨 쓰여 있었다—기氣 치료, 소마틱스somatics,[4] 허브, 공동체 침술, 상담, 타로. 병원에 가기를 두려워하는 사람들도 고립을 깨고, 자신에게 돌봄이 필요하다는 것에 대한 수치심을 깨고 그곳을 찾을 수 있었다. 우리는 돌봄이 가득하고 세심한 운동을 창조하고 있었다. 치유정의 실천 공간들은 내게 정신없이 바쁜 운동의 한가운데 있는 사원이자 위안으로 보였다. 우리가 상상하는 운동의 조직화 방식을 치유가 변화시키는 장소들이었다.

치유정의의 탄생에 힘을 더한 인도자 중 한 명은 카라 페이지다. 흑인이자 선주민인 남부 퀴어 펨 조직활동가이자 킨드레드서던치유정의집단의 핵심 인물로서 페이지가 킨드레드에서 한 활동들, 그리고 2010년 디트로이트 〈미국 사회 포럼〉에서 치유정의민중운동총회the Healing Justice People's Movement Assembly와 함께한 작업은 치유정의의 토대가 되었다. 남부 지역에서 활동하는 흑인 및 브라운 퀴어 치유자들의 모임인 킨드레드는 2007년에 결성되었는데, 그 계기는 남부 지역 흑인 및 브라운 조직활동가들, 특히 허리케인 카트리나 이후 뉴올리언스에서 일하던 활동가들이 스트레스, 탈진, 트라우마로 문자 그대로 죽어가고 있다는 사실이었다.[5] 이 집단은 선언문 〈필요와 전략Needs and Strategies〉에서 이렇게 주장했다. "우리는 우리 운동 안에서 번아웃과 우울증이 늘어나는 사태에 응답할 수 있어야 한다. 우리 공동체의 치유 전통을 체계적으로 상실해가는 상황에 응답할 수 있어야 한다. 치유자들의 고립과 낙인화에 응답할 수 있어야 한다. 우리의 땅과 의학과 천연자원이 점차 사유화되어 우리가 신뢰할 수 없고 우리를 위한 게 아닌 정부나 민영화 모델에 의존할 수밖에 없게 되는 현상에 응답할 수 있어야 한다."[6]

운동 내에서 부차적인 것이 아니라 핵심 실천으로서 치유의 중요성에 대해 논한 최초의 집단 중 하나인 킨드레드는, 2010년 디트로이트 〈미국 사회 포럼〉에서 다른 급진적 치유자들과 만나, 미래 전망을 제시하는 거대 북미 좌파 행사에서 사상 처음으로 정치화된 치유자들의 모임을 만들자는 구상을 품고 있었다. 치유정의민중운동총회는 2010년 디트로이트 〈미국 사회 포럼〉에서 제기된 의제들에 관해 결의안 초안을 만들고 전망적인 미래 계획을 짜는 여러 대규모 모임 중 하나였는데, 여기서 카라가

한 말이 그 이후로 내내 마음에 남았다. "우리의 운동은 그 자체로 치유여야 한다. 그렇지 않으면 아무 의미가 없다." 이 말은 충격이었다. 운동이 그 자체로 치유의 공간일 수 있고 그래야 한다는 생각, 돌봄이 '진짜 일'에 붙는 부업이 아니라 **바로 그 일**일 수 있다는 생각은 맑은 물을 한껏 들이켜는 기분을 안겨주었다. 그건 내가 수년간 갈망해온 것이었다. 나는 치유정의가 갈망의 공간이라고 생각한다. 디트로이트에서 그 물과 그 지식을 갖고 돌아온 나는 조용히 결심했다. 운동이 우리를 다 태워 소진시키지 않는, 운동이 우리를 치유하는 곳을 찾아낼 방법을 알아내겠다고. 만약 그런 곳을 찾지 못한다면, 그런 곳을 만드는 데 일조하리라고.

아프고 미친 한 치유자의 사례

나는 장애가 있고 만성적으로 아픈 치유자다. 나는 아동 성학대 생존자로 복합적 외상 후 스트레스 증후군과 트리거 지뢰를 갖고 있으며, 불안과 공황의 바다에서 수영하고, 알약이 안전하거나 접근 가능한 선택지가 아니었기에 집 뒷마당에서 기른 익모초와 값싼 보드카로 팅크를 만들어 썼다. 나는 아일랜드계, 로마니, 버거Burgher, 타밀족 스리랑카인 혈통[7]의 논바이너리nonbinary[8] 펨으로, 엄마는 암으로 죽어가고 첫 번째 펨 여자친구는 자살하고 싶어 하던 열아홉 살 때 깊은 우울에 잠겨 타로카드를 읽기 시작했다. 나는 강간 위기 상담전화에서의 일자리 계약이 끝났을 때 요금 미납으로 끊기기 직전의 전화료를 내기 위해 퀴어 댄스파티에서, 심령 상담전화에서 타로카드를 읽던 바로 그 펨이다. 나는 내 기억이 닿는 가장 어린 시절부터 언제나 제단을 갖고 있었지만, 퀴어-트랜스-흑인-선주민-유색인 마녀 혁명이 꽃피기 시작하면서 그제야 (빗자루 넣는) 벽장 밖으로 나와서 내가 얼마나 엄청나게 영적인 사람인지 커밍아웃할 수 있었던 활동가다. 나는 몇 년 뒤 오클랜드에서 치유정의운동이 주목받기 시작했을 때, 내가 '진짜 치유자'인지 내내 의구심을 품고 있으면서도 그 운동에 끌렸던 사람이다.

6년 뒤, 통장 잔고는 0이고 집세가 밀려 있었을 때, 나는 '제가 타로카드를 읽어드릴게요'라는 제목의 워드프레스 사이트를 만들어 글을 게시했고, 사람들의 열띤 반응에 깜짝 놀랐다. 이후 좀 더 적극적으로 샌프란시스코 만안 및 그 너머 지역의 치유정의운동에 뿌리를 둔 타로 사업을 개시하면서, 나는 이게 '진짜'일 수 있다는 점 — 즉, '공동체 치유자로 가득한 운동community healer-full movement'[9] 안에서 공동체 치유자가 되는 것이 내가 집세를 버는 동시에 우리 공동체 안에서 하나의 역할을 해내는 실질적인 방법일 수 있다는 점 — 때문에 숨통이 트이기 시작했다. 나는 〈미디어 연합 회의〉에서, 반폭력공동체연합Communities United Against Violence의 '세이프티페스트Safetyfest'[10]에서, 시카고에서 열린 인사이트!INCITE!의 〈제4회 폭력의 색 콘퍼런스Color of Violence 4 conference〉[11]에서, 그 외에도 공동주택들의 더 작은 공간들에 마련된 치유정의 실천 공간들에서 공동 조직자이자 치유자로 참여했다. 나는 〈미디어 연합 회의〉의 2013년 치유정의네트워크모임의 조직화 작업에 공동으로 참여했는데, 이 모임에서는 북미 전역에서 온 많은 치유자들이 한데 모여 비장애중심주의, 문화 전유, 활동 기금 마련에 관해 이야기했다. 수전 라포Susan Raffo, 아다쿠 유타Adaku Utah와 나는 2014년 〈'흑인의 생명도 소중하다'를 위한 치유정의〉 모금 행사를 조직하는 일을 함께했다. 북미 전역에서 모인 치유정의 활동가들이 동짓날에 일제히 치유 바자회를 열어 퍼거슨의 보석금 마련을 위한 기금을 모으는 행사였다.

비장애중심주의에 반대하지 않는다면
치유정의가 아니다

우리는 만성질환자 및 장애인 공동체들의 천재성과 리더십을 중심에 놓는다. 의료-산업복합체에서 살아남고 그것에 저항하는 것에 대해, 그리고 아프고 장애가 있는 우리 몸의 맹렬한 아름다움과 더불어 살아가는 것에 대해 우리가 알고 있기 때문이다. 우리는 의료-산업복합체의 '치료 아니면 쓸모없음' 모델을 거부한다. 그 대신 우리는 장애의 온전함과 상호의존에 대한 믿음, 장애인들이 있는 그대로 본디 괜찮은 존재라는 신념을 가지고 일한다.

　—2012년 〈미디어 연합 회의〉의 〈'치유정의 실천 공간'의 원칙과 지침〉에서

나는 만성적으로 아프고 미친 직관력 있는 치유자다. 그리고 나는 많은 것을 취소한다. 나는 내 아프고 장애가 있는 삶에서 많

은 것을 취소해왔고, 계속해서 취소할 것이다—구토가 시작되어서든, 공황발작이 일어나서든, 골반이 너무 아파서 생각할 수 없어서든—죽을 때까지 말이다.

나는 파티와 일정과 삶을 취소한다. 또 내 고객들과의 약속도 취소한다. 나는 이 아프고 장애가 있는 훌륭한 심신으로 치유를 수행한다. 이는 귀엽게 들릴지도 모르지만, 그리고 정말로 가끔 귀엽긴 하지만, 이는 또한, 음 뭐랄까, 치유란 무엇인지에 대해 우리가 생각하는 방식에 비장애중심주의와 정착민들이 만든 식민주의적 의료-산업복합체가 미치는 전반적인 영향을 무효화하기 위한 끝없이 즐겁고도 끝없이 스트레스받는 노동을 뜻한다.

'치유'에 대한 주류 관념은 비장애중심주의적 관념을 깊이 신봉한다—즉 당신은 아프거나 건강하거나 둘 중 하나이고, 고쳐지거나 망가지거나 둘 중 하나이며, 그 누구도 장애인으로 살거나 아픈 채 있거나 미친 심신으로 있고 싶어 하진 않는다는 것이다. 놀랄 것도 없이, 그리고 불행하게도 이런 비장애중심주의적 관념은 종종 스스로를 '대안적' 또는 '해방적'이라고 일컫는 치유 공간들에까지 들어온다. 치유는 알약과 수술이 아니라 침술과 허브일 수도 있지만, 양쪽 영역 모두에서 장애인과 병자들은 '정상'이 되길 갈망하는 슬픈 사람들이고, 목표는 항상 치료이며, 장애인은 자기 몸에 대한 아무런 지식도 갖지 못한 대상일 뿐이라는 가정이 만연해 있다. 그리고 마찬가지로 의료-산업복합체와 자신들의 비장애중심주의를 직면하지 않는 '대안적인' 치유 방식 양쪽 모두에 깊숙이 들어찬 관념은, 장애인들은 치유자가 될 수 없다는 생각이다.

내가 아는 아프고 장애가 있는 사람들 대부분이 시도하는 치유는 통증 또는 불안을 줄이거나 유연성을 키우는 등 구체적인 것들에 대한 바람이지 비장애-신체가 되길 원하는 건 아니다. 그리고 우리 중 많은 이들은 치유 공간에 간다고 해서 당연하게 편안함을 느끼지도 않는데, 그 이유는 프릭freak[12]으로 여겨지고, 온갖 검사를 당하고, 어린애 취급당하고, "어쩌다 그렇게 됐니?"라는 식으로 선심 쓰는 체하는 무시를 겪고, 기도의 대상이 되고, "침은 맞아봤어?"라는 둥 백만 가지 '기적의 치료법'을 권유받아 온 우리의 역사 때문이다. 비장애중심주의에 반대하는 관점이 부재한 비장애-신체의 치유 종사자들—여기엔 기 치료사나 억압에 반대하는 치료사들[13]도 포함된다—은 우리를 혐오나 매혹의 대상으로, 그리고/또는 감동 포르노inspiration porn로 보는 경우가 많다. 이들은 대체로 우리의 심신과 그 심신이 필요로 하는 것들에 관한 우리의 살아 있는 전문지식을 묵살하고, 다른 한편으로 우리가 우리 삶의 현실을 주장하면 "진짜 장애인이 아니네!"라고 말한다. 이 문제는 조직화로도 이어지는데, 심지어 치유정의 공간들에서조차 거기에 불구들이 없을 때면 접근성에 대한 정보도 접근 가능성도 갖춰지지 않는 경우가 많다.

나는 우리가 비장애중심주의 반대를 치유정의 작업의 핵심 신조로 삼아야 한다고 믿는다. 즉 장애인과 아픈 사람과 미친 사람들의 자율성과 지혜를 존경할 뿐 아니라 아픔과 장애가 무엇인지에 대한 불구 관점의 사고방식을 중심에 놓아야 한다. 그리고 넓은 의미에서의 접근 가능성(휠체어 접근성에서부터 향기 접근성이나 수어 통역 구비에 이르기까지)을 우리의 치유 방식에 부가적이거나 사후적인 것이 아니라 핵심적인 부분으로 놓아야 한다. 초기 치유정의 기획에 참여했던 흑인-선주민-유색인의 상당수는 장애인 당사자이거나 2010년경 초기 장애정의 개념을 탄생시킨 사람들과 가까운 동지들이었다. 운동이 성장하면서, 우리 공동체의 사람들이 운영하는 공간을 포함하여 더 많은 치유정의 공간들이 계단 한두 층을 올라가야 하는 곳에 있는 것을 보게 된다. 그곳의 치유 종사자들은 불구들이 나타나거나 접근성 부족으로 화를 내면 놀라워하는 듯하다.

접근성은 어디에서나 그냥 일어나는 일이 아니고, 치유 공간을 접근 가능하게 만드는 데는 구체적인 도전과 과업이 있다. 〈치유 정의 실천 공간〉 행사에 함께하겠다고 지원한 치유자들을 심사할 때 우리는 장애, 비장애중심주의, 치유, 그뿐만 아니라 비만에 대해서도 지원자들이 어떤 식으로 이해하고 있는지 구체적인 질문을 던져야 했다. 그리고 그들에게 언어와 접근의 기초부터 교육해야 했고, 우리에게 제공된 공간이 정말로 접근 가능한지 아니면 거기서 일하는 직원이 그냥 그렇게 말한 것뿐인지 알아내야 했고, 치유자들과 협력해 그들의 치유 공간이 무향이 되도록 해야 했다. 치유자나 의료서비스 제공자 대부분은 훈련받을 때 의료-산업복합체, 장애인, 또는 비장애중심주의에 대한 그 어떤 교육도 전혀 받지 못한다. 우리는 고치는 것이 치유라는 통념에서 벗어나, 자율적이고 아름답도록 불완전하게 존재하는 것이 치유라는 쪽으로 치유에 대한 관념을 바꿔낸다.

우리는 지금 어디에 있는가: 중년기에 접어든 운동

내가 치유정의의 언어를 처음 만난 지 8년이 지난 2018년 현재, 우리의 운동에서 우리를 탄생시킨 사람들, 순간, 기사, 소망의 일부가 망각될 위험에 처한 시기라는 느낌이 든다. 특히 돈이 부족하고, 기록할 시간이 부족하고, 훌륭한 유색인 펨들이 주도했으나 그들이 번아웃에 시달리게 된 운동들이 그렇다. 지금은 장애가 잊혀지고, 계급이 잊혀지고, 백인 시스젠더 비장애-신체의 치유자들이 그들의 공간에 '치유정의'를 대충 써 붙이고는 이 운동이 걸출한 흑인과 브라운 장애인 펨들에 의해 탄생했음을—즉, 주류 서구/생의학 공간들과 '대안적인' 백인/시스젠더/비장애 공간들 양쪽 다 식민주의, 비장애중심주의, 문화적 도둑질, 창녀혐오whorephobia가 어떻게 치유 체계들에 영향을 미치는지에 대한 이해가 결여되어 있는 상황 전반에 대한 대응으로 이 운동이 만들어졌음을—애써 잊어버리려고 하는 그런 순간일 수 있다. 이에 대한 응답으로 나는 우리가 이 일을 왜 하는지, 나에게 치유정의란 무엇인지, 그리고 이제 우리는 어디로 갈지에 대해 몇 가지 기억과 순간들, 회고, 방안을 제시하고자 한다.

그래서 8년이 지난 지금, 운동의 현주소, 우리가 무슨 일을 하고 있는지, 무엇이 기억해야 할 중요한 것인지에 관해 나는 어떤 생각들을 갖고 있나?

만약 어떤 치유정의 공간이 죄다 혹은 대부분 백인 퀴어들로 이뤄져 있다면, 그곳은 '주류 대안' 백인 공간과 다르지 않다. 치유정의가 개념어이자 운동으로 창조된 이유는 부분적으로 수많은 '대안적 치유'를 백인 중산층과 그보다 부유한 계층의 사람들이 지배하고 있었고, 이들이 인종에 대한 분석은 눈곱만큼도 없이 높은 요금을 받으면서 문화적 전유를 저지르고 있었기 때문이다. 하지만 2014년 말로 시간을 빠르게 돌리자면, 그때 우리는 '흑인의 생명도 소중하다'를 위한 치유정의 활동을 했다. 처음에 이는 흑인-선주민-유색인이 다수인 활동이었지만 백만 명의 백인이 '도움'을 주겠다며 뛰어들기 시작했고, 모든 게 바뀌기 시작했다. 우리는 참여한 모든 사람에게 '흑인의 생명도 소중하다' 운동의 기원에 대해 알고 있냐고 물어야 했다. 이 운동은 세 명의 흑인 여성이 만들었고 그중 두 명이 퀴어였다. 그리고 우리는 장애 인식틀과 흑인-선주민-유색인 인식틀 둘 다를 기반으로 접근성을 사유해달라고, 이를테면 흑인의 사망으로 비통해하는 흑인 조직활동가 및 공동체 구성원들을 위한 무료 치료 제공과 같은 일을 고려해달라고 요청해야 했다.

만약 백인 치유자들이 자신들의 작업에 '치유정의'라는 말을 써 붙여놓고는 여전히 자기네 것이 아닌 다른 문화에서 온 치유 전통을 사용하고 있다면, 주로 백인 중산층과 상류층 사람들을 위해 일하고 치료하고 있다면, 치유정의를 흑인 브라운 펨들이 창조했다는 것을 모르거나 인정하지 않는다면, 식민화, 인종차별주의, 비장애중심주의가 어떻게 치유와 관련된 사안인지를 이해하는 비판적 입장을 갖고 일하지 않는다면…… 그것은 치유정의가 아니다. 나는 치유정의가 고작 백인들의 것이 되는 걸 보려고 여기까지 온 게 아니다. 치유정의도 고작 그런 게 되고 싶진 않을 거다.

'누가 진짜 치유자인가?' 우리 모두가 진짜 치유자이고 진짜 치유자가 될 수 있다. 치유정의에 참여하기 시작했을 때, 내가 아는 거의 모든 치유자들이 그랬듯이 나도 스스로에게 물었다. **내가 뭘 하고 있는 거지? 나는 진짜 치유자가 아니야.** 내가 지금까지 만났던, 억압받는 공동체 출신의 치유자는 모두 비슷한 생각을 품고 있었다. 우리의 전통적인 흑인-선주민-유색인 치유 방식 상당수는 노예화와 정착민 식민주의에 의해 금지당했고, 그 다음엔 백인들에게 도둑질당했다. 백인들은 우리의 치유 전통을 자기네 것으로 취하고, 거기에 우리들 다수를 배제하는 자격증 프로그램을 적용하고, 이윤을 위해 팔아먹었다. 그래서 우리 중 많은 이들은 우리 고유의 전통을 배울 만한 재정적인 여유가 없고, 또는 재정적 여유가 있더라도 그 훈련 과정 안의 인종차별주의를 참아낼 비위가 없고, 사기꾼 증후군impostor syndrome[14]까지 갖고 있다. 근데 — 좆까라 그래.

이는 또한 불구 치유자, 육아하는 치유자, 성노동자 치유자, 가난한/노동계급 치유자가 어떤 모습인지를 되찾아오는 혁명이기도 하다. 치유는 방 한구석이나 스카이프에서도 일어날 수 있고, 늦게 시작할 수도 있고, 심신의 상태가 갑자기 악화되어서 취소될 수도 있다. 치유는 아플 수 있고, 이상할 수 있고, 저주일 수도 있고, 가랑비가 내리는 '흑인의 생명도 소중하다' 야영지의 한 구석에서 일어날 수도 있다. 머리 자르기, 구강 섹스, 접근 가능한 댄스파티, 기 치료일 수도 있다 — 또는 동시에 네 가지 모두일 수도 있다.

돈이 조금이라도 있으면 도움이 될 거다. 우리가 적은 돈으로 많은 일을 하긴 하지만, 우리는 이 커다란 치유의 꿈들이 부서지고 소진되는 대신 계속 자라날 수 있도록 서로를 지원하고 서로에게 자원을 제공할 방안을 찾아내야 한다. 모든 운동은 기쁨과 아드레날린으로 멀리까지 나아가게 하는 초기의 성장 스퍼트를 내겠지만, 그 초기 추진 로켓이 영원히 작동하지는 않는다. 2006년부터 2014년까지 뉴욕에서 운영되었던 치유정의 단체 록도브 집단Rock Dove Collective의 공동 설립자이자 조직활동가이고 치료사인 마리즈 미첼-브로디Maryse Mitchell-Brody는 이렇게 말했다. "2010년 즈음 만들어지고 2015년 즈음 사라진 많은 소규모 치유정의 단체들이 그 모든 무급노동에 적은 급여라도 받았더라면 더 오래 지속되었을 것이다."

내가 아는 치유정의 집단과 공간 대부분이 노동계급 흑인 브라운 펨들의 노동으로 창조되고 유지되었다는 점, 그리고 펨 노동은 자주 가치 있게 여겨지지 않거나 아예 노동으로 여겨지지 않는다는 점을 고려할 때 이는 특히 중요한 지적이다. 오클랜드에 살 때 나는 어림잡아 일주일에 10시간씩 치유정의 조직에서 무급으로 일했다. 유급 업무는 보통 일주일에 10시간에서 20시간 정도였는데, 물품을 사거나 정기 행사를 치르고 지원을 받기 위한 추가 노동에는 돈이 지급되지 않았다. 2014년에 다시 토론토로 이주하면서 샌프란시스코 만안 지역의 치유정의 조직화에 참여하는 일을 그만두고 나서야, 나는 내가 일주일에 얼마나 많은 시간 동안 무급노동을 하고 있었는지, 그리고 그게 나를 길러준 동시에 얼마나 고갈시켰는지를 깨닫게 되었다. 우리는 어떻게 계속 활동하면서 조직화와 치유 작업에 대한 보수를 받을지,

어떻게 돈을 공유하고 계급-교차적 연대를 창출할지에 대한 기술을 공유할 수 있을까?

치유하기와 조직하기 둘 중 하나여야 하는 건 아니다. 둘 다 할 수 있다. 포틀랜드주립대학의 〈밤을 되돌려라Take Back the Night〉 행사에서 강연했을 때 어떤 분이 치유와 활동 사이에서 무엇을 선택해야 하는지 질문한 적이 있다. 나는 치유정의란 조직활동에서 지친 심신을 잠시 회복하러 들렀다가 고된 일터로 다시 몸을 던지는 식의 온천 휴가 같은 게 아니라는 점을 설명하려고 애썼다. 나에게 치유정의는 우리가 운동을 조직하는 일을 생각하는 방식에 일어난 근본적인—그리고 비장애중심주의에 반대하는—변동을 뜻한다. 즉, 자주 멈춰가면서, 치유하면서, 비통함과 트라우마를 위한 공간을 마련하면서 운동을 건설해나가야 그 운동이 더 유연해지고 더 오래 지속될 수 있다고 생각하는 방향으로 옮겨가는 것이다.

여기서 슬픔은 중요한 부분이다. 내가 평생 속해온 너무나 많은 운동—아프가니스탄/이라크 전쟁에 반대하는 운동, 여기 '터틀 아일랜드'¹⁵에서 일어나는 이슬람혐오적이고 인종차별주의적인 폭력에 반대하는 운동, 성노동정의를 위한 운동, 실종되고 살해당한 선주민 여성들을 위한 운동, 유색인 트랜스 여성들을 위해 당사자들이 주도하는 운동, 흑인의 생명을 위한 운동, 장애인들을 위해 당사자들이 주도하는 운동, 학대 생존자들을 위한 운동—은 살해당하고 사망하거나 상처받고/학대당하고/정말로 끔찍한 짓을 겪어온, 우리가 사랑하는 사람들을 애도하고 기억하는 많은 일을 포함한다. 하지만 나는 2003년에 한 나이 든 브라

　　　　　　　　가장 느린 정의

운 활동가가 나에게, 미국 정부가 이라크를 침공하면서 충격과 공포 전략[16]을 써먹고 있는데 울고만 있을 시간은 없다고, 우리는 거리로 나가야 한다고 했던 말을 기억한다. 비록 슬픔을 억제하고 부인하는 것이 운동판의 유서 깊은 관행이고 일부 사람들에게 도움이 된다고 하더라도, 나는 비통한 감정과 트라우마가 투쟁에 방해가 되지 않는다고 주장하겠다. 예를 들어, 변혁적 정의 작업, 즉 국가에 대부분을 의존하지 않으면서 학대 생존자들을 위한 정의, 치유, 안전을 창출하는 전략들은 죽도록 어려운 일이다! 만약 우리가 처음부터 그런 일에 치유정의 실천들을 붙박아 놓는다면 어떻게 될까? 변혁의 여신에게 우리가 이 거대한 과정들을 붙잡고 있게 도와달라고, 또 폭력적으로 행동하는 누군가가 변화를 선택하게 도와달라고 기도하는 것에서부터 그 과정에서 정화 의식을 치르는 것에 이르기까지 그 모든 일들을 말이다. 나는 '흑인의 생명도 소중하다' 조직활동가들이 치유정의 실천을 이 운동의 조직화에 통합하고 이 운동 자체를 치유정의운동으로 논하는 것을 목격하고 또 읽어왔다ㅡ살해당한 우리 흑인들에 대한 애도 의식, 호흡요법, 행동하고 행진하는 동안 회복을 위해 약초를 쓰는 등의 일이 활동의 중심에 있었다.[17]

이는 자기관리self-care**에 관한 것이 아니다ㅡ집단적 돌봄에 관한 것이다.** 집단적 돌봄이란 우리의 조직들을 사람들이 아프고, 울고, 무언가 필요하다 말하고, 버스가 고장나서 늦게 출발하고, 느리게 움직여도 괜찮다고 느끼는 곳으로 바꾼다는 뜻이다. 회의할 때 음식이 준비되어 있고, 사람들이 재택근무하는 곳으로 바꾼다는 뜻이다. 그리고 이런 일들 때문에 사과하지 않는 곳으로 바꾼다는 뜻이다. 이것이 우리가 일하는 방식, 유색인 장애인 펨이 세상을 살아온 방법을 중심에 놓는 노동 방식이다. 우리 중 많은 이들이 종종 병상에서, 아이들 침대에서, 또는 '밖에-나가기엔-지나치게-미친-날의' 침대에서 일해왔다. 우리는 실제로 서로를 돌보며, 서로를 뒤에 남겨놓고 가지 않는다. 이게 우리가 시작했던 바로 그 방식이다. 그렇지 않은가?

내 친구이자 동지인 퀴어 요가 지도자이자 작가인 야슈나 마야 파담시Yashna Maya Padamsee는 2010년에 열린 〈치유정의 실천 공간〉 행사를 공동 조직했는데, 그녀는 자주 인용되는 글 〈돌봄의 공동체, 해방을 위한 조직Communities of Care, Organizations for Liberation〉에서 이렇게 썼다. "만약 우리 스스로를 자기관리 논쟁에 휩쓸려 가게 내버려둔다면 치유정의 작업의 진정한 의미를 잃어버리게 될 것이다. (……) 우리 조직문화에서 자기관리란 일찍 퇴근하고 혼자 집에 가서 목욕하고 헬스장 가고 먹을 걸 먹고 잠자리에 드는 우리 개개인의 책임으로 해석되는 경우가 많다. 그러니까 우리는 우리가 깨부수려는 그 체계를 재생산하는 조직문화로 되돌아가기 위해서 그 모든 '자기관리'를 하는 셈이다."[18]

불구화된 치유라는 미래

2013년 〈미디어 연합 회의〉에서 열렸던 〈함께 치유하기 네트워크 모임Healing Together Network Gathering〉이 떠오른다. 이 행사는 본행사 전날 열린 소규모 회의 또는 말 그대로 네트워크를 모으는 자리였다. 나는 그 모임에서 거의 1년을 일했던 공동 집행위원 여섯 명 중 하나였다. 모임에서 나는 많은 것을 얻었다. 그곳엔 멋진 의견 일치의 순간들, 훈련들, 연결들이 있었다. 또한 그 경험은 2000달러 이하의 예산으로 북미를 아우르는 규모의 콘퍼런스를 재정적인 접근성과 장애 접근성 둘 다를 확보하는 방향으로 조직하려 애쓰는 일의 어려움에 대해 배우는 수업이기도 했다.

황소자리 조직활동가로서 내 머릿속엔 이 모임으로부터 북미 네트워크가 출현해 많은 다양한 치유자들과 치유정의 집단들과 대륙 전역에 꽃을 피우고 있던 작은 치료소들을 연결하면 좋겠다는 바람이 있었다. 그런 일은 일어나지 않았다. 실망한 내 얼굴을 본 친구는 출현 이론의 원리 중 하나는 네트워크와 조직화가 자생적이라는 점이라고 말해줬다. 우리는 우리가 익히 알고 있는 필요, 욕망, 조건들이 우리를 위한 네크워크와 구조들을 창조하는 데 도움이 될 거라고 믿을 필요가 있다. 우리에게 편한 방식이 곧 접근성을 갖추면서도 계속 반복 적용할 수 있는 방식이다.

5년이 지난 지금, 내게는 훨씬 더 많은 질문이 생겼다. 운동이 대중화됨에 따라, 먼지투성이의 오래된 자원들을 상실함에 따라 운동에는 무슨 일이 벌어지는가? 나는 반쯤은 은퇴한 마녀로, 더 이상 카드를 읽고 사람들에게 직관적인 상담을 해주는 데 내 시간의 절반을 쓰지도 않고 그걸로 내 수입의 절반을 벌지도 않는다. 내가 드나들던 치유정의 집단의 공간들 상당수—세이지SAGE,[19] 록도브집단, 리빙룸프로젝트Living Room Project[20]—가 비용을 감당할 수 있었던 공간은 젠트리피케이션으로, 혹은 사람들의 번아웃으로 운영을 중단했다. 처음 시작했을 때 나는 다른 유색인 퀴어 타로 리더 두 명의 이름을 댈 수 있었다. 오늘날엔 '인스타그램 마녀들'이 백만 명쯤 있는 것 같다. 내가 아는 치유정의 공간 중 몇 군데는 아직도 계단을 올라가야 하는 곳에 있는데, 이럴 때면 장애에 대해 우리 모두가 공유하고 있다고 생각했던 것을 정말로 받아들인 사람이 있긴 했는지 궁금해진다.

그럼에도 나는 우리가 치유를 필요로 하는 한, 정확히 우리가 필요로 하는 종류의 치유가 존재하도록 계속 꿈꿀 것이라는 있는 그대로의 진실을 붙들고 있기도 하다. 우리가 우리 자신을 뭐라고 부르든 간에, 아프고 장애가 있는 치유자들이, 우리만이 제공할 수 있는 특별한 종류의 삐뚤빼뚤하고 불구화된 치유를 제공할 방법을 계속해서 찾아내리란 걸 나는 알고 있다. 이게 바로 우리가 항상 해왔던 일이니까. 나는 그저 우리가 우리의 모든 운동을 계속 불구화하길 바란다—우리가 새롭고 또 오래된 치유 공간들을 창조하는 이 소중하고 성스러운 운동들을 포함해서 말이다.

2012년 〈미디어 연합 회의〉의
〈'치유정의 실천 공간'의 원칙과 지침〉

우리는 경청으로 시작한다.

우리는 유색인, 선주민, 장애인, 트라우마 생존자이고, 다양한 젠더와 연령대, 계급에 속하며, 〈미디어 연합 회의〉에서 치유정의를 건설하는 작업을 이끄는 데 전념한다.

우리는 이 일을 통해 우리의 운동 안에서 건강과 치유의 역할을 우리가 건설하고 있는 새로운 세상의 핵심적인 부분으로 끌어올리고 정치화한다.

우리는 개인과 공동체의 행위성, 직관, 타고난 지혜에 경의를 표하며 따라서 사람들이 자기 몸에 대한 결정을 내릴 권리에 경의를 표한다.

우리는 무엇이 건강이고 안녕인가에 대해 돌봄을 받는 당사자 개인 및 공동체들이 정해야 한다는 것을 이해하며, 우리 중 많은 이들에게 여기엔 장애와 질병, 그리고 위해성 감소와 같은 현실이 포함된다. 우리는 치유에 대한 규범적 모델에 기초하지 않고서 스스로 건강, 치유, 안녕을 정의하는 개인들과 공동체들을 기꺼이 받아들이고 응원한다.

우리는 만성질환자 및 장애인 공동체들의 천재성과 리더십을 중심에 놓는다. 의료-산업복합체에서 살아남고 그것에 저항하는 것에 대해, 그리고 아프고 장애가 있는 우리 몸의 맹렬한 아름다움과 더불어 살아가는 것에 대해 우리가 알고 있기 때문이다. 우리는 의료-산업복합체의 '치료 아니면 쓸모없음' 모델을 거부한다. 그 대신 우리는 장애의 온전함과 상호의존에 대한 믿음, 장애인들이 있는 그대로 본디 괜찮은 존재라는 신념을 가지고 일한다.

우리는 경제적 지위나 신원 정보 및 정체성에 따라 보건의료에 접근하지 못하게 막는 국가들에 살고 있다. 우리는 돌봄을 주고받는 대안적인 구조들을 건설해야 하며, 이는 공동체, 조상들의 전통, 그리고 동의와 평등이라는 가치에 근거한 것이어야 한다. 치유정의 실천 공간은 그러한 작업의 일환이다.

우리는 의학, 의술, 의료가 수단이라고 믿는다. 그리고 우리는 우리가 스스로를 치유하는 방식이 우리가 우리 자신을 바라보고 해석하는 방식, 그리고 변화 가능성에 직접적으로 연관된다는 이해를 바탕으로 일한다.

우리는 몸이 영원히 살지 않는다는 것을 자각하고 있고, 생의 순환의 일부로서 죽음에 경의를 표한다.

치유와 건강 정의 집단 조직 원칙
〈미국 사회 포럼〉, 디트로이트, 2010년 6월

우리는 〈미국 사회 포럼〉에서 치유정의 작업을 건설하고자 우리의 앨라이들과 협력함에 있어 유색인과 선주민 리더십을 세우는 일에 최선을 다한다.

우리는 디트로이트 활동가들의 리더십과 이 지역의 여건을 고양시켜, 전국적 맥락 안에서 치유정의 실천 공간 및 치유정의를 위한 여타 프로그램을 정의할 것이다.

우리는 우리의 운동과 공동체 안에서 치유의 역할을 변환하고 정치화하고자 하는 억압 반대 인식틀을 통해 이 작업에 착수한다.

우리는 치유와 해방의 유산에 대한 이 정치적 인식틀을 배워가고 또 창조하는 중인데, 우리의 운동 안에서 다음과 같은 일을 추구하는 역사적으로 특별한 순간을 맞이하고 있다—잃어버렸던 전통을 재건하기, 우리 실천 속에 모순이 있음을 유념하기, 그리고 우리가 우리 공동체와 운동 안에서 치유자이자 조직활동가로서 살아가며 일하고 있는 조건을 의식하기.

우리는 지식을 함양하고, 우리의 지역과 운동에서 변혁적이고 회복력 있고 치유하는 실천들에 대한 성찰 및 교류를 만들어내기 위해 전국적인 관계와 대화를 쌓아올리고 있다.

우리는 우리의 전망과 활동 모두에서 신뢰, 개방성, 정직함의 토대를 마련할 수 있도록 조직화의 모든 단계에서 투명성을 지킨다.

우리는 오픈 소스 지식이 가치 있다고 믿는다. 이 말은 더 깊은 협력과 교차-운동 건설 전략을 창출하기 위해 모든 정보와 지식이 공유되고 전달되어야 한다는 뜻이다.

〈미국 사회 포럼〉 내내, 그리고 그 이후로도 치유와 지속가능성을 위한 공간을 창출하는 일을 계속해나갈 것이다. 그러면서 우리는 우리 고유의 역량과 안녕을 계속 의식할 뿐 아니라 언제나 우리 스스로를 잊지 않도록 유념할 것이다.

우리는 집단적인 의사결정, 전략, 전망, 활동을 건설하고 오직 하나의 모델이나 단 하나의 접근법만을 우선시해 추구하지 않는, 인종차별주의와 위계에 반대하는 인식틀 안에서 운동을 건설하고 조직하는 것이 옳다고 믿는다. 우리는 이 과정에 언제 합류하든 너무 늦은 시기란 없다고 믿는다. 앞으로 나아가면서, 우리는 누구든 들어오는 사람을 환영한다. 그리고 우리는 수 세기 동안 치유 및 회복 실천을 해방운동과 결합해온 많은 공동체들, 투쟁들, 유산들과 우리가 상호 연결되어 있다는 사실을 항상 기억할 것이다.

1 [역주] 세번째뿌리(Third Root)는 2008년 설립되어 노동자들이 공동 운영한
   뉴욕 기반 전체의학 센터로, 여성, 유색인, 젠더 비순응자, 이민자, 난민,
   저소득층, 장애인, 트라우마 생존자 등의 요구를 중심에 두고 요가, 침술, 명상,
   마사지 등의 치유를 제공했다. 코로나19 팬데믹으로 인한 재정적 손실을
   감당하지 못해 2021년 12월 13년간의 운영을 종료했다. 공식 홈페이지는
   다음과 같다. thirdroot.org

2 [역주] 해리엇의약제상(Harriet's Apothecary)은 2014년 아다쿠 유타가
   흑인해방운동가이자 치유자였던 해리엇 터브먼에 영감을 받아 브루클린
   지역을 기반으로 조직한, 모두 흑인인 시스젠더 여성, 퀴어, 트랜스로
   구성된 치유자 집단이다. 지역사회에서 워크숍 및 주기적 행사를 열어 요가,
   침술, 마사지 등을 제공하며 공동체 내부의 치유력과 회복력을 중심에 둔
   치유를 실천하는 한편, 보건의료기관들이 흑인, 선주민, 유색인들에게 더
   안전하고 풍요로운 공간이 되어야 함을 주장해왔다. 선조들의 치유법 및
   전통 의술과의 연결을 되살림으로써 체계적이고 내면화된 억압에 대항하며,
   회복, 영성, 사회운동 사이의 연결을 모색한다. 공식 홈페이지는 다음과 같다.
   harrietsapothecary.com

3 [역주] 〈'흑인의 생명도 소중하다'를 위한 치유정의(Healing Justice for
   Black Lives Matter)〉는 2014년 이 책의 저자인 피엡즈나-사마라신하의
   제안에서 출발해, 성노동자, 헤어스타일리스트, 타로 리더, 간호사 등을
   포함한 수백 명의 치유자들이 자신들의 하루치 수익의 일부 혹은 전부를
   경찰의 흑인 총살에 대항한 퍼거슨 시위 보석금으로 모았던 모금 행사다.
   이 행사로 하루 만에 2만 8700달러가 모금되었다. 이 행사를 조직한
   피엡즈나-사마라신하와 수전 라프의 인터뷰 기사에서 자세한 내용을 볼 수
   있다(nonprofitquarterly.org/healing-justice-for-black-lives-matter/).

4 [역주] 소마틱스(somatics)는 근육의 움직임을 의식하고 수의적으로
   통제함으로써 몸을 회복하는 운동법이다.

5 킨드레드서던치유정의집단에 대해 더 많은 정보를 알고 싶다면 '집단적인
   트라우마를 치유하기(Healing Collective Trauma)'에서 인터뷰한 다음의
   글 모음을 보라. www.healingcollectivetrauma.com/kindred-collective-
   wellness-within-liberation.html 다음의 기사도 참고하라. Prentis
   Hemphill, "Healing Justice Is How We Can Sustain Black Lives,"
   Huffington Post. www.huffingtonpost.com/entry/healing-justice_us_5899
   e8ade4b0c1284f282ffe

6 *Kindred Southern Healing Justice Collective*, kindredhealingjustice.org

7 [역주] 버거(Burgher)는 스리랑카를 식민 통치했던 포르투갈, 네덜란드, 영국

사람과 스리랑카 현지인 사이에서 태어난 후손을 이르는 말이다.

8 [역주] 논바이너리(nonbinary 또는 non-binary)는 남/여 이분법에 맞지 않는 젠더 정체성 또는 그렇게 정체화한 사람들을 가리키는 용어다. 유사하게 '젠더퀴어(genderqueer)'라는 용어도 쓰인다.

9 '치유자로 가득한(healer-full)'이라는 신조어를 만들 때 나는 '흑인의 생명도 소중하다' 운동이 흑인, 퀴어, 페미니즘 관점에서 이 운동을 '리더로 가득한 운동(leader-full movement)'으로 개념화한 데서 아이디어를 가져왔다. 이는 소수의 이성애자, 시스젠더, 남성, 비장애인들만 리더가 되는 상황을 피하면서도 '리더가 없는' 것은 아닌 운동—즉 수많은 사람들이, 특히 자신의 활동이 지워져왔던 펨, 여성, 트랜스, 장애인, 그리고 가난한/노동계급/시골 사람들이 리더이자 조직활동가로서 인정되도록 하는 운동이다.

10 '세이프티페스트(Safetyfest)'는 샌프란시스코 만안 지역의 퀴어 및 트랜스에 대한 폭력에 반대하는 단체인 반폭력공동체연합이 2010년부터 2012년까지 개최한 축제다. 세이프티페스트는 대부분 흑인-선주민-유색인인 퀴어-트랜스 축제 중 가장 규모가 큰 축제로, 퀴어 및 트랜스 공동체 안의 반폭력운동을 섹시하고 재미있고 해방적으로 만들겠다는 목표로 12일 동안 17개의 워크숍과 각종 행사를 열었다.

11 [역주] 인사이트!(INCITE!)는 2000년 4월 캘리포니아 산타크루즈대학에서 개최한 〈폭력의 색: 유색인 여성에 대한 폭력(The Color of Violence: Violence Against Women of Color)〉 행사에 대한 폭발적 호응에 힘입어 결성된 단체다. 공식 홈페이지(incite-national.org) 소개에 따르면 주류 운동사회에서 등한시되었던, 유색인 여성들이 경험하는 폭력에 대한 급진적 관점을 중심에 놓는다. 공동체와 가정에서 일어나는 개인 간 폭력과 국가 폭력을 포함한 모든 폭력을 종식하고자 하는 조직화된 급진적 유색인 페미니스트 네트워크를 표방한다. 인사이트!의 〈폭력의 색〉 콘퍼런스는 2002년, 2005년, 2007년, 2015년 총 네 번 개최되었다. 제4회 콘퍼런스 홈페이지는 다음과 같다. colorofviolence.org/

12 [역주] 프릭(freak)은 '괴물, 괴짜'의 뜻으로, 주로 사회에 순응하지 못하는/ 않는 이들에게 붙는 멸칭으로 오래도록 쓰였으나 '퀴어(queer)'란 용어의 변천사와 유사하게 사회적 소수자들이 저항의 언어로 재전유해서 쓰기 시작했고, 또 패션시장에서는 펑크 스타일과 결합해 상품화되기도 했다. 그러나 장애의 역사에서 '프릭'은 장애인을 '인간'과 구분하여 전시하고 착취하고 학대해도 되는 존재로 낙인찍는 이름으로 오래 기능해왔다. 특히 '프릭쇼(freak show)'라는 이름으로 장애와 인종적 타자들을 괴물로 꾸며 전시한 역사가 있다. 일라이 클레어는 장애인을 '프릭' 취급하는

경향이 '프릭쇼'의 몰락 이후 사라지기는커녕 그 모습만 조금 바뀐 채
여전히 현대의학의 이름으로, 또는 법·행정 체계 등 공권력을 통해, 또
대중문화를 통해 유지·재생산되고 있다고 평가하면서 이를 'freakdom'이라
명명했다(《망명과 자긍심》에서 우리는 이 용어를 '프릭으로 범주화하다'로 풀어
번역했다). 장애인이 대중교통을 이용하는 가장 기본적인 권리조차 용납하지
못하겠다며 해가 바뀌고도 매일 지하철 역사에 경찰을 잔뜩 세워놓고선
휠체어 출입을 금지하고 장애인들을 말 그대로 패대기치는 한국의 현 상황이
바로 이러한 'freakdom'의 현재적 작동을 보여준다. 프릭쇼에 관한 보다
자세한 논의는 다음의 글들을 참조하라. 일라이 클레어, 《망명과 자긍심》 2부
1장 〈프릭과 퀴어〉; 로즈메리 갈런드-톰슨, 《보통이 아닌 몸: 미국 문화에서
장애는 어떻게 재현되었는가》, 손홍일 옮김, 그린비, 2015(*Extraordinary
Bodies: Figuring Physical Disability in American Culture and Literature*, New York,
NY: Columbia University Press, 1997) 3장 〈미국에서 기형인간쇼라는 문화
사업, 1835-1940년〉.

13 [역주] '억압에 반대하는 치료사들(anti-oppression therapists)'은 개인의
정신건강 문제에 사회문화적, 구조적 요인들이 주요한 영향을 미치고 있음을
인식하고 억압에 도전하는 사회정의운동을 지향하는 상담치료 접근을
뜻한다. 이 접근 방식을 택하는 종사자들은 비판적 인종 이론, 페미니즘, 퀴어
이론, 탈식민주의, 장애정의운동 등 다양한 사회정의운동 및 이론에 기초한다.
다음을 보라. https://www.agoodplacetherapy.com/the-blog/anti-
oppressive-therapist

14 [역주] '가면 증후군'으로도 불리는 사기꾼 증후군(impostor syndrome)은
자신의 성공이 노력이 아니라 운으로 이뤄진 것이라 여기며 자신이 주변
사람들을 속인 사기꾼이라고 믿으면서 불안해하는 심리적 상태를 일컫는다.
이 증후군을 겪는 사람들은 사기꾼임을 들키지 않으려고 더욱 일에 매진하게
되며 높은 비율로 번아웃과 자살경향성을 보인다. 최근 연구들은 이 증후군을
그저 개인의 문제로 보던 기존 논의에서 벗어나, 이 증후군이 차별 및 억압을
겪는 사회적으로 주변화된 집단의 구성원들에게서 잘 나타나는 현상이라는
점에 주목해 사회구조적 문제를 다루는 방향으로 나아가고 있다.

15 [역주] 4장 원주 4에 덧붙인 역주를 참고하라.

16 [역주] 충격과 공포 전략(shock and awe)은 전쟁 초기에 압도적인
전력을 쏟아부어 상대를 빠르게 무력화하는 전략을 뜻하는 군사
용어다. 미국은 1989년 파나마 침공과 1990년 걸프전쟁에서 이
전략을 썼고, 2003년 이라크전쟁에서 본격적으로 사용한 것으로 널리
알려져 있다. https://www.oxfordreference.com/view/10.1093/oi/

authority.20110803100502693

17 몇 가지 사례는 다음을 보라. "Emotional + Physical Safety in Protests,"
    https://justhealing.files.wordpress.com/2012/04/emotional-physical-
    safety-in-protests-blm.pdf; "Practices for Moving through Grief," https://
    justhealing.files.wordpress.com/2012/04/practices-formoving-through-
    grief-blm.pdf; and "Self-Care for Trauma, Grief + Depression," https://ju
    sthealing.files.wordpress.com/2012/04/self-care-for-trauma-grief-and-
    depression-blm.pdf.

18 Yashna Maya Padamsee, "Communities of Care, Organizations for
    Liberation," *Naya Maya*, June 19, 2011. http://nayamaya.wordpress.c
    om/2011/06/19/communities-of-careorganizations-for-liberation

19 [역주] 세이지(SAGE)의 정식 명칭은 세이지공동체건강집단(SAGE
    Community Health Collective)이며 침술과 허브를 기반으로 장애정의를
    추구하는 치유정의 실천 공간이다. 단체명 '세이지'는 약용 허브의 이름을
    딴 것으로 보인다. 번아웃된 활동가들을 위한 워크숍 등 각종 행사를
    열며 활동했으나 2016년에 문을 닫았다. 공식 홈페이지는 다음과 같다.
    sagecommunityhealth.org/

20 [역주] 리빙룸프로젝트(Living Room Project)는 퀴어 트랜스 유색인 중심의
    치유정의 실천 공간이었으나 2015년에 문을 닫았다. 공식 홈페이지는 다음과
    같다. thelivingroomproject.tumblr.com 오클랜드 위키에 간략한 소개가
    나와 있다(localwiki.org/oakland/The_Living_Room_Project).

6장

불구 섹스의 순간들과
인정의 욕정

E. T. 러시안과의 대화

이 장은 백인 장애인 젠더퀴어 시각예술가 E. T. 러시안과 나눈 대화를 글로 옮긴 것으로, 장애인 퀴어 한국계 활동가이자 작가인 미아 밍구스가 제작해 2010년대 초반에 자신의 웹사이트에 올렸던 몇 편의 짧은 영상 중 하나에서 따온 것이다. 당시는 스마트폰/쉬운 디지털 영상 시대의 아주 초창기로, 자그마한 카메라를 사서 짤막한 영상을 찍어 업로드하면 즉각 수백 명의 사람들에게 다가갈 수 있다는 점에 우리 모두가 놀랄 때였다. 장애인의 삶과 문제들, 문화 만들기에 관해 이야기하는 일에, 그리고 이런 생각들을 대중에게, 특히 불구 대중에게 전파할 수 있다는 데 우리는 완전 들떠 있었다!

원작의 맥락을 설명한 미아의 글을 그대로 옮겨본다. "이 영상은 우리가 개인적으로도 집단적으로도, 민중으로서 갖고 있는 명석함과 심오한 복잡함의 일부를 스냅숏처럼 담아낸, 앞으로 많이 내놓을 영상 중 첫 번째 것이다. 우리는 증거를 남겨야 한다. (……) 얼마 전 저녁에 나는 리아 락슈미 피엡즈나-사마라신하, E. T. 러시안과 모임을 가졌고 우리가 사색하고, 공유하고, 이야기한 것들 중 일부를 영상에 담게 되었다. 나는 불구 이야기를 듣게 될 때마다 그 이야기에 매료된다. 나는 우리의 말(어떤 식으로 두서없이 쏟아져나오든 간에 그 모든 말)을 듣는 것을 너무 좋아하고, 항상 감사함을 느낀다. 특히 우리 자신의 이야기를 말하는 우리 목소리를, 비틀대고 더듬거리면서도 공유하고 묻고 사랑하는 우리 목소리를 듣지 못하고 살아온 세월이 얼마나 길었는지 알기에 더욱 그렇다. 우리가 우리의 이야기를 하는 건 너무도 중요하다—서로에게. 우리가 할 수 있는 한 많이. (퀴어) 불구 섹스에 대해, 우리가 불구 섹스, 섹스 시기, 섹슈얼리티 그리고 그 외 많은 것들과 맺는 관계에 대해 나눠야 할 다양한 이야기가 너무도 많다. 우리 이야기는 너무도 다르고 복잡하고 그 모두가 가치 있다 — 우리는 가치 있다. 이 이야기의 일부를 공유해준 리아와 E. T.에게 많은 사랑과 감사를 전한다. 이게 너희들 이야기의 전부가 아니란 걸 알고 있어."

E. T.의 작업을 처음 접한 건 1990년대 중반에 그가 낸 잡지 《불의 고리Ring of Fire》를 읽었을 때였다. 그 잡지는 이제 막 절단장애인이 된 사람으로서 섹스, 젠더퀴어성genderqueerness, 킹크kink,[1] 장애를 탐구하는 본인의 경험에 초점을 맞춘 잡지였다. 내 주변 사람들이 장애에 관해 퀴어와 펑크punk 관점에서 쓰인 글을 처음 접한 곳 중 하나도 《불의 고리》였다. E. T.랑 마주한 건 그로부터 15년 뒤로, 내가 있던 신스인발리드의 2009년 공연에 E. T.가 메이크업 아티스트로 참여했을 때였다. 공연이 끝난 다음 날 브런치를 먹으러 모인 우리 중 몇몇은 흑인 퀴어 휠체어 댄서 앨리스 셰퍼드Alice Sheppard가 자신의 블로그에 쓴 공연 감상문에 관해 이야기를 나눴다. 셰퍼드는 공연이 정말 좋았다고 평가하면서도, 장애인 섹슈얼리티에 대한 긍정적 묘사 그 이상을 원했다. 그녀는 섹스 도중 도뇨관이 떨어져서 파트너의 얼굴에 소변을 뿌리게 될 때 어떤 기분인지 누군가 한 번쯤 다뤄주길 원했다. E. T.와 나는 서로의 친구이자 예술적으로 협력하는 관계가 되었고, 기쁨과 수치심, 그리고 그저 존재하기 사이를 계속 맴도는 현실적이고 복잡하게 얽힌 불구 섹슈얼리티 이야기들에 대해 글로 쓰고 꿈꾸기 시작했다. 우리의 대화는 그 시기에 이루어졌다.

리아: (웃음) 나는 만성질환자나 장애인이 아닌 사람과는 그 누구
와도 다시는 섹스하고 싶지 않아. 나는 그냥, 그게 정말 안심
이 되거든.

당신은 불구 욕정CRIP LUST**을 어떻게 정의합니까?**

리아: 서로를 성적으로 욕망하는 장애인이나 만성적으로 아픈 사람
끼리 사랑하고 매우 넓은 의미에서 정말 좋은 섹스를 하는 것.

당신이 말하는 '불구 섹스 순간들CRIP SEX MOMENTS**'이란
무슨 뜻인가요?**

리아: '불구 섹스 순간들' 하면 제일 먼저 생각나는 건 퀴어 클럽
의 밤이란 행사에서 있었던 일이야. 당시 나는 사귀던 애인이
랑 같이 있었는데 그 사람이 나를 벽으로 밀어붙였고 우리는
애무하고 있었거든. 그러다가 동시에 균형을 잃고 내 친구 엉
덩이 위로 넘어졌는데, 걔는 1년 전에 차에 치였던 애라 같이
넘어졌어. 그래서 우리는 다 같이 몸부림치는 장애 몸들의 덩
어리가 되어 바닥에 드러누웠고, 그건 정말 대단했지. (웃음)

E. T.: 나는 14년 동안 장애가 있었고 그동안 장기적인 관계를 몇
번 겪었어. 그 사이사이에 다양한 사람들이랑 데이트를 많이
했는데, 그중 몇몇은 장애가 있었고 나랑은 정말 다른 장애였

어. 나는 한 번도…… 음, 아니다, 나처럼 절단장애인인 사람과 한 번 데이트했었네.

불구 섹스는 비장애인들과의 섹스랑 전혀 다르지 않을 수 있어. 근데 가끔 정말로, 정말로 다를 수 있는 거지. 말하자면, 내 파트너는 가슴 아래로는 아무런 느낌이 없고, 도뇨관이 있고 거기에 연결된 소변 주머니가 다리에 묶여 있는데, 그게 우리랑 한 침대에 있는 거야. 아니면, 내가 엘리베이터에서 데이트 상대에게 키스할 때, 아이고, 키스하느라 힘을 준 게 그만 그 사람을 휠체어 너머로 넘어뜨렸네. 그러면 데이트 상대는 땅에 누워 있고 그 사람을 다시 들어올려 휠체어에 태울 방법을 알아내야 해. …… 뭐 이런 것들 말이야.

그리고 또 장애인이 아닌 상대랑 데이트하던 때도 있었지…… 그들은 내 다리가 어떻게 움직이는지 모르니까 내가 내 다리가 어떻게 떨어져나갔고 그래서 어떻게 움직이는지를 설명해야 했던 때. 보통 그건 별일 아니었어. 정말로 내 장애를 불편해하는 사람하고 딱 한 번 데이트한 적이 있는데. 그녀는 이랬어. "오우, 병원들. 나는 그냥 그런 데 불편해. 난 병원 안 좋아해." 내가 그랬지. "와우. 나는 병원에서 많은 시간을 보냈어. 나한테 병원은 집 밖에 있는 집 같은 거야. 왜냐하면 나는 진료 예약 같은 일들 때문에 병원에서 너무도 많은 시간을 보내야 했거든." 그리고 나는 또 이랬지. "멋지네. 내 생각에 우린 정말 다른 곳에 있는 사람들 같아." 또 그녀는 자전거를 많이 탔고 40마일 자전거 여행을 다니곤 했는데, 나는 그냥 공감이 안 됐어.

리아: 정말 궁합이 잘 맞았겠네. (농담)

E. T.: 그렇지, 우리 진짜 안 맞았어. (웃음)

하지만 다른 한편으로, 지금 나는 자전거를 많이 타는 사람이랑 데이트하고 있거든. 우리는 자전거 문화 전체가 얼마나 엄청난 소외감을 줄 수 있는지에 대해 정말 멋진 대화를 나눴고, 그 점에서 그 사람은 진짜 굉장해. 있지, 그 사람은 우리가 내 트럭을 많이 타고 다니는 건 신경 안 써. 자동차에 대한 죄책감을 안고 있는 사람들이 많잖아. 이동 관련 장애가 있다면 그런 자동차 죄책감은 이겨내야 해. 그래서…… 우리는 항상 내 트럭 안에서 섹스하는데, 이 말은 꼭 해야겠어. 그거 진짜 끝내준다고. (웃음)

리아: 스물여섯 살 때 나는 성폭력 생존자로 살아가는 문제에 대응하느라 몇 년 동안 금욕생활을 하고 있었는데, 완전 변태인 데다 중증 건초염이 있는 진짜 멋진 유색인 퀴어 남자를 만나서 내 순결을 다시 깨뜨렸어. 그니까, 완전, 이 사람은 폴리아모리polyamory[2]이고, 흑인 SF 괴짜 포르노 제작자고 상처 같은 것이 있고, 그 사람이 주로 만나는 파트너도 섬유근육통이 있는 거야. 그러니까 나는 가죽바지를 입은 이 어메이징하게 핫한 퀴어 유색인이랑 떡을 쳤는데, 이 사람은 내가 "아, 나 지금 골반이 나갔는데"라고 말하면 "오, 아무 문제 없어. 좋아, 다른 체위로 하자"라고 말하더라니까.

그리고 우리가 겪는 힘든 일들과 같은 것들이 있고, 하지만 또 우리가 이야기할 수 없는 진짜 이상한 일들도 있지. 뭐랄까, 섹스 중에 너의 창자를 컨트롤하지 못하면 뭔 일이 일어날까? (웃음) 왜 있잖아, 온갖 그런 일들, 알지? 진짜로 어때?

인정의 욕정 Lust of Recognition

리아: 우리가 인정의 치유healing에 관해 이야기하고 있었나, 아니면 인정의 성애학erotics에 대해 이야기하고 있었나?

E. T.: 우리는 인정의 욕정에 관해 이야기하고 있었지.

리아: 인정의 욕정! 맞아! 내 생각에 그건 정체성 문제 같아. 내 말은, 내가 다른 남아시아인과 처음으로 떡쳤을 때, 나는 어땠냐면 ─ 음, '집으로 돌아가기'에 대해 이야기하는 게 진부하단 건 알지만, 그런 느낌을 받았어. 그리고 거기엔 정말로 치유되는 무언가가 있었어. 그리고 내가 저번에 말했던 사람이랑 연인이었을 때 나는, 와, 내가 근친 성폭력 생존자이기 때문에 휴식을 취할 필요가 있다는 것에 저 사람이 식겁할까봐 걱정할 필요가 전혀 없구나 싶었어. 또는 내 몸을 다양한 방식으로 협상해야 한다는 점에 대해서도 저 사람이 겁먹을까봐 걱정할 필요가 없겠구나. 너는 정말로 그런 것에 기겁하지 않는구나. 왜냐하면 너는 정말로 ─ 너는 많은 불구와 사귀었고, 네가 불구이고, 너의 주된 파트너는 여러 만성질환을 갖고 있으니까. 그 사람은 그냥 이런 식이었지, "맞아, 몸이란 게 그렇지, 잘 해보자". 그게 얼마나 놀라운 일이었는지, 그런 불구 지식이 꽤나 격한 SM에 빠져 있는 왕변태인 그 사람이 가진 동의를 둘러싼 인식에 얼마나 깊이 결부되어 있었는지. 내 말

은, 그게 정말 놀라웠다는 거야. 그건 정말, 정말로, 정말이지 놀라웠어. 나는 운이 좋다고 느꼈어. 난 정말 운이 좋았어.

E. T.: 난 휠체어를 사용하면서 가끔은 걷기도 하는 사람들에게 많이 동일시해. 나도 같은 경험을 하거든. 돌아다니는 방식에 있어서는 매일이 똑같지 않지. 나는 그 점에 분명히 공감해. 왜냐하면 그게 나에게 일어나는 일이니까.

그래서…… 주변에 이런 사람이 보이면, 난 그 사람이 귀엽다고 생각해. 지팡이를 갖고 있다는 점에 정말로 매력적인 무언가가 있어. 그럼 우린 만나지. 그 사람은 꽤나 멋지고 엄청 귀여워. 그다음 나는 알아차리게 되는 거지…… 그 사람의 발목 보호대, 지팡이, 잃어버린 손가락들(또는 뭔가 그런 것들). 그리고 그 사람에 대해서 좀 더 잘 알게 되면서 깨닫는 거야…… 내가 정말로 끌리고 있구나. 그 사람이 지팡이를 짚고 걷는다는 사실에 내가 끌린다는 걸, 그 사람이 귀엽다는 걸 깨닫게 돼. 그다음에 나는 이런 과정을 겪어. **내가 그 사람의 지팡이를 페티시의 대상으로 삼는 건가?** 나는 지난 몇 년간 이따금 이 주제로 글도 썼어. 이건 페티시인가? 아니면 나는 지팡이에서 나 자신을 인식하는 걸까? 그리고 그 인정의 욕정도 있지. 거기엔 정말로 나를 위해 채워진 무언가, 내가 그냥 확 빠져들게 되는 무언가가 있는 거야. 그건 매력적이지. 나는 마치 자석처럼 그 사람에게 끌리는 느낌이 들어. 그 사람은 다른 면에서도 확실히 귀엽고 멋진 사람이야―단지 지팡이뿐만 아니라. (리아가 웃음) 하지만 거기 뭔가가 있는 거야. 그건 마치 나를 위해 거기 있는 여분의 전하電荷 같은데, 그게 정말로 현실적이야.

내가 장애인들하고만 데이트할 필요는 없지만, 내가 겪었던 그 많은 경험은 정말로 강력했어. 항상 지속되는 건 아니라 해도 말이지. 나한텐 엄청 다양한 방법으로 먹이를 줘야 하거 든. 내 남은 생이 어떻게 될지 누가 알겠어? 하지만 저 인정의 욕정, 그 연결에는 뭔가가 있어…… 내 생각에 스스로 점검하 는 게 좋을 것 같아. **내가 그 사람을 페티시의 대상으로 삼는 건가???** 이런 거. 하지만 그 점에 대해 심한 죄책감을 안고 있 거나 괴상하다고 느끼거나 그러진 않아. 왜냐하면 내가 꼭 그 렇다고 생각하진 않으니까.

리아: 그래, 그런 데 시간 낭비할 필요 없어.

E. T.: 그래.

좋은 것, 나쁜 것, 추한 것, 그리고 진짜인 것

리아: 그래서 네가 "불구 섹스가 뭐야, 리아?" 이랬을 때, 나는 이 렇게 답했지. "음, 내 생각에 다른 불구에게 욕정을 느끼는 불 구들인 거 같아—그래, 그거네." 근데 E. T. 네가 방금 말한 걸 생각해보니, 불구 섹스는 장애인인 사람이 관련된 모든 형식 의 섹스를 뜻하는 거 같아. 그러니까, 음, 나는 완전 별로인 불 구 섹스를 한 적도 있는데, 이를테면 장애를 이해하지 못하는 파트너랑 섹스하는 장애인이 된 적 있는 거지. 오랫동안 사 귀었던 파트너 중 한 명은 백인 노동계급 젠더퀴어였고 사실

시골 빈곤층으로 자랐던 사람인데, 나도 노동계급이고 중하
층이고, 대체로 노동계급으로 자랐기 때문에 우리는 계급적
유대감으로 가까워졌어. 그리고 우리 둘 다 매우 중산층 중심
의 운동 안에서 중산층보다 아래에 있는 사람들로 정체화했
어. 그리고, 있잖아, 나는 그녀가 어떤 생각을 해왔는지 잘 알
수 있었어. 그녀는 이런 식이었거든. "그래, 알잖아, 우린 장애
를 받아들이는 게 아냐. 그냥 참고 견디는 거지. 왜냐하면 우
리에겐 선택지가 없으니까." 그래서 나는 이랬지. "완전 맞아.
우리 엄마는 회백척수염이었는데 의료비로 쓸 돈이 없었거
든. 엄마가 만난 의사가 이렇게 말했대. 이거 실화야. '자전거
를 타는 방법도 있으니 잘 이겨내보세요.'" 그래서 우리 엄마
가 (E. T. 웃음) ……아니, 진짜로 그랬대.

E. T.: 와우.

리아: 그래. 그리고 내가 알기로 엄마는 내내 두세 가지 일을 하셨
고, 나는 나이가 들고서야 '아, 엄마는 먼 거리를 걸을 때마다
통증이 심했겠구나' 하고 알게 됐는데, 엄마는 결코 자신을
장애인으로 정체화하지 않았을 거야. 어쨌든 내 여자친구 얘
기로 돌아가자면, 나는 그녀가 "그게 뭐든 간에 우리는 그저
그걸 견딜 뿐이야. 문제없어"라고 할 때 알아차렸어. 내 말은,
그녀는 건설 일을 했는데 이런 식이었거든. "어. 내가 못 박는
장비로 손가락을 쏴버렸는데, 그냥 계속 일했어." (웃음) 그래.
정말 매력적인 관계였어. 너도 알다시피 내가 그 사람과 했던
섹스는 불구 섹스였지, 왜냐하면 내가 그 안에 있었으니까.
하지만 그게 꼭 불구를 기꺼이 받아들이는 섹스는 아니었고,

우리 중 많은 사람들도 그런 섹스를 해.

지금 나는 네가 섹스에 대한 생각을 확장하면서 했던 이야기에서 뭔가를 분리해서 보려고 애쓰는 중인 것 같아. 나는 네가 하는 말이 무슨 말인지 알겠고, 오드르 로드가 '성애의 활용' 같은 거 얘기했을 때도 알아들었는데, 그래도 가끔 이런 생각이 드는 거지. "오드르, 당신도 오르가슴 좋아하잖아, 맞지?" 그러니까, 이건 그냥 "나는 해방이나 뭐 그딴 것에 정말로 흥분돼" 이런 게 아니라고. (웃음) 하지만 동시에, 나는 섹슈얼리티에 대한 우리의 개념들을 확장하는 일이 정말로 중요하다고 생각해. 그리고 우리 몸이 서로 다른 상황에서 불구들이 어떤 식으로든 그런 개념 확장 작업을 정말로 많이 하고 있다고 생각해.

불구 섹스 순간들을 글로 쓰는 이 프로젝트[3]로 우리가 하려는 것 중 하나는…… 글쎄, 나는 그걸 이런 식으로 생각해 ─ 좋은 것, 나쁜 것, 추한 것, 그리고 진짜인 것. 있잖아, 왜냐하면 거기엔 좋은 것들이 있는 거 같거든. 마치 비결 같은, 와우, 우리 몸으로 진짜 끝내주게 뜨거운 섹스를 하려고 우리가 찾아내는 방법들 같은 게 놀랍고, **떡치기**를 통한 교차-불구 연대 같은 게 있으니까. 어쩌면 똑같은 장애가 있는 사람과 떡칠 수도 있고, 다른 장애가 있는 사람과 떡칠 수도 있겠지. 하지만 똑같은 경험을 하지 않더라도, 서로에게 사랑과 감사를 선사하고, 이러는 거지. "와우 너 진짜 완전 섹시하네. 난 네가 네 몸으로 쾌락을 느끼게 할 방법을 알아낼 거고, 네 몸을 존중할 거야. 그리고 너도 내게 같은 걸 해줄 거야. 끝내주지."

1   [역주] '킹크(kink)'는 "비관습적인 성적 취향이나 행동 습관"으로 정의된다(미리엄-웹스터 사전). '킹크'라는 제목 아래 주로 BDSM 관련 실천들이 거론되는 경우가 많지만, 한편으로는 킹크 실천을 성적인 것에 대한 찬반 구도를 해체하고 이분법적 젠더 규범을 전복시킬 가능성과 관련지어 탐구하는 페미니즘 연구들도 많이 나와 있다. 예를 들면 다음을 보라. Meg Barker, "Gender and BDSM revisited: Reflections on a decade of researching kink communities." *Psychology of Women Section Review* 15.2, 2013, 20-28; Sarah Stevens, "Rope sluts, and bottoms, and subs, oh my: 50 Shades of Grey and the shifting discourse on female submission in feminist kink porn." *The Communication Review* 17.3, 2014, 256-268; Pompi Banerjee, Raj Merchant, and Jaya Sharma, "Kink and Feminism-Breaking the Binaries," *Sociology and Anthropology* 6.3, 2018, 313-320. 또한 페미니즘, 퀴어 이론, 비판적 인종 이론을 바탕으로, 인종화된 섹슈얼리티의 미디어 재현 방식 그리고 폭력과 쾌락에 대한 흑인 여성들의 복잡한 협상을 '킹크'라는 키워드를 통해 탐구한 연구로는 다음을 보라. Ariane Cruz, *The Color of Kink: Black Women, BDSM, and Pornography*, New York, NY: New York University Press, 2016.

2   [역주] 폴리아모리(polyamory)는 한 번에 여러 명과 사귈 수 있는 사람이나 성향을 가리키는 말로, '비독점적 다자연애', '다자적 연애' 등으로 번역되기도 한다. 이러한 관계가 일대일 독점적 연애관계에서의 '바람'이나 '양다리'와 다른 점은 교제 중인 상대에게 다른 파트너의 존재를 알리고 동의를 구한다는 점이다. 한국에선 2010년대 중후반부터 이에 대한 논의가 나오기 시작했으며 학술적 연구는 아직 드물지만 단행본이 몇 권 출간되어 있다. 심기용·정윤아, 《우리는 폴리아모리한다: 왜 한 사람만 사랑해야 하는가?》, 알렙, 2017; 후카미 기쿠에, 《폴리아모리: 새로운 사랑의 가능성》, 곽규환·진효아 옮김, 해피북미디어, 2018; 홍승은, 《두 명의 애인과 삽니다》, 낮은산, 2020.

3   나는 장애인 섹스 이야기들을 담은 공연 작품들을 엮어 짠 시리즈로 '불구 섹스 순간들'의 각본을 E. T. 러시안과 함께 썼다. 이 각본은 신스인발리드의 2011년 공연에 쓰였다. 내가 쓴 부분은 2015년에 출간한 시집 《몸 지도》에 수록되어 있다.

2
부

7장

아포칼립스를 불구화하기

장애정의에 대한 나의 담대한 꿈

모든 사람이 장애정의를 사랑한다
그러나 아무도 그걸 하고 싶어 하지 않는다

아프고 장애가 있는 신경다양인들은 꿈을 꿔서는 안 된다고 여겨진다. 특히 우리가 퀴어이고 흑인이거나 브라운일 때는, 우리는 우리를 살아 있게 놔두는 '정상인들'에게 그저 감사해할 거라고 생각된다. 하지만 나는 약간 담대하고도 혁명적인, 장애인 흑인 브라운 퀴어 꿈꾸기의 산물이다. 그리고 2018년 현재 나는 더 많은 아프고 장애가 있는 퀴어 브라운 펨 꿈들을 꾸는 데 헌신하고 있다.

최초로 장애정의집단—활동가 패티 번, 리로이 무어, 미아 밍구스, 서배스천 마거릿, 일라이 클레어와 다양한 흑인·아시아인·백인·퀴어 트랜스 정체성을 품은 장애인 집단이 모여 만들었다—이 설립되고 '장애정의'란 용어를 만들고 교차적이고 혁명적인 장애 정치운동을 건설하는 인식틀을 위한 기반을 마련하는 작업을 한 지 13년이 지났다.

그리고 바로 지금, 우리는 장애정의의 역사에서 흥미로운 순간을 맞이하고 있다. 흑인이나 브라운 장애인들을 수십 년간 무시하거나 적극 배제함으로써 우리가 장애정의를 고안하게 만든 바로 그 백인 장애인들이, 그들이 개최한 온통 백인뿐인 불구 콘퍼런스나 토론회에서 "오, 그거 재밌는 용어네" 하고는 '장애정의'를 대충 가져다 쓰는 순간인 것이다. 또한 신스인발리드의 공동 설립자인 패티 번이 2015년에 지적했던 양상이 보이는 순간이기도 하다. "최근 몇 년간 웹사이트나 뉴미디어 현장, 전단지,

일상적 대화 속에서 내가 목격한 것은, 사람들이 장애인권 기반의 서비스와 접근성 평가에서부터 장애학계에 이르기까지 사실상 장애와 관련된 모든 것에 '정의'라는 단어를 덧붙이면서, 일의 과정이나 목표를 변화시키기 위해서는 아무것도 하지 않으면서 단어를 좀 바꾼 것만으로 그 일이 장애정의에 부합한다고 생각하는 모습이었다."[1]

나는 이 말에 동의한다. 나는 수많은 비장애인 활동가들이 자기들이 반대하는 것들의 목록에 '비장애중심주의'를 흔쾌히 덧붙이는 것을(왜 그런 거 있잖아, 우리 동네 클럽 앞에 '인종차별주의, 성차별주의, 동성애혐오, 트랜스혐오, 비장애중심주의 금지'라고 적힌 커다란 표지판 같은 것); 또는 자기네 성명서의 '정의' 목록에 '장애정의'란 단어를 함부로 내뱉어놓는 것을 보아왔다. 하지만 바뀐 건 아무것도 없었다. 그들의 조직화 활동은 아직도 이전과 정확히 똑같이 접근 불가능한 방식으로 진행된다. 10마일 거리의 행진을 하고, 워크숍에서는 사람들에게 "의자에서 일어나 움직여요!"라고 재촉하고, 그 어떤 장애 관련 안건이나 조직화 전략도 포함하지 않는다. 그리고 물론 그들 중 누구도 자신이 비장애중심주의자라고 생각하지 않는다. 길에서 불구자를 발로 찬다? 절대 그런 짓은 안 하거든! 그들은 그저 장애정의가 무엇인지, 아니 사실은 장애가 무엇인지에 대해 철저히 무지하고, 장애가 나쁘지 않다는 것에 대해서도 무지할 뿐이다. 그들은 우리처럼 되느니 차라리 죽는 게 낫다는 믿음을 아직도 조용히 품고 있고, 장애인과 아픈 사람과 미친 사람들을 '못 미더운 사람'이나 '영감을 주는 존재'로 보면서도 또한 불쌍하고 한심하며 아주 역겹다고 생각하

가장 느린 정의

고, 장애인의 역사는 전혀 모르고, 우리 대부분을 내내 집에만 머물도록 하거나 그렇게 강요하는 것과 정확히 똑같은 방식으로 활동하는 짓거리를 계속하고 있다.

내가 아는 많은 비장애인 흑인 및 브라운 활동가들은 아프고 장애가 있는 흑인 및 브라운들이 다양한 사안에서 대단히 중요한 조직화 작업과 문화적 작업을 하고 있다는 사실을 아직도 전혀 모른다. 이런 작업들은 흑인 및 브라운 장애인들에 대한 경찰 살해에 항거하기, 우생학·살인자 경찰·의료적 방치에 의해 살해당하지 않기, 환자보호 및 부담적정보험법·메디케이드·미국 장애인차별금지법의 폐지를 막기 위해 싸우기, 우리 모습 그대로 존재할 권리를 주장하기에 이르기까지 다양한데도 말이다.

내가 이 문제에 대해 인스타그램에 아무리 많은 글을 올려도, 이들 비장애인 활동가들은 우리가 역사와 문화와 기술과 전망을 갖고 있다는 사실에 여전히 무지한 것 같고, 우리가 트럼프-아포칼립스Trumpocalypse에서 살아남아 새로운 세상이 출현하게 하려면 우리의 일이 **존나 불구화될** 필요가 있다는 걸 아직도 모르는 듯하다. 우리의 일은 장애정의와 그 핵심에 있는 활동가들을 중심에 둘 필요가 있다. 아프고, 장애가 있고, 미쳤고, 신경다양인/자폐인 그리고/또는 농인으로 존재하기가 우리 급진주의의 심장부에 있어야 한다.

실패에 관한 불구 예술: 실제 사건들을 바탕으로

최근에 한 화상회의에서 어떤 비장애인은 완전 좋은 의도로 내게 물었다. "질문 하나만 할게요! 음…… 장애정의가 뭔가요? 어, 우리 그거 어떻게 해요?"

나는 '당신이 본인에게 필요한 일거리 안 끊기게 하려고 애쓸 때처럼 장애정의도 그렇게 대해봐라' 정도로 적당히 답하고 넘어갔다. 하지만 속으로는 웃음이 터졌다. 나는 이런 생각을 했다. **당신이 장애정의를 행하고 있는지를 어떻게 알 수 있냐고? 당신은 당신이 그걸 하고 있다는 걸 그냥 알게 될 거야. 왜냐하면 사람들이 늦게 나타날 거고, 누군가 토할 거고, 누군가는 공황발작을 일으킬 거고, 소위 '접근 가능한' 건물의 경사로가 고장나서 제시간에 진행되는 일이 아무것도 없을 거거든. 당신은 당신의 기준점을 제때에 충족하지 못할 거고, 어쩌면 앞으로도 계속 그럴 거야. 우리는 우리를 포함시켜준다고 고마워하진 않을 거야. 우리는 의제를 설정하길 원할 거야. 아프거나 미쳐서 내는 긴 휴가, 사람들 앞에서 정신줄을 놓치기, 직장에서 장루 주머니[2]를 비우고 마약성 진통제인 바이코딘을 먹고 일하기─이런 것들도 우리의 리더십으로 보일 수 있어. 장애정의는 느려. 사회정의에 가장 정통한 비장애인들조차 뚫어지게 쳐다보거나 경악하게 만드는 사람들이 곧 장애정의야. 많은 주류 비장애인들이 실패라고 여기도록 배워온 게 바로 장애정의의 모습이야.**

장애정의는, 그게 정말로 일어나고 있다면, 너무 뒤죽박죽이고 거칠어서 전통적인 운동과 비영리-산업복합체 구조에 잘 들어맞지 않는다. 우리의 심신은 그런 구조에 꼭 들어맞기에는 너무도 거칠기 때문이다. 이는 그리 놀랄 일도 아니다. 1960년대에 사회의 소수 의견을 관리하기 위해 만들어진 비영리단체들은 많은 면에서 '자선단체들'과 겹치는데, 이는 좋은 의도를 가지고서 '장애자handicapped³를 돕는다'면서 감금하고 시설에 넣을 목적으로 고안된 기관들의 네트워크다. 재단들은 장애인들이 직접 우리 일에 쓸 수 있도록 돈을 주는 법이 거의 없었다. 비영리단체들은 우리를 고객으로 필요로 하면서도 우리가 직접 운영하는 것은 불편해한다. 장애정의란, 판 자체가 바뀌어야 함을 의미한다 — 그러지 않을 거면 저리 비켜라.

장애정의 원칙 목록을 보고 고개를 끄덕이는 건 너무도 쉽다. 하지만 진짜 중요한 건 엉망이고 아름답고 현실적인 법이다. 우리의 심신이 엉망이고 아름답고 현실적인 것처럼. 그건 평소에 비장애인들이 도대체 무슨 말을 하는 거냐고 물을 때마다 내가 도무지 알아듣게 설명하지 못하겠는 그런 건데, 약간 이런 거다.

당신과 당신의 친구는 트럼프 때문에 스트레스를 받고 있어서, 우리 흑인과 브라운 장애인 선조들이 파시즘에서 어떻게 살아남았는지를 다루는 공연을 계획한다. 친구는 트라우마적 뇌손상traumatic brain injury을 갖고 있고, 서류 양식들과 이메일을 처리하는 일을 매우 힘들어한다. 그래서 당신은 당신의 신경다양성 과집중 뇌ND hyperfocus brain를 가동하여 6시간 만에 도시예술위원회에 보낼 보조금 지원서를 성공적으로 써낸다. 많은 사람이 동시에 이야기하면 당신은 압도당해 실어증이 생기지만, 당신 친구는 그러지 않기 때문에 그가 기술적 부분과 공연 사전 제작 작업을 주도적으로 이끌어간다. 게이 극장의 직원들은 친절하지만 꽤나 과로하고 있어서, 결국 처음 협상했던 것보다 훨씬 더 많은 제작 작업을 당신들이 맡게 된다. 예술가들은 관심을 보인다. 하지만 당신이 보낸 섭외 메일에 그들 중 몇몇이라도 응하게 하는 건 고양이들을 몰고 가는 일처럼 너무 어려운 일이다. 그들과 대화해보면, 그들 중 많은 이들이 자신이 장애인 교차성 예술가가 맞는지에 대해 심각한 사기꾼 증후군에 시달리고, 스스로 '진짜 예술가'는 아니라고 겁먹고 있으며, 많은 지지를 필요로 한다는 점이 밝혀진다. 함께 일하는 공동 집행위원은 수어 통역사들에게 답장을 받느라, 그다음 나흘 밤 내내 통역 예약을 잡느라 엄청 고생한다. 통역 대행사는 견적을 거부하고, 청구서를 받고 보니 수어 통역 요금이 예산보다 3배는 높게 적혀 있다. 온라인 생중계가 중간쯤 끊겨버리고, 집에서 공연을 볼 수 없게 된 누군가가 페이스북에 열변을 토해낸다. 공연 둘째 날에 당신은 난소 낭종이 터져서 엄청난 통증에 시달리지만 여전히 사회를 맡아야 한다. 하지만 당신이 도움을 요청하면 사람들이 어떻게든 해준다. 이런 상황에도, 그 모든 게 끝나면, 당신과 당신 친구는 여전히 서로를 사랑하고, 모든 사람이 공연이 끝내줬다고 말한다. 그리고 또한, 당신이 수어 통역비로 지급할 돈 중 1200달러가 모자랄 때, (1) 집단 내부 갈등 때문에 해체한 한 장애정의 집단이 자기네 계좌에 남아 있던 돈을 얼마간 당신에게 주고 (2) 사회보장장애보험으로부터 엄청난 보험금을 받은 한 공동체 구성원이 건물 밖의 현금인출기에서 250달러를 인출해 당신에게 건네준

가장 느린 정의

다. 왜냐하면 그는 작년에 당신이 공연에서 객석에 모자를 돌려 모은 후원금으로 집에서 쫓겨나지 않을 수 있었기 때문이다.

장애는 혁신적이고 고도로 숙련된 기술의 집합체다. 비장애인들이 접근성을 구현하기가 얼마나 어려운지 수선을 피워댈 때 나는 웃어넘기고선 내가 공황발작을 겪으면서도 한 공연의 무대감독으로 일했던 때를 떠올린다. 또는 휠체어 사용자인 공연자와 스태프 세 명이 타고 있던, 휠체어가 접근 가능한 승합차가 고장나는 바람에 우리가 경사로를 고칠 방법을 찾아내고 그들이 차에서 내리기까지 2시간 동안 브레인스토밍했던 때를 떠올린다—**우리가 다른 승합차를 끌고 와서 그 차의 경사로를 저 고장난 차의 경사로 위에 대면 사람들이 내릴 수 있지 않을까? 합판 가지고 있는 사람? 자전거 가게에 가면 용접 도구가 있을까?** 우리가 이걸 할 수 있는데, 왜 아무도 못한다는 거지?

그리고 이 혁신, 이 끈기, 서로를 뒤에 남겨두고 가지 않겠다는 이 헌신, 가장 느린 구성원인 우리를 맨 앞에 세우고 우리의 속도로 천천히 움직이는 행진의 힘, 장애인 전동 스쿠터 사용자들이 벌인 경찰 본부 봉쇄 시위의 힘, 서로에게 음식과 약을 가져다주는 방법을 알고, 피곤함을 기준으로 조직화하면서 미안해하지 않고, 빠르게 움직이는 사람들이 놓치는 것들을 피곤한 사람들이 알아차린다는 걸 감각하면서 조직화하는 운동의 힘—이 모든 게 우리가 갖고 있는 기술이다. 나는 장애인이든 비장애인이든 우리 모두가 그 점을 알기를 바란다.

장애정의는 관계를 구축하기에 관한 것이다

지난 10년 동안, 나는 좋은 의도를 가진 비장애인 개인이나 단체들이 인터넷에서 이것저것 잔뜩 읽고, 접근성 지침을 따르고, 온갖 올바른 일―접근 가능한 공간을 잡고, 수어 통역사를 예약하고, 사람들에게 향기나는 제품을 쓰지 말아달라고 요청하는 등―을 하고서는 장애인, 농인, 아픈 사람, 미친 사람들이 대거 참석하지 않으면 놀라고 또 발끈해서 짜증내는 걸 많이 보아왔다.

일이 왜 이렇게 되는지 알아내기란 그리 어렵지 않다. 이 문제의 비장애인들은 실제로 장애인, 농인, 신경다양인, 미친 사람을 한 명도 알지 못하거나, 아니면 알지 못한다고 그저 생각하거나, '그들'이(우리가) 저기 어딘가 다른 곳에 있다고 생각한다. 비장애중심주의와 청각중심주의audism는 장애인과 농인을 비장애인과 청인으로부터 구조적으로 떼어놓는다. 말 그대로, 떼어놓는다. 당신이 늘 가는 바에 계단이 있을 때, 당신이 새벽 2시까지 사람들을 만날 때, 그리고/또는 당신이 이야기하고자 하는 상대가 쓰는 언어를 당신은 모를 때, 친구가 되기란 어렵다.

비장애인들이 수화와 경사로, 무향 로션을 마련했는데도 그 어느 장애인과도 관계를 구축하지 못했을 때, 다시금 자선 모델과 같은 상황이 벌어진다―**우리가 당신네들을 위해 무엇을 하고 있는지 봐라! 고맙지도 않니?** 선심 쓰듯 끼워주는 건 아무도 좋아하지 않는다. 권한도 리더십도 주지 않고 그저 포함만 시키는 것은 구색 맞추기에 불과하다.

장애정의가 어떻게 꽃피는지를 보면, 거기에는 수년간 구축해온 관계와 신뢰가 있다. 장애정의는 망치고, 고치고, 실수로부터 배우고, 서로를 위해 나타나주는 데서 나온다. 토론토에서 장애가 있는 청인들과 농인들은 수년간 서로 관계를 건설해왔다. 여기엔 청인 불구들이 농인, 청각장애인 및 난청인 퀴어들과 의사소통할 수 있도록 공동체가 운영하는 퀴어 수어 수업을 개설하는 일도 포함되었고, 그 결과 강력한 지역사회 연계가 이루어졌다. 그건 우연히 일어난 일이 아니었다. 장애인과 농인들이 함께 조직하고 서로의 시위에 나와주었기에 일어난 일이었다. 장애가 있는 청인들이 농인들과 의사소통하고자 수어를 배울 때, 우리는 우리가 말하고, 웃고, 어울려 지내고, 이견을 내고, 조직하고, 고립을 깨고, 사랑에 빠지는 데 필요한 가장 밑바닥의 기본 도구들을 창출하고 있는 것이다. 그리고 그건 아무리 의도가 좋더라도 관계 구축은 없는 접근성 제공 방식과는 정반대편에 있다.

비장애인들에게: 시간이 다 됐다
무엇보다 당신들은 결국 우리가 될 테니까

나보다 앞서 많은 아프고 장애가 있고 농인이고 미치고/신경다양인인 사람들이 비장애인들을 향해 썼던 것처럼, 제발 일 좀 제대로 하라고, 접근성과 장애인의 요구를 '잊어먹는 짓'을 그만두라고 요청하는 글을 쓰기는 쉬웠을 거다. 그런 요청은 아직도 너무 필요하니까. 유색인 비장애인 활동가들은 행사와 모임에서 접근성에 관한 기본적인 사안들을 계속 '잊어버린다'. 장애인인 누군가가 그 문제를 갖고 그들을 들들 볶을 때까지. 또는 워크숍을 하고 나서 몇 달 동안, 또는 1년 정도 기억했다가, 다시금 우선순위에서 서서히 사라지게 둔다.

이럴 때마다 매번 가슴이 찢어지지만, 잊혀졌다고 슬픔에 잠기고 싶지는 않을뿐더러 결국 나는 실리적인 사람이다. 나는 승리하고 싶다! 만약 운동들이 비장애중심주의와 관련해서 일을 제대로 해낸다면, 우리가 이뤄낼 수 있는 게 너무나 많을 것이다—노인, 양육자, 아프고 장애가 있는 (지구상 엄청난 규모의) 사람들이 운동에 참여할 수 있을 것이다. 사람이 많을수록 운동은 강해진다! 우리는 사람들이 40대가 된 뒤에도 참여할 수 있도록 '나이가 많다고 빼지' 않거나 장애, 광기, 만성질환에 대한 인정을 수치스러워하지 않는 운동 공간들을 창출할 수도 있다. 우리는 우생학을 되풀이하지 않는, 장애인들이 그 안에 존재하고 또 번성하는 혁명적 미래의 전망을 그릴 수도 있다—거기서는 혁명을 이룩한다는 것이, 비장애인들이 그리는 혁명적 상상이나 혁명적 미래가 자주 그러하듯 모두가 보건의료를 보장받아서 우리 같은 사람들은 더 이상 존재하지 않게 됨을 뜻하지는 않을 것이다.

그러니까, 나도 한 번쯤은 말하겠다. 2018년에는 비장애인들이 일 좀 잘 해내길 바란다. 장애와 접근성에 대해 잊어버리는 걸 그만해라. 장애인들이 만든 수많은 훌륭한 접근성 관련 지침이 저기 있으니 좀 읽어라. 접근성과 장애를 기준으로 삼아라. 장애

문화와 역사에 대해 배워라. 당신의 가족과 공동체 안에 있는 장애의 역사들을 봐라. 당신이 하는 모든 활동에서 당신이 비장애중심주의와 어떻게 싸우고 있는지를 스스로 질문해라. 우리에 대해 잊지 마라. 당신이 우리이거나 우리가 되리라는 걸 깨달아라.

장애정의에 대한 담대한 꿈 그리고 수치심을 풀어보기

내가 꾸는 담대한 꿈은 내가 그저 기본적인 접근성을 얻는 것 이상으로 더 깊이 들어가기를 갈망하게 만든다. 내 친구이자 동지인 스테이시 밀번이 최근 페이스북에 썼듯이, "접근성을 강조할 수밖에 없게끔 비장애중심주의가 우리를 얼마나 몰아갔는지를 생각하면 때로 나는 조바심이 난다. (……) (하지만 접근성은) 운동의 건설에서 첫 번째 단계일 뿐이다. 사람들은 접근성을 과정이 아니라 결과인 양 이야기한다. 마치 접근 가능한 공간을 갖는 것만으로 우리 모두가 해방되기에 충분한 것처럼. 장애인들은 접근성에 대한 우리의 필요를 훨씬 넘어선 존재들이다. 우리는 안전성과 접근성 없이는 운동을 할 수 없지만, 우리가 접근성에 대한 서로의 필요를 잘 협상하기 위한 기술을 갖추고 난 뒤에도 여전히 훨씬 더 많은 것들이 무리지어 우리를 기다리고 있을 것이다".

우리의 장애정의 혁명에서 기본적인 접근성보다 더 깊이 들어가는 것은 흑인, 브라운, 선주민인 우리들에게는 그리 간단한 일이 아니다. 그건 우리의 결핍과 수치심의 깊은 역사를 풀어내는 것을 의미한다. 때로 유색인 장애인들이 접근성 필요에 대한 얘기를 꺼내면, 유색인 비장애인 동지들의 표정이 냉랭해지고 굳어버리는 걸 보게 된다. 이런 반응은 그저 아프고 장애가 있는 사람들에 대한 일상적 혐오로부터 나오는 게 아닐 때가 많다. 물론 그것도 있긴 하지만. 접근 불가능한 공간에 대해 화를 내고 방어적인 사람은 가난하게 홀로 죽은 엄마, 회백척수염이나 조현병을 앓는 삼촌에 대한 플래시백을 겪고 있을 때도 있다. 이런 이들에 대해선 아무도 이야기하지 않았는데, 많은 흑인과 브라운 공동체들이 받아들여온 유일한 생존 서사는 우리의 필요를 부정하고, 16시간씩 일하고, 그저 꾹 참고 삼키는 것이었기 때문이다. 우리 중 많은 이들이 노예제, 식민화, 그리고 다른 형태의 폭력이 야기하는 가혹한 육체노동 속에서 어떻게 우리 가족들이 장애인이 아니었기 때문에 생존했는지에 대한 이야기를 알고 있다. 그런 이야기에서 장애인들은 생존하지 못했다―그들은 살해당했다. 우리 중 많은 이들은 어릴 때부터 돌봄, 부드러움, 치유는 다른 사람들을 위한 것이고 우리는 그저 잘 해내야만 한다고 배웠다. 우리는 결핍, 생존, 그리고 풀어내지 못한 깊은 슬픔의 유산 속에 앉아 있다. 이런 유산은 앉을 의자를, 잠시 쉬는 시간을, 쓸 수 있는 화장실을 망할 놈의 당연한 권리인 양 요청하는 누군가를 볼 때 사람들이 억울해하고 격분하게 만든다.

또한 나는 많은 단체들과 함께 일해왔고―젠장, 나도 그들의 일부였지―그 단체들에 돈이 없는 건 당연했고, 우리는 돈이 없어도 일을 해나가는 법, 아름다워 보이는 법을 알고 있으니까 돈이 없다는 게 자랑스럽기도 했다. 우리는 한숨도 못 자고 간당간당한 연료로 24개 도시를 누비는 활동을 수행해낼 수 있었다. 우리에겐 우리가 하는 수백 시간의 노동에 대해 지불할 돈이 없었다. 모든 공간이 우리를 거절했기 때문에 아쉬운 대로 지역에 하나뿐인 퀴어 바 또는 아시아계 및 태평양 제도 출신 미국인Asian Pacific Islander American, APIA을 위한 커뮤니티 센터 공간으로 만족해야 했다. 그리고 누군가 나타나서는 그 공간이 계단 한 층 위에 있다고 지적하거나, 수어 통역이 있는지 묻거나, 특정 종류의 무향 제품을 원할 때면, 우리는 자주 쓰라림과 분노가 뒤섞인 감정을 겪었다. **우리는 우리 자신한테조차 돈 한 푼 못 주고 일하는데 당신이 뭘 원해??? 우리 할머니는 평생을 들판에서 일했는데, '접근성과 관련된 필요'를 한 번도 내세운 적 없었다고.**

거기엔 슬픔이 있는데, 이 슬픔에는 분노와 생존이 뒤섞여 있고, 필요한 걸 요청하는 누군가를 자기가 특별 대우를 받을 자격이 있다고 믿는 인간이거나 버릇없는 인간이라고 보는 믿음도 뒤섞여 있다. 이는 부모에게 맞아서 자신이 바르게 큰 거라고 고집스레 주장하는 학대 생존자들을 생각나게 한다. 나는 필요를 부정하면서 곤경을 간신히 헤쳐나가는 생존 기술이 우리를 살아남게 해준 것이었다는 점에 경의를 표한다. 하지만 우리가 사랑했고 이제는 세상을 떠난 이들이, 우리가 접근 불가능한 건물과 과자 한 조각에 감지덕지하며 평생 사는 것 이상을 하길 원하리라고 믿는다. 또한 우리가 선조들로부터 물려받은 것 중엔 '불구자들은 죽게 내버려둔다. 오직 강한 자만 살아남는다' 말고도, 아프고 장애가 있거나 혹은 비장애인인 흑인 및 브라운 선조들로부터 이어져온 다른 계보가 있다고 믿는다. 식민화, 노예제, 재난 이전에 우리들 문화에서는 장애가 인간 실존의 정상적 일부였고, 그 안에서 우리는 존중받고 가치 있게 여겨졌다. 흑인 장애인 퀴어 작가이자 조직활동가 서레이 자렐 존슨은 내게 이렇게 말한 적이 있다. "해리엇 터브먼은 발작과 기면증이 있었어. 노예 주인이 던진 무거운 물건에 머리를 맞았거든. 이동할 때면 그녀는 앉고, 눕고, 천천히 움직이면서 쉬어야 했어. 그때 동료들은 그녀를 버리지 않았어. 그러니 우리는 지금 서로를 버리지 않을 방법을 알아낼 수 있어."[4]

우리에게는 선조들에게서 물려받은, 치유해야 할 수치심이 있다. 또 우리에게는 존경해야 할 장애인 계보가 있다. 이제 시작해보자.

기나긴, 아름다운, 불구화된 삶을 살아가자

내가 아는 천재 조직활동가들 중 자기가 50세쯤엔 죽어 있을 거라고 아무렇지도 않게 말하는 사람은 한두 명이 아니다. 이들은 주로 흑인이거나 브라운이고, 아프거나 장애가 있는 여성 또는 논바이너리이며, 엄청 많은 장애 공동체에 속해 있지는 않다. 불구의 삶은 개의 삶이 그렇듯 짧고, 때로 우리는 짧은 시간 동안 정말 엄청난 삶을 살기도 한다는 걸 존중하지만, 꼭 그래야 할 필요는 없다는 생각을 하지 않을 수 없다. 우리가 태어날 때부터 푹 절여지는 서사들은 이런 것이다. 우리는 젊어서 죽을 거다, 우리의 삶은 살 가치가 없다, 우리는 보험금 거부에서부터 안 그래도 확 죽고 싶은 우리를 죽이려는 경찰까지 모든 난관에 부딪힐 것이다.

하지만 젊어서 죽으리란 걸 확신하는 친구들의 이야기를 듣다보면 궁금해진다. 만약 돌봄을 둘러싼 서사들이 바뀐다면 젊어서 죽으리라는 그들의 예상도 바뀔 수 있지 않을까. 나는 돌봄의 공동체를 건설하는 일을 지속하려면 무엇이 필요할까를 생각한다. 그 공동체에선 서로를 돌보는 일이 우리가 실제로 실천하는 일이자 계속 지탱할 구조를 건설하는 일이리라. 나는 로리 에릭슨의 상호원조 돌봄 집단을 생각하고 있다. 어떻게 그 집단이 국가가 돌보지 않을 때 돌봄을 받을 수 있는 모델인 동시에, 토론토의 너무도 많은 사람들이 흔히들 돌봄에 대해 생각할 때 떠올리지 않는 방식으로 매우 즐겁고 섹시하고 신나는 장애인 공동체로 합류하게 되는 그런 곳인지에 대해 생각한다. 내가 토론토 밖에 있는 사람들에게 이 돌봄 집단을 설명하려고 노력할 때면 침묵이 흐른다. 왜냐하면 그들은 도움을 요청해서 받는 누군가를 잘 상상하지 못하기 때문이다. 벌거벗은 모습을 보고도 수치스러워하지 않고 기꺼이 내밀한 일들을 돕는 경우도 상상하지 못한다. 그리고 나는 궁금해진다. 우리가 더 많은 상호원조 집단을 창출한다면, 장애인도 살 가치가 있는 삶을 오래도록 풍요롭게 살 수 있다는 믿음은 어떤 식으로 변화할까?

그리고 나는 돌봄을 받는 일의 복잡성에 대해서도 생각한다. 나는 집단적 돌봄을 사랑한다. 하지만 그게 단순하거나 유일한 해답이라고 말한다면 거짓말일 것이다. 내가 사랑하는 많은 지인들이 돌봄을 받으면서 정말 힘들어했던 것이 생각난다. 왜냐하면 '돌봄'은 항상 조건적이거나 폭력적이었기 때문이다—당신을 잡아 가둘 힘을 가진 사회복지사나 아동보호서비스 기관이나 정신과 의사가 침입하는 식으로. 나는 고립되고, 미움받고, 사회적 자본이 없을 때의—많은 장애인들이 이렇긴 하다—돌봄 필요에 대해 생각한다. 나는 권력 역학과 학대가 어떻게 가장 좋은 의도를 가진 친구들로 이뤄진 돌봄 집단에까지 슬며시 기어들어올 수 있는지에 대해 생각한다. 내 친구들은 하루에 12시간에서 15시간의 돌봄이 필요한데, 이에 응하는 건 무급으로 돌봄을 제공하는 대부분의 친구들에게 불가능에 가깝다. 나는 나와 사귀던 기간 중 한 30퍼센트 정도는 개떡같이 굴었던 전 애인에 대해 생각한다. 중증 장애인이고 일을 할 수 없는 그에게 나는 아직도 가끔 20달러씩 보낸다. 많은 사람들을 열받게 한 사람이지만 그럼에도 내가 이렇게 하는 이유는 그가 노동계급으로 자란 유색인 퀴어 트랜스이고, 아무리 개떡같이 굴었어도 자신이 싼 오줌 속에서 홀로 죽어도 되는 사람은 아니기 때문이다. 친구가 한 말을 생각한다. "나는 내가 화장실에 갈 수 있을지가 사람들이 나를 얼마나 좋아하는지에 좌우되는 건 절대 원치 않아." 내가 사는 주에서 24시간 동안 긴급 임시 간호를 제공한다는 걸 알고 얼마나 안도했던지에 대해 생각한다—내 파트너와 나 둘 중 한 명이나 둘 다 의료적 위기에 처하면 이용할 수 있는 이 제도는 주에서 보수를 받는 누군가가 집에 와서 약을 가져다주고, 간병을 해주고, 세탁물을 개켜준다. 나는 친구들 그리고 인터넷에서 만난 완전 초면인 사람들이 서로 수프를 가져다주고 약을 공유하고 돈을 부쳐주는 장애 네트워크에 대해, 그런 일이 얼마나 생명을 구

가장 느린 정의

하는 일인지에 대해 생각한다―그리고 누군가가 그런 페이스북 그룹에서 쫓겨난다면 무슨 일이 벌어질지에 대해 생각한다.

　　최근에 스테이시 밀번은 '불구 둘라crip doula'⁵라는 개념을 가져왔다. 이는 당신이 장애 공동체로 들어오는 걸 돕거나 당신이 이전까지 경험해온 것과는 다른 종류의 장애로 들어오도록 돕는 다른 장애인을 뜻하는 말이다. 당신의 새로운 불구 자아의 곁에 앉은 불구 둘라는 당신에게 필요할 법한 팁들을 알려주고, 당신의 감정을 위한 공간을 마련해주고, 공동체의 이야기를 공유해주는 좀 더 노련한 장애인이다. 스테이시는 주류 영어에 이를 일컫는 용어조차 없다는 점이 의미심장하다고 언급했다. 우리는 함께 궁금해했다. 만약 이것을 설명할 말과 존재 방식이 있다면, 사람들의 장애 경험과 장애인이 된다는 것에 대한 두려움은 어떻게 달라질까? 만약 그것이 통과의례라면, 사람들이 알고 있는 감정노동의 한 형식, 즉 사람들의 트랜지션transition을 돕는 공간이라면?⁶ 나는 수백 명의 사람들과 이런 일을 해왔다. 만약 이것이 우리 모두가 서로를 위해 할 수 있는 일이라면? 그렇다면 우리의 운동은 어떻게 변화할까? 우리의 삶은? 우리가 무엇을 할 수 있는가에 대한 우리의 믿음은?

아포칼립스를 불구화하기:
우리는 이미 세상의 끝에서 살아남았다

2017년은 아포칼립스처럼 느껴졌다. 내가 아포칼립스라고 느꼈던 한 장소는 태평양 북서부 지대를 뒤덮은 산불 속에 있었다. 어느 날 아침, 밖에 나가보니 세상이 짙은 회색이었다. 하늘에서부터 회색빛의 무언가가 뿌려지고 있었다. 저거…… 재야?

처음에 뉴스에 나오는 사람들은 낙관적인 말들을 했다. 하루면 끝날 것이라고 했다. 그다음엔 일주일이면 끝난다고 했다. 그다음엔 다음 주쯤이면 우리가 숨 쉴 수 있을 만한 공기일 거라고 했다.

뉴스 보도들이 조금씩 이어졌다. 기후변화로 인해 브리티시컬럼비아의 거대한 산불이 워싱턴주의 대부분을 뒤덮을 만큼 확산되었다고 했다. 화재는 포틀랜드 인근의 컬럼비아강 유역에서 시작되었다고 했다. 화재는 산타로사와 캘리포니아 남부까지 번졌다. 모든 사람이 기침하고 스트레스를 받았다. 나는 캘리포니아 북부의 조용한 곳에 칩거하면서 글을 쓰겠다는 계획을 취소했다. 고속도로를 따라 번지는 불을 뚫고 운전하는 게 무서웠기 때문이다.

그리고 문자가 들어오기 시작했을 때―**이봐, 연기 때문에 아픈 것 같고 숨을 못 쉬겠는 사람 있어? 내가 별일 아닌데 난리를 치고 있는 거야, 아니면 연기가 내 정신을 몽롱하게 만들고 있는 거야?**―마스크, 디톡스 허브, 공기청정기, 불안을 달래는 소마틱스요법에 대해 이미 알고 있던 사람들은 누구였나?

맞다, 당신도 짐작했을 거다. 늘 그랬듯이, 그건 아프고 장애가 있는 사람들이었다―특히 화학물질 때문에 아픈 사람들, 환경성 질환, 천식, 기타 자가면역질환이 있는 사람들이었다. 이들은 수년 동안 안전하지 않은 공기를 헤쳐나가며 살아왔고, 그래서 아프고 장애가 있다는 것이 이미 가르쳐준 지식을 공유해주었다. 우리는 마스크와 인공호흡기에서부터 대기 오염물질에 대한 노출을 해독할 수 있는 허브를 어디서 구할 수 있는지까지 종합적인 정보를 갖고 있었다. 우리는 맑은 공기를 마시기 위해 도서관 등 에어컨이 설치된 다른 장소들에 가야 한다는 것을 알고 있었다. 우리는 헤파 필터[7]에 대해 알고 있었고, 난방기에 달린 필터와 네모난 선풍기로 그걸 만드는 방법도 알고 있었다. 우리는 피로감, 혼란, 공황을 느끼는 게 정상이라는 것을 알고 있었고, 흡입기를 사용하고 항불안용 허브를 복용하는 법을 알고 있었다. 트럼프 당선을 계기로 경찰 없이도 접근성과 공동체 안전을 지키기 위해 공동체 기반 훈련을 하고자 결성된 장애정의 활동가 집단 라이트닝볼트Lightning Bolt[8]는 〈사람들에게 마스크를〉 캠페인을 성공적으로 이끌었다. 거리에 살고 있는 사람들은 유독한 연기에 극도로 취약하므로, 이 캠페인은 샌프란시스코 만안 지역의 노숙인 텐트촌에 사는 사람들에게 나눠줄 마스크 구입비를 크라우드펀딩으로 모았다.

트럼프 당선 이후 우리 공동체의 많은 사람들은 옥타비아 버틀러Octavia Butler가 얼마나 예언자나 다름없었는지, 그녀의 책 《씨앗을 뿌리는 사람의 우화Parable of the Sower》와 《은총을 받은 사람의 우화Parable of the Talents》가 오늘날의 기후변화, 산불, 파시즘을 얼마나 무시무시하게 예견했는지에 대해 이야기해왔다. 운동 공간에 있던 많은 사람들은 버틀러의 말을 예언이자 말씀으로 받아들였다. (나는 그런 이야기를 싫어하지 않는다. 옥타비아 버틀러의 계보를 이어받아 선견지명 있는 사회정의 SF소설을 모은 매우 인기 있는 선집인 《옥타비아의 새끼들: 사회정의운동에서 나온 SF 이야기Octavia's Brood: Science Fiction Stories from Social Justice Movements》의 공저자로서, 나도 그런 대화에 참여했다는 것을 완전 공개하는 바다.)

하지만 이런 논의에서 자주 빠져 있는 것은, 버틀러의 소설에서 자신의 공동체를 잿더미 밖으로 이끌며 변화를 기꺼이 받아안을 새로운 영성을 발견하는 신으로 그려진, 흑인 젠더퀴어 10대 영웅 로런 올라미나가 장애인이라는 사실이다.[9] 책에서 그녀는 공유자sharer라고 불린다. 그녀는 지능을 높여준다는 인기 있는 약인 아인슈타인 약을 복용한 엄마의 영향으로 과잉감정이입 증후군을 갖게 된 사람이다. 그녀는 모든 사람이 느끼는 모든 것을 느낀다. 때로 이는 너무도 압도적이며, 자폐인이나 신경다양인이 겪는 현실을 떠올리게 한다. 그녀에게 과잉감정이입 증후군은 손상이기도 하고 재능이기도 하다.

내게 버틀러의 《씨앗을 뿌리는 사람의 우화》는 흑인 장애정의 서사다. 로런은 자신의 비규범적인 정신과 자주 씨름하지만, 그것은 그녀에게 흑인 장애인의 탁월함을 선사해주기도 한다. 그녀의 과잉감정이입은 뒤에 누구라도 남겨두고 가는 것을 거부하게 만든다. 그들이 완전 골칫거리거나 그들에게 동의하지 않을 때조차도. 과잉감정이입은 그녀를 혁신적인 사람으로 만든다—모두가 그녀를 미쳤다고 생각할 때 그녀는 자신의 생존 가방에 씨앗, 지도, 돈을 가득 채우고 저항의 공동체를 공동으로 창조하고, 그 공동체가 파괴되었을 때마저 재건하도록 이끈다.

아포칼립스를 앞둔 몇 년 간, 나는 아프고 장애가 있는 사람인 우리가 홍수로 잠긴 도시에서 버려지는 사람들이 될까봐 걱

가장 느린 정의

정했었다. 하지만 나는 내 인생에서 가장 거대한 장애인 꿈을 꾸고 있다―그저 우리가 버려지지 않는 데서 그치는 것이 아니라 우리가 길을 인도하는 혁명적 운동을 말이다. 우리는 이 모든 미친, 보조기기가 달린, 애정 어린 유대와 서로에 대한 헌신과 더불어, 식민화를 벗어던지고 살아갈 미래를 함께 창조하는 방향으로 구르고, 절뚝거리고, 반복 동작을 하고, 수어를 쓰고, 백만 가지 방식으로 움직이면서, 그 누구도 뒤에 남겨두고 가지 않을 것이다.

나는 내 목숨이 거기 달려 있는 것처럼 이 꿈을 꾸고 있다. 정말로 그러하기 때문이다.

1   Patty Berne, "Disability Justice: A Working Draft," *Sins Invalid*, June 10, 2015. http://sinsinvalid.org/blog/disability-justice-a-working-draft-by-patty-berne

2   [역주] 결장 수술 환자들은 배에 구멍을 뚫고 비닐백을 연결해 거기에 대소변이 모이도록 하는 조치를 받게 되는데, 이 비닐백을 '장루 주머니(ostomy bag)'라고 부른다.

3   [역주] 여기서 우리가 '장애자'로 번역한 'handicapped'는 비장애 중심적 관점에서 장애를 비하하는 멸칭으로, 장애인이 (손에 모자를 들고) 돈을 구걸하는 걸인으로만 재현되고 그런 방식으로만 생존이 가능했던 차별적 역사에서 나온 용어다. 장애운동의 결과 현재는 사용을 삼가는 혐오 단어가 되었다.

4   서레이 자렐 존슨, 저자와의 개인적 대화. 2018년 5월 15일.

5   [역주] 둘라(doula)는 임신 기간, 출산 및 임신 중지 전후에 재생산 행위의 당사자 또는 가까운 주변인에게 신체적, 정서적 조언과 위안을 제공하도록 훈련된 비의료인 전문가를 이르는 말이다.

6   [역주] 트랜지션(transition)은 태어날 때 의료·행정제도에 의해 정해진 법적 성별(외부 성기의 모양이 절대적 기준이 된다)과 자신의 젠더 감각이 맞지 않아 극심한 고통을 겪는 사람들이 자기 자신을 좀 더 온전히 담아낼 수 있다고 생각되는 성별에 맞춰 몸과 삶의 방식을 조정하는 이행(移行) 과정 전체를 칭하는 용어다. 저자는 이러한 퀴어 용어를 적극 차용해 후천적으로 장애를 안게 된 사람들이 겪는 변화와 이행의 전 과정을 설명한다. 이런 차용은 시스젠더-이성애 규범적 주체들이 퀴어 맥락을 무시한 채 퀴어 용어를 약탈하는 방식이 아니라(예를 들어 퀴어의 투쟁사에서 중요한 '커밍아웃'이란 용어를 훔쳐서, 퀴어를 혐오하는 보수 기독교인들이 자신이 교인이란 걸 밝힌다는 뜻으로 '교밍아웃'이라는 표현을 쓰는 경우처럼), 퀴어와 장애 두 영역 모두를 살아가는 당사자가 퀴어 공동체가 발전시킨 중요한 지식과 지혜를 장애 공동체에 옮겨 심는 교차적 담론 실천으로 이해할 수 있다.

7   [역주] HEPA filter(high-efficiency particulate air filter), '고성능 미립자 제거 필터'라고도 불린다.

8   https://www.lightningbolt.vision

9   이 글을 쓸 당시는 사미 샬크 박사(Dr. Sami Schalk)의 훌륭한 저서 《새로이 창조된 심신: 흑인 여성 SF 소설에서의 (장애)능력, 인종, 젠더(Bodyminds Reimagined: (Dis)ability, Race, and Gender in Black Women's Speculative Fiction)》를 아직 읽지 않았을 때였다. 이 책은 옥타비아 버틀러의 우화 소설을 흑인 장애 인식틀을 통해 독해하는 법에 대해 훨씬 더 자세히 논한다. 부디 읽어보길 바란다.

8장

(노동계급/가난한 천재 장애인 유색인 펨을 중심에 두는) 공정거래 감정노동 경제를 위한 소박한 제안

펨: 백만 가지 종류의 퀴어 펨 젠더나 여성적 젠더 중 하나인 사람. 펨으로 젠더화된 사람들로 이루어진 멀티버스의 일원. 태초부터 모든 문화권에는 펨 역사와 펨 공동체가 있어왔다. 펨은 종종 백인·비장애인·중상류층·시스젠더적 여성성에서 탈피하면서 기존의 것을 혼합해 만든 복잡하고 새로운 존재인데, 이러한 젠더 리믹스는 비만이거나 노동계급이거나 흑인이거나 브라운이거나 트랜스이거나 논바이너리이거나 장애인이거나 성노동자이거나 다른 종류의 젠더인 펨의 말을 경청하게 하며, 그 정체성을 체현한 당사자들에게 힘과 취약성, 영향력을 부여해준다.

당신이 노동계급이나 빈곤층 그리고/또는 장애인 그리고/또는 양육자 그리고/또는 흑인, 선주민이나 브라운 펨으로 존재한다는 것은, 사람들이 당신에게 자신들을 위해 뭔가 해달라고 요청하리라는 것을 뜻한다. 오, 그들은 항상 그런다. 그들은 당신에게 얘기를 들어달라고, 부탁을 들어달라고, 심부름을 해달라고, 당신이 하던 모든 일을 그만두고 자기 고양이 사료를 사다달라고, 또는 위기 상담을 해달라고 요청할 것이다. 복잡한 계획을 대신 관리해달라고, 자신의 감정에 이메일로 답해달라고, 늘 있어달라고, 공감해달라고, 관계를 쌓고 유지하는 일도 당신이 하라고 요청할 것이다. 육아, 접근 지원, 식료품 조달을 조직해달라고 요청할 것이다. 그들은 당신에게 소리 지르고, 당신에게 달래는 일을 하라고 하고, 당신이 남의 갈등을 단호하게 해결해주기를 요구할 것이다. 그들은 "당신의 두뇌 좀 빌려도 되나요?"라고 말한 다음 당신에게 아주 빡세게 복잡한 질문으로 가득 찬 다섯 단

락짜리 이메일을 보낼 것이다. 최대한 빨리 답장을 주면 정말 좋을 텐데, 라고 덧붙이면서 말이다. 그들은 당신이 만든 발표 자료를 포함해 당신이 가진 모든 자료를 이메일로 보내줄 수 있는지 물어볼 것이다. 그들 중에는 당신과 친한 사람도 있을 거고, 완전 낯선 사람도 있을 거다. **잠시 시간 좀 내줄래요?**

공짜로.

영원히.

그리고 무슨 일이 일어나는지 아는가? 당신은 그런 일들을 하게 될 거다. 왜냐하면 당신은 정말로, 신경이 쓰이니까. 그 일을 하는 게 옳으니까. 당신이 그런 일을 잘하니까. 당신이 하고 싶으니까.

그리고 왜냐하면, 노동계급이거나 빈곤층 그리고/또는 성노동자 그리고/또는 장애인 그리고/또는 흑인이나 브라운 펨인 당신의 삶이, 당신이든 그 누구든 살아남는 빌어먹을 유일한 방법이 서로를 돕는 것이라고 당신에게 가르쳐왔기 때문이다. 우리가 살아남는 데 도움이 되는 기관이나 제도는 존재하지 않는다. 우리는 서로가 있기에 살아남는다. 당신의 삶은 서로 돌봄을 공유하고 주고받는, 복잡하게 얽힌 비금전적 경제에 의해 유지된다. 당신은 남는 음식을 갖다준다. 당신이 제정신이 아닐 때 나는 당신의 말을 들어준다. 당신은 당신의 자동차를 나와 공유한다. 나는 당신을 공항까지 데리러 간다. 우리는 똑같은 20달러를 서로 주거니 받거니 하면서 운동과 공동체를 건설해나간다. 히피들이 이야기했던 선물 경제가 아마도 이런 것을 의미했으리라. 이런 일이 노동계급, 펨, 흑인과 브라운, 병상에 누워 있는 아픈

가장 느린 정의

사람에겐 백만 배 더 많이 일어난다.

　우리는 수많은 방식으로 우리를 억압하는 백인, 자본주의, 식민주의, 비장애 중심적 가부장제 안에서 살아간다. 그런 억압 중 하나는 보편적으로 여성성을 매도하는 것이다. 가부장제, 인종차별주의, 트랜스여성혐오transmisogyny, 식민주의, 비장애중심주의, 계급주의, 창녀혐오는 한데 뭉쳐 펨이거나 여성적인 사람들에게 증오를 퍼붓는데 그 꼴이 아주 가관이다. 1990년대 이래 내가 속한 퀴어 공동체들에서 나는 어떻게 펨혐오, 성차별주의, 트랜스여성혐오가 함께 작동하여 여성성과 펨스러움femmeness을 똑똑하고 유능하기는커녕 나약하고, '히스테리 쩔고', '너무 과하고', 칭찬이나 존경을 받을 가치가 없는 것으로 바라봐왔는지를 반복해서 목격해왔다. 펨이 비가시화되어 있다는 문제는 잊어버려라. 내가 아는 펨들 대부분에게 영향을 끼치는 것은 펨에 대한 존중이 없다는 문제다. 펨혐오와 트랜스여성혐오는 퀴어문화와 주류문화에 백만 가지 방식으로 주입된다. 이는 펨 젠더들이 본디 덜 급진적이고 더 자본주의적/동화주의적이라고 여겨지는 방식에서부터(메이크업과 드레스에 쓰는 돈은 나비넥타이와 부치 헤어 왁스에 쓰는 돈보다 어쨌든 더 자본주의적으로 여겨진다), "(트랜스 여성들의) 그 어떤 사소한 언어나 정치적 실수에도 시스젠더들은 '미친 트랜스년들'이란 꼬리표를 붙이며, 트랜스 남성들은 마치 다 안다는 듯 동의의 표시로 고개를 끄덕인다"라고 작가 모건 M. 페이지Morgan M. Page가 지적한 것과 같은 방식에 이르기까지 다양하게 이루어지며, 그 결과 트랜스 여성들은 공동체에서 외면받고 추방당한다.

다양한 젠더의 펨들femmes of many genders은 대대로 퀴어 및 트랜스 공동체 안의 여성혐오와 트랜스여성혐오에 대해 글을 쓰고 조직화운동을 해왔다. 이들 작업 덕분에 나는 이따금 숨을 깊게 들이마실 수 있다.

하지만 나는, 다른 많은 펨과 여성적인 사람들과 더불어, 여전히 여성혐오로 피해를 입고 있다─끝도 없는 공짜 돌봄노동과 감정노동은 그야말로 우리 공동체와 이 세상이 우리에게 맡긴 역할이다. 우리는 끊임없이 세상의 궁둥이를 닦아주게 되어 있는 것이다. 1990년대, 이제 막 신체장애인이 된 유색인 노동계급 펨으로서 나는 내가 속해 있던 퀴어 공동체와 급진적 교도소정의 공동체들이 나의 젠더를 얼마나 얕잡아 보는지─특히 내가 장애인이고 파산하고 학대 생존자로서 지원이 필요했을 때─자주 느꼈다. 그때 나는 정말로 형편없었다─나는 그저 또 다른 궁핍하고 나약한 **계집애**일 뿐이었지, 그치? 그런 공동체들 안에서 펨들이 존중받을 수 있는 유일한 자리는 우리가 터프하고, 취약하지 않고, 항상 '전원이 켜져 있고', 절대 아무것도 필요로 하지 않는 상태로 있는 것이었다. 나는 내가 혼자가 아니란 걸 알고, 이런 경험이 현재진행형이라는 것을 안다.

내가 아는 노동계급이자 빈곤한 펨, 흑인과 브라운 펨, 아프고 장애가 있는 펨, 아이를 양육하는 펨, 성노동을 하는 펨, 지방에 사는 펨들은 이런 엿 같은 상황을 참고 있다. 우리는 그 힘든 짓거리를 해낸다─복잡한 행진과 변혁적 정의운동을 조직하는 일에서부터, 사람들을 먹이고, 죽지 않게 하고, 쫓겨나지 않도록 대항하고, 삶을 떠받치는 노동에 이르기까지─우리는 잠도 못

가장 느린 정의

자고 모자라는 기력과 간당간당한 연료로, 계속해서 그런 일을 하고 또 한다.

이런 분야에서 우리의 조직화 기술은 믿을 수 없을 정도로 대단하지만, 남성적이거나 카리스마적인 리더십만큼 가치 있게 여겨지는 경우는 거의 없고, 사실 아예 기술로 여겨지지 않는 경우도 많다. 나는 우리의 기술과 유능함이 존중받고 보상받길 바란다. 문제는 이런 노동이 펨들이 공동체에서 보상받는 **유일한** 길인 동시에, 할지 말지를 선택할 일이 아니라 당연히 해야 할 일로 여겨지는 경우다(왜냐하면 너는 펨이니까, 맞지?) 이런 기대는 은밀하거나 직접적인 칭찬의 목소리로 나올 수 있다—너 **진짜 유능하구나? 너 이 일 진짜 잘한다, 우린 당연히 너한테 이걸 부탁하고 싶었지.** 하지만 글쎄, 그런 칭찬을 듣는다고 해도 그 일이 엄청 많은 일을 우리에게만 시키는 젠더화된 요구인 건 변함이 없다. 이런 젠더화된 상황에서 당신은 또한 한없이 갖다 쓸 수 있고 성가시게 해도 되는 사람으로 여겨진다. 사람들이 당신에게 도움이나 노동을 요청할 때, 당신의 반응을 예상하는 그들의 머릿속에 '안 돼'가 들어갈 자리는 전혀 없다. 너무나 자주, 우리가 펨으로서 또는 여성적인 사람으로서 하는 감정노동은 노동으로 여겨지지 않는다—그건 아예 공기 취급된다. 그건 네가 곁다리로 하는 별것 아닌 일이지. 진짜 조직화도 아니고, 진짜 일도 아니고. 그냥 감정에 대해 좀 얘기하고 식료품 좀 사는 것뿐이잖아. 여자애들이 하는 짓이지. 펨들이 하는 짓. 장애인과 아픈 사람들이나 하는 짓, 콘퍼런스 같은 걸 여는 진짜 활동가들의 일은 아냐. 그래도 고마워! 정말 도움이 됐어!

이 글을 더 이어가기 전에, 몇 가지는 분명히 짚고 가고 싶다. 나는 오직 펨이나 여성적인 사람들만이 돌봄노동을 제공하고 있거나 그럴 수 있다고 생각하지 않는다. 나는 이런 일엔 영 젬병인 펨들을 알고 있다. 그리고 나는 많은 남성적인 사람들, 그리고 다르게 젠더화된 사람들도 돌봄노동을 하고 있다는 걸 알고 있으며, 모든 젠더의 사람들이 우리 공동체 안에서 그런 노동을 주고받길 바란다. 나는 남성적인 사람들이 돌봄노동의 젠더화된 특성이 자신들에게 영향을 미치는 방식들에 대해 이야기하는 걸 들었다―항상 신체적으로 힘센 슈퍼 비장애인이길 기대받는 것에서부터, 자신의 필요 따윈 갖지 않고서 항상 그 자리에 있는 '바위'처럼 존재하길 기대받는 것에 이르기까지. 그리고 흑인과 브라운이고 노동계급에 가난한 남성들 및 남성적인 사람들이 사랑하고 아끼고 양육하고 돌봄노동을 하면 인종차별적이고 계급차별적인 관점에서 그걸 깜짝 놀랄 일로 바라보는 것에서부터, 장애가 여성화되고 장애인의 신체적 자율성이 부정되는 복잡한 방식들에 장애가 있는 남성적인 사람들이 영향을 받는 것에 이르기까지. 내가 파악하고 집중하고 싶은 것은, 여성혐오, 펨혐오, 트랜스여성혐오가 한데 모여 많은 젠더의 펨들을 아주 훌륭하게 엿 먹이는 방식들이다. 즉, 양육하고 돌보는 일을 '공짜 노동'으로 간주하는 짓에서부터 펨을 영구적으로 갖다 쓸 수 있는 대상으로 만드는 퀴어 및 트랜스 공동체 내부의 성차별적인 가정들에 이르기까지, 여성혐오·펨혐오·트랜스여성혐오가 펨들 및 여성화된 사람들로부터 엄청나게 많은 노동력과 에너지를 뽑아먹는 글로벌 젠더 체계의 일부인 방식 말이다. 또한, 젠더화된 임금

격차는 진짜다. 시스젠더 여성과 트랜스 여성들은 시스젠더 남성들보다 정말로 임금을 적게 받는다. 그리고 인종화되고, 장애인이고, 교도소와 시설에 감금되어 있고, 트랜스이고, 시골에 살고, 가난한/노동계급인 여성들과 펨들은 특히 더 형편없는 보수를 받는다.

두 번째로, 나는 기존의 돌봄노동에 반대하는 것이 아니다. 나는 퀴어, 트랜스, 아프고 장애가 있는 사람들, 노동계급 공동체들과 퀴어-트랜스-흑인-선주민-유색인 공동체들 안에서 우리가 서로 주고받는 돌봄과 상호원조를 사랑한다. 아프고 장애가 있으며 노동계급이고 브라운 펨인 나는 돌봄의 공동체들 없이는 살아남을 수 없었을 것이고, 내가 사랑하는 사람들 대부분도 그럴 것이다. 비장애인들이 전부 우리를 '잊어버릴' 때, 펨들과 아프고 장애가 있는 퀴어들이 서로를 위해 나타나주는 방식을 나는 격하게 사랑한다. 아프고 장애가 있는 사람들은 8시간 내내 심한 구토로 쓰러져 있다가도 약이 다 떨어졌다는 친구의 말에 여분의 이펙사를 전해주러 차를 몰고 나갈 것이다. 우리가 이렇게 하는 이유는 서로를 사랑하기 때문이고, 우리는 대개 서로를 잊지 말아야 한다는 신성한 믿음을 갖고 있기 때문이다. 우리를 '나약하다'고 생각하는 비장애인들은 전혀 모른다. 우리 장애인들의 삶은 매일이 철인 3종 경기와 같다는 것을. 장애인이고, 아프고, 가난하고, 노동계급이고, 성노동자고, 흑인이고 브라운인 펨들은 내가 아는 사람 중 가장 강인하고 가장 회복력이 강한 이들이다. 우리가 우리로서 이 세상에서 살아남기 위해서는 복잡한 내구력을 길러야 하는 것이다.

나는 이런 돌봄노동이 노동계급, 펨, 장애 특성을 띠는 방식을 사랑한다. 그저 나는 그게 어느 때든 그 어느 펨에게든 당연하게 기대되는 것으로 여겨지지 않길 바랄 뿐이다! 우리가 진이 빠지고 고갈되고 엿 먹었다고 느끼지 않게 할 몇 가지 원칙이 있으면 좋겠다. 나는 돌봄노동이 선택이 되길 원한다. 그리고 그 빼어나게 천재적인 기술이 인정받길 원한다. 이건 숙련노동이라고!

따라서 나는 돌봄을 제공하는 일은 곧 노동이라는 급진적 개념을 제기하고 싶다. 여기서 노동이란 그저 말 그대로다. 노동이라고. 내 말은, 우리가 제공하는 돌봄노동이 접근 가능하고 지속 가능한 운동을 건설하는 데 필수적이라는 뜻이다. 우리가 누군가 괜찮은지 확인하기 위해 문자를 보내고, 몇 시간이고 통화를 하고, 소파에서 잡담을 나누고, 자그마한 돌봄이라도 전해줄 때, 우리는 운동을 건설하고 유지하고 있는 것이다. 이런 일들은 우리 운동에서 부차적이거나 나중에 덧붙는 것이 아니다. 그런 일들이 우리의 운동이다. 그리고 나는 몇몇 가장 펨적인 운동 및 공동체—장애운동과 장애 공동체, 성노동운동과 성노동 공동체—가 여성화된, 아픈 생존자 돌봄노동을 완전히 중심에 놓기 때문에 매우 다르게 조직되는 것을 보아왔다.

최근 나는 실험을 하나 해봤다. 일주일 동안 내가 몇 번이나 돌봄노동이나 관련 지원을 요청받았는지, 그리고 그 요청을 누가, 어떻게 했는지에 대해 기록했다. 내가 뭘 알아냈냐고? 내게 연락한 펨들은 한 명도 빠짐없이(정말이다) 내가 어떻게 지내는지 안부를 먼저 묻는 것으로 입을 열었고, 부탁을 하기 전엔 이런 말부터 했다. "혹시 네가 시간이 있다면", "나를 좀 도와줄 여력이 네게 있을까?" 또는 "혹시라도 언제 네가 시간이 나면……".
또한 그들은 점심을 사주거나, 뭔가를 교환하거나, 심부름을 해
주거나, 수고비를 지불하겠다고 제안하는 경우가 더 많았다. 그
리고 내가 "어, 정말 미안한데 나 지금 당장은 못 하겠어"라고 말
하면 정중한 태도로 곧바로 수긍했다. 그러나 남성적인, 그리고
펨이 아닌 친구들은 거의 다 대뜸 "너 이거 좀 해줄래?"라고 말했
다—자기를 위해 기도해주고, 출판사와 연결해주고, 병원을 추
천해주고, 변혁적 정의운동이 대단히 잘못 돌아가고 있다고 분
통을 터뜨릴 때 그걸 들어주고, 신원보증인이 되어주고, 또는 질
문에 답해주는 일들을 해달라고 말이다. 이런 요청이 몇 달 동안
이나 소식을 듣지 못했던 사람에게서 갑자기 오는 건 드문 일이
아니었다. "네 생각에 이런 일을 할 시간이나 여력이 있을 것 같
니?"라는 말도 없고, "그 대신 내가 이런 걸 줄 수 있어"란 제안도
없고, "만약 네가 못 하더라도 정말 괜찮아"라는 말도 없었다. "어
떻게 지내?"라는 인사말도 없었다.

이건 열받는 일이었다. 나는 이걸 나만 겪지 않으리라는 것도
알고 있었다. 내가 다른 펨들과 나눈 대화는 우리의 돌봄노동에
대한 이야기로, 그리고 그 노동이 인정받지 못할 때 우리가 얼마
나 자주 착취당하고, 존중받지도 못하고, 고갈된다고 느끼는지
에 대한 불평으로 가득 차 있다. 이런 역학에서 성차별주의와 펨
억압은 거대한 그림자를 드리운다. 장애인, 백인, 노동계급 펨 시
인인 타라 하디Tara Hardy는 최근 시애틀의 퀴어 극장인 게이 시티
Gay City에서 상연한 아프고 장애가 있는 퀴어 공연 〈능숙한ADEPT〉
에서 이렇게 말했다. "펨들은 두 가지 방식으로 대상화된다. 성적

으로, 그리고 엄마로." 성차별적 세상에서, 엄마는 아무도 요청하지 않아도 일주일에 백만 시간의 무급노동을 한다.

지난 몇 년간 감정노동에 관한 글은 어마어마하게 쏟아져 나왔다—자주 다시 끌어올려져 이제는 50쪽 길이에 달하는 젠더화된 감정노동에 관한 메타필터Metafilter 스레드[1]에서부터 카이 쳉 톰과 케일럽 루나Caleb Luna[2] 같은 퀴어 트랜스 유색인 작가들이 쓴 글과, 자폐인들의 감정노동 실천에 대해 쓴 에이다 호프먼Ada Hoffman의 훌륭한 글[3]과, 내가 내 친구들 그리고 동지들과 나누고 또 보아온 백만 번의 대화들에 이르기까지. 여성적인 사람들이 해온 인정받지도 못하고 보수도 못 받는 노동의 뿌리와 역사를 생각하면, 이 거대한 문제를 어떻게 붙잡아야 할지 모르겠다. 하지만 나는 가사노동임금을위한흑인여성들Black Women for Wages for Housework을 비롯해, 백인우월주의-자본주의-식민주의-비장애중심주의-가부장제가 무급인 게 '자연스럽다'고 여긴 가사노동과 양육노동에 급여를 지급해야 한다는 대담한 요구를 하며 투쟁했던 여러 운동들에 대해 생각한다. 나는 전국가사노동자연합National Domestic Workers Alliance의 〈세대를 가로지르는 돌봄Caring Across Generations〉 캠페인 같은 운동들에 대해 생각한다. 이 운동에서 노인, 장애인, 그리고 이들을 지원하는 개인 돌봄노동자들—개인적인 돌봄 지원 노동이라는 여성화된 노동을 수행하는 이 노동자들의 상당수가 이민자, 흑인 또는 브라운이다—은 공정한 임금과 공정한 노동조건을 위해, 그리고 각 주의 보건복지 관계 부처가 돌봄 지원 노동자들에게 지정하는 임금률을 높이도록 하기 위해 조직적으로 연대한다. 나는 청소, 돌봄 및 관리, 양육, 접객·접대노동, 서비스노동처럼 고도로 여성화된 '핑크칼라' 분야에서 일하는 사람들이 얼마나 적은 임금을 받는지에 대해 생각한다. 과거 식당 종업원이었던 엄마가 일곱 살의 나에게 여성 종업원들의 합법적 보수가 최저임금 이하라서 어떻게든 돈을 벌려면 팁에 의존해야 하는 상황에 대해 설명하고(그리고 팁은 섹시하고 착하고 귀엽다고 여겨지는 펨 감정노동에 의존한다), 팁으로 **최소** 25퍼센트를 지불할 수 없으면 밖에 나가 밥을 사먹지 말아야 한다고 이야기했던 걸 떠올린다. (메사추세츠주에서 현재 사업주가 식당 여성 종업원에게 현금으로 지급해야 하는 최저임금은 1시간에 2.66달러다.[4] 1960년대에 엄마는 이보다 훨씬 적게 받았다.) 그리고 나는 흑인, 선주민, 브라운, 노동계급 여성들과 펨들의 몸이 공짜로 혹은 푼돈만 받고 일하도록 강요받는다는 점에 대해 생각한다—플랜테이션 농장에서, 스리랑카나 다른 많은 남반구 국가들의 수출가공 구역 공장들에서, 그리고 그 외의 곳에서 노예처럼 부려지는 사람들. 나는 요양원과 시설에 감금되어 '보호작업장'에서 최저임금 이하로 부려먹히는 장애인과 미친 사람들에 대해 생각한다. 그리고 교도소에서 푼돈의 시급만 받고 일하는 사람들에 대해 생각한다. 마지막으로, 나는 많은 성노동자들이 감히 뻔뻔하게(!) 성적이고 감정적인 노동에 대해 돈을 받으려 한다는 이유로 맞닥뜨리는 분노와 억압에 대해 생각한다. 이 모든 억압과 저항의 뒤엉킨 역사와 현실들을 빼놓고 감정노동, 돌봄노동, 젠더에 대해 생각하고 말한다는 건 불가능하다.

이 모든 것 때문에 나는 해결책이 무엇일지에 대해 생각하기 시작했다. 만약 돌봄노동이, 그러니까, 노동이라면, 그리고 우리가 항상 감정 경제에 참여하고 있다면, 공정한 돌봄노동 경제는 어떤 모습이고 어떻게 느껴질까? 나는 보수로 무엇을(돈, 돌봄노동, 혹은 인정), 그리고 어떻게 받고 싶은가? 노동권이 중시되며 내 일이 안전하고 보상받는 상황이라고 느끼기 위해, 나는 나의 노동조건이 어떠하길 바라는가?

내 생각은 이렇다. 이것은 시작일 뿐이지만, 모든 혁명은 어딘가에서 시작하기 마련이다. 이런 생각들은 하나의 실험이고 진행 중인 작업이다. 자유롭게 당신의 생각을 추가해주면 좋겠다.

공정거래 감정 경제는 합의를 기반으로 한다. 공정거래 펨 돌봄 감정노동 경제에서는 합의된 바 없는 돌봄/엄마 노릇이 당연하게 기대되는 일은 없을 것이다. 사람들은 먼저 물어볼 것이고, '네', '아니오', 혹은 '아마도'라는 답을 들을 준비가 되어 있을 것이다. 나는 당신이 돌봄이나 지원을 제공할 수 있는지 묻는다. 당신은 스스로 여력이 있는지 생각해본 다음 솔직하게 '네', '아니오', 혹은 '아마도'라고 답한다. 이 패러다임에서, 어떤 종류의 돌봄과 지원을 제공할 수 있는지를 계속해서 파악하고 또 파악하는 건 그 돌봄을 제공하는 사람의 몫이다. 돌봄을 받는 사람이 할 일은 어떤 상황에서 자신이 무엇을 필요로 하고 무엇을 받아들일 수 있는지를 파악하는 것이다. 양쪽 모두 이를 파악하기 위해선 어느 정도 도움이나 심사숙고가 필요할 것이다. 이런 협상도 가능하다. 당신은 "나는 그건 못 하지만 이걸 할 수는 있어"라고 말할 수 있고, 나는 "그 제안은 고마워. 하지만 나는 지금 당장 그저 이야길 들어줄 수 있는 누군가가 필요해"라고 말할 수 있다. 그리고 무엇보다 중요한 건, '아니'라고 말해도 괜찮다는 것이다. 이렇게 말할 수 있다. "자기야, 나도 그럴 수 있다면 좋겠어. 하지만 지금 당장은 내가 너무 지쳐 있거든. 너와 이야기할 만한 다른 사람이 있을까?"

공정거래 돌봄망은 돌봄에 대한 아프고 장애가 있는 사람들의 지식에 의지한다. 아프고 장애가 있는 사람들은 많은 초능력을 갖고 있다. 그중 하나로, 우리 중 많은 이들은 돌봄을 협상하고 조직하는 고도로 발전된 정교한 기술을 갖고 있다. 아프고 장애가 있는 많은 사람들은 의료진에게서든 친구와 가족에게서든 거들먹거리며 "불쌍한 것!" 취급하는, 자선에 기초한 형편없는 돌봄을 받아본 경험이 있으며, 이런 돌봄은 받지 않느니만 못했다. 또한 많은 장애인들은 의료 시설과 요양원에서, 가족에게서, 개인 활동보조인에게서, 학대나 다름없거나 강압적인 돌봄에 직면한다. 또한 우리는 살면서 매일매일, 의사는 물론이고 길 가다 만난 낯선 사람에게서도 청하지도 않은 의료적 조언을 받는다 (우리의 다발성경화증을 당근주스가 치료해줄 거라고 정말로 믿는 사람들도 있다). 이 모든 제안은 '좋은 의도'에서 나온 것이지만, 이는 또한 우리에게 침범해 들어오는 것이고, 우리가 요청한 적 없는 것이고, 대부분 장애를 불편해하고 우리를 '고치고' 싶어 하는 마음에서 나오는 것이다.

돌봄노동에서 동의라는 개념은 소위 돌봄이라 불리는 이런 종류의 엉망진창을 견뎌온 우리의 경험으로부터 나온 급진적인 개념이다. 내가 드나드는 아프고 장애가 있는 사람들의 온라인 커뮤니티에서는, 조언을 제공하기 전에 먼저 물어보고, 해결책이나 팁을 구하는 게 아닌 경우에는 이를 구체적으로 명시하고,

혹은 해결책이 필요할 땐 구체적으로 어떤 종류의 정보를 원하는지를 명시하는 게 일반적이다. 아프고 장애가 있는 사람들이 우리가 원하고 필요로 하는 종류의 돌봄을 스스로 결정하고 그 외 나머지에 대해서는 싫다고 말한다는 것 자체에 충격받는 사람들이 많다. 비장애중심주의는 아프고 장애가 있는 사람들이 항상 '환자'이고, 의학이나 신이 고쳐주기만 기다리는 망가진 사람들이며, 언제 어느 때고 누가 무엇을 제공하든 그것에 감사해야 한다고 명령한다. 이와 달리 급진적 장애정의 입장은 장애인들이 자신의 몸과 삶의 전문가인 곳, 자신이 동의하거나 동의하지 않을 수 있는 곳에서부터 움직이면서 비장애 중심적 세계를 대대적으로 바꾼다. 우리 심신의 최고 책임자는 우리 자신이다. 이는 비장애인을 포함해 모든 사람에게 매력적인 함의를 갖고 있다.

공정거래 펨 장애 돌봄망은 상호호혜적이다. 최근에 내 친구 샤넬 갤런트가 페이스북 펨 공동체-건설 및 지원 그룹인 펨비밀결사단Femme Secret Society에 이런 코멘트를 남겼다. "때로 내가 아직은 친구가 아닌 사람들에게서 조언과 지원을 부탁받을 때, 나는 그 부탁을 들어주는 것과 교환해서 그들도 내게 뭔가를 해주는 편을 선호한다. 우리가 같은 도시에 살고 그들이 내게 요구한 일이 몇 시간쯤 걸리는 일일 때, 나는 그들에게 밥 한 끼 해줄 수 있는지를 물어볼 수 있다." 그녀는 이 그룹의 펨들에게, 공짜 노동을 요청받았을 때 그에 대한 보상으로 어떤 것들—현금을 포함해서—을 요청해봤는지 질문했다. 펨들은 "내가 잠시만 당신의 두뇌를 빌려도 될까요?"라는 말로 시작하는 낯선 이가 보낸 이메일 또는 감정적 지원을 바라는 크고 복잡한 요청들과 교환해서 음식, 서비스, 반려동물 돌봄, 타로카드 해석, 개인적인 일 돕기, 혹은 바디워크bodywork[5]를 요청한 적이 있다고 이야기했다.

우리의 감정노동과 교환해서 무언가를 요청하는 것에 대한 갤런트와 다른 펨들의 대화를 접한 건 획기적인 전환점이 되었다. 나는 메일함에 끝없이 날아드는 정보, 멘토링, 지원 요청에 대한 대가로 나도 무언가를 요청할 수 있다는 생각을 거의 해보지 못했었다. 비공식적으로는, 특히 내가 속한 장애 공동체와 펨 공동체들에서는 종종 만약 당신이 돌봄을 준다면 뭔가를 돌려받는다는 ─ 그게 좋은 매너라는 ─ 암묵적인 규칙이 분명히 존재했다. 많은 흑인과 브라운 공동체들에서 이 모든 것은 좋은 매너에 대한 개념, 또는 그저 당신이 사람들을 어떻게 대우하라고 배우며 길러졌는지 ─ 어떤 사람들은 가정교육이라고 부르는 것 ─ 와 잘 맞는 것처럼 보였다. 나는 친구를 태우고 오려고 공항으로 마중 나갔고, 여행 중인 그 친구는 우리 집 소파에서 잤고, 내가 그가 사는 도시로 여행 갔을 때 그도 내게 같은 일을 해줬다. 하지만 이따금 나는 많은 것을 주고도 아무것도 돌려받지 못해 고갈된 채 남겨졌다. 감사 인사조차 받지 못한 채.

내 삶에서 정말로 많은 것들이 바뀌었다 ─ 내가 나의 돌봄노동을 단순히 '마땅히 해야 할 일'이라거나 '그냥 질문에 답해주자, 잠깐이면 되는걸'이라고 생각하는 대신에 노동으로 생각하기 시작했을 때. 내가 공짜 노동을 얼마나 할 수 있을지, 노동의 대가로 받고 싶은 게 있지는 않은지 생각해보기 시작했을 때.

모든 게 항상 50대 50이어야 할 필요는 없다. 나는 이 점이 생존을 위해 많은 돌봄이 필요한 사람들, 항상 아주 많은 걸 돌려줄 수 없을지도 모르는 사람들에게 특히 중요하다고 생각한다. 하지만 그저 "저기, 방금 네가 해준 거 봤어" 또는 "내가 지금은 너무 아파서 아무것도 못해주지만, 내가 할 수 있을 때 이걸 해 줄게", 아니면 고맙다는 말 정도라도 일반적으로 무언가를 돌려주는 방향으로 가야 한다고 주장하고 싶다. 젠장, 지난주에 어떤 사람은 나한테 고맙다며 가게에서 슬쩍한 10달러짜리 고급 양배추 절임 한 병을 줬다고! 항상 받기만 하고 결코 돌려주지 않는 건 좋은 매너가 아니다.

돌봄노동의 상호호혜성은 또한 장애 실천이기도 하다. 장애 공동체에서 우리는 정확히 똑같은 유형의 돌봄을 되돌려줄 수 없을지라도 여전히 서로에게 상호호혜성을 제공할 수 있다는 생각에 대해 이야기한다.

예를 들어, 만약 내 장애 몸이 너의 장애 몸을 화장실까지 들어 옮겨줄 수 없다고 해서 내가 상호호혜적이 될 수 없는 건 아니다—상호호혜적이라는 건 내가 내 몸으로 할 수 있는 일로 동등하게 기여한다는 뜻이다. 물리적 돌봄이 힘들다면 나는 당신의 의료진을 알아봐줄 수 있고, 쇼핑하러 나가는 김에 식료품을 사다줄 수 있고, 또는 당신이 데이트 상대 중 한 명의 비장애 중심성에 분통을 터뜨릴 때 이야기를 들어줄 수 있다.

공정거래 돌봄노동은 일방적이고 펨혐오적이고 성차별주의적인 난장판이 아니다. 남성적인 사람들 그리고 다른 젠더의 사람들도 감정을 알아차릴 수 있고 경청할 수 있고 아이를 돌볼 수 있다! 내가 존나 신에게 맹세컨대, 이건 배울 수 있는 기술이다!!

공정거래 돌봄 경제는 말하자면 일종의…… 영속농업? 같은

가장 느린 정의

것일 수 있다. 단일경작이 아닐수록 더 지속가능한 체계가 될 것이다. 다른 종류의 돌봄을 주고받는 다양한 부류의 사람들이 더 많아질수록, 서로의 경계선이나 기복을 받아들일 여지가 많아지고, 지쳐 나가떨어진 사람들을 위한 자리도, 삶의 새로운 국면으로 옮겨가는 사람들을 위한 자리도 많아진다. 불구들과 비규범적 사람들은 수많은 다양한 재능을 제공할 수 있는데, 정상인과 비장애인들은 종종 우리가 제공할 수 있는 게 없을 뿐만 아니라 오직 돌봄을 받을 수만 있다고(그것도 아랫사람 취급당하면서 학대에 가까운 돌봄을) 가정한다. 하지만 돌봄이 꼭 일방적일 필요는 없다. 돌봄은 계속해서 민감하게 반응하며 움직이는 하나의 생태계가 될 수 있고, 그 안에서 자라난 것들은 필요에 응답한다.

휴가, 휴무, 병가, 주말, 초과근무 수당도 거래에 포함될 수 있다. 타깃Target[6]에서 일하는 거랑은 아마 좀 다르겠지만…… 어떤 식으로든? 공정거래 장애인 펨 노동계급 감정 돌봄 경제는 사람들에게 잠깐 감정노동을 쉴 수 있는 시간을 줄 것이다. 우리는 우리가 지고 있는 과도한 책임에 대해 상한선을 갖게 될 것이다. 우리는 위기 대응에서 또 다른 위기 대응으로 튀어나가는 것 이상의 삶을 살게 될 것이다.

왜냐하면 우리는 기쁨과 휴식을 누릴 자격이 있으니까. 그리고 위기와 극단적 상태는 인간 경험의 공통된 부분이긴 하지만, 이 경제적 체계 안에서 우리가 이제 막 정말로 힘든 시간을 지나왔을 때—누군가 자살하고 싶어 하거나 공동체 안에서 힘든 죽음을 겪어나갈 때 그 자리에 있어주었다든지—그건 그저 괜찮은 상황이 아니다. 우리가 한 위기를 막 끝내자마자 다음 위기로 달려가는 대신에 다른 누군가에게 바통을 넘겨주고 움직여달라고 요청하는 건 받아들여질 수 있는 일이고, 정상적인 일이다.

장애인 펨 공정거래 감정 경제는 감사의 말을 받는다. 우리의 일은 일로 여겨진다. 우리의 감정노동은 존중받는다. 평소 우리는 노동해달라는 요청을 한 번만 받는 것이 아니라 받고 또 받는다. 굳이 말하자면, 그런다고 우리가 감사 카드와 보너스를 받기라도 하나? 나는 꼭 크리스마스 때 주고받는 스타벅스 상품권을 말하는 것도 아니고, 우리 중 많은 이가 돌봄을 받을 때 그 대가로 강요받는 종류의 감사함에 대해 말하는 것도 아니다. 나는 비굴한 태도나 헛소리와는 관계없는, 돌봄의 진가를 알아보고 존중하고 감사하는 문화에 대해 말하고 있는 것이다. 나는 우리 중 많은 이들이 이미 하고 있는 것에 대해 말하고 있는 것이다. 즉 누군가 하고 있는 노동을 알아차리고 감사하고 목격하고 증언하는 것 말이다.

상상해보자. 펨 노동이 무급에다 무슨 수도꼭지 틀면 나오듯 요구되는 엄마 역할로 치부되는 대신에, 우리가 우리의 노동으로 감사를 받고 보상받을 수 있다면, 그리고 일한 다음에 웃으며 긴장을 풀고 쉴 수 있다면 우리가 얼마나 자유로워질지. 상상해보자. 펨 노동이 보상받고 노동조건이 공정하다면—아마도 모든 사람이 그 일을 더 하고 싶어 할 거다. 상상해보자. 만약 우리가 우리의 돌봄노동으로 존중받을 뿐 아니라 돌봄노동 그 이상의 존재임이 받아들여진다면 어떻게 될지.

상상해보자. 모두에게 차고 넘치는 양의 돌봄이 있다면 우리가 얼마나 많은 것을 얻을 수 있을지.

1   [역주] 메타필터(Metafilter)는 1999년 개설된 미국의 온라인 커뮤니티로, 이용자들은 문화, 사회 이슈, 일상적 고민 상담 등 다양한 주제로 교류하고 정보를 교환한다(www.metafilter.com). 여기서 언급한 스레드는 다음의 글로 보인다. siatrix, ""Where's My Cut?": On Unpaid Emotional Labor," https://www.metafilter.com/151267/Wheres-My-Cut-On-Unpaid-Emotional-Labor. 'siatrix'라는 아이디를 쓰는 사람이 2015년 7월 15일에 최초로 게시글을 작성했고 1090명의 이용자가 2057개의 댓글을 달았다.

2   [역주] 케일럽 루나(Caleb Luna)는 예술가이자 인종, 장애, 섹슈얼리티와 비만의 교차를 연구하는 몸 이론가로, 현재 캘리포니아대학 산타바바라 캠퍼스의 여성학 조교수이다. 대표작은 《리벤지 바디(Revenge Body)》(New York, NY: Black Lawrence Press, 2023)이며 팟캐스트 〈언솔리시티드(Unsolicited: Fatties Talk Back)〉의 공동 진행자다. 홈페이지는 다음과 같다. https://www.caleb-luna.com

3   [역주] 에이다 호프먼(Ada Hoffman)은 SF소설가이자 논픽션 작가다. 자폐인 당사자로서 자폐인을 주인공으로 하는 스페이스 오페라 3부작 《아웃사이드(The Outside)》(London: Angry Robot, 2019)를 썼고 다양한 선집에 단편소설과 시를 실었다. 필립 K. 루이스상 최종 후보에 오른 바 있으며 자폐 스펙트럼과 신경다양성에 관한 중요한 비평을 쓰고 있다. (홈페이지를 보라. https://www.ada-hoffmann.com) 본문에서 언급한 글은 다음의 글로 보인다. Ada Hoffmann, "Autism and Emotional Labour", *THE INFINITE*, 2018.1.30. https://www.ada-hoffmann.com/2018/01/30/autism-and-emotional-labour/

4   [역주] 메사추세츠주 노동법은 팁을 받는 노동자에게 일반 최저임금보다 낮은 임금을 지급하는 것을 허용하고 있으며, 2024년 현재 메사추세츠주의 일반 최저임금은 시간당 15달러이고 팁을 받는 직종의 노동자가 팁 외에 보장받는 최저임금은 시간당 4.35달러다.

5   [역주] 바디워크(bodywork)는 약물이나 의료기기 같은 현대의학에 의존하지 않는 자연적 치료법의 총칭으로, 신체 접촉, 호흡, 언어소통 등 다양한 방식을 통해 신체 기능을 향상시켜 신체적·정신적 치유에 이르는 것을 목적으로 한다. 한국에서는 주로 필라테스나 도수 치료 관련 분야에서 이 용어를 사용하고 있다.

6   [역주] 타깃(Target)은 미국 전역에 있는 대형 슈퍼마켓 체인점이다.

9장

예시적 정치와 급진적으로
접근 가능한 공연 공간

도래할 세상을 만드는 일

아프리카인 혁명 지도자 아밀카르 카브랄Amilcar Cabral이 서술했듯, 만약 문화가 "민중의 집단적 인격"이라면, 예술은 민중이 집단적으로 꾸는 꿈의 총체다. 강압적 통제가 없을 때 예술은 마치 꿈처럼 일상 속에선 억눌려온 가장 깊은 희망, 두려움, 그리고 진실들에 자연스레 이끌린다. (……) 예술은 의식적인 꿈-이야기, 즉 우리 민중의 삶에 영향을 줄 잠재력을 보유한 믿음직한 창작물이 된다.
— 리카르도 레빈스 모랄레스Ricardo Levins Morales

예시적 정치는 우리가 지금 보길 바라는 세상을 상상하고 건설한다는 발상을 고상하게 일컫는 용어다. 이 정치는 마치 혁명이 일어난 것처럼 각성하고 행동하는 것이다. 예를 들어, 이 정치는 의료-산업복합체가 얼마나 엿 같은지에 대한 보고서를 작성하는 대신에(이 일도 중요하지만), 장애인, 노동계급/빈곤층, 흑인, 선주민, 유색인들을 중심에 놓고, 이들이 감당할 만한 비용에다 형편에 따라 요금을 더 낮춰주는 공동체 침술소를 만드는 일이다. 내 생각에 이 정치는 〈미디어 연합 회의〉의 원칙과 유사하다. "우리는 공격보다 건설에 더 많은 시간을 쓴다." "우리는 우리의 무력함이 아니라 우리의 힘에 초점을 맞춘다."

내가 작문과 공연을 공부했던 고등교육 프로그램들은 공연예술, 연극, 스포큰 워드 작품을 만들 때 접근 가능성을 창출하는 법에 대해서는 기본적으로 전혀 가르치지 않았다. 그런 프로그램들은 진공 상태에서 '예술' 작품을 창조하는 데 거의 언제나 초점이 맞춰져 있었다. 예술 그 자체만큼 중요하고 예술과 분리될 수 없는 관객, 공연 공간, 예술을 담아낼 그릇, 예술을 위한 공동체에는 거의 관심을 기울이지 않았다. 전단지를 만드는 법이나 예산을 짜는 법에서부터 수어를 잘하는 법, 무향 공간을 만드는 법, 자기 몸이 극도의 비장애-신체가 아닌 공연자들도 접근 가능한 속도로 진행되는 공연을 만드는 법에 이르기까지, 실용적인 기술은 상아탑에서 무시되었다. 만약 누군가 공연자나 참석자를 위한 접근 가능한 공간을 창출하는 법에 관해 질문했다면, 그 사람은 온화하게 또는 그리 온화하지 않은 방식으로 경멸당했으리라는 생각이 든다. 그런 것들, 공동체를 기반으로 한 예술이나 예술 치료 같은 것들은 '진짜 예술' '전문적인 예술'이 아니라는 거다. 공연자이자 큐레이터이자 프로듀서로서, 나는 당신이 공연을 어떻게 하는지, 그리고 그 공연을 보러 누가 와 있는지가 무엇이 무대 위에 올라가는지만큼이나 중요하다고 믿는다. 내가 선호하는 공연 공간은 공연이 진행되는 2시간 동안은 일시적으로 공동체가 되는 공간들, 자유 그 자체처럼 느껴지는 자치 구역이 되는 공간들이다. 그런 공간 안에 있으면, 우리는 우리가 항상 원했지만 거의 목격하지 못했던 것들을 냄새 맡고 맛보고 느낄 수 있다. 이는 무대 위에서 우리가 보는 것들, 그리고 우리가 목격자들의 공동체 역할을 하는 관객으로 상호작용하고 참여하는 방법 모두에서 이루어진다. 공연자와 참석자와 노동자들이 접근 가능한 공간, 장애가 주변화되지 않고, 구색 맞추기로 포함되지도 않고, 단순히 부재하지도 않는 공간을 갖추는 것은, 애초에 돈을 쓸 여유가 되고/되거나 거기에 올 수가 있는, 대부분이 비장애인에 젊고 아이를 양육하지 않는 사람들로 가득 찬 공연 공간을 갖추는 것과는 매우 다르다.

억압받는 사람들로서 우리는 많은 것을 통제하지 못한다. 하지만 우리가 때로 통제할 수 있는 유일한 것이 무대다. 무대는 예시적 정치가 될 수 있다.

나는 패티 번에 대한 이야기를 자주 한다. 신스인발리드의 공동 창립자인 그녀는 아이티계 일본인 펨이며 전동휠체어를 사용하는 장애인이고 신스인발리드의 완전 멋진 예술가이자 조직활동가다. 언젠가 나는 그녀에게 장애정의를 발전시킬 주된 수단으로 공연예술을 선택한 이유가 뭐냐고 물은 적이 있다. 왜 그냥 워크숍을 하지 않아요? 그녀는 잠시 생각에 잠겼다가 말했다. "당신도 알다시피, 나는 백인 장애인들이나 유색인 비장애인들에게 우리를 신경쓰라고 설득하려 애쓰면서 안색이 퍼렇게 질릴 때까지 워크숍을 할 수 있어요. 실제로도 그렇게 했고요. 아니면, 나는 그들이 꾸는 꿈과 악몽 속으로 그들을 데려가 조져버릴 3분짜리 공연예술을 만들 수도 있어요. 나는 이쪽 길을 선택한 거죠."

공연에서 장애, 접근성, 접근 가능성에 관한 것은 거의 고려되지 않는다. 접근성은, 그게 생각이 나기라도 한다면, 일이 다 끝난 다음에야 죄책감을 타고서 뒤늦게 떠오르는 것이고, 대개는 접근 가능성에 대한 장애인들의 문의가 있을 때에야 생각나는 것이다. 이런 요청에 대한 응답은 대개 죄책감, 방어, 놀라움을 동반하고, 허둥지둥 형편없는 접근성을 갖추려고 하거나, 막판에야 애를 써보거나, 아예 그조차도 하지 않는 식으로, 또는 단순히 비장애인의 눈물로 때우는 식이다. 왜냐하면, 퀼리 드리스킬이 말하듯 비장애중심주의가 작동하는 방식 중 하나는 장애

인들이 "소위 급진적 미래에 대한 상상 안에 아예 존재조차 하지 않는 것"이기 때문이다.[1]

더욱이, 비장애중심주의적 주류 공연 공간들에서 접근성은 대개 관객들이 혹여 관심을 가질 때에나 고려될 뿐이다. 내 경험상 대부분의 극장 관리자 및 직원들은 공연자, 연출자, 음향 및 조명 기술자, 무대감독, 자원봉사자들이 장애인일 수 있다는 점을 상상조차 하지 못한다. 이 글을 쓰면서 분명히 기억나는 일화가 있다. 나는 한 공연장 관계자에게 무대가 접근 가능한지 전화로 문의한 적이 있다. 그는 세 번이나 "오 그럼요, 문에 경사로가 있어요"라고 답했고 내가 또다시 "알겠어요. 그런데 **무대**로 가는 경사로가 있나요?"라고 묻자 잠시 말문을 잃었다. 공연자 중 한 명이 휠체어 사용자이리라고는 상상할 수 없었던 거다. 마침내 질문을 이해한 그는 주저 없이 이렇게 말했다. "글쎄요. 그럼 그분은 그냥 무대 아래 바닥에서 공연해야 할 것 같네요." 그는 그런 상태―비장애인들과 걸을 수 있는 불구들은 무대 위로 올라가고 너는 그 아래 바닥에 있어라―가 암시하는 이등시민 취급에 대해서는 1초도 생각하지 않고 말을 내뱉었다.

이는 모든 사람을 엿 먹이는 짓이다. 더 높은 접근성은 모두를 위한 거니까! 전화상으로 내게 "네 그럼요, 접근 가능해요"라고 말했던 극장 관리자에 관해 말하자면 끝도 없다. 첫 공연날 밤 우리는 공연자 휴게실에서 무대까지 이어지는 멋진 경사로를 보고 크게 기뻐했었다. 2년 후 우리가 그곳에 다시 갔을 때 경사로는 사라져 있었다. 무슨 일이 일어난 거지? "아, 여러분 중 휠체어 탄 사람이 있다는 걸 알고 우리가 여러분을 위해 경사로를 설

가장 느린 정의

치했었는데, 여러분 공연이 끝난 다음에 철거했어요." 한 직원이 거들어주듯 설명했다—마치 그게 말이 된다는 양. 흑인이고 휠체어 사용자이며 퀴어이고 펨이고 댄서이자 작가인 내 친구 네베 마지크-비앙코는 그 소식을 전하는 나를 차분하게 바라보며 이렇게 말했다. "리아, 우리는 그저 기억해둬야 돼. 비장애인들이 무슨 수를 써서라도 접근성을 파괴하리란 걸." 아이러니한 점은 넓고 멋진 경사로는 모든 사람에게 도움이 될 거라는 점이다—휠체어를 타는 사람들, 지팡이를 사용하는 사람들, 그리고 극장에서 하는 일이 흔히 그렇듯 무대에 많은 소품을 끌어다놓아야 하는 '정상인'들. 바로 그거다. 억압은 도움도 안 되고 논리적이지도 않다.

우리가 치유자가 될 리는 없다고들 한다. 왜냐하면 비장애 중심적 상상에 따르자면 우리는 명백히 '치유되지 않고' 망가져 있기 때문이다. 그리고 우리가 공연자가 될 리도 없다고들 한다. 예외적으로, "용감한 불구자들을 향한 박수갈채 속에서, 그러나 1) 훌륭한 공연자이거나 2) 예상치 못한 충격적인 뭔가를 갖고 있을 거란 기대는 받지 않는" 방식으로는 공연할 수 있다. 자선 모델은 불구 예술이 사유될 수 있는 방식에, 또는 그런 게 조금이나마 사유될 가능성 자체에도 영향을 미친다.

그럼에도 공연을 준비하는 즐거운 작업으로 나를 이끌어주는 것, 그리고 접근성을 실현하고자 할 때 일어나는 일들은, 공연 제작에서 나중에 덧붙여지는 일이 아니라 처음부터 그 공연을 그려보고 창조하는 작업의 핵심 부분이다.

아마도 당신은 관객이 공연을 만든다는 말을 들어봤을 거다.

유색인 공연자로서, 나는 모두가 퀴어-트랜스-흑인-선주민-유색인인 관객 앞에서 공연하는 것과, 대다수가 백인인 관객 앞에서 (또는 백인이 맨 앞쪽 좌석을 다 차지한 곳에서) 공연하는 것은 엄청나게 다르다는 것을 안다. 신스인발리드 공연에서 관객은 공연만큼이나 중요하다. 관객이 공연의 일부다. 왜냐하면 관객은 곧 교차-장애적이고 철저히 접근 가능한 공간, 흑인이나 브라운, 경제적으로 취약한 이들에게도 접근 가능한 공간을 반영하는 초상이기 때문이다.

나는 신스인발리드 공연에 처음 갔을 때 불구문화를 정면으로 맞닥뜨렸다. 맨 앞에 휠체어와 장애인 전동스쿠터 사용자들이 있었고, 수어 통역사들 바로 앞에 농인, 난청인, 수어 사용자들이 줄지어 있었고, 저신장 장애인들, 지팡이 사용자들, 활동보조인과 함께 온 사람들, 통증에 시달리는 사람들, 옷을 차려입은 사람들, 흰색 옷만 입고 있는 사람들, 약을 달고 사는 사람들, 치근덕거리는 사람들, 주변을 온통 에워싼 화학물질들을 견디기 위해 혀 밑에 활성효소를 뿌리는 사람들, 오디오 해설자 옆에 앉은 사람들, 흑인들, 브라운들, 그리고 백인들이 있었고, 누구도 돈이 부족하다는 이유로 쫓겨나지 않았다. 이 경험은 가장 좋은 방식으로 나를 망쳐놨고, 내 인생을 변화시켰다. 이것이 관객이었다. 나는 이 관객의 일부였다. 브라운이고 아픈 사람으로서. 우리는 다른 무언가로 바뀌지 않았고, 비장애인으로 패싱하려고 애쓰지도 않았고, 그저 입장이라도 하려고 또는 무대 위 우리들을 5초라도 보려고 싸우지도 않았다. 도래할 세상이 이미 거기 있었다. 그리고 우리는 "죄송해요, 이 공간은 접근 불가능하지만 당신은 공연을 온라인 생중계로 볼 수 있답니다!" 취급받지 않았다. (짚고 가기: 나는 돈, 병, 피로 등의 이유로 공연에 참석할 수 없는 사람들이 공연에 접근할 수 있게 만드는 한 가지 방법으로서 온라인 생중계에 완전 찬성한다. 하지만 이는 접근 불가능한 장소에 대한 괜찮은 해결책이 아니다. 아프고, 장애가 있고, 농인이고, 미친 사람들 역시 공연을 보기 위해 모인 공동체의 일부가 되고 싶어 할 것이다.) 우리는 나중에 덧붙여지는 것이 아니었다. 그 자리에 올 수 있었던 비장애-신체인 사람들이 호의를 베푼 게 아니었다.

그 후 몇 년 동안, 나의 장애 의식과 정체성이 자라남에 따라, 그리고 아프고 장애가 있는 다른 사람들과 함께 어울리고 이야기하고 생각하고 장애정의 문화를 건설하는 일에 참여함에 따라 나는 훨씬 더 많이 생각하기 시작했고, 접근 가능한 방식의 공연을 계약하고 또 제작하는 일을 실행에 옮기려 노력하기 시작했다. 나는 이런 일을 하는 다른 이들로부터 많이 배웠다.

내가 장애인 제작자로서 별생각 없이 하고 있던 일 — 무향 비누 구입, 수어 통역 예약, 농인 전용 홍보물 만들기, 모두가 그들의 대본을 2주 일찍 통역사들에게 꼭 전달할 수 있도록 해주기, 36인치 너비로 테이프를 붙여서 통로를 표시하기, 수어 통역사와 농인과 난청인들이 서로 가까이 앉을 수 있도록, 그러면서도 시야는 확보되도록 자리를 확인하기, 공연 전에 무향에 대해 미리 교육하는 시간을 갖기, 아이 돌봄 노동자들을 모집하기, "오 그럼요, 접근 가능해요"라는 응대를 뚫고 거듭 공연장에 전화해 그게 정말로 무슨 뜻인지를 알아내기, 접근 가능한 장소에 대한 정보를 모은 구글 문서를 공동으로 만들기 — 이 접근 가능한 공연을 만드는 역량이 담긴 일련의 특수한 기술이자, 그 누구도 이런 일을 하면서 **동시에** 연출도 하고 무대에도 오르는 등 다른 일까지 해서는 안 되는, 하나의 직종이었음을 깨닫기까지는 오랜 시간이 걸렸다. 그리고 이 일은 여성화되고 장애인이 하는 문화노동이기 때문에 비가시화된 노동이었다. 그리고 이 일은 연극학 또는 공연예술학 석사과정에선 결코 가르쳐주지 않는다. 그리고 대개, 그런 일이 이루어질 때, 그것은 아프고 장애가 있고 농인이고 미친 사람들이 그 일을 실현하기 때문이었고, 우리가 (1) 그 일의 실현에 신경쓰는 사람들이고 (2) 그걸 이루기 위한 아프고/장애가 있고/미친/농인 과학 및 기술을 갖고 있는 사람들이기 때문이었다.

신스인발리드 공연에 처음 간 날로부터 5년이 지나, 망고위드칠리Mangos with Chili[2]의 토론토 공연을 계약하는 작업을 하고 있을 때 나는 스스로에게 말했다. 토론토 문화가 바뀌었구나. 완전히 다 바뀐 건 아니지만 말이다. 토론토의 문화는 자동적으로 변화한 것이 아니라 토론토에서 교차 장애 및 농인 문화운동이 진행된 수십 년의 세월을 거치면서 변화했고, 늘 그랬듯 접근 불가능한 공간에서 퀴어 공연을 여는 게 더 이상은 그냥 용납될 수 있는 일이 아니었다. 접근 불가능한 공간에서 공연을 연 사람들은 그에 대한 저항을, 그리고 공동체에서 우리들의 분노에 찬 목소리가 높아질 것을 예상할 수 있었다. (이 말을 하면서 좀 주저하게 되는데, 여전히 너무도 많은 공간이 접근 불가능하다는 걸 나도 알고 있고, 이게 지금도 진행 중인 작업이란 걸 알기 때문이다. 하지만 토론토의 퀴어-트랜스-흑인-선주민-유색인과 활동가 공연 공간들에서의 접근성에 대한 인식이 내가 방문해본 다른 많은 도시들보다 더 폭넓은 것처럼 느껴진다는 점을 짚고 싶기도 하다. 그리고 그런 변화는 많은, 정말로 많은 장애인, 만성적으로 아픈 사람들, 미친 사람들, 농인들, 앨라이들의 노고로 이뤄진 것이니 축하할 만한 가치가 있다.)

그리고 나는 보답받았다. 그 공연에는 수어 사용자들이 맨 앞에 있었고, 현장에 아이 돌봄이 있었기에 양육자들도 와서 풍자극을 볼 수 있었고, 휠체어 사용자들에게는 휠-트랜스 예약이 가능하도록 공연 시작 시간과 끝나는 시간을 명확히 표시해놓은 초대장과 좌석 간 간격이 넓은 멋진 좌석이 마련되어 있었고, 좌석은 무향이었고, 너무 피곤해지면 공연 중간에 자리를 뜰 수 있었고, 젊은이들과 노인들이 있었다. ·

그 자리에 있던 군중이 곧 공연이었다.

그리고 그 이상으로, 그 군중이 바로 내가 그 안에서 살고 싶고 그들을 위해 그리고 그들과 함께 예술을 만들고 싶은 운동이자 공동체였다. 이는 비장애 몸에 비양육자에 젊은 퀴어들로 채워진 접근 불가능한 공연 공간과는 정반대였다. 3시간 동안, 그곳은 장애가 교차하고, 양육하는 사람들이 있고, 계급이 혼합된 공동체였고, 거기서 나는 내 모든 부분이 집으로 돌아오는 것처럼 느껴졌다. 접근 불가능한 공간, 마치 세상에 장애인이라는 존재는 없다고 말하는 듯한 공간에 나를 억지로 집어넣는다는 느낌이 들지 않았다. 나는 접근 불가능하고 내가 소외되는 공간과 거리를 두고선 그런 공간에 가는 걸 그만뒀다는 이유로 사람들의 기억 속에서 흐릿해지거나 "걔한테 무슨 일 생겼어?"의 바로 그 걔가 될까봐 걱정하면서 집에만 박혀 있지 않아도 되었다. 나는 비장애중심주의가 만들어놓은 장벽 때문에 서로로부터 분리되거나 강제적으로 고립되지 않는, 다른 장애인, 농인, 만성적으로 아픈 사람들, 그리고/또는 미친 사람들로부터 고립되지 않는, 그런 곳에 있었다.

그 공연과 군중―그것이 도래할 세상이었다.

1   Qwo-Li Driskill, with Aurora Levins Morales and Leah Lakshmi
    Piepzna-Samarasinha, "Sweet Dark Places: Letters to Gloria Anzaldua
    on Disability, Creativity, and the Coatlicue State," in *El Mundo Zurdo 2:
    Selected Works from the Society of the Study of Gloria Anzaldua*, edited by
    Sonia Saldivar Hull, Norma Alarcon, and Rita E. Urquijo-Ruiz (San
    Francisco: Aunt Lute, 2012) 75-98.
2   [역주] 망고위드칠리(Mangos with Chili)는 이 책의 저자와 퀴어 예술가
    체리 갈레트(Cherry Galette)가 함께 만든 유색인 퀴어 및 트랜스
    예술가들의 공연예술 집단으로, 2005년 설립되어 2015년까지 북미 및
    캐나다의 여러 도시들을 투어하며 공연했다. 공식 홈페이지는 다음과 같다.
    mangoswithchili.wordpress.com

10장

만성적으로 아픈
순회공연 예술가가 전하는
유용한 조언

경고: 이 장에서 추천하는 것들은 나에게 잘 맞는 것들이다. 모든 몸에 다 잘 맞는 건 아니다. 당신의 경험은 다를 수 있다. 당신에게 맞는 것만 가져다 쓰고 나머지는 남겨둬라. 당신만의 목록도 적어보라.

나는 반평생 동안 섬유근육통과 척추관절염을 안고 살아왔다. 또한 나는 여러 곳을 순회하며 공연하는 예술가로, 이는 내가 비장애중심주의를 해킹하는 방식 중 하나다. 돈을 받아 글을 쓰거나 대학들을 돌며 일함으로써 나는 짤막한 돈벌이 작업들을 하면서 휴식시간도 가질 수 있다. 이게 아픈 괴짜가 자본주의를 해킹하는 하나의 방법이긴 해도, 그렇게 돌아다니는 일은 여전히 내 심신을 탈수기에 돌리듯 탈탈 짜낸다. 지난 수십 년 동안 값싼 비행기와 버스를 타고 다니면서, 나는 스스로를 더 잘 돌본다고 느끼게 하고, 덜 무너질 것처럼 느끼게 하는 (또는 무너지는 걸 덜 끔찍하게 만들어주는) 몇 가지 꿀팁을 발견했다. 당신의 면역 체계가 스위스치즈처럼 구멍이 숭숭 나 있다면, 당신이 항상 피곤하고, 냄새로 인해 구토와 편두통이 생기고, 항공사가 당신과 당신의 이동장치에 그다지 친절하지 않다면, 아래의 목록이 도움이 될 것이다.

1. 은교산.[1] 당신의 면역 체계가 이번에는 잘 작동할 것 같은가? 당신이 여정 중에 아프지 않을 것 같은가? 다시 생각해보자. 당신은 대학 캠퍼스에서 백만 명의 학생들을 만날 거고 그들 모두가 서로에게 감기를 옮길 거다. 또는 같은 조건의 커뮤니

티 센터나 서점에 있게 될 거다. 당신은 비행기와 버스를 백만 번 탈 거고, 또는 서로 성관계하는 사이인 12명의 사람들과 승합차를 함께 타거나, 설거지 습관이 의심스러운 학생 조합과 함께 지낼 것이다. 당신은 당신의 몸이 익숙하지 않은 모든 종류의 장소에서 물을 마시고 음식을 먹을 것이며, 아프게 될 것이다. 이때 당신이 은교산을 때려넣으면(아픈 것 같은 신호가 처음 왔을 때 하루 세 번 서너 정씩) 당신은 그렇게까지 아프진 않거나 아예 안 아플 수도 있다. 건강식품점이 있는 지역이나 아시아계 및 태평양 제도 출신 미국인 공동체 바깥에선 구하기가 꽤 어려우니 비축해놓아라. 황기 가루나 팅크, 프로바이오틱스(당신의 대장은 면역 방어의 최전선이다)도 모두 도움이 된다.

2. 바다 소금. 목구멍 안쪽이 간지러운 느낌, 오 젠장 나 아픈 거 같은데 하는 느낌이 오는가? 얼른 뜨거운 물에 바다 소금을 타서 가글해라. 그러면 박테리아가 당신의 폐로 들어가는 것을 막아줄 거다. 호흡기 상부의 염증은 폐가 감염된 경우보다는 치료가 쉽다. 사타구니가 가려울 때도 목욕물에 바다 소금을 풀면 좋다. 소금물 목욕은 근육통 완화에도 도움이 될 거다. 부정 타지 말라고 뿌릴 수도 있다.

3. 멜라토닌. 어느 시점에 당신은 절실하게 잠이 필요하겠지만, 호주의 멜버른, 아이오와주의 그리넬 등을 다니면서 당신의 몸은 "아냐, 우리는 예전 시간대가 좋아!" 상태가 될 거고, 당

신은 존나 망하고, 망하고, 또 망할 거다. 당신은 잠들 수 없을 거다. 그런데도 당신은 일어나서 말하고 가르치고 공연하고 길을 찾아야 할 것이다. 그리고 또 잠시도 잠들지 못하고, 울게 될 것이다. 하지만 멜라토닌은 당신을 나가떨어지게 해줄 수 있다. 베나드릴Benadryl[2]도 효과가 있다. 하지만 나는 멜라토닌을 더 선호한다.

4. 약용탄.[3] 당신의 위장은 당신이 평소 먹던 케일 타코 식단에서 벗어나 진열대에서 바로 꺼내다 먹는 스타벅스 퍼펙트 오트밀 컵, 요거트 파르페나 육포, 샤와르마, 햄버거로 대충 끼니를 때우는 것에 완전 빡쳐서 반기를 들 것이다. 어느 순간에 당신은 하루 지난 감자튀김과 차 안에 좀 너무 오래 있었던 마요네즈를 먹고, 그걸 게워낼 것이다. 약용탄은 가스와 온갖 나쁜 것을 흡수해서 당신이 15시간 동안 달리는 메가버스에 탑승해 있을 때 토하지 않게 막아줄 것이다. 생강 껌이나 설탕에 절여 말린 생강도 토하는 걸 막아준다. 이런 것들은 보데가bodega[4] 또는 동네 작은 가게에 주로 구비되어 있다.

5. 이부프로펜. 비타민 I.[5] 이 약을 먹었을 때 위장에 피가 나지 않는다면, 그냥 먹어라. 4시간마다 800mg씩(일반적으로 한 정에 200mg이니 네 정씩) 먹어라. 특히 비행기와 버스를 타기 전후에. 염증이 가라앉는 데 도움이 될 거다. 강황 정제약이나 강황차도 위장에 부담이 덜한 훌륭한 대체품이다.

6. 커다란 스카프. 비행기나 버스 안에서 춥다고? 승합차에 같이 탄 사람이 널 돌아버리게 만든다고? 비행기에서 못 자겠다고? 그냥 세상을 좀 차단할 필요가 있다고? 스카프를 얼굴에 뒤집어써라.

7. 비상용 단백질. 한 친구는 이렇게 말한 적이 있다. "할 수만 있다면 소 반 마리를 들고 다녔을 텐데."[6] 육포, 아몬드 등 뭐라도 좋다. 트레이더조Trader Joe[7]의 야생 연어 통조림은 삶을 획기적으로 바꿔놓는 아이템이다—질 좋은 단백질이 담긴 커다란 캔 하나에 3.99달러로 저렴하다. 하지만 승합차나 비행기 안에서 먹으면 냄새가 고약하다.

8. 플라스틱 밀폐용기에 담은 케일 샐러드는 바깥 날씨가 너무 뜨겁지만 않다면 냉장 보관하지 않아도 최소 이틀은 버틴다. 당신이 좋아하는 종류의 에너지바 같은 것을 잔뜩 챙겨서 가방 안쪽에 넣어둘 수도 있다.

9. 일단 공항의 보안 검색대를 통과하면 뚜껑과 손잡이가 달린 엄청 큰 유리병에 레몬 반 개를 넣고 물을 가득 채워라. 짜잔, 전해질과 수분 공급이다. 허브를 넣은 물에는 진정 효과가 있는데 허브는 길가나 살충제를 뿌리지 않은 정원에서 따오면 된다. (겨울만 아니라면 서부와 동부 해안 지역 앞마당에서는 민트, 레몬밤, 라벤더, 로즈마리가 흔히 자란다.)

가장 느린 정의

10. 쐐기풀차와 다양한 티백. 호텔 방이나 친구네 집에서 전자레인지로 물을 데워 차를 우리거나, 캘리포니아 로너트 공원에 있는 라퀸타호텔에 머물 때 툴시 로즈티를 우리면 정말 기분이 좋을 거다. 쐐기풀은 당신을 구원해줄 거고, 당신에게 에너지와 비타민을 꾸준히 제공해줄 거고, 아픈 걸 막아줄 거다.

11. 전기담요를 둘둘 말아서 챙겨 가라! 메가버스와 비행기 안에 콘센트가 있다면, 혹은 호텔이나 당신이 잠들게 된 곳이 추우면 그 담요를 써라. 신의 한 수일 거다. 당신은 훨씬 덜 아플 거고, 몸이 꽁꽁 얼지 않을 수 있다.

12. 제발 좀, 가능하다면, 몇 주 동안의 여정 중간에 스스로에게 며칠의 휴가를 줘라. 아니면 최소한 여정 중간에 그냥 잘 있을, 정확히 말하자면 정신 놓고 열중할 계획을 세워라. 그런 다음엔 돌아와서 개망나니처럼 자는 거다. 할 수만 있다면 며칠 동안은 넷플릭스 보기, 빨래하기, 물 마시기 말고는 아무 계획도 세우지 마라. 또한 당신이 얼마큼의 일을 할 수 있는지에 대해 생각해보라. 내 경우엔 하루에 친구 둘을 만나러 가는 것도 충분히 많은 일정이다. 돈 때문에 당신을 소파 밖으로 끌어내 예술을 하게 만드는 끔찍한 사람들이 세 번의 워크숍, 두 번의 관객 행사, 한 번의 1인극을 하루에 다 하도록 스케줄을 짜게 놔두지 마라. 그냥 싫다고 말해라. 또한 당신이 자신의 안전지대 바깥에 있는 것, 당신이 잘 모르는 대중교통이나 지역들을 헤쳐나가야 하는 것(또는 그러기 위해 접근성

정보를 알아야 하는 것)이 그 자체로 스트레스라는 걸 기억해라.

13. 공동체 침술소가 어디 있는지 찾아봐라 — pocacoop.com에
커다란 지도가 있다 — 그리고 갈 만한 곳이 있다면 예약을 잡
아라. 15달러면 당신은 약간의 휴식을 얻고 당신을 괴롭히던
걸 덜어낼 수 있을 거다.

14. 만약 당신이 YMCA 회원이라면, AWAY(YMCA에서 항상 환영
해요Always Welcome at the Y) 프로그램을 활용해라. (당신의 회원권이
만료되었는지 확인할 방법은 없다. 2년 전에 회비 납부를 중지했던
그 회원권을 사용해라.) 회원권이 있으면 당신은 어느 YMCA든
무료로 갈 수 있다. 만약 그들이 회원이냐고 물어보면 그렇다
고 해라. 당신의 동네 YMCA에서 공짜 수건을 **얻을 수 있다!**
그곳의 온수 욕조에 몸을 담가라!

15. 만약 평소에 네일케어를 한다면, 그리고 화학적으로 접근 가
능하다면, 투어 일정 전이나 도중에 당장 가서 딥 네일 파우
더, 네일젤, 또는 아크릴 제품을 구해와라. 온갖 것들을 끌고
다니느라 당신의 손은 엉망이 될 텐데, 오래가는 네일 장식을
해두면 기분이 한결 나을 뿐만 아니라, 연착하는 비행기나 고
장나는 버스 같은 걸 통제할 수 없을 때도 뭔가를 통제하고
있다는 감각을 느낄 것이다.

16. 오만 데서 냄새가 날 때 빨래할 수 있도록 지퍼백에 무향 가

루 세탁세제를 챙겨 가라. 아마도 무향 세제를 갖고 있는 사람은 아무도 없을 거고, 특히 무인 빨래방엔 더더욱 없을 거다. 그렇다고 세제 한 박스를 사야 하는 상황은 정말이지 원치 않을 거다.

17. 지퍼백에 커피와 필터 몇 개도 넣어라(당신이 커피를 마신다면), 또는 당신이 좋아하는 차를 넣고 다녀라.

18. 휴대용 제단을 챙겨라. 자그마한 초, 조상의 그림, 돌멩이, 물을 담는 무언가 등 다 좋다. 그것들을 지퍼백에 넣어라. 당신이 묵는 곳에 놓아라. 기분이 더 좋아질 거다.

19. 그저 느긋하게 혼자 있으면서 긴장을 푸는 시간이 당신에게는 접근성과 관련된 또 다른 필요일 수 있다. 나는 이런 게 필요하다는 사실을 알아내는 데 시간이 좀 걸렸다. 나는 아무도 내게 말을 걸지 않는 시간, 그리고 내가 방금 알게 된 사람들이나 내 강의를 수강한 사람들에게 예의 차리고 친절하게 대하지 않아도 되는 시간이 필요하다. 나는 잡담에 정말로 소질이 없고, 잡담을 해보려고 노력할수록 더 못한다. 또한 나는 모두가 자신이 겪은 가장 심하게 끔찍한 일들을 나에게 말하고 싶게 만드는 종류의 공연예술을 펼치는 경향이 있다. 이건 축복이지만 또한 소진되는 일이기도 하다. 당신은 자폐거나 신경다양인일 수도 있고, 피곤할 수도 있고, 남들의 시선을 받는 데 지쳤거나 낯선 도시를 다닐 접근 가능한 경로를 찾느

라 진이 빠졌을 수도 있다. 나는 투어를 떠나기 전에 도서관에서 완전 현실도피성 책을 빌리고, 상황상 양해를 구하기 위한 각본을—쉬러 가야겠다거나 전화할 일이 있다고 말하는 식으로—미리 생각해놓는 쪽을 선호한다. 모텔/호텔들이 좀 그렇긴 해도 때때로 당신이 늘 대기 상태로 있지 않아도 되는 안식처가 되기도 한다.

20. 지팡이 사용자인 나는 가끔 값싼 접이식 지팡이를 갖고 다닌다. 많이 돌아다니고 머릿속이 멍해져서 뭐가 어디에 있는지 모두 잊어버리게 될 때 내 나무 지팡이를 잃어버리지 않기 위해서다. 때때로 나는 투어를 막 시작한 참이라 좀 더 기동성이 있다고 느껴질 때도 휠체어 지원을 요청하곤 한다. 투어 도중에 통증과 피로의 수위가 급격히 치솟을 거고, 공항은 거대하고 내 몸은 망가질 거라는 걸 알기 때문이다. 휠체어 지원은 공항에 일찍 도착해야 하므로 시간이 없을 땐 이용하지 않기도 하지만, 그래도 탑승 서비스는 꼭 요청한다. 나는 공항에 장애인용 탑승 라인이 따로 있는지 물어보곤 했지만, 많은 북미 공항에 그런 건 더 이상 존재하지 않는다.

21. 함께 머무는 사람들에게 당신이 필요로 하는 걸 확실히 말하되, 때로는 반복해서, 그리고 구체적으로 요청해라. 내 경우에 요청사항은 담배 연기 없는 방, 난방, 침대나 접이식 소파, 밤 11시가 지나면 조용한 곳, 음식을 넣어두고 요리할 수 있는 공간이 가까운 곳, 계단이 없거나 엘리베이터가 있는 곳,

문을 닫을 수 있는 곳이다. 당신이 뭐가 필요한지 한 번 말한 걸로 불구가 아닌 사람들non-crips이 알아들을 거라고 생각지 마라. 심지어 그들이 "오, 그럼요"라고 말하고 정말 예의 바른 태도를 보이더라도 말이다. 그들의 "아, 거긴 계단이 없어요"라는 말은 종종 한 층짜리 계단이 있다는 뜻이다.

22. 라퀸타호텔은 간단히 아침 식사를 할 수 있는 공간에 뜨거운 물이 나오는 정수기가 있다! 즉, 쐐기풀차를 마실 수 있다는 뜻이다! 호텔/모텔을 예약할 때는 미니 냉장고와 전자레인지가 있는 곳이 좋다.

23. 대부분의 호텔은 다양한 무향 세정제를 구비하고 있고, 미리 요청하면 객실에 방향제를 쓰지 않도록 할 수도 있다. 예약을 맡은 사람에게 이걸 요청하게 해라. 당신이 '알레르기'나 뭐 그런 걸 갖고 있다고 말하도록 하면 된다.

24. 귀여운 면 속옷을 챙겨라. 버스, 기차, 자동차, 비행기 안에서 몇 시간이고 앉아 있어도 버틸 수 있는 속옷이 필요하다. 나일론은 칸디다균의 번식을 도울 뿐이다.

25. 생리대. 나는 생리용 스펀지, 생리컵, 혹은 면 생리대를 선호한다. 면 생리대는 지퍼백에 아무렇게나 넣어둘 수 있고, 메가버스를 타는 12시간 동안 피를 흡수할 수 있게 대충 속옷 안에 대고 있을 수도 있다.

26. 마지막으로, 어렵긴 하지만, 나는 만약에 최악의 시나리오가 펼쳐진다면—내가 심각한 정신건강 위기를 겪거나 폐렴에 걸린다면—일정을 취소할 수도 있다는 생각을 늘 마음속에 품고 다니는 편이다. 나한테 이건 정말로 힘든 일이었다. (점잖게 말하자면) 큰돈을 별로 가져보지 못한 노동계급으로 자라난 사람으로서, 그리고 결핍, 부족한 재정, 한 번의 공연을 위해 6개월을 일하고 100달러를 버는 게 문화이자 현실인 예술계에 종사하는 사람으로서, 일 하나를 놓치면 경력은 끝장이니까! 내 말은 일정을 취소하는 게 쉽거나 항상 가능하다는 의미가 아니다. 다만 나는 상황이 정말로 개떡 같아지면 내가 일정을 변경할 수 있고 다른 사람들이 일을 처리할 거라고 스스로에게 말하는 것만으로도 마음이 편안해졌다. 특히 나이가 들어가면서는 점점 더 스스로에게 그렇게 말했고 지금도 마찬가지다. 어쩌면 정말로 그다음 공연을 맡을 기회가 없을 수도 있다. 또 있을 수도 있고. 어쩌면 거기까지가 내 역량일 수도 있다. 어쩌면 때때로, 혹은 자주, 생존하기 위해 내가 할 수 있는 것 이상으로 밀어붙여야 할 것이다. 때로는 그럴 수 없을지도 모른다.

27. 일정을 짤 때, 학생들을 만나고, 공연을 하고, 워크숍을 열고, 수업에 참관하는 일을 주최 측이 원하는 대로 하루에 다 하지 않도록 정말 열심히 노력해라. 하루 안에 그런 일들을 다 해도 당신이 괜찮다면, 잘된 일이다. 나는 "저기요, 제 몸에 그건 너무 벅차요"라고 말하는 게 너무 어려웠다. 왜냐하면 그런

가장 느린 정의

말을 했다가는 그냥 잘릴 거라고 생각했기 때문이다. 하지만 알고 보니 가끔은 그런 걸 요청해도 되는 거였다. 하루에 한두 개의 일도 충분히 많다.

28. 당신의 요청사항에 접근성을 붙박아놔라. 마치 그게 정상인 것처럼. 당신이 필요로 하는 접근성과 당신이 필요로 하지 않을 접근성 모두를. 당신이 휠체어 사용자든 아니든 휠체어가 접근 가능한 공간에서 행사가 진행되어야 한다고 주최 측에 말해라. 수어 통역을 예약하고, 농인 공동체에 홍보를 돌리고, 통역사에게 각본을 미리 전달하는 일까지 주최 측이 잘 수행하게끔 해라. 이게 단지 좀 괴상하고 특별한 디바의 요청이 아니라는 생각을 장착해라. 이건 우리 모두를 위한 생존과 공간에 관한 일이다.

1   [역주] 은교산은 호흡기와 면역 체계 강화, 초기 감기 증상 완화 및 감기 예방에 효과가 있다고 알려진 한약재의 조합으로, 다양한 브랜드의 정제 형태 의약품으로 생산되며 의사 처방 없이도 구매할 수 있다. 한국에서는 주로 한의원에서 탕약이나 가루약으로 판매되어왔고, 최근에는 약국에서 은교산이 들어간 다양한 캡슐 형태의 일반의약품도 판매되고 있다.

2   [역주] 베나드릴(Benadryl)은 비염이나 알레르기 증상을 완화하는 항히스타민제의 일종으로, 미국의 존슨앤존슨에서 생산하는 제품 이름이다.

3   [역주] 식용 활성탄을 뜻하는 약용탄은 미국에서 한때 인터넷 사이트 등에서 팔리고 유명 배우들이 디톡스 요법으로 약용탄을 섞은 음식을 먹으면서 유행했으나 미국식품의약국(FDA)에서 식용으로의 사용은 아직 검증되지 않았다고 제재했다. 세계보건기구에서는 독성물질 음독으로 인한 중증 환자에 한해 사용하는 응급의약품으로 약용탄을 승인했다. (참고: 남궁인, 〈독보적으로 특이한 응급의약품을 소개합니다〉, 《이화의료원》, 이화여자 대학교 의료원 공식 블로그, 2019.6.27. https://m.blog.naver.com/ ewhamedi/221572263754) 약용탄은 미국의 열악한 의료보험제도 때문에 병원에 쉽게 갈 수 없는 환경에서 민간요법이 발전한 결과이며 매우 제한된 의료적 상황에서 전문가의 처방으로 사용되어야 하는 것이기 때문에 그냥 팁으로만 읽을 것을 권한다.

4   [역주] 보데가(bodega)는 스페인어로 '양조장', '와인 저장소'나 '술 판매점'을 뜻하는 단어로, 미국에서 소규모 식료잡화점을 이르는 말로 쓰이기도 한다.

5   [역주] 이부프로펜은 비스테로이드성 소염진통제로 분류되는 해열·소염진통제 성분의 일종으로, 경구약으로 쓰일 시 단기요법으로는 외상 및 수술 후 부종과 염증 완화용 또는 감기의 발열 및 통증 치료용으로 사용되고, 장기요법으로는 관절염 치료에 사용된다. 외용제로 쓰일 때는 여드름 등의 치료에 사용된다. 위장 출혈과 신장 기능 이상, 간 수치 상승, 헤모글로빈 감소, 혈액 응고 방해, 심혈관 문제 등 각종 부작용이 있어 한국에서 이부프로펜 관련 일부 약품은 의사 처방이 있어야 한다. (약학정보원, 〈이부프로펜〉, https://www.health.kr/Menu.PharmReview/_uploa dfiles/%EC%9D%B4%EB%B6%80%ED%94%84%EB%A1%9C%ED%8E%9C(ib uprofen).pdf 참고) 한편, 고강도 운동을 하는 선수나 운동 애호가들 사이에서 운동 시 이부프로펜의 정기적 복용으로 근육통을 예방하거나 완화할 수 있다고 알려지면서 '비타민 I'라는 별칭을 얻기도 했다. 그러나 이러한 복용은 장기적으로 건강 악화를 초래한다는 우려도 계속되고 있다. 이 장에서 저자가 권하는 용법은 전문적인 의료 지식에 기초한 것이 아니므로 함부로 따르면 안 된다(예를 들어 한국 약학정보원에서 제공하는 '체형과 연령에 따른 이부프로펜의

용법'은 감기약의 경우 성인 기준 1회 200~400mg, 1일 3~4회 복용을 초과하지 말 것을 권고한다).

6 [역주] 번역자들은 저자의 이런 표현에 동의하지 않으며, 이 장이 부정확한 의료 정보를 제공한다는 점뿐 아니라 동물권에 대한 문제의식이 심각하게 부족하다는 점을 우려한다.

7 [역주] 트레이더조(Trader Joe)는 미국의 오래된 식료품 체인점으로 다양한 자체 제작 상품(Private Brand, PB)이 있다.

3부

11장

'인간 정신의 승리' 따윈
엿 먹어라

퀴어 장애인 유색인 펨의 회고록
《더러운 강》을 쓰는 일, 그리고 전통적인
학대 생존자 서사들에 "엿 드세요"라고
말하는 기쁨에 관하여

일주일 후면 2004년부터 작업한 회고록 《더러운 강: 한 유색인 퀴어 펨이 집으로 돌아갈 길을 꿈꾸다Dirty River: A Queer Femme of Color Dreaming Her Way Home》가 온·오프라인 서점에 깔린다.[1] 피땀 흘리며 이 책을 쓰는 데 망할 10년이나 걸렸다—DIY 창작 레지던시에서, 사우스버클리에 자리한 퀴어-트랜스-흑인-선주민-유색인 공동주택 뒤편에 내가 빌린 가로세로 10피트짜리 판잣집에서, 메가버스 안에서, 그리고 내 휴대폰으로 쓴 책이다.

단언컨대 이 책이 나오게 된 이야기를 하자면 생존자 서사 출판의 정치와 유색인 퀴어 펨으로서 출판하기의 정치에 관해 말하지 않을 수 없다. 왜냐하면 생존자 회고록도 많지 않고, 유색인 퀴어 펨이 쓴 생존자 회고록도 많지 않고, 불구인 유색인 퀴어 펨이 쓴 생존자 회고록도 많지 않기 때문이다.

하지만 어떤 게 생존자 서사인지에 대한 통념들은 확실히 있다. (적어도 내 머릿속에선 그런데, 1990년대에 엄마랑 같이 〈오프라 윈프리 쇼〉와 〈더 영 앤 더 레스트리스The Young and the Restless〉[2]를 보면서 박혀버린 생각들이 분명 있다.) 당신도 알겠지만, 침실에서 뭔가 끔찍하고 어두컴컴한 일이 일어나고, 엄청 암흑에 휩싸이고, 그다음에 태양이 떠오르고, 파스텔 톤 사무실에서 멋진 치료사와 여섯 번의 세션 동안 이야기를 나누고, 당신이 고쳐지고, 결혼해서 남편이 생기거나 여자친구를 사귀거나 아이를 갖고, 온통 파스텔 톤의 부드러운 조명 속에서 페이드아웃되는 것이다, 영원히. 아니면 망하거나—당신은 당신의 아이를 학대하고, 끔찍한 죽음을 맞는다. 이게 사람들의 머릿속에 떠오르는 두 가지 선택지다. 대부분의 사람들은 고를 수 있다면 '인간 정신의 승리' 쪽으로 가길 원한다.

그렇지만 실제 생존자 이야기는 백만 가지로 다양하다. 생존자 수만큼이나 많은 생존자 이야기가 있다. 내가 한 명의 사람이자 작가로서 싹트고 있을 무렵에 학대 생존자 서사들을 읽었던 건 내 목숨을 구해준 일 중 하나였다. 정말로. 1980년대와 1990년대의 작가들이 우리가 견뎌야 했던 폭력에 대한 이야기를 글로 써서 세상을 부수고 열어젖혀준 것에 대해 내 마음은 감사하다는 말로 다 할 수 없다. 내가 2달러짜리 지폐를 잘 포장하고 거기에 흠뻑 젖은 우표 몇 장을 붙여 보내서 구했던 《몸 기억 Body Memories》과 《판타스틱 팬진Fantastic Fanzine》 같은 잡지들에서부터, 내가 열아홉이던 1994년에 사파이어Sapphire가 그녀의 시 〈미키마우스는 전갈자리였어Mickey Mouse Was a Scorpio〉를 낭송하는 걸 처음 들었던 순간까지, 그리고 루이스 와이즈차일드Louise Wisechild의 《흑요석 거울The Obsidian Mirror》과 엘리 대니카Elly Danica의 《하지 마: 한 여성의 말Don't: A Woman's Word》 같은 두 번째 물결 페미니스트 백인 퀴어 근친 성폭력 생존자들의 책에서부터 내가 메사추세츠 프레이밍햄의 보더스 서점에서 훔쳤던 《캐롤라이나에서 온 개자식Bastard out of Carolina》에 이르기까지, 우리 스스로 자기 경험의 전문가가 되고 그 경험에 대해 발언했던 생존자들의 이런 문화운동—이런 운동들은 아예 기억되지 못하거나 문학 정전에 포함되지 못했다—이 없었다면 나는 어디에도 존재할 수 없었을 거다. 우리는 성폭행, 아동기 성적 학대, 파트너 학대가 얼마나 흔한 일인지에 대해 글을 씀으로써, 그리고 우리의 살아 있는 경험을 그 모든 괴상하고 완벽하고 해리된 찬란함 속에서 진실하고 신뢰할 만한 것으로 씀으로써 세계를 바꿨다.

가장 느린 정의

하지만 이런 많은 책과 잡지들은 20년 전에 쓰인 것이다. 그리고 당시에도 그 이후에도 많은 생존자 서사는 백인 시스젠더 여성들이 쓴 것이다. 퀴어나 펑크나 노동계급 백인 시스젠더 여성들도 있었지만, 그럼에도 그들이 백인 시스젠더 여성인 건 맞다. 그리고 그들 대부분이 결코 장애를 언급하지 않는다. 이는 다음과 같은 질문을 제기한다. 장애가 있는 사람들을 포함해서, 유색인 퀴어들의 생존자 서사란 무엇인가? 준 조던이 자신의 회고록 《전사Soldier》에서 아버지가 가한 학대에 관해 썼을 때, 우리는 그걸 '생존자 서사'라고 생각하는가? 왜 내가 떠올릴 수 있는 생존자 서사 중 장애인으로 정체화한 사람이 쓴 것은 백인 펨 페기 먼슨Peggy Munson의 글뿐일까? 실종되고 살해당한 선주민 여성들에 관한 일을 하는 선주민이고/이거나 성노동자인 내 친구들이 쓴 글도 생존자 서사로 여겨질까? 무고한 백인 피해자와 광포한 흑인 및 브라운 섹슈얼리티와 범죄성이라는 인종차별적 수사법들은 경쟁적으로 유색인인 우리가 진정한 생존자로 보이지 않게 만든다─진짜 생존자란 어딘가에 있는 순수한 백인 시스젠더 여성들이라는 거다. 그리고 우리는 어쨌든 백인 세계가 생각하는 식으로 우리 가족과 공동체를 폭력적이고 망가진 흑인과 브라운 것들 따위로 내보이길 원치 않는다. 너무도 많은 퀴어-트랜스-흑인-선주민-유색인에게 폭력에서 살아남는다는 건 그저 삶일 뿐이다. 우리는 너무도 많은 종류의 폭력에서 살아남고, 회복되고, 또 그러지 못하기도 한다. 우리는 해내고, 해내지 못하고, 또 우회적으로 해내기도 한다. 망할 놈의 상황은 복잡하고, 우리가 생각했던 것보다 더 괴상하다.

그게 바로 내가 《더러운 강》으로 다루고자 했던 거다. 나는 복잡한 장애인 퀴어 펨 유색인 생존자 회고록을 쓰길 원했다. 내가 겪은 학대와 근친 성폭력 이야기가 망명, 식민화, 동성애혐오를 통과하며 스리랑카에서 멀리 이주해온 내 아버지와 내 이야기로부터 분리될 수 없는 회고록. 생존자, 미친 천재, 노동계급 백인 여성, 회백척수염 생존자이면서도 결코 한 번도 자신을 장애인이라고 부른 적 없던 내 어머니의 이야기와도 분리될 수 없는 회고록. 나는 한 폭력적인 가족에 대한 변혁적 정의 이야기를 쓰고 싶었다. 내 부모 또한 생존자이며, 내가 생존하기 위해 알 필요가 있는 것들을 가르쳐주기도 했던 그런 가족에 대해 말이다. 그 치유의 이야기 안에 치료사와 경찰들은 주요 인물로 등장하지 않는 이야기. 하지만 다른 흑인 및 브라운 퀴어들과 집에서 벌인 디왈리Diwali 축제,[3] 유색인 퀴어 클럽의 밤, 후드티를 입고 배낭 두 개를 짊어지고 그레이하운드Greyhound[4]에 탄 브라운 펨 잡년은 당연히 등장하는 이야기.

그리고—그 책을 쓰고 있을 때는 분명히 표현할 수도 없었던 방식으로—나는 장애인 이야기로서의 생존자 이야기를 쓰고 싶었다. 《더러운 강》은 학대 기억으로 걸어 들어가는 동시에 만성적으로 아프게 된 내 이야기도 풀어낸다. 하지만 또한 생존자로서의 상처와 지식—생의학적 세계에서는 복합 외상 후 스트레스 장애complex PTSD로 알려진 것—을 장애 서사로서 탐구하고 싶었다. 아프고, 미치고, 심각하게 피곤하고, 눈부시게 빛나고, 꿈결 같은 것에 대해 쓰고 싶었다.

리디아 유크나비치Lidia Yuknavitch의 회고록 《숨을 참던 나날The

Chronology of Water》의 후기에서, 인터뷰 진행자는 유크나비치가 아버지가 그녀를 성추행하는 장면을 생생하게 보여준 적이 한 번도 없다고 언급한다. 그녀는 그런 묘사를 하지 않는다. 그녀의 남편 될 사람이 그녀에게 "아버지가 어떤 종류의 학대를 한 건데?"라고 묻자 그녀는 이렇게 답한다. "성적인 거." 그녀가 섹스, 양육, 킹크, 퀴어성, 약물 사용, 글쓰기, 상실을 통해 자기 자신에게로 되돌아가는 길을 찾아감에 따라, 독자들은 그녀의 집안 분위기로부터, 피해를 입히고 나서 잘해주는 모습으로부터 그녀 아버지의 폭력을 감지한다. 그녀가 장학금을 받은 대학 중 한 곳에 가려는 것을 아버지가 못 가게 할 때, 그녀가 차고에서 검정색의 커다란 여행 가방을 움켜쥔 순간 그걸 본 아버지가 그녀에게 주먹질하려 할 때, 독자들은 집안의 긴장 속에 깔린 폭력을 본다. 그녀는 이 문장을 내뱉는다. "한 여자애의 분노를 담을 만큼 충분히 큰 여행 가방이었다." 하지만 아버지가 그녀를 성추행하던 때를 직접적으로 묘사한 대목은 없다.

이는 생존자 서사에 관해 내가 알고 있는 또 한 가지, 바로 '그걸 증명해라'의 역학과 관련되어 있다. 생존자들은 항상, 그리고 영원히, 가장 노골적이고 섬뜩한 학대의 순간들을 영상처럼 생생하게 묘사해서 보여달라고 요구받는다. 그러지 않으면 그 학대는 진짜가 아니라는 거다. 이는 식민주의적 교도소-산업복합체가 학대, 생존자다움, 무엇이 '진짜'로 여겨지는가에 대한 우리의 사유 방식을 침범하는 방법 중 하나다. 네가 나쁜 일을 겪었다고? 확실해? 그게 정말로 나쁜 거 맞아? 우리에게 보여봐. 증거가 뭔데? 우리가 널 어떻게 믿을 수 있지? 넌 흑인이거나 브라운이고 퀴어거나 트랜스고 몸이 아픈데? 사람들은 '무슨 일이 일어났는지' 알아야겠다고 고집하며, 이런 사람들에게 자신이 알아야 할 '일어난 일'이란 최대한 생생하게 포착된 폭력의 순간이다.

하지만 생존자다움이란 경찰 사건 기록에 있을 법한 것만을 뜻하진 않는다. 천만에, 우리가 살아남은 모든 순간에 대한 우리의 모든 이야기가 곧 생존자다운 것이다. 그것은 그 모든 괴상함과 경이로움이다. 우리가 직접 이룩해낸 그 모든 방법들이다. 우리가 "아직도 쓰이고 있는 이야기를 전하는" 그 모든 방식이다ㅡ이는 2011년 '세이프티페스트'에서 퀴어 아슈케나지 유대인 마녀이자 조직활동가 모건 바시치Morgan Bassichis가 워크숍을 진행하면서 변혁적 정의를 설명했던 한 구절이다. 학대와 폭력의 생존자 수만큼이나 많은 생존자 이야기가 있다. 그리고 나는 내가 뭔가 빠뜨렸을까봐 걱정하느라 밤을 새웠다. 나는 사람들이 내 책을 이 세상에 존재하는 유일한 유색인 퀴어 생존자 서사로, 모두가 그들 자신을 견주어볼 기준이 되는 서사로 추켜올릴까봐 걱정되어서 밤잠을 이루지 못했다. 하지만 그렇지 않다. 이 책은 백인 어머니를 둔, 브라운인, 출생 시 지정성별 여성[5]인 펨, 만성질환자, 노동계급/혼합계급mixed-class 소녀였고 지금은 40대인 한 사람의 이야기다. 그리고 그 이야기는 나만의 것이 아니다. 나는 우리들의 책이 수백만 권 출간되어 우리가 서로 대화를 나누게 되길 바란다.

하지만 지금과 같은 출판산업의 상황은 걱정된다. 내가 《더러운 강》을 쓴 일에 대해 이야기하면서 많은 인쇄업체들이 사장되었다는 점, 그리고 출판-산업복합체에서 인종차별주의가 다른 차별들과 기묘하게 교차하는 경향 등 유색인 퀴어 작가들이 겪는 출판산업의 정치에 대해 말하지 않기란 불가능하다. 그리고 또한 내가 글을 얼마나 실질적으로, 황소자리답게 썼는지 그 과정에 대한 이야기를 하는 것 역시 나에겐 중요한데, 왜냐하면 신탁 기금이나 남편이나 전일제 본업 없이 어떻게 글을 썼는지에 관한 유색인 작가들의 이야기가 부족하기 때문이다.

《더러운 강》을 작업하는 수년간의 시간은, 사우스엔드South End, 앨리슨Alyson, 파이어브랜드Firebrand, 프레스갱Press Gang, 실프레스Seal Press처럼 퀴어 페미니스트 독립 출판사의 중추였던 출판사들이 하나둘씩 파산하거나 더 큰 출판기업에 먹히는 것을 지켜보는 과정이었다. 2009년 밀스대학에서 예술 석사과정을 졸업했을 때, 나는 두 개의 일자리를 얻었다. 하나는 미션 지구의 중심지에 있는 급진적 독립 서점인 모던 타임스 서점Modern Times Bookstore에서 행사 코디네이터로 일하는 거였고, 다른 하나는 UC 버클리대학에 준 조던이 설립한 '민중을 위한 시Poetry for the People' 프로그램⁶에서 강의하는 일이었다. 한쪽은 시간당 12달러를, 다른 쪽은 그보다 약간 더 높은 급여를 줬다. 여기에 더해 나는 내 솔로 공연 작업과 유색인 퀴어 트랜스들의 순회공연 집단 망고위드칠리를 공동 운영하는 일, 신스인발리드와 함께하는 단체 순회공연, 그리고 의대생들에게 골반 검진을 가르치는 일까지 하고 있었다. (내 만성질환도 감당해야 했던 데다가 이 모든 일들로 너무나 바빴기 때문에 지독하게 아프고 피곤했다—지금 돌이켜보면 죽지 않은 게 정말 신기하다.) 모던 타임스 서점에서 일하던 때 나는 우리가 관련 행사를 열거나 판매했던 책들을 펴낸 출판사들이 하나둘씩 죽어가는 것을 보았다. 내가 연락해볼 수 있는 출판사의 목록은 더 짧아졌다.

오 그래, 대학원에 대해 얘기해보자―내가 대학교 학부에서 간신히 살아남았음에도 대학원에 진학한 이유 중 하나는 2000년대 중반에 작가 친구들 몇몇이 에이전트와 책 계약을 하고 있었기 때문이다. 나는 내가 대학원에 가서 잘 다니고 친구도 사귀고 어쩌면 교수님 중 한 분이 자기 에이전트와 연결해주면 나도 이 망할 놈의 책 계약을 따낼 거라고 생각했다. 이런 인맥이 일이 돌아가는 데 큰 부분을 차지한다. 또한 나는 내가 계속해서 급진적인 아시아계/태평양제도 출신 사람들의 예술 및 역사에 관한 프로그램을 공동 운영하고, 일회성 행사도 다니고, 프리랜서로 일하고, 강제퇴거 방지 핫라인에서 일한다면 산문집을 결코 끝마치지 못하리란 것도 알았다. 대학원에 가면 시간을 좀 벌 수 있으리라 생각했고, 학위를 받고 나면 대학에서 가르치는 일을 할 수 있을 것 같았다.

그래서 대학원에 갔다. 그럭저럭 잘해냈다. 비록 수많은 개소리와 탈색한 갈색 머리에 에밀리라는 이름을 가진 백인 여자들이 많았지만, 그리고 권위에 순종하는 척하느라 고생했고, 내가 공동 설립한 퀴어-트랜스-흑인-선주민-유색인 공연 단체와 함께 투어를 다니느라 계속 휴학해야 했지만 말이다. 내가 대학원에서 살아남은 건, 대학원에 다니는 건 남는 시간에 하는 일이고 오클랜드의 퀴어-트랜스-흑인-선주민-유색인 예술 및 공연 공동체가 나의 진짜 직업이라고 스스로에게 되뇌었기 때문이다. 내가 살아남은 이유는 내가 함께 공부한 유색인 여성들로부터,

'민중을 위한 시' 프로그램에서 배우고 가르칠 수 있도록 투쟁한 경험으로부터 뭔가를 배웠기 때문이고, 그 모든 것이 나를 한 단계 더 성장하게 해주었기 때문이다. 비록 말도 안 되는 일도 많이 겪었지만 말이다. 거기서 나는 유색인 여성 교사들 몇몇과 친구가 되었다. 그중 한 명이 자신의 에이전트를 연결해주었다. 그 에이전트는 마이클 온다치Michael Ondaatje[7]와 다른 유명 유색인 작가들을 많이 대리하고 있었다. 그다음 2008년에 경기침체가 일어나서 모든 메이저 출판사를 소유한 거대 언론기업 다섯 곳이 모두 책 계약을 줄였고, 단순한 해피엔딩으로 끝나지 않는 괴상한 대안적 퀴어 펑크 유색인 회고록은 말할 것도 없이 거절당했다. 나는 억대 출판계약도, 그 에이전트도, 주류 출판사도 얻지 못했다.

나는 졸업했다. 퀴어-트랜스-흑인-선주민-유색인 공연 집단을 계속 공동 운영했다. 사우스버클리에 있는 우리 집 '펨 하우스'에서 계속 읽고 공연하고 행사를 열었다. 오벌린대학, 웨슬리안대학, 훔볼트주립대학에서 일회성 공연 일을 했다. 골반 검진을 가르치는 일도 계속했다. 강연을 하러 호주까지 날아갔고, 처음으로 조부모의 무덤을 보러 가기도 했다. 나는 값싼 집세를 냈고, 아팠고, 죽도록 글을 썼고, 우리 집은 여러 번 털렸고 컴퓨터를 도둑맞았다. 연인들도 사귀고 친구들도 사귀면서 가슴앓이도 많이 했다. 시간이 날 때마다 《더러운 강》 집필을 계속했다. 나는 고급 레지던시 입주를 거부당했고, 그래서 1년 동안은 다 때려치웠다가 '팬시랜드Fancyland'—내 친구의 친구가 시작한 퀴어 시골 토지 프로젝트—로 가서 2주 동안 인터넷도 휴대폰도 없이 죽도록 글만 썼다. 만성적으로 아픈 게 대단히 좋은 일은 아니지만,

이런 건 있다. 만약 내가 비장애 몸이었고 오전 9시부터 오후 5시까지 일하는 일자리에서 버틸 수 있었다면, 회고록은 아마도 완성하지 못했을 것이다. 아르바이트 일을 하는 사이사이 아플 때 침대에서 써낸 글들이었으니까.

거절이 쌓이고 쌓였다. 내가 받은 거절은 한 인턴이 거들먹거리는 말투로 보낸 인쇄된 편지, "다음에 제출할 땐 철자를 확인해라"(확인했지. 그건 철자 실수가 아니라 관습적이지 않은 유색인 영어였다)에서부터, 친구가 운영하는 작은 출판사가 내 글을 좋아하긴 하지만 자기들이 출판하기엔 역량이 부족할 것 같다면서 거절한 일까지 다양했다. 몇 년 전 내게 상을 줬던 학계 페미니즘 출판사는 그들의 고급 사무실에 나를 초대해서 미팅을 가졌는데, 만약 남편이 없고 스타벅스에서 사온 무지방 우유 트리플 마키아토를 들고 있지 않았더라면 에일린 마일스_{Eileen Myles}[8]처럼 보였을 편집장은 나에게 변혁적 정의가 무엇인지 설명해달라고 요청해놓고선 말을 끊었다. 그러고는 뮤리엘 루카이저_{Muriel Rukeyser}[9]가 스페인 내전에 대해 쓴 실험적 소설을 어느 대학원생이 문헌들 속에서 찾아냈다고 알려주면서 그 책이 내 책보다 더 크게 히트치고 잘 팔릴 거라고 말했는데, 왜냐하면 내 책은 "작은 퍼포먼스" 같기 때문이라는 거였다. (그녀는 뮤리엘 루카이저에 대해서는 "어둠 속에서도 빛난다"고 말했다.) 아시아계 및 태평양제도 출신 미국인 관련 주제를 출판하는 작고 멋진 독립 출판사에서는 내 책이 충분히 실험적이지 않다며 거절했다.

다음과 같은 것들을 생각하고 앉아 있으면서 갖게 되는 사기꾼 증후군이란 건 엄청나다 — **나는 망할 거의 마흔 살이야. 내 작**

업은 수많은 여성학과 민족학 수업에서 다뤄진다고. 나는 아주 많은 단체를 공동 설립했고, 하버드대학부터 다이크 바까지 전국 곳곳에서 매진 공연을 벌였어. 내가 발행하는 글들은 조회 수가 수천 건이야. 내가 속한 거대하고 활발한 유색인 퀴어 페미니스트들의 문학·정치·문화 공동체에선 나한테 책이 언제 나오는지 계속 물어보는데, 이 출판사 바보들은 그런 공동체에 대해선 아무것도 몰라. 그리고 그들은 앞으로도 나에게 형편없는 출판계약조차 제안하지 않을 거야. 얼마 전 내 SNS 피드에 올라온 GIF 이미지에 쓰여 있던 말처럼, "하느님, 별 볼 일 없는 백인 남자가 갖는 자신감의 4분의 1만 저에게 주세요".

2014년 12월에 휴대폰으로 이메일을 확인하고 아스널펄프 출판사—캐나다에 있는 작지 않은 독립 출판사인 이곳은 퀴어와 포스트식민주의/반反식민주의 문헌에 초점을 맞추는 곳으로, 퀴어 아시아인 편집자가 있다—에서 내 책《더러운 강》을 기꺼이 내주는 정도가 아니라 내고 싶어 안달 나 있다는 사실을 알기 전까지, 나는 체념하고 있었다. 그곳이 유일하게 남은 출판사였다. 만약 거기서 받아주지 않으면 인디고고로 가서 자비출판에 필요한 돈을 모을 생각이었다. 왜냐하면 니아 킹Nia King[10]이《유색인 퀴어 & 트랜스 예술가들: 우리 삶의 몇몇 이야기Queer & Trans Artists of Color: Stories of Some of Our Lives》를 그런 식으로 출간했고 그 책은 퀴어-트랜스-흑인-선주민-유색인 베스트셀러니까. 그리고 다른 선택지는 없을 테니까. 하지만 내 마음 한구석에선 여전히 출판사를 통해 출간하길 정말로 원하고 있었다. 자비출판한 저작물은 도서관이나 추천 도서 목록에 들어가기가 더 어렵고 수상 후

보작으로 제출하기도 더 어렵다. 나는 항상 내 책이 도서관에 구비될 수 있길 바라왔다. 그래야 무일푼인 사람들도 무상으로 읽을 수 있을 테니까.

그리고 생각해보라—나는 억압받는 사람이지만, 내가 내 위치에서 갖고 있는 분명한 특권들도 있음을 잘 알고 있다. 나는 미국 시민이고 예술 석사학위를 갖고 있고 피부색이 밝으며, 트랜스여성혐오에 크게 영향받지 않는 사람이다. 이런 특권을 갖지 못한 작가들은 책을 출판하는 데 훨씬 더 많은 투쟁에 직면한다.

나는 슬픈 어조로 끝내고 싶지 않다. 그리고 그럴 필요도 없다. 왜냐하면 리카 아오키 드 라 크루즈Ryka Aoki de la Cruz[11]에서 멜리자 바냘레스Meliza Bañales[12]에 이르기까지, 카이 쳉 톰에서부터 알렉시스 폴린 검스에 이르기까지, 퀴어 흑인 및 브라운 작가들이 세상에 우리들 이야기를 내놓을 방법을 계속 찾고 있기 때문이다. 유색인 트랜스 여성들이 이끄는 비유티프레스Biyuti Press의 작업에서부터 멜리자의 소설 《삶은 아름다워, 사람들은 엄청 멋져Life Is Wonderful, People Are Terrific》에 이르기까지, 우리는 우리 사람들이 항상 그랬듯이 모든 역경에 계속 저항하면서, 소소하지만 영향력은 큰 출판사들에서 소소하지 않은 책들을 계속 출간하고 있다. 이런 페미니스트, 퀴어, 유색인 소규모 출판사들은 1970년대와 1980년대에 지하실에서 만들어졌다. 키친테이블프레스는 문자 그대로 부엌 식탁에서 만들어졌다. 우리는 항상 립스틱에서 텀블러에 이르기까지 우리의 생존에 필요한 테크놀로지를 만든다. 그리고 그 테크놀로지에는 우리의 글을 읽고 싶어 하고 필요로 하는 사람들을 위해 우리만의 방식으로 글을 출판하는 일도 포함된다.

1   이 장은 2015년 9월 〈제3의 여성 맥박(Third Woman Pulse)〉 블로그에서
    처음 발행되었다(thirdwomanpulse.com). 이 블로그는 2018년 5월 기준 닫힌
    상태다.

2   [역주] 〈더 영 앤 더 레스트리스(The Young and the Restless)〉는 1973년부터
    미국 CBS에서 방영된 텔레비전 통속극이다.

3   [역주] 디왈리(Diwali)는 디발리(Divali) 또는 디파발리(Deepavali)로도
    불리는 인도의 힌두교 축제다. 산스크리트어로 'dipa'는 '빛, 등불, 빛나는
    것, 비추는 것, 지식'을 의미하고 'āvali'는 '일련의 선'을 뜻하는 말로, 빛으로
    어둠과 악을 이긴다는 의의를 담아 등불을 길고 화려하게 매달거나 장식하는
    행사를 벌인다.

4   [역주] 그레이하운드(Greyhound)는 미국의 한 버스 회사에서 운영하는
    장거리 시외버스를 가리킨다.

5   [역주] '출생 시 지정성별 여성(assigned female at birth, AFAB)'은 출생
    시 의학·행정적 권위에 의해 여성으로 성별이 지정되었으나 본인이 자기
    성별을 감각하고 경험하는 바가 이에 맞지 않는 사람들이 사용하는 용어다.
    1990년대 퀴어 이론이 등장할 때부터 이 용어가 쓰이기 시작했고, 이후 남성/
    여성을 자연스러운 진리로 강요하는 성별 이분법 체계의 횡포를 인식하고
    트랜스젠더를 포함하여 이런 이분법에 맞지 않는 다양한 젠더퀴어들을
    지지하고 연대하는 이들도 자신의 성별을 설명할 때 '지정성별 여성'이나
    '지정성별 남성'을 사용하는 흐름이 생겨났다. 이를 두고 한편에서는
    트랜스젠더들의 고유 용어를 빼앗아 쓰는 잘못된 전유로 비판하지만, 다른
    한편에서는 '지정성별'이란 용어의 역사적·정치적 의미를 인식하고 사용할
    경우 성별 이분법의 절대적 위상을 약화하는 데 잠재적으로 도움이 될 담론적
    실천으로 보기도 한다.

6   [역주] '민중을 위한 시(Poetry for the People)'는 1991년에 지금은 작고한
    준 조던이 UC버클리대학 안에 설립한 예술 및 사회운동 프로그램으로,
    학문적으로는 시를 읽고 쓰고 가르치는 수업을 하고, 실천적으로는 마틴
    루터 킹 주니어 목사의 뜻을 이어받아 대학과 지역사회를 연결하고
    지식의 불평등을 해소하며 청소년과 청년, 지역의 학교, 지역사회 조직 및
    활동가들과 긴밀히 협업한다. africam.berkeley.edu/poetry-for-the-people/

7   [역주] 마이클 온다치(Michael Ondaatje)는 스리랑카 출신 캐나다인
    소설가이자 시인, 에세이스트, 출판 편집자, 영화감독, 영문학 교수다.
    대표작은 1992년에 쓴 소설 《잉글리시 페이션트(The English Patient)》(New
    York: Knopf, 1992)로, 맨부커상과 골든 맨부커상을 받았으며 1996년에
    동명의 영화로도 제작되었다.

8 [역주] 에일린 마일스(Eileen Myles)는 지난 30년간 20편 이상의 작품을 출간한 미국 시인이자 소설, 논픽션, 극작가로 람다문학상 수상자이다. 마일스는 1991~1992년 미국 대선에 출마했으며, "나는 레즈비언 대통령을 원한다(I want a dyke for president)"는 첫 구절로 유명한 조 레오나드(Zoe Leonard)의 1992년 시는 마일스의 행보를 찬미하면서 쓴 것이다. 마일스는 2016~2018년경부터 자신의 트랜스 정체성을 몇몇 인터뷰에서 밝혔으며 레즈비언, 다이크, 트랜스, 퀴어 등을 엄격히 구분되는 별개의 범주가 아니라 연결과 연대의 위치로 이해한다.

9 [역주] 뮤리엘 루카이저(Muriel Rukeyser)는 유대계 미국인 시인이자 논픽션 작가, 페미니스트로서 활발한 정치 활동을 해왔다. 수백 명의 광부를 규폐증으로 사망케 한 미국 최악의 산업재해 중 하나인 '호크 네스트 지역 사고(Hawk's Nest incident)'를 주제로 한 연작시 〈사자의 서(The Book of the Dead)〉(1938)로 이름을 알렸다. 1968년에 쓴 시 〈케테 콜비츠(Käthe Kollwitz)〉에 나온 구절 "만약 한 여성이 자신의 삶에 대해 진실을 털어놓는다면 어떻게 될까? 아마 세상은 터져버릴 것이다(What would happen if one woman told the truth about her life? / The world would split open)"가 당대 페미니스트들에게 강력한 영향을 미쳤다. 명시적으로 커밍아웃한 적은 없으나 레즈비언 페미니즘 문학 계보에 속하는 작가로 해석되는 경향이 있다.

10 [역주] 니아 킹(Nia King)은 흑인, 레바논, 헝가리 혈통이 섞인 혼합 인종의 퀴어 예술 활동가, 멀티미디어 저널리스트, 팟캐스터, 연설가, 잡지 제작자다. 2013년도부터 자신이 진행하는 팟캐스트 〈우리는 방송을 타길 원한다(We Want the Airwaves)〉에서 퀴어 및 트랜스 예술가들을 인터뷰해왔고, 이 인터뷰들을 엮은 세 권의 책을 자비출판했다. 공식 홈페이지는 다음과 같다. http://www.niaking.com/

11 [역주] 리카 아오키 드 라 크루즈(Ryka Aoki de la Cruz)는 일본계 미국인 트랜스 여성 작가이자 작곡가, 시인이며 전 유도 챔피언으로 국제트랜스젠더무술연합의 창립자이기도 하다. 저서로 《계절의 속도(Seasonal Velocities: Poems, Stories, and Essays)》(Chapel Hill, NC: Trans-Genre Press, 2012), 《힐로의 노래(He Mele a Hilo: A Hilo Song)》(New York: Topside Signature, 2014), 《이 영혼에 먼지가 결코 내려앉지 않을 이유(Why Dust Shall Never Settle Upon This Soul)》(Montgomery, IL: Biyuti Publishing, 2015), 《희한한 별들에서 온 빛(Light from Uncommon Stars)》(New York: Tor Publishing Group, 2021) 등이 있다. 공식 홈페이지는 다음과 같다. rykaryka.com

12　[역주] 멜리자 바냘레스(Meliza Bañales)는 미국의 퀴어 작가, 공연예술가, 슬램 시인이다. 2002년 포에트리 슬램 대회에서 우승한 최초의 라틴계 여성으로 주목받았다. 루푸스 발병 후 장애가 생겼다.

12장

자살사고 2.0

퀴어 공동체 리더십 그리고 어쨌든 살아 있기

하늘로 떠나보낸 사랑하는 이들을 위해, 카일과 웬디를 위해, 그리고 아직 여기 남아 있는 우리 모두를 위해.

나는 사람들이 수수께끼 같은 문자를 보내오는 걸 싫어하게 되었다. **너 그거 알고 있었어?**

토론토에 있는 사랑하는 우리 공동체는 지난 2년 동안, 매년 여름, 자살로 누군가를 잃었다. 이번 여름엔 카일 스캔런Kyle Scanlon 이었다.[1]

그래, 아주 잘 아는 사이는 아니었지만, 나도 그를 알고는 있었다. 카일은 내가 처음으로 알게 된 트랜스 남성 중 한 명으로, 1990년대 후반 토론토의 퀴어 공동체에서 커밍아웃했다. 그가 세상을 떠난 후, 정말 많은 트랜스들은 카일이 그들의 직장이나 학교에 와서 자기 이야기를 들려주었던 것을 떠올렸고, 그가 그들이 만난 최초의 트랜스였다고 이야기했다. 그의 이야기와 그의 존재가 어떻게 자신을 트랜스로 명명하도록 도와줬는지, 또 자신이 살아 있다고 느끼게 하는 젠더 영혼을 긍정하는 데 필요한 일을 하도록 도와줬는지를 기억했다. 카일은 무일푼인 트랜스들을 위해 '519'(토론토의 퀴어 커뮤니티 센터)에서 무료로 저녁을 제공하는 프로그램인 '밀 트랜스Meal Trans'에서 일했던 최초의 노동자 중 한 명이었다. 그는 각종 상을 수상했고 사람들을 교육하는 일을 했다. 그는 모두가 감사하고, 기대고, 부탁하고, 고마워하는, 퀴어/트랜스 공동체에서 길러지고 그 공동체를 기반으로 한 리더 중 한 명이었다.

그리고 그는 자살했다.

그가 죽은 뒤, 우리가 서로를 더 열심히 사랑하고 서로에게 더 잘해줘야 된다고 말하는 블로그 게시글이 여럿 올라왔다. 그 지역의 모든 정신건강 상담전화 번호를 정리해서 적은 추모 게시글도 올라왔다. 페이스북에서 격주로 발행되는 퀴어 뉴스에 실린 그의 추모 기사들을 공유하는 게시글, 그리고 각자의 기억을 토대로 쓴 많은 글이 올라왔다. 그게 우리가 하는 일이다. 하지만 그것만으로는 충분치 않았다.

이러한 순간들은 슬픔이자 충격이다. 그리고, 어쩌면, 더 깊은 곳으로의 초대이기도 하다. 자살을 현실적으로 대하자는 초대. 내 말은, 정말로, 정말로 현실적이 되자는 얘기다―사람들이 거기까진 들어가길 원치 않는, 혹은 '자살하지 마. 너 살아서 할 일이 있잖아! 911에 전화해!' 같은 간단한 서사로 확 줄여버리고 싶어 하는 그런 것들에 대해서. 우리가 갖고 있는 서사들―자살은 식민주의로부터 온 것이다, 백인우월주의-자본주의-식민주의-비장애중심주의-가부장제가 우리에게 스스로 이 행성을 떠나야 한다고 속삭여대는 것이다―은 내가 죽고 싶지 않은데도 아티반Ativan[2]과 버번위스키를 섞어 먹거나 손목을 긋는 짓까지는 하지 않도록 막아주었다. 하지만 그것들 또한 충분치 않다.

카일이 죽은 다음 주에 나는 토론토에 가족들과 함께 있었다. 모든 사람이 상처 입고 있었다. 우리 '펨 마음 공유 모임Femme Heartshare Circle' 중 몇몇은 그런 일에 관해 이야기 중이었다. 놀랍도록 멋진 거리 성노동자 활동가이자 엄마이자 법대생이었던 웬디 배브콕Wendy Babcock이 작년에 약물 과다 복용으로 죽었고, 사람들은 그게 과연 고의였는지 확신하지 못했다는 이야기를 나눴

가장 느린 정의

다. 그리고 웬디의 가족이, 가족의 학대로부터 살아남았음을 용기 있게 밝힌 웬디의 신뢰도를 깎아내리기 위해 그녀가 정신건강 문제로 분투해온 역사를 어떻게 이용해먹었는지에 대해 이야기 나눴다.

친구 중 한 명이 이렇게 말했다. "우리가 뭘 어떻게 해야 해? 서로에게 경고 깃발이라도 흔들면서 정기적으로 체크해야 해? 그게 우리 관계를 대하는 방식인 거야? 내가 너한테 가서 '너 요즘 자살에 대해 생각한 적 있니?' 하고 물어봐야 해?" 나는 생각했다. **누가 내게 와서 '너 최근에 죽을 생각 있었니?'라고 묻는다면, 난 자동적으로 거짓말할 거 같은데. 뭔 소리야, 아냐.** 내가 살면서 만나온 모든 의사, 사회복지사, 대부분의 치료사에게 답하던 그런 방식으로. 다른 똑똑한 미친 사람들처럼, 나는 영구적으로 남는 내 기록에 가능한 뭐든 남기고 싶지 않고, '자신이나 타인에게 해를 끼칠 위험'이 있다는 정보는 절대로 남기고 싶지 않다. 나는 평생 이것과 싸워왔고, 그런 이름표가 나 같은 사람들에게 억압과 가혹함으로 돌아올 수 있다는 걸 보아왔다.

하지만 당신이 그걸 정상적인 것으로 받아들인다면. 왜냐하면 그건 정상이니까. 이 비밀, 우리 중 너무도 많은 이들이 자살 경향성과 씨름하고 있다는 비밀. 그렇다면 아마도, 어쩌면, 그냥 어쩌면 내가 어디에 있는지를 당신에게 말할 수 있을지도 모르겠다. 그리고 어쩌면 우리는 이런 자살사고suicidal ideation가 일어나는 곳들의 지형을 지도로 그리는 일을 더 잘할 수 있을지도 모르겠다.

카일이 왜 자살했는지 나는 모른다. 하지만 그의 죽음, 그리고 우리 40대 퀴어와 트랜스들이 자살로 주기적인 마침표를 찍는 것을 보며 이런 생각이 든다. 우리에겐 우리가 어리고 퀴어, 트랜스, 또는 두 영혼Two Spirit일 때 죽지 않는 게 얼마나 어려운지에 초점을 맞춘 서사들이 있다. 그리고 그 서사들은 매우 필요하다. 하지만 어쩌면 우리는 퀴어이고 다양한 젠더이고 두 영혼인 성인들이 계속 살아남으려면 무엇이 필요한지에 대해서도 현실적으로 접근해야 할 것이다.

퀴어이거나 트랜스이거나 두 영혼인 성인으로서, 우리는 당신이 일단 자랄 때까지 살아 있기만 하면 모든 일이 다 좋아질 거라고 말하는 서사들 속에서 살아간다. (댄 새비지Dan Savage가 쓰레기인 것과는 별개로 말이다.[3])

그런데 만약 당신이 예상했던 것보다 더 나아지고 바뀐 게 있긴 해도, 여전히 미칠 것 같고 너무나 극심하게 아픈 순간들도 있다면? 나아졌는데, 훨씬 더 나아진 건데, 그런데도 투쟁이 끝나지 않아서 어쩌면 더 아프다면? 당신은 결국 스테이션왜건 뒷좌석에 매트리스를 깔고 자게 됐다. 당신의 책은 절판됐다. 당신의 엄마는 죽었다. 그리고 그 모든 체액과 눈물을 흘린 뒤에도 당신은 여전히 미쳐 있다. 그리고 투쟁과 치료요법과 허브와 기적이 고통을 치유해주었으나 그 고통이 완전히 사라지지는 않은 삶을 위한 서사를 그 누구도 당신에게 마련해주진 않았다. 아마도, 당신이 살아남고 성공하면서 고통은 더 복잡해졌을 것이다.

날 봐라. 나 역시 그런 공동체 리더 중 한 명이기 때문에 안다. 나는 37세의 나이에도 여전히 때때로 몹시 무기력해지는 공동체 리더 중 한 명이다. 내 삶은 정말 더 나아졌다. 나는 더 이상 고문당하고 고립된 그 여자아이가 아니다. 나는 좋아 보인다. 나는 행복하다. 나는 더 이상 열여덟의 내 뇌가 매일 매 순간 알고 있던 방식으로 자기혐오에 목이 졸리지는 않는다. 나는 게이 섹스, 예술, 여행, 책, 집, 그 모든 걸 다 경험해봤다. 나의 뇌, 나의 영혼, 나의 삶은, 그리고 내가 트라우마와 맺는 관계는 매우 많이 바뀌었다. 그리고 여전히 나는 정기적으로 자살사고를 겪는다.

나는 적어도 열두 살 때부터 자살사고(**나 그냥 자살해야겠어**라는 생각을 반복해서 하는 것)를 경험해왔다. 열두 살 무렵부터 스물한 살 무렵까지 몇 달 혹은 몇 년 동안 자살경향성과 격하게 싸워야만 하는 시기가 찾아오곤 했다. 스물두 살 때 나를 학대해온 가족을 떠났고, 나라를 떠났고, 작고 조용하고 안전한 방을 마련했다. 그러고선 내가 자라난 그 징글징글한 것들로부터 벗어나기 위한 본격적인 치유를 시작했다. 치료요법과 작고 조용하고 안전한 방과 시와 춤추기와 친구들과 연인들과 허브와 단어들이 있어온 이래, 내 어린 시절만큼 끔찍하게 터져나가는 상황이 멈춘 이래, 나는 더 이상은 정말로 자살하고 싶지 않다. 나는 그럴 계획이 없다. 내겐 적극적으로 그러고 싶은 마음이 없다. 나는 내 삶을 사랑한다. 나는 축복받았다. 나는 즐겁다. 나는 행복하다. 하지만 때때로 ― 깊은 슬픔에 잠길 때나, 심한 스트레스를 받을 때, 또는 가끔은 그 정도까지 지독하진 않을 때조차도 ― 가끔은, 손목을 긋고 싶은 욕망이 활활 타오르는 채로 몇 시간 동안 앉아 있곤 한다.

나는 올해 람다문학상Lambda Literary Award을 수상했는데 생애 최고로 기분 좋은 순간 중 하나였다. 그리고 사흘 뒤, 망할 놈의 이

유도 하나 없이, 치료요법을 받고 나오는 길에 기분이 추락하는 것을 느꼈다. 차를 몰고 친구의 생일파티에 가려고 했지만 길이 복잡해서 다섯 번이나 빙빙 돌다가 포기하고 집으로 돌아갔다. 오후 3시에 침대로 기어 들어간 다음, 문득 깨닫고 보니 옷장에 있는 알약 상자를 뚫어지게 쳐다보면서 이런 생각을 하고 있었다. **아티반 다섯 통과 좋은 버번위스키 한 병이 있어. 그걸로 충분할까?**

그러곤 생각했다. 우와. **나는 서른일곱 살이고 이제 막 람다상을 받았는데. 나는 사람들에게 자살하고 싶다고 말할 수 없어. 내 페이스북 상태 업데이트에 그렇게 쓸 순 없어.**

나는 잤다. 그런 다음 내가 사귀었던 사람 중 가장 다정하고 친밀하게 연락할 수 있는 연인에게 웰부트린Wellbutrin[4]에 관해 물어보는 문자를 보냈다. 친구들에게 전화했다. 토론토에 있는 자연요법을 쓰는 마녀에게 연락했다. 그녀는 20달러를 받고 스카이프로 나를 마주한 다음 물었다. "지금 그 우울증은 어떤 느낌인가요?" 나는 그게 느리고 부드러운 강처럼 느껴진다고, 내 인생엔 좋은 것들이 많아서 좋지만, 그 좋은 것들에 둘러싸여 있는 바로 그때조차 정말로 그것들을 느낄 수 없다고 답했다. 그리고 뭔가 일이 나빠지면 곧바로 '나는지금죽어야해'로 가는 직통 회선이 확 뚫린다고 답했다. 나는 내 소마틱스 치료사와 인지행동 치료에 관해 이야기했고, 세로토닌 전구체인 5-HTP[5] 투약을 시작했다.

우리는 정의를 위해 일하고, 치유하고, 예술을 창작하고, 우리만의 방식으로 완전 멋진 놈들이 되는 게 우리의 상처 치유의

가장 느린 정의

일환이리라고 믿는다. 정말 그렇다. 하지만 우리 공동체들은 우리가 기대를 거는 공동체 기반 퀴어 리더들, 바로 우리이기도 한 리더들에게 어마어마한 압박을 주기도 한다. 퀴어와 트랜스 사회정의 공동체들 안에 존재하는 리더십 패러다임은 아직도 운동판/활동가 스타 패러다임이다. 우리는 그런 패러다임을 비판할 수는 있지만, 아직 대안적 패러다임이 따로 있는 건 아니다. 우리는 리더들에게 복잡한 감정을 갖는다. 우리에겐 롤 모델이 필요하다. 우리는 유능한 조직활동가와 예술가들을 찬미하고 싶어 한다. 또한 우리는 수평적 리더십을 어떻게 실천할지를 알지 못한다. 우리는 사람들을 동상처럼 받침대 위에 올려놓는다―그들이 완벽하길, 그리고 모든 답을 다 갖고 있길 기대하면서. 우리가 일을 망쳤을 때, 실수를 저질렀을 때, 언제나 비상 대기 상태가 아닐 때, 아니면 그저 정치적으로 동의할 수 없을 때, 우리는 우리 같아 보이면서도 우리 같지 않은 그 사람들을 무너뜨리고 무참히 짓밟는다. 우리는 사람들이 재능이 있는 동시에 불완전한 채로 살도록 내버려두는 법을 모른다. 그리고 우리가 그런 사람들, 즉 아무것도 아닌 사람이었다가 운동판의 스타가 된 사람이라고 해서, 글쎄다, 그게 복잡성을 이해할 여지를 많이 남겨주진 않는다. 또는 너무도 많은 사람들이 살아야 할 이유를 당신에게서 찾고 있을 때, 죽고 싶다는 생각을 솔직하게 마음 편히 받아들일 방법을 우리는 알지 못한다.

그리고 우리 공동체는 서로를 잘 돌볼 방법을 알기 위해 여전히 고군분투 중이다. 진심으로, 장기적으로, 그게 단번에 완벽하게 바로잡히지 않아도 수치스러워하지 않으면서.

내가 자살하고 싶을 때—흔히 그랬듯 그 생각에 세게 얻어맞고 무릎을 꿇을 때—이런 게 있다. 그 순간, 내 삶에서 정말로 행위성 따윈 없었던 그 모든 날의 느낌들이 한꺼번에 느껴지는 것만 같다. 억압의 영향으로 깊은 비탄과 슬픔에 잠긴 그런 순간, 자살은 내가 행위성을 가질 수 있는 한 가지 확실한 방법처럼 느껴진다. 나는 완전한 통제력을 가질 수 있다. 나는 백인우월주의-자본주의-식민주의-비장애중심주의-가부장제를 통제할 수 없다. 하지만 나는 별들에게로 갈 수 있다.

그리고 곧바로 타격이 온다. 웬디, 카일, 그리고 우리 공동체에서 자살한 다른 사람들에 관해 흔히 이런 말들을 한다. '나 그 사람 바로 얼마 전에도 봤는데. 행복해했었어. 괜찮았었어.' 그들이 정말 그랬을 수도 있다. 어떻게 말해야 할지 모르겠는 힘든 일들을 많이 안고 있었을 수도 있다. 그들은 아주 괜찮은 쪽에서 심각하게 절망스러운 쪽으로 빠르게 가버렸을 수도 있다—그리고 그것에 대해 말할 여력이 없었거나 뭐라 할 말을 못 찾았거나, 또다시 정신상태가 완전 무너졌다는 데 깊은 수치심을 느꼈을 수도 있다.

이는 우리에게—상황을 더 나아지게 만들었던 우리, **'당신을 위해 내가 해내겠다'**는 모양새로 빚어진 우리, 조직화하고 커리큘럼을 짜고 프로그램을 개설하고 상을 받고 싸우고 멘토 역할을 하고 사람들을 집 소파에 재워주었던 우리에게—무엇을 뜻할까? 우리가 다시금 우리 내면의 그 미쳐 있고 아프고 매우 슬픈 곳들에 빠져들 때면 무슨 일이 일어나는가? 밖에 있는 많은 사람들이 알고 있는 것과는 매우 다른 그 장소들에 가 있을 때

가장 느린 정의

면? 가끔 우리가 페이스북에 도움을 요청하고 기적이 일어날 때, 그리고 때로는 그렇게 해도 우리의 고펀드미 모금이 전혀 호응을 얻지 못할 때면 무슨 일이 일어나는가? 6개월 전에 너무 아팠는데 지금 또 아플 때 무슨 일이 일어나는가? 사람들이 **쟤 또 시작이네, 쟤는 항상 정신줄 놓고 있잖아**, 라고 생각하기 시작하는 임계점에 도달하는 건 언제인가?

나는 미쳤다는 것에 들러붙은 깊고 복잡한 낙인에 대해 생각한다—'너무 과한' 사람을 사랑하는 일에 대체로 더 능숙한 급진적 공동체들에 있는 우리마저 미치는 것에 대한 두려움을 안고 있다는 현실을. 사랑이 있지만 또한 그걸 차버리고 대충 편해지고 싶어 하는 공동체의 현실을. 또는 내가 예전에 본 적 있는 공동주택 룸메이트 모집 광고 문구—**당신이 정신건강이나 신체적 건강 문제가 있어도 우린 괜찮아요, 당신이 그것들을 혼자서 잘 돌보기만 하면, 그딴 걸 집 안으로 들여오지만 않으면 말입니다**—와 같은 현실을. 나는 어떻게 미친 사람이 다른 미친 사람을 돌보는지에 대해, 아무도 돌볼 사람이 없을 때, 우리 자신이 위기에 처해 있지 않을 때, 때로는 쉬고 싶을 때에도 어떻게 돌보는지에 대해 생각한다.

우리는 듣기 좋은 말이나 띄워주는 말이나 우리가 사랑받는 존재라고 말해주는 사람들을 원치 않는다. 무슨 말이냐면, 그런 말을 해도 된다. 그런데 난 내가 사랑받는다는 걸 모르지 않는다. 때로는 그런 말이 도움이 되기도 하지만 때로는 그런 말과 상관없이 여전히 마음 깊이, 깊이 슬프다. 나는 답을 모르겠지만, 그 답을 집단적으로 만들어내는 데 관심이 있다. 나는 죽어감과 춤을 추면서 자살이 우리에게 의미할 수 있는 그 모든 다양하고 실제적인 것들에 대해 이야기하는 우리 모두에게 관심이 있다. 우리가 여기 머물 수 있게 해주는 모든 것들에 관심이 있다. 그리고 그 이상으로, 나는 대부분 퀴어이고 트랜스인 성인으로서 행복하게 사는 모델을 만드는 데 관심이 있다. 우리가 리더가 될 수 있고, 그래도 여전히 취약할 수 있고, 우리가 영원히 행복하지는 않을 가능성을 열어두는 그런 모델. 산산이 부서졌다가 고쳐서 다시 만드는 것을 실패가 아니라 삶의 한 경로로 아우르는 인생 모델들. 회오리바람과 소용돌이로 간간이 끊기는, 코아틀리쿠에 Coatlicue/칼리Kali/오야Oya[6]의 에너지가 절단하는 모델. 그리고 그 자체로 선물인 모델.

1   이 장은 2012년 여름에 썼다. 원본 그대로를 고치지 않고 실었다.

2   [역주] 아티반(Ativan)은 로라제팜(lorazepam)(벤조디아제핀 계열에 속하는
     향정신성의약품)으로 만들어진 안정제로 불안장애 진정, 뇌전증 환자의
     발작 시 근육 이완 등에 사용된다. 알약이나 주사로 투여하는데, 아티반을
     알코올과 함께 섭취 시 진정 작용이 너무 강력해져 깨어나지 못하거나 몸을
     가누지 못하는 등의 위험한 상황이 발생할 수 있다.

3   [역주] 이 부분은 댄 새비지가 유튜브를 통해 펼친 퀴어 청소년 자살예방
     캠페인 〈더 나아질 거야(It Gets Better)〉에 대한 비판으로, 댄 새비지의
     캠페인은 대도시에 사는 백인 중산층 게이 남성으로서 다양한 위치와 환경에
     놓인 퀴어 청소년들의 현실을 제대로 담지 못한다는 비판을 받았다. 특히
     퀴어 청소년들을 자살로 몰고 가는 위협적인 또래 환경이나 학교 정책의
     실질적인 변화를 촉구하지도 않고 가해자들을 탓하지도 않음으로써 구조의
     문제는 외면하고 피해자 개인의 의지와 책임만을 강조하는 효과를 낳았다. 이
     캠페인에 대해 다른 퀴어 학자들이 제기한 비판에 대해서는 다음을 참조하라.
     전혜은, 《퀴어 이론 산책하기》, 여이연, 2021, 496~497쪽.

4   [역주] 웰부트린(Wellbutrin)은 기존의 SSRI(선택적 세로토닌 재흡수 억제제)
     계열 항우울제보다 위장장애, 성기능장애, 체중 증가 등의 부작용이 낮다고
     알려진 NDRI(노르에피네프린-도파민 재흡수 억제제) 계열의 항우울제다.

5   [역주] 전구체란 특정 물질이 되기 전 단계의 물질을 일컬으며, 5-HTP는
     5-하이드록시트립토판(hydroxytryptophan)의 줄임말로, 기분에 영향을
     미치는 신경전달물질인 세로토닌을 생합성하는 데 필요한 화합물의 하나다.

6   [역주] 코아틀리쿠에(Coatlicue)는 아즈텍 신화에서 신들의 어머니 신으로,
     대지와 재생을 상징한다. 칼리(Kali)는 힌두교에서 죽음, 시간, 변화,
     창조, 파괴, 힘과 관련된 신으로 강력한 전사이며 우주의 어머니 신이다.
     오야(Oya)는 나이지리아 남서부 지역 요로바족의 신들 중 하나로, 바람,
     번개, 폭풍, 토네이도의 신으로 강력한 전사이며 강의 신이고 자신을 모시는
     신도들에게 아이를 점지해주는 신이다.

13장

너무도 많은 시간을 침대에서 보내며

만성질환, 코아틀리쿠에, 창조성에 관해 글로리아 안잘두아에게 쓴 편지

섬유근육통이 있는 또 다른 퀴어 브라운 소녀의 아침

글로리아에게.

새벽이에요. 해가 뜨면 내가 살고 있는 퀴어 공동주택 뒤쪽에 있는 내 작은 판잣집, 환경성 질환에 안전한 집의 창문에 댄 널 빤지 사이로 햇살이 들어와요. 어떤 날은 이때 일어나곤 해요. 또 어떤 날은 3시간 동안 알람을 끄고 또 끄겠죠. 나는 내 커다란 침 대 위에서 뒹굴고 또 뒹굴 거예요. 나는 계속 자세를 바꿀 거예 요. 일어나긴 하겠지만 오, 매우 천천히 일어날 거예요. 날이 얼 마나 습한지, 통증이 얼마나 심한지, 균형 감각과 인지 능력은 괜 찮은지? 섬유근육통과 함께하는 또 한 번의 아침이에요. 새벽이 내 눈꺼풀 위를 살금살금 기어가면 나는 그녀를 밀쳐버려요. 아 직은 아니라고! 내 피로함—그저 하룻밤 너무 늦게 자서 생기는 피로가 아닌, 며칠이고 몇 주고 잘 잔다 한들 고스란히 남아 있는 만성질환의 깊은 피로—은 오늘도 그대로예요. 나는 몸을 돌리 고 뒤집어요. 다시 잠에 빠져들어요.

내 삶은 도서관 책, 바이브레이터, 목욕으로 지탱되고 있어 요. 단순한 자기관리 이상의 무언가, 게으른 특권층 소녀의 삶과 다른 무언가. 이건 불구의 삶, 만성적으로 아픈 삶이에요. 꿈꾸는 시간dreamtime으로 이뤄진 삶이죠.

난 만성적으로 아픈 장애인 작가입니다. 나는 유색인 퀴어 여 성 작가입니다. 나는 내 글이 담긴 선집이 한가득 꽂힌 책장을 갖 고 있어요. 나는 붉은색과 검은색 잉크로 덮인 길을 따라갈 수 있 었어요.

**나는 퀴어 펨 유색인 작가예요. 나는 만성적으로 아픈 펨이
에요.**

성년이 된 이래 내 인생 전체가 병으로 특징지어졌어요. 내가
섬유근육통이라 부르는 통증과 나비 날개처럼 파르르 떨리는 균
형 감각, 아예 없는 거나 마찬가지인 투명한 면역력을 언제부터
갖게 되었는지는 잘 모르겠어요. 학대와 공포로 가득 찼던, 가능
한 한 많이 자야 했던 어린 시절은 만성적으로 피곤하면서도 과
하게 성취 지향적이었던 대학 시절로 스며들었고, 20대 초반 시
절로도 스며들었어요. 그때 난 내가 겪은 근친 성폭력의 기억 속
으로 다시 걸어 들어갔고, 아팠고, 이불 속에서 많은 시간을 보내
면서, 피로와 고통과 후들거림과 힘겹게 싸웠어요.

섬유근육통은 내가 스트레스받거나 화학물질을 뒤집어쓸 때
면 반복되는 피로의 사이클, 신체기관에서 원인을 찾을 수 없는
근육통, 면역 체계 붕괴, 후들거림, 균형 문제, 인지 기능 지연이
한 무더기로 나를 치고 가는 현상을 부를 말로 내가 선택한 이름
입니다. 요가, 규칙적인 취침시간, 유연근무제, 허브, 금연, 케일
과 단백질과 퀴노아 등이 모두 도움이 되긴 했어도 이 몸을 치료
할 방법은 없습니다. 이게 내 몸이에요. 이 증후군은 새롭고/오
래되었고 진행 중이고 계속 펼쳐지고 있어요. 트라우마, 우리 몸,
체현, 환경적 인종차별주의, 병에 대해 생각하는 새로운 방법을
우리가 찾아냄에 따라 이 증후군도 변화하고 있습니다.

**만성질환은 엿 같아요. 하지만 침대에는 비밀스러운 축복이
있죠!** 만성질환은 나를 작가로 만들어주진 않았을지라도 나의
글쓰기 생활에 불을 밝혀줍니다. 나는 오전 9시부터 오후 5시까

지 일할 수는 없어요. 그랬을 때 사흘 만에 침대에 처박히게 됐거든요 — 하지만 침대에서 시간을 보내는 건 꿈꾸는 시간이 많아진다는 뜻이에요. 그 꿈꾸는 시간의 질이 별로일 때도 있지만 — 소마soma 음료[1] 반 잔에 취해서 인터넷 텔레비전을 보고, 바이브레이터를 사용하고, 통증을 다스리기 위해 뜨거운 욕조에 몸을 담갔다가 커다란 아이스 팩을 대고 눕기를 번갈아 하는 그런 시간이죠. 하지만 꿈꾸는 시간의 질이 좋든 나쁘든 간에, 아픈 펨으로 산다는 건 내가 오전 9시부터 저녁 5시까지 일하는 대부분의 사람들이나 운동권 조직활동가들이 꿈꿔봤을 것보다 더 많이 꿈꾸는 시간을 갖는다는 뜻이에요!

장애에 관해 엿 같은 점 — 고통, 억압, 손상 — 을 글로 쓰면서 동시에 이런 몸으로 사는 기쁨에 대해서도 쓰기란 참 어려운 일이에요. 이 몸의 기쁨은 불구 공동체와 상호의존에서 나옵니다. 하지만 무엇보다도, 내가 휴식을 취해야 하는 그 모든 시간 속에서 구축된 이 삶의 견고한 아름다움에서 나옵니다. 침대는 활짝 열린 네판틀라nepantla[2]의 장소예요.

자본주의는 침대에서 너무 많은 시간을 허비하는, 장애가 있고 지친 몸들은 쓸모가 없다고 말해요. 소유주를 위해 부를 창출하는 노동을 할 수 없는 사람이라면 누구든 쓸모가 없다고요. 자본주의를 위한 노동을 통해서 쌓은 부로만 사람들의 가치가 매겨집니다. 불구들은 자본주의에 쓸모가 없어요. 그게 바로 사회보장 프로그램들이 중단되는 이유고, 히틀러가 우리를 "쓸데없는 식충"으로 칭한 이유죠 — 우리는 다른 사람을 위해 부를 생산하는 재빠른 조립라인 노동자가 될 능력이 없는 경우가 많으니까요.

나는 만성적으로 아픈 유색인 퀴어 예술가이고, 너무도 많은 시간을 침대에서 보내요. 나는 쿠션이 가득 쌓인 내 침대가 내 사무실이자 내 세계의 본부라고 농담하곤 합니다. 내 삶은 내 침대를 중심으로 배치돼 있어요. 침대에서는 좋은 예술품이 보이고, 옆에 창문이 있고, 전원에 연결된 바이브레이터가 있고, 손 닿는 곳에 책들이 한 무더기 쌓여 있어요.

나는 여기 누워서, 나처럼 대부분의 시간을 침대에서 보내는 모든 불구 시인 친구들을 생각해요. 베개와 붉은색과 자주색의 시트들이 뒤덮여 있고, 보기 좋은 예술품으로 둘러싸여 있고, 자주색 사리sari³ 천이 드리운 곳. 여기가 나의 힘의 장소이고, 버팀대이자, 모든 것이 솟아나는 장소예요.

나는 여기서 꿈을 꿔요. 나는 여기서 글을 써요.

내가 알기로 글로리아 안잘두아와 나는 침대에서 만나요. 당신이 생각하는 그런 식은 아니고. 어쩌면 당신이 생각하는 그런 식으로. 글로리아와 나는 침대에서 만나요. 섹시하죠. 그리고 그건 그저 삶이에요. 글로리아와 나는 침대에서 만나요. 우리 둘 다 너무도 많은 시간을 보내는, 베개가 수북이 쌓여 있는, 만성적으로 아픈 사람의 병상에서.

글로리아, 우리는 침대에서 만나요. 내가 찾아본 바로는 당신은 한 번도 자신을 장애인이라고 말한 적이 없어요—당신이 남긴 그 모든 증거가 그 이름표에 저항했죠. 하지만 당신이 그 세계에 대해 어떻게 느꼈든 간에, 장애는 당신이 꿈꿨고 또 살아갔던 세계이기도 해요. 이 육체적 차이의 장소, 통증과 괴로움이 밀려

드는 지친 몸, 우리가 이상한 파트타임 일만 하게 하고, 쉬게 해주고, 날게 해주었던 그 몸 말이죠.

1938년, 글로리아는 텍사스의 하길 지역에서 태어났어요. 생후 3개월에 어머니는 아기 기저귀에서 월경혈 같은 작은 분홍색 점을 보고 까무러치게 놀랐습니다. 의사는 이렇게 말했답니다. "걱정 마요. 이 아이는 에스키모랑 비슷한가봐요. 에스키모 여자애들은 생리를 일찍 한대." 그녀는 인터섹스일까요? 지금이라면 그녀가 자신을 그렇게 부를까요? 그녀는 텍사스 남부에서 레즈비언들을 부르던 방식대로 자신을 **호타, 미타 예 미타**jota, mita y mita, 즉 반반이라고 불렀습니다. 여덟 살 때 그녀의 가슴이 발달했습니다. 여기엔 비밀이 있는데, 초등학교 때 그녀의 어머니는 그녀의 속옷에 낡은 헝겊을 접어 고정해놓고, 가슴에 붕대를 단단하게 감았습니다. "다리 좀 오므리고 있어라, 프리에타Prieta.[4][5] 섬유종과 40도까지 이르던 고열은 20~30대 시절 그녀의 몸을 매달 뒤흔들어놓았습니다. 40대에는 당뇨에 걸렸어요. 2004년 5월 15일이 있던 주에 글로리아 에반젤리스타 안잘두아는 당뇨 합병증으로 사망합니다/조상님들이 있는 곳으로 옮겨갔습니다. 그녀의 나이 예순한 살 때였어요. 그녀는 평생 신체적 차이로 표시되었습니다―타고난 엉덩이의 푸른 반점, 아프리카계 혈통의 표식, 저 너머까지 볼 수 있는 능력에서부터, 통증, 휴식의 필요성에 이르기까지.

1979년, 글로리아는 글쓰기에 평생을 바치기로 결심하고, 글 쓸 시간을 가능한 한 많이 확보하기 위해 파트타임 강사와 레지던시 입주 작가 일자리를 연달아 맡습니다.

1991년, 글로리아는 미국 국립예술기금을 받아 그토록 사랑했던 바다, 예마야Yemaya[6]가 있는 산타크루즈에 집을 샀고 매일 바다에 갈 수 있었습니다.

〈영적 황홀경 속에서 말하기: 제3세계 여성 작가들에게 보내는 편지Speaking in Tongues: A Letter to 3rd World Women Writers〉에서 가져온 구절: "어둡고 눅눅하고 하루 종일 비가 내렸다. 나는 이런 날을 사랑한다. 침대에 누워 있는 동안 나는 내면으로 파고들 수 있다. 아마도 오늘은 중심부 깊은 데서부터 우러나오는 글을 써낼 것 같다."

그녀는 다른 사람들이 자는 동안 글을 씁니다. 그녀는 일어나는 것에 대해, 앉아 있는 것에 대해, 찾는 것에 대해, 그리고 항상, 글쓰기에 대해 글을 씁니다.[7] 붉은색과 검은색 잉크로 덮인 길에 대해 씁니다.

글로리아, 내가 접한 문서 기록들은 종종 당신이 얼마나 아팠는지, 칼날 같은 섬유종 통증이, 그리고 일찍이 당신의 삶을 훔친 그 당뇨로 인한 에너지 하락이 당신의 삶에 얼마나 영향을 미쳤는지에 대해서 침묵하고 있어요. 하지만 당신이 어떻게 꿈꾸는 시간을 훔쳤는지에 대해서는 알 수 있죠. 당신은 글 쓰고 꿈꿀 시간을 훔쳤어요. 당신은 밤새 깨어 있었고, 하루 종일 잤어요. 당신은 글쓰기를 피하기 위해서라면 어떤 것이든, 정말 뭐든 할 거라고 농담했죠—집을 청소하고 선인장 통조림 요리를 하고 목욕을 하고 촛불을 켜고 등등. 하지만 당신은 글쓰기가 항상 그 자리에서 당신을 기다리고 있다는 걸, 당신의 변함없는 연인이자 동반자라는 걸 알고 있었어요. 당신에게 시를 열어주는 내면의

가장 느린 정의

두꺼비[8]라는 걸 알고 있었어요. 당신은 연인들보다도, 다른 사람들보다도 글쓰기를 선택했어요. 당신은 다리, 도개교, 혹은 섬으로 존재하기에 대해 썼고, 마침내는 그것이 밀물과 썰물에 따라 연결될 수도 고립될 수도 있는 자연 형성물인 모래톱이라고 밝혔죠.[9] 마치 우리 몸의 밀물과 썰물처럼요. 비장애 중심적 세상이 요구하는 대로 상자 안에 구겨 넣어져 살기를 거부하는 우리의 아픈—고통스럽든 덜 고통스럽든—몸들처럼요.

우리 유색인 퀴어들은 할 수만 있다면 절대 본인이 장애인이라고 말하지 않아요. 우리는 악착같아야 한다고, 다 참아내야 한다고 믿는 가족들 안에서 자랐어요. 우리는 우리가 이미 붙들고 씨름해야만 하는 정체성 외에 그 어떤 정체성이든 더 추가하길 원치 않아요. 우리 몸은 이미 거칠고, 괴물이고, 화가 많고, 요사스럽고, 무능하다고 여겨집니다. 어떻게 해야 우리가 약함, 취약성, 상호의존성을 받아들이면서도 우리의 일자리, 우리가 살고 있는 "가시울타리의 얇은 가장자리"[10] 위 우리 자리를 지킬 수 있을까요? 우리가 왜 주류 인권운동 속 전부 백인뿐인 불구들과 함께하고자 하겠어요? 어째서 우리는 아름답게 망가진 이 몸이 골칫거리가 아니라 선물이라고 주장할 수 있을까요? 상호의존이 우리를, 퀴어와 트랜스, 유색인, 여성, 무일푼인 우리를 몇 번이고 구해주었다는 걸 아니까요. 내 연인들과 친구들이 어떻게 서로의 생존을 도왔는지—운동판 안에서 서로 힘들 때 20달러씩 주거니 받거니 하고, 내가 계단을 내려갈 수 없을 때도 식료품점에 태워다주면서요.

나는 아침 9시부터 저녁 5시까지 일하고 싶어도 그럴 수가 없으니까, 침대에 누운 아픈 내 몸은 정말 엿 같지만 동시에 몇 시간이고 글을 쓸 수 있는 아름다운 능력이기도 하다는 걸, 어떻게 말하면 좋을까요?

그리고 그 아름다움의 일부는 꿈꾸는 시간에 대한 우리의 접근성에서 나옵니다. 이야기가 자라날 시간. 논리적이지도 합리적이지도 않고, 시계를 따르지 않고, 출퇴근 기록을 찍는 시간이 아닌 시간. 서른다섯 살의 나에게 주변 사람들은 이렇게 말해요. "당신은 그렇게 시와 이야기를 쓰고 프로젝트를 공동 주최할 시간이 어디서 나와요? 어쩜 그렇게 생산적이세요?" 내가 그토록 생산적인 이유는 내 위장이 하루 쉬라고 하면 그 말을 따르기 때문이죠. 나는 가족에게 위급한 일이 생겼다고 거짓말해요. 어렸을 때 나는 내가 어른이 되면 아침 9시부터 저녁 5시까지 일해야 할 거라는 걸 알고 있었지만, 그런 일이 어떻게 일어나게 되는 건지 제대로 이해한 적은 없었어요. 나는 내 뱃속에서 우러나오는 말들을 따라가요. 나는 침대에, 꿈에, 길고 긴 잠과 웅크리고 있는 시간에 굴복하고, 그렇기에 그 말들은 내 가까이 감겨옵니다.

만성질환이 선물이라고 어떻게 말할 수 있을까요? 내가 너무 아프고 피곤해서 일할 수 없는 상황이 아니었다면 작가가 되지는 못했을 거라고? 다른 일을 찾아봐야 했을 거라고? 내 질병은 네판틀라의 장소 안에서 글을 쓸 기회를 열어줍니다. 나를 붉은색과 검은색 잉크로 덮인 길로, 이야기들이 가는 길로 데려가줍니다.

안잘두아를 장애인으로 호명하는 몇 안 되는 학계 문헌 중 하나에서, 아나루이스 키팅AnaLouise Keating은 이렇게 씁니다. "비록 안잘두아가 10년 넘게 당뇨와 더불어 살아가고 있었지만, 독자들 상당수는 질병이 진행되고 있고 그녀의 생명을 쇠약하게 만들고 있다는 걸 알지 못했다. 그녀를 잘 알고 있던 우리 같은 사람들조차 그녀의 갑작스러운 사망에 충격을 받았다. 안잘두아의 오랜 친구 중 한 명이자 글쓰기 동지였던 킷 콴Kit Quan이 설명하듯, '글로리아는 항상 내게 자신이 20년은 더 거뜬하게 살다 갈 거라고 말했다. 그녀는 당뇨와 그로 인한 합병증과 매일 싸웠다 (……) 하지만 그녀는 질병에 대해 매우 잘 알고 있었고 (……) 너무도 열심히 혈당을 관리했기 때문에 나는 우리에게 아직 시간이 더 있을 거라고 생각했다.'"[11]

　　내가 이런 이야기를 모두 한다면, 아마 아무도 내 죽음에 놀라지 않을 거예요. 내가 정말로 심하게 아프면 아마 누군가는 알게 될 거예요. 내게는 충분한 시간이 있을 거고요. 아프고 꿈꾸고 날아오르고 글 쓰는 내 몸이 강인함도 연약함도 자리한 장소임을 알아보는 사람들이 주변에 충분히 있을 거예요. 하지만 유색인 장애 여성 예술가로 사는 어느 날, 티셔츠 같은 감촉의 분홍색 시트 위에서 뒹굴며 내 아픈 몸에 면이 닿는 느낌을 축복이라고 느낄 때, 늦잠을 자거나 타이핑하느라 늦게까지 깨어 있을 때, 나는 내게 살짝 닿는 당신의 몸을 느껴요. 우리는 아프고 또 날아오르는 우리의 아픈 몸을 서로 스쳐요. 우리의 아픔은 9시부터 5시까지 일하며 노동과 현금을 교환하는 삶으로부터 이탈하는 경로입니다. 우리 몸은 그렇게 일할 수 없기 때문에 그 대신 꿈을 꾸지요. 가시울타리의 얇은 가장자리 위에서 꿈을 위한, 시를 위한, 그리고 세상의 변화를 위한 시간을 훔칩니다. 우리는 백인자본주의가부장제 미국whitecapitalistpatriarchal amerika[12]이라는 용의 이빨 사이를 뚫고 지나갈 길을 꿈꿉니다. 뒤엎고, 한 줄 더 씁니다. 우리들 이빨 속에서 날아오르는 시들을.

"카미난테, 노 아이 푸엔테스, 세 아세 푸엔테스 알 안다르 Caminante, no hay puentes, se hace puentes al andar." 여행자여, 거기에 다리는 없어. 그 길을 걸어가는 사람이 다리를 건설하는 거야.

1   [역주] 소마(soma) 음료는 힌두교의 베다 제례 의식에서 썼던 흥분제 음료로, '소마'는 술의 신의 이름이다.

2   [역주] 네판틀라(nepantla)는 나와틀족(Nahuatl) 언어로 '안-사이(in-between)'를 뜻하며, 글로리아 안잘두아는 이 용어를 메스티자를 포함해 다양한 문화와 세계의 경계 지대를 살아가는 경계인들의 경험을 담아낼 용어로 발전시켰다. 이 개념은 1993년 논문 〈Chicana Artists: Exploring Nepantla, el lugar de la frontera〉에서 소개되고 이후 단행본 《경계 지대》에서 이론적으로 정립되었다. 네판틀라는 안-사이의 경계적인 시공간을 가리키며, 한편으로는 어디에도 속하지 못하는 경계적 경험의 혼란, 불안, 고통 등을 담아내고, 다른 한편으로는 고정된 범주나 정체성, 단일 문화 및 인종적 위계에 대한 환상을 깨뜨리고 변화와 변환을 가져올 잠재력을 제시한다. 한 인터뷰에서 안잘두아는 네판틀라를 정신적이고 영적인 차원까지 포괄하는 개념으로 제시한다. "네판틀라 패러다임으로 내가 이론화하고자 한 것은 메스티자들의 경험에서 명료하게 표현되지 않는 차원들이다. 다양한 문화 및 사회적이고 지정학적인 다양한 위치들과 또한 사건과 현실들이 서로 겹치고 중첩된 공간의 안-사이에서 살아가는 경험, 그것의 심리학적이고 사회학적이고 정치적이고 영적이고 역사적이고 창조적이고 상상된 차원들이다."(Gloria E. Anzaldúa, *Interviews/Entrevistas*, Ed. AnaLouise Keating, Oxfordshire: Routledge, 2000, 176) 안잘두아의 작업에서 네판틀라 개념의 의미와 발전 양상에 대한 연구 및 네판틀라 개념의 응용에 대한 연구는 많이 나와 있다. 예를 들어 다음을 보라. AnaLouise Keating, "From borderlands and new mestizas to nepantlas and nepantleras." *Human architecture: Journal of the Sociology of Self-knowledge* 4.3, 2006, 5-16; Martina Koegeler-Abdi, "Shifting subjectivities: Mestizas, nepantleras, and Gloria Anzaldúa's legacy," *Multi-Ethnic Literature of the United States* 38.2, 2013, 71-88; Charles Scott and Nancy Tuana. "Nepantla: Writing (from) the in-between," *JSP: Journal of Speculative Philosophy* 31.1, 2017, 1-15; Marcos de R. Antuna, "What we talk about when we talk about Nepantla: Gloria Anzaldúa and the queer fruit of Aztec philosophy," *Journal of Latinos and Education* 17.2, 2018, 159-163.

3   [역주] 사리(sari)는 남아시아 지역 여성들의 전통 의상이다.

4   [역주] '프리에타(prieta)'는 어두운 색의 피부나 머리카락을 가리키는 스페인어로 남성형은 프리에토(prieto), 여성형이 프리에타이다. 《내 등이라 불린 다리》 선집에 수록된 〈라 프리에타(La Prieta)〉(1981)에서 안잘두아는

가족들 안에서 자신만 피부색이 어두웠기 때문에 피부색이 밝은 조부모와 부모로부터 받은 인종차별에 대해 이야기한다.

5　이 구절은 다음 글을 축약하고 인용문을 가져왔다. Gloria Anzaldua, "La Prieta," in *This Bridge Called My Back: Writings by Radical Women of Color*, edited by Cherrie Moraga and Gloria Anzaldua, Boston, MA: Kitchen Table/Women of Color Press, 1984, 221.

6　[역주] 예마야(Yemaya)는 오늘날 나이지리아 남서부 지역에 8세기 즈음 살았던 요루바 민족의 종교인 요루바교에서 모시던 강과 물의 신으로, 브라질과 쿠바에서는 주로 바다의 신으로 숭배된다. 아프리카와 남미 등지의 다양한 문화권에서 물과 관련된 여신으로, 항해자를 보호하는 신으로 여겨지며 다양한 이름으로 추앙된다.

7　Gloria Anzaldua, "Speaking in Tongues: A Letter to 3rd World Women Writers," in *This Bridge Called My Back*, 169.

8　[역주] '두꺼비'는 안잘두아의 반쯤 자전적인 저서 《경계 지대》 6장 〈틀릴리, 틀라팔리 / 붉은색과 검은색 잉크로 덮인 길(Tlilli, Tlapalli / The Path of the Red and Black Ink)〉에 등장하는 은유로, 작가의 머릿속에 숨어 피와 에너지를 빨아먹고 작가의 의도대로 움직이지 않는 생각·소통·작품 등 작가를 배신하는 존재를 나타낸다. 다음을 보라. Tara Lockhart, "Writing the self: Gloria Anzaldúa, textual form, and feminist epistemology," *Michigan Feminist Studies* 20, 2006. hdl.handle.net/2027/spo.ark5583.0020.002

9　[역주] 다음을 참조하라. Gloria Anzaldúa, "Bridge, Drawbridge, Sandbar, or Island: Lesbians-of-Color Hacienda Alianzas", in *The Gloria Anzaldúa Reader*, edited by AnaLouise Keating, Walter D. Mignolo, Irene Silverblatt and Sonia Saldívar-Hull, Durham, NC: Duke University Press, 2009.

10　[역주] "가시울타리의 얇은 가장자리(thin edge of barbwire)"는 안잘두아가 《경계 지대》의 1장 〈고향, 아즈틀란: 또 다른 멕시코(The Homeland, Aztlán: El otro México)〉를 여는 시에 나오는 구절로, 이 시는 영어와 스페인어가 뒤섞여 전개된다.

11　AnaLouise Keating, "Introduction: Shifting Worlds, una Entrada," in *EntreMundos/Among Worlds: New Perspectives on Gloria Anzaldúa*, edited by AnaLouise Keating, London: Palgrave Macmillan, 2005, 9.

12　[역주] 여기서 '미국'은 'amerika'로 표기되어 있다. 이는 미국의 인종차별적·제국주의적·파시스트적 면모를 비꼴 때 쓰이는 속어로 주로 'Amerika'로 쓰이는데, 저자는 과감히 첫 글자를 소문자로 썼다.

14장

팝스타 프린스, 만성통증,
늙어 죽을 때까지 살기

뉴스 보도가 조금씩 나오기 시작했다. 기사들은 서로 상충하기도 했지만, 그럼에도 하나의 그림을 그려냈다―하이힐을 신고 춤을 추거나 무대에서 뛰어내렸던 그 모든 일들로 인해 수년간 만성통증과 더불어 살았던 프린스. 그의 무릎은 항상 심하게 아팠다. 그는 고관절 치환술을 받았었거나, 혹은 그의 종교가 그걸 허락하지 않아서 받아야 하는 고관절 치환술을 받지 못했다. 프린스는 3주 동안 투어하다 독감에 걸렸고 곧 경증 폐렴으로 진행되었다. 몇몇 쇼는 취소했지만 다 취소하진 못했고, 비행기를 많이 탔다. 2016년 그가 세상을 떠난 직후에 나온《엔터테인먼트 투나잇》의 기사에서, 그와 공동 작업한 그의 오랜 친구 쉴라 E.는 이렇게 말했다. "그는 항상 고통스러워했어요. 하지만 그는 공연예술가였죠."[1]

나도 지난주에 경증 폐렴을 앓았는데 올해 두 번째 폐렴이었다. 이 글을 쓰고 있는 지금도 폐렴을 앓고 있다. 호흡곤란으로 응급 치료를 받고 진단을 받자마자, 파트너에게 며칠 동안은 괜찮다고 말한 다음에, 나는 여전히 로스앤젤레스로 가는 비행기를 탈 생각이었다. 의사가 괜찮을 거라고 했으니까, 폐렴에 걸린 채로 사흘간 항생제를 복용하면서 말이다. 나는 내 몸에 귀 기울였지만, 그러기 위해선 싸워야 했다. 어쩌면 혹시, 내가 비행기를 타도 되지 않을까 물었을 때―어쨌거나 가벼운 폐렴이고 비행 시간도 짧잖아―아프고 장애가 있는 내 친구들은 절대 안 된다고 답했다. 친구들 말이 맞다는 걸 인정하고서, 라이트에이드Rite Aid 약국 대기실 의자에 앉아 항생제를 기다리는 동안 이번 일을 제안한 사람들에게 스카이프로 진행해도 될지, 비행기나 셔틀버스, 호텔이 아닌 집에서 행사를 진행해도 될지를 질문하고 협의했다. 그래도 여전히 행사장에 직접 가고 싶었다. 나는 접근성을 사랑하고, 스카이프에 감사하면서도 어쨌든 그 자리에 이 몸으로 가 있고 싶다는 게 어떤 의미인지 안다.

나는 프린스가 명성, 재능, 세계적 영향력, 이 세상에서 그의 위치와 그가 사람들에게 어떤 의미였는지에 있어 나와는 비교조차 할 수 없다는 걸 분명히 알고 있다. 하지만 투어를 다니는 작가인 내게 그의 죽음은 병, 통증, 그리고 공연예술가가 된다는 것에 관해 몇 가지를 생각하게 했다.

내가 생각한 건 이런 거다. 내가 느끼기에 공연, 글, 예술은 그것을 목격한 사람들의 마음속에 영원히 남을 수 있다. 그리고 그건 부서지기 쉽고 잊히기도 쉽다. 특히 당신이 유색인 퀴어/트랜스 예술가, 유색인 퀴어/트랜스 장애인 예술가, 노동계급이나 빈곤층 출신 예술가, 시골에 사는 예술가, 혹은 이 모두에 해당된다면 말이다. 나는 종종 내가 멈추면 모든 사람이 나를 5분 만에 잊을 것 같다고 느낀다. 이건 근거 없는 생각이 아니다. 친구이자 동지로, 또한 멘토로 생각했던 흑인과 브라운 퀴어 예술가들, 나보다 조금 더 나이 든 사람들, 내가 존경했고 지금도 존경하는 사람들, 공연을 예약하는 방법과 보조금 신청서를 쓰는 방법과 퀴어-트랜스-흑인-선주민-유색인 예술가로서 자기 자신을 신뢰하는 방법에 관한 기술을 공유해주었던 사람들을 보면서 하게된 생각이다. 인생이라는 것이 평소보다 좀 더 격하게 힘들어지는 시기를 맞이한 예술가들, 또는 하던 일의 종류나 일의 양을 이제 막 바꾼 예술가들, 그리고 이제는 나보다 조금 어린 사람들이 그 이름을 들으면 "그게 누군데?"라고 말하는 그런 예술가들. 내 경험으로 보자면 퍼포먼스 무한 동력 법칙이란 게 있는데, 누군 가 공연이나 글쓰기로 뭔가를 해주길 원하면 무조건 수락해야 한다는 것이다. 만약 거절하면 바퀴가 멈출 거고 그렇게 끝장날 것이기 때문이다. 재산이 많거나 신탁 기금에 접근할 수 있는 예술가들은 어쩌면 (거의 확실히) 다를지도 모르겠다. 하지만 나머 지 우리 대부분에겐 이게 정말로 그렇게 느껴진다. 우리가 학습 한 모델은 결코 멈추지 말아야 한다는 것이다.

나는 2014년 가을 기다리던 세 가지 일이 죄다 무산되고 (진 짜로) 돈이 바닥나고 무서웠던 때의 그 엄청난 공포감을 잘 알고 있다. 나는 돈을 모으기 위해, 이메일을 보내고 후속 작업을 하기 위해 안간힘을 쓰며 기어오르는 고단함을 잘 알고 있다. 나는 우 리가 슈퍼히어로가 되는 모든 방법을, 토하거나 공황발작을 일 으킨 직후에 공연하는 것과 어쨌든 그 공연을 빛나게 만드는 게 어떤 기분인지를 알고 있다. 나는 일에 오르막이 있으면 내리막 도 있다는 것을 안다. 실제로 돈을 받을 때까지의 기다림을 안다. 나는 자기가 하는 일을 사랑하는 느낌을, 아드레날린에 이끌려 가는 그 느낌을 안다. 나는 집에 무사히 도착해 침대에 누운 다 음 마침내 아파도 되는 안전한 곳에 이르러 계속 아프고 또 아프 고 아프게 되는, 투어 후 고장나는 그 느낌을 안다. 나는 인맥과 인지도를 유지하기 위해 분투하는 게 어떤 느낌인지 안다―유 명해지고 싶어서가 아니라, 사람들이 당신의 작업을 알아야 일 감을 줄 거고, 그래야 당신의 작업이 사람들에게 닿을 것이기 때 문이다. 만약 그러지 못한다면, 당신도, 당신의 작업도 없을 거다. 나는 투어를 사랑하고, 사람들을 위해 내가 사랑하는 일을 하면서 여행할 수 있다는 게 축복처럼 다가오는 그 느낌을 안다. 그리고 나는 당신이 당신의 일을 할 수 있어서 행운이라고, 그저 계속 일하고 또 일하면 된다고 느끼는 게 어떤 건지 알고 있다. 이 일은 9시부터 5시까지 해야 하는 일도 아니니까, 이 모든 건 그럴 만하다고 느끼는 거다. 그렇지 않은가?

여러 해 동안 빈털터리에 아프고 이 도시는커녕 동네도 떠날 능력이 없는 특정 유형의 장애가 있는 사람으로서, 투어를 다니는 것은 다른 노동계급 예술가들이 알려준, 피로 주간과 에너지 주간을 경험하는 만성적으로 아픈 몸으로 정점과 추락을 오가며 일하면서 생계를 꾸리는 한 방법인 동시에, 한 번에 상당한 돈을 벌고 그다음에 아프거나 지쳤을 땐 그 돈을 아껴 쓰면서 살 수 있는 방법이었다. 또 투어를 다니는 건 많은 사람들이 가질 수 없는 엄청난 특권처럼 느껴지는 일이고 실제로도 그렇다─여기엔 내가 뚜벅이walkie[2]라는 점, 너무나 비장애 중심적인 대중교통이 수용하지 못하는 보조기기를 쓰는 내 친구들이나 동지들보다 버스, 기차, 비행기 타기가 더 쉽다는 점을 포함해 수많은 이유가 있다. 또한 나는 종종 일이 아무리 힘들어도 엄마처럼 살진 않아도 된다는 느낌을 기본으로 갖고 있다─나는 형편없는 결혼생활을 하며 투잡을 뛰는 노동계급 여성이 아니다. 전국을 돌아다니기는커녕 자기가 사는 사양화된 공업 도시를 떠날 일도 거의 없는 그런 처지가 아니다. 나는 정말 운이 좋은 셈이다. 불평할 이유가 없다.

이 모든 것이 진실이다. 또한 진실인 것은, 당신이 일하는 그 모든 날에 아프고 통증에 시달린다는 것이다. 당신이 하는 그 모든 비가시화된 노동—눕기 전후에 하는 일들, 아픔을 떨쳐내거나 줄이기 위해, 여행 중이나 이후에 아픔과 통증을 돌보기 위해, 진통제를 먹고 스트레칭을 하고 전통 중국 약차로 만든 알약을 지니고 다니는 그런 일들—도 진실이다. 우리 내면에서도 외부에서도 들려오는 전형적인 목소리—당신이 그 일을 할 수 있는 건 정말 행운이다, 쇼는 계속되어야 한다, 당신은 힘내서 질병을 이겨내야 한다, 공연을 취소하는 건 당신이 까탈스럽거나 '신뢰할 수 없거나' 나약하다는 뜻이다, 당신에게 병이 있다는 걸 드러내면 사람들은 당신의 공연 예약을 망설이게 되고 이제 당신의 경력은 내리막길이라고 생각하게 될 거다—가 공연계 문화에서는 흔하다는 것도 진실이다.

마흔 이후의 나에게 진실인 것은, 내가 만성적으로 아픈 예술가임에도 나 자신을 밀어붙일 수 있었던 방식들, 30대 때 공연이며 워크숍이며 행사 때문에 밤 비행기를 타고 버스를 타고 길고 긴 여행을 다녔던 게 40대에는 더 어려울 거라는 깨달음이다.

내가 아는 많은 사람이 지속가능성에 대해 점점 더 많이 이야기하고 있지만, 전적으로 지속가능하게 일할 방법을 실제로 알아낸 사람은 별로 보지 못했다. 그건 우리 잘못이 아니다. 비장애중심적 자본주의의 잘못이지. 우리 모두 최선을 다해 살아남으려 노력하고 있지만, 노동하는 예술가를 위한 워크숍은 별로 없고, 노동하는 장애인 예술가를 위한 워크숍은 더 없다. 그리고 확실히 모든 사람이 예술가로서 어떻게든 생계를 유지할 수 있는 것 같지 않다는 게 현실이다. 우리는 우리의 강점인 노동계급 퀴어-트랜스-흑인-선주민-유색인 예술가 모델로서 작은 걸 가지고 많은 일을 하는 데 익숙해져 있다. 우리에겐 장애와 질병, 일정 취소나 변경을 포함하는 투어 모델이 없다. 그런 건 사치로 여겨지거나 아예 불가능해 보인다. 그렇게 여겨지는 이유는 자금이 부족해서인 경우가 많지만, 좀 더 돈이 많은 예술가들에게도 일정을 취소하거나 속도를 늦추는 건 불가능한 일처럼 느껴지는 게 사실이다.

신스인발리드가 구성원 중 한 명에게 세 가지 심각한 건강 문제가 생긴 후 2010년 10월로 예정되어 있던 큰 공연을 2011월 4월로 옮겼을 때, 이는 전례가 없는 일이었던 동시에—내가 알기로 공연계에 몸담은 그 누구도 본 적이 없는 일이었다—그 누구도 뒤에 남겨두고 가지 않기와 있는 그대로의 우리 몸을 중심에 두기에 헌신하는 장애정의 집단으로서 우리가 심사숙고하여 결정한 일이었다.[3] 나는 이러한 결정이 다른 집단들도 공연을 만들 때 일정 취소나 변경이 뜻밖의 재앙이나 불가능한 일이 아니라 우리가 계획할 수도 있는 무언가가 되도록 할 방법을 꿈꾸는 선례로 작용하길 바란다.

내게 마법 같은 해결책은 없다. 하지만 내가 아는 건, 내가 이 글을 쓰면서, 두 달 동안 두 번이나 폐렴에 걸린 마흔 살의 공연자이자 작가로서, 우리가 사랑하는 많은 예술가들이 40대나 50대, 60대에 고인이 되는 것을 보고 있다는 점이다—프린스는 물론이고 나와 내가 속한 공동체의 많은 사람에게 너무나 큰 의미인, 모호크족 트랜스 원로이고 작가이자 공연예술가인 아이야나 마라클Aiyyana Maracle이 이 장을 끝마칠 즈음 간암으로 막 세상을 떠났다. 나는 어떻게 하면 우리가 공연문화계의 기대치를 새로 만들 수 있을지, 또한 만성적으로 아프고 장애가 있는 우리의 심신이 번성하도록 해줄 우리만의 공연 아이디어를 어떻게 생각해 낼 수 있을지를 함께 알아내는 데 전념하고 있다. 나는 우리가 늙어 죽을 때까지 살아가길 바란다.

1   Antoinette Bueno, "EXCLUSIVE: Sheila E. on Prince: 'He Was in Pain All the Time, but He Was a Performer,'" *ET Online*, April 22, 2016.

2   [역주] 일라이 클레어는 《망명과 자긍심》에서 자신을 'walkie'로 소개하며 "휠체어를 이용하지 않는 사람, 바퀴를 굴리기보다는 걷는 사람을 이르는 말"로 설명한 바 있다(46쪽). 같은 의미로 한국의 장애운동에서는 '뚜벅이'라는 용어를 사용해왔다.

3   이 결정에 관한 좀 더 자세한 내용은 다음을 보라. "Sins Invalid Performance Update," Sins Invalid, September 9, 2010. http://sinsinvalid.org/blog/sins-invalid-performance-update; "Sins Says Thanks," Sins Invalid, December 23, 2010, http://sinsinvalid.org/blog/sins-says-thankks

15장

펨과 자살에 대해 내가 확실히 알고 있는 두세 가지 것들

펨들에게 보내는 러브레터

우리의 상처가 보기 좋은 흉터로 남게 하라.

— 에리카 프리스Erica Freas[1]

펨은 매일매일 세상 속에서 어떻게 움직여갈 것인가에 대한 모
험적인 도전, 갈망, 그리고 정치적 결단의 역할을 한다. (……) 펨
은 미소 짓는 얼굴로 나를 똑바로 쳐다보면서 이렇게 말한다. '우
리 함께 우리가 할 수 있는 모든 걸 다 해보자. 우리가 자유로워
질 수 있게, 우리 아름다운 자아의 어느 한 부분도 뒤에 남겨두지
않고, 우리가 한 발을 딛고 있는 저 다른 세계에 다다를 수 있게.'[2]

— 제스 St. 루이스Jess St. Louis[3]

때때로, 나는 지난 3년이 '펨 자살의 해'였다고 생각한다.

2015년 3월, 인사이트!의 〈폭력의 색 4〉 행사가 끝난 뒤 JFK
공항에 착륙한 비행기에서 내리며 휴대폰을 들여다보았을 때,
흑인 비만인 펨 풍자극 예술가이자 성 건강 교육자, 작가, 공동체
조직활동가인 타우레 데이비스가 스스로 삶을 끝냈다는 소식을
보게 됐다.

열 달 후, 나는 페이스북에 접속하기 전에 전화해달라는 문자
를 받고 잠에서 깼다. 전화를 받은 펨은 애팔래치아 지역 출신이
자 백인 트랜스 펨이고 HIV 양성인 작가, 연극예술가, 음악가, 헤
어스타일리스트인 브린 켈리Bryn Kelly가 자살했다고 말해주었다.

그 후 여름엔 흑인, 퀴어, 장애인 펨이자 제2형 척수성 근위
축증[4]이 있는 열네 살의 제리카 볼른이 "자유로워지겠다"며 자살

계획을 발표했다. 볼른이 호스피스로 들어가 인공호흡기를 떼어 달라고 하기 한 달 전 '제리카의 마지막 춤' 무도회를 열고자 인디고고 모금을 시작했을 때, 그녀의 요청된 죽음은 주류 언론의 주목을 받았다. 언론은 그녀의 행동을 "용감하고", "영감을 주는" 일이라고 말했다. 그녀는 자신에게 미래가 없고, 자신은 당연히 춤추거나 데이트하거나 사랑할 수 없을 것이며, 따라서 죽기를 선택했다고 말했다. 그녀를 입양한 백인 가족과 대부분 백인 시골 농가로 이뤄진 위스콘신주 애플턴의 공동체는 그녀의 이 공공연한 자살 계획 발표를 응원했다.

장애운동 단체 낫데드옛Not Dead Yet[5]의 다이앤 콜먼Diane Coleman이 쓴 대로, "제2형 척수성 근위축증은 아동과 10대 청소년에게는 일반적으로 치명적인 질환이 아니다. 사실, 척수성 근위축증이 있는 사람들 일부는 청년기에 호흡기 합병증으로 사망하지만, 제2유형에 해당하는 사람들은 60대 넘어서까지 사는 경우가 많다. 적절한 의료서비스를 받는다면 척수성 근위축증이 열네 살 아동의 사망을 초래하지 않으리라는 건 분명하다".[6] 그녀는 일상적 보조공학 기술 중 하나로 인공호흡기를 사용했다. 나 자신을 포함해 내가 아는 많은 장애인들은 백인 비장애인 가족이 그녀의 죽음을 응원하는 광경을 보고 깊은 슬픔과 고통으로 만신창이가 되었다. 그들이 그녀의 삶을 가치 있게 여기지 않는 모습 속에서 우리 자신의 삶이 가치 있거나 용감한 것으로 여겨지지 않는 방식들이 보였다. 우리 중 몇몇은 제리카에게 편지를 썼다. 우리들에겐 삶과 연인과 직업과 기쁨과 춤이 있다고, 당신의 장애가 사형선고를 의미할 필요는 없다는 걸 당신이 알았으면 좋겠다고. 그녀의 가족 공동체는 대놓고 비웃었다. 왜 우리는 거기에 참견했던 걸까? 우리와는 아무 상관도 없는 일이었는데. 그건 '사적인 문제'였다—비록 《워싱턴 포스트》에 실리긴 했어도 말이다.[7] 자살을 고려하는 많은 장애인들처럼, 제리카는 죽을 생각을 하다니 용감하다는 말을 들었다. 그녀를 잘 살게 해줄 체계적 지원을 위해 투쟁하는 게 용감한 일이라는 말을 듣는 대신에 말이다. 그녀의 자살 계획 발표는 신스인발리드의 2016년 공연 〈탄생하기, 죽어가기, 불구 현자가 되기Birthing, Dying, Becoming Crip Wisdom〉 리허설을 하는 내내 우리 곁을 맴돌았다. 아이러니하게도 그 공연은 바로 그 주제를—장애인의 지혜, 장애인으로 나이 들기, 늙어 죽을 때까지 살기의 의미를—다루고 있었다. 우리가 리허설을 하는 중에 제리카는 죽었다.

제리카가 죽고 3주 후, 내가 신스인발리드 공연장 셋업 기간에 힘든 시기를 보내던 한 친구와 함께 스틴슨 해변에 있을 때, 다른 친구로부터 "아직 아무한테도 말하지 마, 페이스북에 올라오기 전에 네가 알았으면 해"라고 쓴 메시지가 왔다. 남부 지역의 백인 펨 사진가 아만다 '아칸소 센 언니' 해리스Amanda "Arkansassy" Harris가 자살했다는 소식이었다. 우리 펨들을 주변화시켜온 장소들을 점유한 펨들의 사진을 전시했던 아만다의 〈펨 공간 프로젝트Femme Space project〉[8]가 샌프란시스코에서 열린 '전국 퀴어 예술 페스티벌'에서 호평 속에 마무리되고, KQED[9]가 선정한 '주목할 만한 샌프란시스코 만안 지역 여성' 중 하나로 꼽힌 지 고작 몇 주 후에 그녀는 세상을 떠났다.

2016년은 우리 사람들이 단시간에 하늘로 되돌아가는 때였던 것 같다. 어쩌면 그들은 다가올 트럼프 지옥을 아직 피할 수 있을 때 재빨리 피하기 위해, 아니면 우리를 인도해주기 위해 그랬을지도 모른다. 혹은 둘 다였거나. 펨들이 죽고 또 죽는 이 순환은 뭔가 다른 것처럼 느껴졌다. 키 큰 나무들이 쓰러지는 일처럼. 우리가 가장 필요로 하는 사람들을, 그들이 가장 필요한 그 순간에 잃는 일처럼. 펨 자살은 새로운 일이 아니다. 마크 아구하 Mark Aguhar[10]를 잃었던 것처럼 우리는 이전에도 펨들을 잃었고, 그 후로도 잃어왔고, 앞으로도 잃을 것이다. 하지만 그렇다고 쉬워지는 건 아니다. 3년 동안 다섯 명을 잃는 일은 겪어내기 쉬운 일이 아니었다. 이 모든 자살은 펨과 퀴어 공동체에 큰 타격을 주며 애도와 절망을 불러일으켰고, 많은 공동체 안에서 펨과 자살경향성에 관한 대화가 촉발되었다.

세간에 알려진 펨 자살이 이어진 지난 3년 이래, 나는 내가 뭔가 도움이 될 만한 글을 쓸 수 있는 순간을 기다려왔다. 수많은 초고를 거쳐, 이제 이 글을 전한다. 이 글은 삶을 거둔 모든 펨에게 보내는 러브레터다. 매일 조용히 비명을 지르며 자살과 싸우는 우리 모두에게 보내는 러브레터다. 그리고 사랑하는 사람들이 죽고픈 마음과 춤추고 있을 때 그들을 지지하느라 감정노동을 하는 우리 모두에게 보내는 러브레터다. 나는 거의 평생을 때때로 죽고 싶어 하는 펨으로 살아왔고, 그만큼 오래, 자살충동을 느끼는 펨들과 퀴어들을 사랑해왔다. 여기가 이야기의 출발점이다.

퀴어 펨 자살은 투쟁에 따라붙는 여담이 아니다. 사양화된 공업 도시에 사는 유색인 퀴어 펨 장애인으로서 내 정치적 삶의 매 순간은 퀴어 펨 자살의 궤도에 놓인다. 젊고, 완전히 망가졌고,

혼혈에 브라운인 펨 생존자로서 나의 첫 번째 투쟁은 목숨을 계속 부지하는 것이었다. 내가 자살을 학문처럼 연구해온 것, 그리고 내가 살아갈 이유에 대한 탐구를 지속하는 것, 나의 깊은 슬픔과 거슬리는 생각들 속에서 밀려왔다 밀려가는 변화를 기록하고, 폭발한 다음 죽음이 최선책이라며 나를 살살 몰고 가는 트라우마 폭탄들과 그 폭탄들의 뇌관을 제거하는 힘을 기록해서 목록으로 만들고, 그것들에서 광물을 캐서는 내 삶에 공급할 연료로서 용광로에 넣는 일을 계속해나가는 것은 평생에 걸친 마라톤이다.

여기에 펨과 자살에 대해 내가 어느 정도 확실히 아는 몇 가지가 있다.

과한 사람으로 인식되는 게 당신을 죽일 수도 있다. 펨들은 전반적으로 '너무 과하다'는 고정관념이 있다. 너무 시끄럽고, 너무 미쳤고, 너무 감정적이고, 너무 요구가 많고, 너무 많은 액세서리를 달고 다니고. '손이 많이 간다', '애정에 굶주려 있다', '히스테릭하다'는 수식어는 악담이다. 흑인과 브라운 펨, 트랜스 펨, 장애인 펨들은 더더욱 '너무 과하다'는 고정관념의 대상이 된다―자동적으로 화났고, 미쳤고, 거칠고, 히스테릭한 사람으로 여겨지는 것이다. 그래서 어떤 펨이 정말로 '과한' 기분일 때―압도적인 분노와 절망과 공황에 휩싸여 앉아 있을 때― 자신의 광기와 절망이 공동체나 사랑하는 사람들이 받아들이기에 너무 과한 게 아니리라 기대하고 먼저 연락하는 건 극도로 어려운 일처럼 느껴질 수 있다.

"그냥 나한테 전화해!"로는 충분치 않다. 아만다의 죽음 이후,

많은 사람들이 좋은 의도로 그들의 친구들과 사랑하는 사람들에게 죽음을 생각하게 될 때면 자신에게 전화하라고 권하는 글을 공개적으로 올렸다. 이는 좋은 첫 단계이고 틀림없이 사랑스러운, 선의에서 나온 제안이지만, 나는 그걸로는 결코 충분치 않다고 생각한다. 남들 앞에서 미쳐 있는 걸 매우 빌어먹을 힘들고 위험한 일로 만드는 비장애중심주의의 문제를 적극적으로 풀어내지 않는다면, "절망감을 느낄 땐 그냥 나한테 전화해줘"라고 말하는 건 쓸모가 없다. 퀴어 공동체 안에서건 세상 속에서건 미친 펨들은 사랑받지도 존중받지도 못한다는 걸 우리 대부분은 우라지게 아주 잘 배워왔다 — 우리는 유능하고 함께 있고 얌전히 있을 때만 사랑받는다는 걸 말이다. 억압이 우리 같은 사람들 — 우선 많은 트랜스 펨들과 장애인 펨들 — 에게 자동적으로 '미쳤다'는 딱지를 붙이므로 더욱 그렇다. 누군가에게 '짐'이 되는 것에 대한 강한 수치심에 더해, 친구들을 소진시킬까봐 걱정하는 마음, 펨은 24시간 일주일 내내 쉴 새 없이 감정노동하는 돌봄 제공자여야 한다는, 결코 돌봄을 받는 사람은 아니라는(그러면 '애정에 굶주린' 게 되잖아?) 강도 높은 사회적 기대까지 추가되면, 다른 사람에게 도움을 요청하느니 차라리 죽는 게 호의를 베푸는 일이겠다고 결론짓는 건 놀랄 일이 아니다. '비장애중심주의'는 많은 사람들이 알지 못하거나 일상생활에서 사용하지 않는 용어다. 하지만 비장애중심주의는 펨들이 트라우마로 인해 자신이 필요로 하는 것들에 대한 혐오 속에 놓이도록 하며, 이는 펨 죽음으로 향하는 도화선에 불을 붙이는 성냥이다.

당신이 엉망진창일 때도 사랑받는 게 아니라면, 펨 숭배는 당

가장 느린 정의

신을 죽일 수도 있다. 연이은 펨 자살 이후에 나는 남성적인 사람들이 자기네가 펨들을 얼마나 사랑했는지(더 흔하게는, 얼마나 '숭배했는지')를 드러내는 헌사를 쓴 걸 보았다. 그들이 찬미한 건 전부 고도로 펨다운 심미적 선택뿐이었다—5인치 하이힐, 완벽하게 그려진 아이라인. 고통은 전혀 없다. 불완전함도 전혀 없다. 엉망진창도 전혀 없다. 하지만 당신이 펨인데 너무 우울하고 망가진 상태라 완벽한 아이라인을 그릴 수 없을 땐 어떻게 되나? 당신이 펨인데 자살하고 싶고 몇 주 동안 냄새나는 똑같은 잠옷 바지를 입고 있을 땐 어떤가?

나는 남성적인 누군가가 자기 펨 파트너나 친구가 냄새나는 추리닝 바지를 입어도 그들을 얼마나 많이 사랑하는지에 대한 찬가를 쓰는 걸 본 적이 없다. 나는 엉망진창이고 실패한, 시간적 여유가 없는, 우리 자신을 포함해 모두를 돌아버리게 만드는 펨들에게 바쳐지는 송가를 거의 보지 못했다. 나는 나 자신을 포함해서 내가 아는 모든 펨들에 대해, 손이 너무 떨려서 아이라이너를 쓰지도 못하는 펨들에 대해 생각했다. 많은 사람들이 곧잘 펨다운 것의 기준으로 여기는 고도의 펨 미학을 성취할 능력이 없을 때, 우리는 우리 공동체로부터 사랑받는가? 우리가 '추할' 때 우리는 사랑받는가? 퀴어 공동체 안에서 대부분의 시간 동안 나는 우리가 비가시적이지 않다는 걸 경험해왔다. 우리는 종종 지나치게 가시적인 반면, 우리의 펨 정체성과 삶은 자주 삭제되고, 무시당하고, 엄청나게 오해받곤 한다. 펨들이 미칠 때란 이럴 때다—펨으로 산다는 것은 상처를 입고 살아가는 경험인데, 우리 공동체가 '강한 펨들'을 기본값으로 여기고 '숭배해' 마지않으면서 슬픈 펨들에 대해서는 때로 어떻게 사랑해야 할지도 모를 때.

펨 갑옷은 감옥일 수도 있다. 우리 중 너무도 많은 사람이 그 갑옷을 철저히 갖추고 있는 것처럼 보임으로써 이 가시울타리 얇은 가장자리 위에서의 삶에서 살아남는다. 우리의 펨 갑옷은 우리가 스스로를 보호하는 한 가지 방법이다. 완벽한 입술, 흠잡을 데 없는 헤어스타일링과 눈썹, 예술품처럼 엄선된 의상, 치렁치렁한 장신구와 보석들. 이 모든 것이 쓰레기 같은 인간들을 물리치는 마법이다. 네일 케어를 하면, 비록 모든 게 무너지고 있더라도 무언가는 통제하고 있다고 느낄 수 있다. 립스틱 바른 입술은 '나를 존중하라'고 요구한다. 당신의 메이크업은 누군가 당신이 트랜스라는 걸 알아차리지 못하게 해준다. 당신의 외모 표현은 필요한 돈을 마련하게 하는 노동이다.

하지만 내 친구 나이마 로위가 말하듯, "갑옷은 감옥일 수도 있다". 만약 갑옷이 사랑받고 존중받을 우리의 권리를 주장하고 쟁취하는 유일한 길이라면, 우리는 우리가 미쳐 있을 때 땀과 눈물에 찌들어 엉망진창 흐트러진 채로도 사랑받는다는 걸 알지 못할 것이다. 내가 봤던 가장 큰 사랑의 조각들 중 하나는, 대부분 가난하고 노동계급이고 장애가 있는 펨들이 서로에게 이런 사랑을 주고, 엉망진창이어도 된다고 허락해주는 곳들에 있었다. 다른 모든 곳에선 그런 일이 드물다.

공동체 리더를 맡고 있는 펨들은 어마어마한 분노와 학대의 표적이다. 성공은 자살을 방지해주지 않는다. 모든 것이 '훌륭해 보일' 때 펨들은 자살을 생각한다―나는 람다문학상을 받은 직후에 자살충동에 시달렸다. 그건 광기가 (만성적인 경우를 포함해서) 여러 차례 여러 이유로 덮쳐오기 때문이기도 하고, 무언가 성공하면 칭찬만큼이나 공격과 분노에 취약해지기 때문이기도 하다. 나는 거의 어떤 일이든 다 하는—공연을 조직하고 상담 실습을 시작하거나 워크숍이나 각종 행사나 정치적 행동을 벌이는—펨들이 실수를 하거나 매시간 100퍼센트로 100퍼센트의 사람들을 100퍼센트로 만족시키지 못하면 그들에게 엄청난 양의 분노와 학대가 쏟아지고, **동시에** 펨들이 경청하고, 달래고, 사과하고, 그 분노에 대해 논의하기 위해 모든 걸 내려놓을 준비가 1000퍼센트 되어 있어야 한다는 크나큰 기대를 받는 것을 보아왔다. 사람들은 어떤 터무니없는 이유로(왜 있잖나, 성차별주의 같은 거), 자기 스테이크가 완벽히 조리되지 않았을 때 격노하며 펨들을 후려갈길 수 있는 자격증이라도 있는 것처럼 군다.

잘 알려져 있지만 그다지 논의되지 않은 이 사실은 펨의 정신 건강에 어마어마한 영향을 미친다. 내가 아는 많은 펨들은 학대 생존자다. 설명할 말조차 없었던 방식으로—진짜 레즈비언은 남성적이잖아, 안 그래?—호모포비아에 고통받으며 자란 괴상하고 별난 사람들이다. 우리는 또한 유색인 펨이고, 가난하고 노동계급인 펨이며, 장애인 펨이고, 성노동을 하는 펨이기도 하다. 우리가 공동체 프로젝트에 착수하는 건 꼭 부와 명성을 얻기 위해서가 아니라 생명을 구하거나 중대한 필요를 충족시키기 위해서다. 그 일의 일환으로 우리는 종종 스스로를 취약하게 만든다. 우리는 항상 겸손하고 다가가기 쉬워야 한다고, 또는 그런 가치를 책임 있는 공동체 리더십의 원칙으로서 중시해야 한다고 배우며 길러졌다. 그리고 우리가 무언가를 할 때면 **'쟤는 자기가 뭐라**

도 된다고 생각하나?'라는 억측을 자주 받는다. 우리의 겸손함, 다가가기 쉬움, 개방성은 우리를 공격에 취약하게 만든다. 우리 중 너무도 많은 사람들은 선을 긋거나 거절해도 괜찮다고, 항상 1000퍼센트 완벽하지 않더라도 책임질 수 있다고, 실수를 저지르는 리더가 될 수도 있다고 배운 적이 없다. 더 나쁜 건, 우리가 하는 일이 어차피 진짜 일처럼 보이지 않는다는 거다.

나는 펨 리더가 이런 공격들이 자신의 영혼에 미친 악영향을 시인하거나 공개적으로 말하는 걸 거의 들어본 적이 없다. 하지만 눈에 띄는 리더가 됨으로써 얻은 우울, 불안, 외상 후 스트레스 장애에 대해 내게 개인적으로 얘기해온 펨들은 엄청나게 많았다. 만약 우리와 우리 젠더가 오직 동상처럼 받침대 위에 받들어 모셔진 채로만 사랑받을 수 있고 단 한 번의 실수로도 그 받침대에서 떨어져 지옥 구덩이로 향한다면…… 글쎄, 그건 사랑이나 해방 같은 것을 위한 레시피는 아니다.

누군가 죽었을 때 너무도 많은 사람들이 '전혀 몰랐다'고 말한다. 우리는 자문해야 한다. '우린 왜 몰랐을까?' 우리가 퀴어 공동체라 부르는 이런 곳들에서 해도 되는 이야기는 무엇일까? 무슨 이야기는 하면 안 되는 걸까? "그냥 전화해"라고 말하는 것으로는 충분치 않다. 우리는 우리 공동체 안에서의 자살을 계기 삼아, 정신장애차별주의saneism[11]와 비장애중심주의가 퀴어 공동체 전체에 얼마나 퍼져 있는지 탈탈 털어볼 수 있다.

장애인 공동체라고 명시하지는 않는 힙한 퀴어 공동체 중 너무도 많은 곳에서, 괜찮지 않은 것은 괜찮지 않다. 우리는 입에 발린 말을 하지만, 당신이 파티에서 누군가에게 잘 지내냐고 물

가장 느린 정의

었을 때 다 잘되고 있다는 말 말고 다른 이야기를 들은 적이 몇 번이나 되는가? 또는 실제로 당신이 어떻게 지내는지에 관해 솔직해져도 될 것 같다고 느낀 적이 얼마나 되나?

나는 샌프란시스코 만안 지역에 살던 지난 몇 년 동안 격하게 자살하고 싶었다. 내가 사는 곳이 일종의 유색인 퀴어 유토피아로 내세워지는 너무도 아름다운 곳임에도 공동체, 상호원조, 돌봄에 대해서는 온통 말뿐인 곳이라는 사실에 대가리가 터질 것 같았고, 그게 내 자살사고를 불러일으키는 요인 중 하나였다. 내가 사는 곳은 아름다운 사람들과 매일 밤의 다채로운 퀴어 댄스파티들로 가득 차 있고, 흥청거리는 젊은 파티문화와 쾌락이 중심에 있다. 하지만 당신이 댄스파티에 가기엔 너무 아프거나 슬플 때는 어떻게 될까? 너무도 자주, 당신은 공적인 퀴어 공동체의 관심 밖으로 밀려난다.

그리고 이게 바로 당신이 알고 있는 퀴어 공동체의 존재 방식이라면 어떻게 될까? 당신이 그 멋진 댄스파티에 가기엔 너무도 미쳐버린 것 같을 때, 당신은 당신을 위한 곳이 전혀 없다고 느낄지도 모른다. 당신이 침대에, 거실에, 커피숍에, 스카이프에 생겨나는 퀴어 불구 공동체의 존재를 모른다면 — 왜냐하면 그런 공동체는 체계적으로 비가시화되어 있으니까 — 이건 그만큼 심각해진다. 내가 살아남을 수 있었던 건 유색인 퀴어 장애인들의 우정을 우선시해서였다. 하지만 나는 비장애인 퀴어-트랜스-흑인-선주민-유색인 공동체 대부분이 유색인 퀴어 장애인 공동체들의 존재를 전혀 모른다는 사실을 알고 있다.

살아남기 위한, 그리고 그 너머를 위한 펨 정서적 안전 전략

2016년 가을 펨 자살이 빈발한 이후에, 나, 마리즈 미첼-브로디, 나이마 로위, 카이 쳉 톰, 엘레나 로즈Elena Rose[12]는 이 사태에 대해 뭔가 해보기로 결정했다.

〈살아남기 위한, 그리고 그 너머를 위한 펨 정서적 안전 전략 the Femme Emotional Safety Strategies for Survival and Beyond〉 웨비나webinar(혹은 페미나femminar)[13]는 우리들의 삶과 다른 이들의 삶에서의 자살경향성에 대해 논하기 위해 퀴어 펨들에 의해, 퀴어 펨들을 위해 만들어진 온라인 공간이다.[14] 우리는 급진적인 정신건강 네트워크 이카루스프로젝트와 협업했다. 이 단체의 설립자는 펨은 아닌 백인 두 명이었으나 그 사람들이 몇 년 전 이카루스를 떠난 뒤, 이카루스는 백인 위주에, 펑크 성향에, 종종 인종차별주의적이고 성차별주의적이던 공동체에서 인종과 젠더정의를 중심에 둔 공동체로 변화하는 과정을 밟아왔다. 이카루스에 새로 들어온 파트타임 직원들은 모두 펨이었고 인종적 구성이 섞여 있었다. 한명은 남부에 사는 이성애자 싱글맘 이민자였고, 다른 한 명은 노동계급 퀴어 백인 여성이었다. 우리는 행사 진행자들에게 임금을 지불할 아주 적은 양의 보조금을 얻고서 사람들에게 프로그램을 알리는 작업을 시작했다. 첫 주에 400명이 등록했고, 한 펨이 말한 대로 펨들의 사망에 대해 "조직적이고 계획적인 대응이 있다"는 점에 많은 이들이 감사의 마음을 절절하게 표현했다. 나도 동의했고, 또한 분노했다 — 이게 왜 이렇게 오래 걸렸단 말인가?

우리는 흑인 브라운 펨 전용 페미나와 트랜스 여성/트랜스 페미닌 전용 페미나의 커리큘럼을 가르치는 사람들의 인건비로 책정한 예산으로 가능한 시간보다 훨씬 더 긴 시간을 일했다. 페미나들은 펨들이 함께 모여 자살, '정신건강', 위기와 죽음에 대해 이야기할 수 있는 흔치 않은 공간이었다. 거의 모든 참여자가 다른 사람을 도울 방법을 알고 싶어서 참여했다고 말했다. 자살하고 싶어 하던 펨돌에게 어떤 일이 일어났는지 우리가 본 것 몇 가지를 이야기할 때, 우리는 인정하며 고개를 끄덕이고, 눈물을 흘리고, 주먹을 들어올렸다. 한 펨이 덧붙이길, 남성적 파트너와 친구들이 위기를 거듭 겪을 때 펨들은 그 곁을 떠나지 않는데, 정작 그 펨에게 위기가 생기면 남성적인 사람은 "미안해, 난 못하겠어"라고 말하며 떠나버리는 경우를 많이 봤다고 했다. 계속 살아남기 위해 무엇을 했는지 물었을 때, 사람들이 내놓은 답은 펨 감성적 지성으로 짜여진 하나의 펨 무지개 퀼트를 이뤘다. 약물-넷플릭스-치료요법-기도-허브-변화-이별-네일 케어-조상들에게 기도하기-병 깨기-같이 미쳐 있을 친구 찾기-SNS 끊기-안전하다고 느껴지는 SNS 그룹에 다가가기-욕조에서 울기-온갖 광석들-욕하기. 그렇게 작지 않은 이 모든 작은 것들. 그것들을 지켜보면서, 나는 불현듯 그것들이 얼마나 쉽게 외부 세계로부터 '아무것도 아닌 것'으로 불릴지를 떠올렸다. 축소된 거다, 펨들이 그렇듯이.

그리고 마리즈가 한 페미나를 끝내면서 "당신 자신을 위한 감정노동을 먼저 해도 정말 괜찮다"라고 말했을 때, 나는 내가 참고 있는 줄도 몰랐던 숨을 내쉬었다.

페미나를 시작하기 몇 주 전, 트럼프가 대통령에 당선된 지 사흘 후에, 나는 토론토에 있는 고향에 갔다. 거기서 백인 젠더 퀴어 펨인 칼리 보이스Carly Boyce를 만났는데, 칼리는 "때때로 죽고 싶어 하는, 당신의 괴짜 친구들에게 어떻게 도움이 되어줄 것인가에 대한" 워크숍을 조직해왔다. 나는 그들 작업의 진행 과정과 경험들이 궁금했고 우리의 생각과 우리가 하는 일에 대해서도 공유하고 싶었다. 우리는 자살에 대한 우리의 소신을 나누었다. 나는 10대 때부터 해온, 나를 계속 살아 있게 해준 생각을 공유했고, 그건 내가 급진적인 학대 생존자들과 선주민 페미니스트 조직자들과 친구들로부터 그러모은 것이었다. 그건 바로, 자살은 학대자와 식민지 지배자들의 무기, 즉 그들이 우리를 죽이고자 우리 몸에 심는 폭탄이라는 생각이었고, 또한 살아남고 살아가기 위해 싸우는 건 내게 정치적인 일이라는 생각이었다.

칼리는 내 견해를 경청했고 대안적 관점을 공유해주었다. 그가 보기엔, 어떤 대가를 치르더라도 자살을 예방하겠다는 생각은 모든 태아의 '생명'을 구하겠다고 싸우면서 일단 아이들이 태어나고 나면 아이들과 부모들을 지원하는 그 어떤 일도 하지 않는 프로-라이프 지지자들pro-lifers과 비슷해질 위험이 있었다. 칼리는 만약 우리가 우리 사람들이 계속 살아갈 수 있도록 하기 위한 투쟁을 고집하고자 한다면, 사람들을 계속 살아 있게 하는 조건들을 변화시키기 위한 노력도 해야 한다고 말했다. 그러지 않고, 즉 사람들을 죽고 싶게 하는 조건들을 실제로 바꾸지 않은 채 "모두 살아가겠다고 약속해!"라고 주장하는 건 자살하고 싶어 하는 사람들을 매달아 말려 죽이는 비장애중심주의적 책략이나 마

가장 느린 정의

찬가지라고 말이다. 사람들이 입은 피해를 치유하고 또다시 반복되지 않도록 막기 위해서는 피해를 일으키는 조건들을 바꾸어야 한다고 변혁적 정의가 말하는 것과 같은 식으로, 칼리는 자살 경향성의 근본적인 원인을 다루어야 한다고 주장한다—이는 대부분의 사람들이 흔히 알고 있는, 누군가 자살하고 싶어 할 때 어떻게 반응해야 할지에 대한 즉각적인 위기 대응보다는 장기적인 프로젝트에 가깝다.

비탄은 정원이 될 수 있다: 펨 자살 제단

타우레의 추모식에서 가져온 카드에 있던 타우레의 사진—그녀의 대표적 포즈 중 하나로, 도톰한 입술을 벌리고 똑바로 서서 정면을 응시한 채, 자기 이름을 새긴 목걸이를 하고 있다—은 내 제단 위에서 매일 내 불구 침대에 누워 글을 쓰고 있는 나를 쳐다본다. 그녀의 시선은 하나의 도전이다. 그리고 모험이다. 그녀의 사진 옆에는 가로 8.5인치 세로 11인치 크기의 장미 사진이 놓여 있는데, 주택단지 안뜰에 핀 장미를 찍은 그 사진에는 '비탄은 정원이 될 수 있다'는 문구가 적혀 있다. 내가 그 장미 사진을 산 건, 넘쳐나는 비탄이 달궈졌다가 식었다가 다시 달궈지기를 반복하던 2016년이 지나고 시애틀에서 열린 퀴어-트랜스-흑인-선주민-유색인 코믹스와 잡지 박람회에서였다.

두 사진은 서로에게, 그리고 나에게 말을 건다. 만약 비탄이 정원이 될 수 있다면, 만약 펨 자살과 죽음이 우리에게 상실이면서도 무엇이 변화해야 하는지를 알려주는 신호일 수 있다면. 나는 우리가 번성하기 위해 완벽할 필요는 없는 펨 공동체를 키우고 싶다. 펨으로 사는 백만 가지 방식이 있는 곳, 펨이 덜 완벽해도 되고 결코 받침대 위에 모셔지진 않는 곳. 펨 노동과 지성이 조롱당하고 처벌받고 무시당하는 대신에 인정받고 보상받는 곳. 펨이 자동적으로 또는 당사자의 동의 없이 엄마와 동일시되지 않는 곳. 펨이 보이고, 이해되고, 소중히 여겨지는 방식을 우리가 재건하는 곳. 우리가 우리 펨들이 쌓아온 모든 자살 연구를 활용해 어떻게 살아가야 할지를 알아내는 곳, 그리고 어떻게 잘 살고 잘 저항할지 고민하며 서로를 지지하기 위해 그 지식을 모든 젠더의 사람들과 공유하는 곳. 다들 추리닝 바지를 입고 오는 엉망진창의 댄스파티가 집에서 열리는 곳. 싸워서 지켜낼 가치가 있는 존재가 되기 위해, 남들 눈에 보이거나 잘 이해받기 위해 멋질 필요가 없는 곳.

난 엉망이고 자살하고 싶어 하는 완벽한 펨들에게 러브레터를 쓰는 남성적인 사람을 아직까지 본 적이 없는데, 여기 내가 러브레터를 보낸다.

펨들에게,
당신이 약이나 스트레스, 장애 때문에 손이 너무 떨려서 완벽한 아이라인은커녕 아예 아이라이너를 쓸 수도 없을 때 나는 당신을 사랑해요. 당신이 아이라인을 그리지 않을 때 나는 당신을 사랑해요. 당신이 깊은 슬픔, 분노, 절망에 빠져 사흘이나 한 달 내내 같은 추리닝을 입어서 '예쁘지' 않을 때, 당신에게 땀 냄새와 공포와 깊은 슬픔의 냄새가 날 때, 나는 당신을 사랑해요. 당신이 기침하다 가래를 토할 때 나는 당신을 사랑해요. 당신이 소리 지르고 화내고 아플 때 나는 당신을 사랑해요. 당신이 발이 아파서, 또는 장애인 펨으로서 운동화를(지금 내가 신고 있는 금빛 반짝이 운동화 같은 걸) 신는 게 더 섹시한 선택이라서 5인치 힐을 신지 않을 때 나는 당신을 사랑해요. 그리고 나는 우리가 엉망진창에 다 고통 속에 있고 상처받고 불완전할 수 있는 공동체를, 그러면서도 우리의 젠더가 무시되지 않고 소중히 여겨진다는 걸 우리가 정말로 알 수 있는 공동체를 원해요.

펨 자살에 대해 내가 아는 두세 가지란 이런 것들이다.

펨들이 계속 살아 있도록 하는 투쟁이 옳다고 믿는다. 우리가 살아 있도록 하는 투쟁이 혁명적인 행위라고 믿는다.

우리가 비장애중심주의, 펨혐오, 성차별주의, 계급차별주의, 트랜스여성혐오, 비만혐오, 창녀혐오라는 조건들을 바꿀 때 모든 사람이 더 자유롭고 더 안전해지고 계속 살아갈 수 있게 되리라 믿는다.

내가 제일 신뢰하는 이들은 펨들이다. 내가 제일 신뢰하는 이들은 미친 펨들이다.

나는 우리가 살기를 원한다. 살아남길 원한다는 뜻이다. 그리고 나 혼자선 그럴 수 없다.

펨 자살에 대한 내 비탄은 우리의 미래가 자라나는 정원이다.

1 [역주] 에리카 프리스(Erica Freas)는 젠더 평등을 기치로 내건 미국의 펑크 록
   밴드 리바이버(RVIVR) 출신의 솔로 가수다.

2 이 인용문은 다음의 글에서 발췌했다. Jess St. Louis, "Femme Taught Me the
   Difference between Staying Alive and Choosing Aliveness: And Other
   Thoughts on Desire, Organizing, and Transformation," Medium, June 29,
   2017. https://medium.com/@stlouis_j/femme-taught-me-the-difference-
   between-staying-alive-and-choosing-aliveness-and-other-thoughts-
   on-675509ffb4ad

3 [역주] 제스 St. 루이스(Jess St. Louis)는 레즈비언 펨으로 정체화한 백인
   트랜스 여성으로 미국 남부 지역에서 교도소-산업복합체 폐지운동,
   인종정의를 위한 운동, LGBTQ 해방운동 등에 참여한 조직활동가다.
   홈페이지는 다음과 같다. www.somaticswithjess.com

4 [역주] 척수성 근위축증(또는 척수성 근육위축)은 진단 시기에 따라 다섯 가지
   유형이 있는데, 제2형 척수성 근위축증은 일반적으로 생후 3개월에서 15개월
   사이에 나타나며 대부분 2세에서 3세 사이에 휠체어를 사용하게 된다. 보통
   주요 수의근의 위축이 증상이지만, 일부 호흡기 관련 근육의 위축 증상으로
   치명적인 상태에 이르기도 한다. 한국근육장애인협회 홈페이지(http://
   www.kmda.or.kr/521)를 참조하라.

5 [역주] 직역하자면 '아직 안 죽었다'라는 뜻의 낫데드옛(Not Dead Yet)은
   장애인은 차라리 죽는 게 나으리라는 믿음으로 장애인 자살과 안락사를
   조장하는 비장애 중심적 사회의 폭력에 맞서 장애인의 살 권리를 옹호하고
   장애인이 조력 자살 '당하지' 않도록 보호하는 제도 및 법안 마련에 힘써온
   미국의 장애운동 단체다. 공식 홈페이지는 다음과 같다. notdeadyet.org

6 Diane Coleman, "Statement on Mourning the Death of Jerika Bolen," Not
   Dead Yet, September 23, 2016. http://notdeadyet.org/2016/09/statement-
   on-mourning-the-death-ofjerika-bolen.html

7 볼른의 죽음에 대해 주류 언론이 어떻게 보도했는지에 대해서는 다음을
   보라. Rachel Premack, "'I'm Going to Be Free': Terminally Ill Wisconsin
   Teen Schedules Her Death and One 'Last Dance'," Washington Post,
   July 21, 2016. https://www.washingtonpost.com/news/morning-
   mix/wp/2016/07/21/one-last-dance-for-this-wisconsin-teen-who-has-
   scheduled-her-own-death 장애 관점의 분석에 대해서는 다음을 보라.
   Diane Coleman, "Statement on Mourning the Death of Jerika Bolen," Not
   Dead Yet, September 23, 2016. http://notdeadyet.org/2016/09/statement-
   on-mourning-the-death-of-jerika-bolen.html

8 〈펨 공간 프로젝트(Femme Space project)〉와 일부 사진에 대한 언론 보도는
다음을 보라. Amanda Arkansassy Harris, "Femmes to the Front:
Portraits of Queer Femme Identity, an Excerpt from Femme Space by
Amanda Arkansassy Harris," *East Bay Express*, August 30, 2016. https://
www.eastbayexpress.com/oakland/femmes-to-the-front-portraits-of-
queer-femme-identity/Content?oid=4955846

9 [역주] KQED는 캘리포니아주 샌프란시스코 만안 지역을 기반으로 한 비영리
공영방송국으로, 텔레비전과 라디오 채널을 운영하고 있다.

10 [역주] 마크 아구하(Mark Aguhar)는 필리핀계 미국인 트랜스 펨 예술가,
작가, 젠더와 인종 관련 활동가로 2012년 사망했다.

11 [역주] 'saneism'(또는 sanism)은 다양한 정신질환으로 진단받은 사람이나
정신적으로 문제가 있다고 여겨지는 사람들에 대한 체계적인 차별을
가리키는 개념으로, 인종·계급·젠더·섹슈얼리티 등에 관한 권력 위계에서
아래쪽에 놓이는 주변화된 이들을 차별하기 위한 기제로서 정신건강 문제가
이용된 역사를 비판하는 맥락에서 사용된다. saneism이란 용어는 1960년대
변호사인 모턴 번바움(Morton Birnbaum)이 정신질환이 있는 의뢰인을
변호하는 과정에서 법정에서 처음 사용했다고 알려져 있다. 이후 번바움은
정신건강으로 차별받는 이들을 변호하는 활동을 했다. 이 개념과 유사한
의미로 'mentalism'이란 용어가 쓰이기도 한다. 이 개념들은 비장애중심주의
안에서도 강제적 비장애-정신성(compulsory able-mindedness)의 작동을
밝히기 위한 용어로서 장애학에서 점차 널리 사용되고 있다.

12 [역주] 엘레나 로즈(Elena Rose)는 샌프란시스코 만안 지역에서 목사 안수를
받은 목사이자 조직활동가, 교육자, 공연예술가인 필리핀-아슈케나지 트랜스
여성으로, 2018년부터 트랜스 당사자들의 위기 지원 및 동료 지지 단체인
트랜스라이프라인(Trans Lifeline) 임원으로 활동했다.

13 [역주] 웨비나(webinar)는 온라인에서 진행되는 세미나를 뜻하고,
페미나(femminar)는 여성들이나 페미니스트들이 모인(또는 페미니즘과
관련된 목적의) 웨비나를 가리키는 말로 쓰인다.

14 이 페미나의 아카이브 및 녹화된 동영상은 이카루스프로젝트를 참고하라.
https://vimeo.com/theicarusproject.

4
부

16장

장애정의에 기초하고
노동계급과 빈곤층이 주도하는,
해방을 위해 치열하고도
지속가능하게 일하는
완전 멋진 모델을 위하여

2012년에 B. 로위B. Loewe의 글 〈자기관리의 끝An End to Self Care〉이 나왔을 때 나는 정말로 화가 났고 진심으로 무서웠다.[1] 그 글을 못 봤거나 기억이 안 나는 사람들을 위해 소개하자면, 〈자기관리의 끝〉은 백인, 논바이너리, 비장애인인 노동운동 조직활동가 B. 로위가 쓴 글로, 급진운동이 어떤 식으로든 돌봄과 치유에 초점을 맞추는 걸 반대하면서 그것이 조직화에서 일종의 약점이라는 주장을 펼친다. 나를 화나고 두렵게 한 첫 번째 부분은? B. 로위가 돈 안드레스라는 노동계급 브라운 남성에 대한 일화를 풀어놓은 대목이다. 로위의 말에 따르면 안드레스에게는 '자기관리'가 필요 없는데 그 이유는 오전 6시에 시작하는 일용직 근무가 끝나고 조직 모임에 참여하는 게 곧 자기관리이기 때문이라는 것이었다.

문제는 이거다. 1800년대부터 지금까지 중산층이나 상류층 조직활동가들은 빈곤층과 노동계급 사람들을 그저 장엄하고, 낭만적이고, 단순한 모습으로 그려내는 것을 너무너무 사랑한다. 힌트: 우리는 단일하지 않다. 우리는 우리의 가난함과 노동계급으로서의 박학함 속에서 대단하고, 다양하고, 복잡하게 얽혀 있다. 사양화된 공업 도시에 사는 노동계급 아일랜드/로마니 혈통 엄마의 자식으로 1980년대 메사추세츠의 불황 속에서 자라나면서도 줄곧 장학금을 받았던 내 삶은 같은 1980년대 빈곤층 성노동자 백인 엄마의 딸로 자란 내 친구의 삶과는 정말 다르다. 그리고 그게 바로 대단한 점이다—무일푼인 사람들로서 우리는 가난하게 또는 노동계급으로 사는 것이 우리에게 어떤 의미인지, 어떻게 보이는지, 뭘 가르쳐주고 또 선물해주는지에 대해 대화를 나누면서 그 모든 게 얼마나 다른지를 알게 된다. 그리고 운동과 조직화 형식에 대해 전적으로 새로운 은하계를 탄생시킬 수도 있는 우리의 천재성에 대해 이야기 나누게 된다. (거기엔 분명히 냉소적인 비꼬기도 섞여 있는데, 이는 역시 빈곤층이나 노동계급으로 자라난 이들만 포착할 수 있을 것이다.) 어쨌든 가끔 그런 대화를 할 수 있다. 우리가 서로를 찾아내기 어렵게 만드는 것들이 너무도 많으니까.

내가 우리가 아니라고 확신하는 한 가지가 있다면? 그건 운동을 위해 하루에 17, 18시간씩 전단지를 나눠주면서 이타적으로 일하는, 판지를 오려 만든 전신 광고판 같은 노동자들이다. 무일푼의 사람들에 대해 쓴 중상류층 작가들의 글에서 우리는 항상 민감한 요구라곤 찾아볼 수 없는 숭고하고 이타적이고 '대지의 소금' 같은 노동자 전사들이거나, 아니면 룸펜이고 시끄럽고 지독히 무례하고 멍청한 범죄자들이자 복지사업 수급자들이다. 우리는 우리 스스로의 생각을 직접 말할 수 없게 된다—특히 이런 글에서 보이듯 우리 삶에 대한 계급차별주의적 고정관념이 얼마나 잔인한 것인지에 대해, **그리고** 그런 고정관념이 우리 빈곤층과 노동계급의 정신·몸·영혼의 건강에 어떤 영향을 미치는지에 대해. 또는, 우리가 매일 우리 자신을 돌보기 위해 찾아내는 방법들에 대해, '자기관리'가 백인 중산층/상류층을 위한 사치로 정의되어온 방식에 우리가 어떻게 맞서 싸우는지에 대해. 만약 거리에서 살아가는, 가난한 계급의, 유색인 성노동자 펨이 직접 자신을 위해 시나리오를 썼다면 〈대지의 소금Salt of the Earth〉[2]은 저어어엉말 다른 이야기가 되었을 것이다.

그러니 우리가 서로를 찾아서 그런 대화를 하려고 노력하는 동안에는? 우리들 노동계급/빈곤층 내부의 경험을 훤히 아는 양 우리들에 대해 쓰지 않는 게 좋겠다―특히 그 경험이 노동, 돈벌이, 필요, 부드러움, 우리의 거칠고 취약한 몸들 같은 주제만큼 매우 복잡한 무언가일 때. 아침 6시에 일어나는 농장노동자인 그 브라운 남성 때문이라고? 그는 좀 더 자고 싶었을지도 모른다. 공동체 침술을 받고 싶었을지도 모른다. '림피아limpia'³를 원했을지도 모른다. 사랑을 원했을지도 모른다. 어쩌면 그는 이미 원하는 걸 가졌을 수도 있다. 어쩌면 당신에게 그런 일들은 이야기하지 않았던 것일 수도 있다. 진짜 사적인 일들이니까.

오, 노동계급이거나 가난한 사람들이 쎄빠지게 일하는 건 맞다. 나는 아주 오래전부터 여러 가지 일을 겸해왔고 정신없이 바쁘게 살았다. 나에겐 항상 진행 중인 일이 15가지는 있다. 또 뭐가 있게? 하루에 18시간씩 피켓시위에 나가 있지 못하게 막는 만성질환과 장애가 있지. 또 뭐가 있게? 엄청 시끄러운 노동계급 유색인 펨의 웃음과 험담 같은 완전 멋진 회복탄력성 전략들. 우리 몸이 실제로 할 수 있는 것들을 중심에 두고 조직할 수 있는 기막힌 방법을 찾는, 장애인과 만성적으로 아픈 사람들과 함께할 수 있는 조직화 방법들. 말도 안 되는 혐의로 감금당한 청소년을 위해 법정에 모여 앉아 기도할 때 우리가 서로에게 해주는 마사지, 법원 밖에서 우리의 선조들에게 기도하고 땅과 접촉하면서 진행하는 치유 의식, 이처럼 끝내주는 영적 수행. 매일 아침 집에서 돈 안 들이고 하는 요가. 요가는 통증, 피로, 인지적 어려움을 그럭저럭 처리하게 해주고, 내 불구 몸을 중심에 두는 사랑을 근거지로 삼아 일하도록 도와준다. 덧붙일 것이 또 있다. 나와 나의 (퀴어, 브라운, 장애인) 동거인들이 함께 만든 좋은 음식, 스토브 위 유리병에 담가둔 저렴한 허브, 그리고 내가 뭘 잘할 수 있는지와 그 일에 실제로 얼마큼의 시간이 들지에 관한 감각. 개인의 일상생활에 필요한 돌봄을 도와주거나 식료품점에 태워다주거나 완전히 고립되지 않도록 함께 어울리며 서로를 돕는 사람들이 만드는, 아직 진행 중인 상태이긴 해도 그 모습을 드러내고 있는 장애인들의 불완전한 집단 돌봄 모델. 함께 사용하는 이동 수단과 돈, 자원들. 이는 스스로와 공동체를 돌보기 위한 노동계급/빈곤층·유색인·장애인·펨 전략들이다. 이건 자기관리와 공동체 돌봄 중 하나를 고르는 문제가 아니다.

노동계급과 빈곤층 사람들 그리고 그들의 일에 대해 내가 알아내고 싶은 심오한 무언가가 바로 여기에 있다. 우리 중 일부는 너무도 빡세게 일한다. 우리는 너무 많이 일한다. 우리는 잠들지 않는다. 우리는 멈추지 않는다. 우리에겐 우리 몸 안에 존재하는 우리만의 방법이, 뭔가를 감내하거나 해내게 하는 우리만의 강인한 소마틱스가 있다. 우리는 일을 한다, 왜냐하면 해야 하니까, 일을 사랑하니까, 그리고 그게 우리가 게으르다며 우리가 돈이 없는 건 우리 잘못이라고 말했던 모든 사람에게 엿 먹으라고 말하는 방법이니까. 이는 재능일 수 있다. 그리고 그 재능이 우리를 죽일 수도 있다. **그리고** 여기서 돌봄과 민감성, 우릴 숨 쉴 수 있게 하는 것과 관련된 너무도 많은 것들이 부자들을 위한 사치품으로 코드화된다. **게다가** 생계급여를 받는 사람들, 실업자, 너무 아파서 일할 수 없는 사람들은 어떤가? 노동과 통증과 우리 몸의 복잡한 상호작용에 대해서는? 또 빈곤층과 노동계급의 몸이 너무 거칠어서 아무것도 느끼지 못한다고 추정되는 방식에 대해서는? 그렇지만 우리는 느낀다. 깊이. 지속가능성에 대한 많은 논의에서 무일푼이거나 장애가 있는 우리들이 어떻게 지속가능성을 행하는지, 그리고 지속가능성이 우리에게 어떤 의미인지는 충분히 이야기되지 않는다.

그렇다, 자기관리는 서구적이거나 생의학적이지 않은 치유 모델이 그랬듯 그걸로 돈을 벌고 싶어 하는 사람들이 제멋대로 써왔다. 그리고 전형적으로 번아웃에 시달리는 운동 단체들은 자기네 노동자들이 골병들 때까지 녹초가 되도록 부려먹는 짓을 이제는 조금은 덜 하려고 노력하기 시작한 것 같지만, 때로 이런 단체들은 지금까지 해왔듯 위기상황에서와 똑같은 속도로 노동자들을 굴린 다음 나흘짜리 요가 휴양을 보낸다. 하지만 그건 사실 장애정의로부터 비롯된 지속가능성 모델을 활용하는 게 아니다! 이건 비영리-산업복합체 운동들이 수년간 고집해온 것과 같은 방식으로 조직화운동을 하는 것이다—몇 가지 예를 꼽자면 양육자, 빈곤한 사람, 장애인 등등을 조직에서 몰아내고는 약간의 자기관리를 슬쩍 덧붙이는 방식 말이다.

요가를 없애자는 얘기가 아니다. 우리가 그저 우리 자신을 가루가 되도록 갈아 넣지 않고, **그리고** 1년에 한 번 4000달러를 들여 스파 휴양을 가지 않고도 조직화할 방안들을 실제로 어떻게 만들어갈 수 있는지 빈털터리들, 장애인들, 펨 공동체들의 말을 듣는 게 해결책일 수 있다는 것이다.

"우리는 혁명으로 가는 우리 길을 뜨개질할 수 없다." 로위는 말한다. 오, 그래? 와우, 정말 펨혐오적이고 계급주의적인 진술이다. 아주 오랜 세월 동안 정말 많은 이들이 문화적 작업을 통해 정치적 조직화를 해왔고 여기엔 뜨개질과 누비이불 만드는 모임도 포함된다. 나는 펨이 하는 일이라고 인식되는 이런 문화적 창조 형식(그리고 불안을 관리하고 회의하는 동안 아이를 위해 스웨터를 만드는 일)을 로위가 무시하는 방식이 문제라고 생각한다. 나는 대화와 상호지원이 특별한 조직화 형식이며 종종 펨 조직화 기술이라고 생각한다(다른 젠더가 그걸 할 수 없다는 건 아니다). 이런 기술은 성차별주의와 펨혐오와 트랜스여성혐오 때문에 조직화 활동 안에서 충분히 가치 있게 여겨지거나 인지되지 못한다. 나는 뜨개질 모임을 열고 그런 모임이 완전 멋져 보이는 조직문화를 창조하는 것이 내가 아는 많은 완전 멋진 노동계급 유색인 펨 조직활동가들과 백인 펨 조직활동가들이 하고 있는 일이라고 생각한다. 로위의 글에서 내가 동의하는 지점도 하나 있는데, 아마 그가 독자들이 가장 많이 알아봐주길 바랐던 부분일 것이다. 그건 바로, 집단적 돌봄을 끌어올려야 한다는 점, 자기관리가 그저 개인화된 부르주아 짓이 되어서는 안 된다는 점이다. 하지만 로위가 자신의 글에 어떤 종류든 장애정의 모델을 조금이라도 담았더라면 좋았을 것이다. 좋은 활동에 대한 그의 생각을 주당 80시간의 중노동으로 되돌아가는 방향으로 구체화하지 않았더라면 좋았을 것이다. 그가 '자기관리는 단지 특권층만을 위한 거야. 여기 이 실직 상태인 고결한 노동자를 봐, 이 사람에게 요가는 필요 없어'라는 입장으로 곧장 돌입하지 않았더라면 좋았을 것이다.

물론, 운동이 곧 치유가 될 수도 있다. 하지만 그 운동들이 과연 그런가? 운동에서 쫓겨난 정말 많은 가난한 사람들, 양육자들, 그리고/또는 장애인들은 아니라고 답할 것이다. 장애정의와 치유정의가 이야기하는 건, 그리고 질문하는 건 이런 거다. 운동이 정말로 치유가 되나? 그 운동이 사람들의 신체적·정신적 건강을 파괴하는 번아웃 모델 속에 세워져 있지는 않나? 나는 장애인, 노동계급, 빈곤층, 양육자, 유색인 펨의 천재성에 초점을 맞추는 것이 내가 속한 운동들이 형편없지 않은 운동이 되고자 행한 일의 큰 부분이라고 생각한다. 번아웃은 단지 충분히 깊은 분석을 하지 못해서 생긴 문제가 아니다. 대단히 비장애 중심적이고 접근 불가능한 운동에서 비롯된 문제다.

　　다른 많은 장애인과 만성적으로 아픈 사람들처럼, 나는 로위의 글을 읽고 겁에 질렸다. 비장애인 조직활동가들은 계속 이 글을 극찬하며 페이스북에 공유했지만, 내 생각엔 비장애중심주의를 강화하는 효과가 퍼져나가고 있을 뿐이었다. 비장애중심주의는 이미 운동 안에 공기처럼 광범위하게 존재해서 아무도 그것에 주의를 기울이지 않는다(불구인 당신은 비장애중심주의나 접근성에 관해 이야기하려 할 때, 또 장애인들은 비극적인 존재거나 영웅적인 존재가 아니라는 이야기를 꺼낼 때 비장애인 활동가가 보이는 멀뚱한 눈빛에 익숙할 거다). 그리고 사람들이 이 기사를 구실 삼아 '자기관리'를 폄하하는 행태가 활동가가 되려는 장애인, 만성질환자, 양육자, 돌봄노동자들의 상황을 훨씬 더 악화할 것이라고 생각할 수밖에 없었다. 만성적인 건강 문제와 장애가 있지만 장애인으로 커밍아웃하면 직장을 잃거나 활동가로서의 신용이나 자존감을 잃을까봐 무서워서 벽장 속에 깊이 들어가 있는 사람들도 포함해서 말이다. 이는 우리가 무엇을 하든 비장애중심주의와의 싸움을 중심에 두는 일에 비장애인 활동가들이 어떻게 진정으로 책임졌으면 하는지, 그리고 수많은 주류 사회정의운동에서 비장애중심주의에 반대하는 투쟁이 얼마나 비가시화되어 있는지에 그들이 어떻게 주목했으면 좋겠는지를 보여주는 하나의 예일 뿐이다.

사람들은 흔히 내게 "와, 너 진짜 자기관리 잘한다!"라고 말하곤 한다. 난 언제나 그들을 물끄러미 바라본다. 나는 내가 하는 일—내 몸과 내 만성질환을 지탱하기 위해 한정된 예산에 맞춰 내가 먹을 좋은 음식을 만들고, 한 달에 두 번 노동계급을 위한 침술 치료소에 가고, 스트레칭을 하고, 허브차를 많이 마시고, 잠을 꼭 충분히 자고—을 결코 '자기관리'라고 생각하지 않는다. 나는 이런 일을 쓰레기 같은 세상에서도 나 자신을 사랑할 수 있게, 고통이 덜한 나날이 더 많아질 수 있게, 고통과 피로가 심한 날들에도 내 몸에 사랑을 줄 수 있게 나를 돕는 일이라고 생각한다.

좀 더 자세히 살펴보자. 전동휠체어를 타는 내 친구들이 소변을 보거나 침대에서 휠체어로 옮겨가기 위해 하루에도 몇 번씩 개인 활동보조를 필요로 할 때, 그건 '자기관리'인가? 보통 그런 식으로는 생각되지 않는다—이런 일들은 비장애 중심적 세상에서 골칫거리로 쓰레기통에 처넣어지는, **신체적 필요**의 전체 연속체 중 일부다. 로위는 이렇게 쓴다. "나는 고통으로 쇠약해져 하루에 고작 3시간만 일할 수 있었던 상태에서 벗어나, 한 주에 18시간 교대근무를 하는 상태로 그야말로 옮겨갔고, 완전히 다른 맥락에 놓였다. 달라진 건 내 일의 조건이 아니었다. 내 목적과 나의 연결이었다." 그에게 그게 잘 먹혔다니 잘된 일이다. 하지만 내 친구 중 한 명이 짚었듯이, "알겠는데, 그 방법은 우리 중어떤 이들에겐 효과가 없어. 우리 중 누군가는 어쨌거나 고통으로 쇠약해져 있다고". 그리고 우리가 우리의 장애를 뒤로 제쳐둔채 그저 "투쟁에 더 깊이 전념"할 수 있다고 말하는 것은 엄청나게 위험한 비장애 중심적 입장이다. 또한 이는 **어떤 사람들은 그저 장애인이고 그래서 비장애-신체성으로 옮겨갈 방법을 생각할 수도 없고 갖출 수도 없다는** 현실을 명백히 무시하는 것이기도 하다.

우리는 조직활동가로서 다르게 일할 수 있다. 우리는 늘 그렇게 한다. 예를 들어 내가 앞에 언급했던, 범죄 조직 금지 및 반反테러리즘 법을 근거로 수감된 청소년을 법정에서 지켜보고 지원하면서 서로에게 마사지를 해주었던 순간에 그랬다. 그런 일이 정말로 한 학생에게 일어났다. 우리는 그녀의 변호사 수임료를 모으고, 소식을 널리 알리고, 그녀의 가족을 지원하고, 법정에 함께 가고, 그 외에도 더 많은 일을 하기 위해 하나의 공동체로 뭉쳤다.

자, 우리는 전형적인 운동권 번아웃 방식으로 그 일을 할 수도 있었다—빠르게 일을 쳐내고, 공황 상태에 빠지고, 화상회의를 하고, 또 공황 상태에 빠지고, 먹거나 숨 쉬거나 잠잘 새도 없이. 하지만 그 대신, 우리는 그녀가 법정에 처음으로 출두하기 전에 열린 집회에서 우리의 조상들에게 기도를 올렸다. 우리는 서로를 위해 요리를 했다. 집회에 온 많은 사람들은 본인이나 사랑하는 사람이 감금당했던 적이 있었고, 법원 안에 있는 게 정말 힘들 수도 있었다. 그걸 알고 있던 공동체 구성원 중 한 명이 법원에 들어가기 전에 우리 몸의 힘을 느낄 수 있도록 땅과의 신체적 접촉을 통한 치유 의식으로 모두를 인도했다. 우리는 음식을 나눠 먹고 이동수단을 공유하고 서로를 지원했다. 만약 일, 육아, 장애/질병 때문에 사람들이 뭔가를 해낼 수 없다면 다른 사람들이 나서줄 거라는 분위기가 항상 그곳에 있었다.

이게 내가 참여하고 싶은 종류의 운동이다. 나는 펨 조직활동가의 천재성을 찬미하고 장애인, 노동계급, 브라운에 맞춘 지속가능성을 구현하기 위한 운동을 원한다. 우리에겐 충분히 그럴 자격이 있다. 그리고 장애인이고 노동계급인 유색인 펨인 우리는, 오랫동안 이런 종류의 운동을 창출해왔다. 잘 들어라. (또는 잘 읽어라.)

1   B. Lowe, "An End to Self Care," *Organizing Upgrade*, October 15, 2012.
    http://archive.organizingupgrade.com/index.php/component/k2/
    item/729-end-to-self-care, accessed June 5, 2018.
    [역주] 현재 이 웹주소는 연결되지 않으며 다음의 주소에서 원문을 볼 수
    있다. convergencemag.com/articles/an-end-to-self-care-b-loewe/

2   [역주] 〈대지의 소금(Salt of the Earth)〉은 1954년 허버트 J. 비버만(Herbert J.
    Biberman) 감독의 영화로, 1950년 뉴멕시코주의 광산에서 일어난 광부들의
    파업을 소재로 한 노동 인권 영화다. 당시 미국에서는 매카시즘 때문에 상영
    금지되었고 유럽에서 호평을 받다가 1960년대 중반 이후에야 미국에서
    상영되었다. 미국 연방의회도서관 선정 '후세에 물려줄 소장 영화 100편'에
    포함됐다. (저자는 원문에서 "Salt of This Earth"라고 썼으나 이는 영화 제목을
    잘못 쓴 것으로 보인다.)

3   [역주] 림피아(limpia)는 멕시코의 전통적인 치유 의식으로, 영혼 정화
    의식(Spritual Cleansing Ritual)이라고도 불린다. 신체적, 정신적, 심리적으로
    부정적인 에너지 혹은 응어리를 제거하기 위해 허브, 향초, 목욕, 달걀 깨기 등
    다양한 방식을 활용한다.

17장

당신의 마음을 보호하라

펨 리더십과 과도한 책임

2015년 여름과 가을에 나는 브루클린에 살았다. 파트너와 함께 살기로 결정하고서는 토론토에서 브루클린으로 꽤 빨리 이사했는데, 파트너는 퀸즈에서 나고 자라고 살던 사람이었다. 그 전까지 나는 장거리 연애를 정말 많이 했었고 더 이상은 그러고 싶지 않았다. 만약 우리가 어떤 식으로든 거리를 둔다면, 그건 한 자치구 건너편에 살거나 지하철 7호선에서 G호선으로 넘어가는 정도의 거리일 것이었다.

그해 여름과 가을, 내가 살던 구역과 로어이스트사이드 어디서나 눈에 띄던 그래피티가 있었다. 거기엔 이렇게 적혀 있었다. **당신의 마음을 보호하라.** 그 글귀는 흑인, 퀴어, HIV 양성인 시인 에식스 헴필Essex Hemphill[1]의 시구를 떠올리게 했다. "당신의 마법을 보호하라."

그 글귀가 그때 나타났던 데는 이유가 있는 것 같았다. 그즈음 나는 30대에 겪었던 많은 나쁜 일들로부터 치유되어가면서 그 일들에 대해 새로운 관점을 갖춰가고 있었다. 당시 나는 오랫동안 같이 일했던 사람들이 나를 대한 방식이 정서적 학대였음을 인식하기 시작했다. 이걸 깨닫고 나자 내 삶에서 유색인 장애인 펨 생존자로서 떠맡은 과도한 책임이 어떻게 초능력이자 생존 기술이었는지, 그리고 또한 어떻게 그게 나를 거의 죽기 직전까지 몰고 갔는지를 볼 수 있게 되었다.

사회정의 문화 안에서는 보통 누군가 당신이 억압적이라고 지적하면 당신은 입 닥치고, 경청하고, 자동으로 튀어나오는 방어적 반응을 제쳐놓고, 그 사람이 말하는 것을 수용하고, 그로부터 배우고, 그에게 감사해야 한다고 여겨지곤 한다. 이는 유용한 기본 원칙이고 많은 상황에 잘 적용된다. 우리 모두는 헛소리를 해대는 백인들이 자신들의 귀중품을 꽉 움켜쥐고선 자긴 특권이 없다고 부정하는 걸 보아왔다. 또는 시스젠더들이나 비장애인들, 성노동자가 아닌 사람들 등등이 그러는 걸 보아왔다. 그리고 또한, 온갖 종류의 억압을 받는 우리 같은 사람들 역시 쓰레기같이 굴 수 있고, 그렇게 군다면 쓰레기같이 굴고 있다는 지적을 들을 필요도 있다.

하지만 무릎반사처럼 "네가 틀렸어! 난 완벽해! 꺼져!"라고 반응하는 대신에 방어적 태도를 내려놓고 당신이 얼마나 쓰레기 같았는지 또는 누군가에게 상처를 주었는지에 대해 열린 마음으로 듣는 것과, 다른 사람이 당신을 함부로 대하고 정서적으로 학대하고 가스라이팅하도록 내버려두는 것은 구분되어야 한다.

그리고 때로 당신이 생존자, 펨, 온갖 억압이 결합된 사람일 경우, 당신은 모든 일에 자동적으로 책임을 지도록 길러졌을 수 있다. 비가 왔다고? 내가 미안해. 네가 스트레스 받았다고? 내 잘못이야. 내가 해결할게. 공연이 별로였다고? 네 말이 맞아, 나 완전 쓰레기 같았어.

그리고 당신은 결국 사람들이 '당신을 쫓아오는' 상황에 몰릴 수 있다. 그건 정당한 분노의 선을 넘어 학대에 이를 수 있으며 수많은 결과를 초래할 수 있다. 그런 결과로, 내가 아는 많은 유색인 펨 리더들이 겪었듯이 외상 후 스트레스 장애, 불안, 트라우마, 자살경향성 같은 것들이 찾아오게 된다. 또 우리를 학대받게 만들거나 우리가 학대라고 부를 줄도 몰랐던 학대적인 상황에 빠지게 된다. 또한 우리는 너무 많은 상처를 받아서, 어느 날 그저 다 포기해버리고 리더십이나 활동으로부터 멀어지게 된다.

나에 대한 정보를 잠깐 빠르게 공유하자면, 나는 슈퍼 생존자다. 어떤 독자들에겐 이 문구만으로 충분하겠지만, 그렇지 않을 수도 있으니 좀 더 설명해보겠다. 나는 내 몸과 마음에 끔찍한 일들을 겪었다. 성적으로도 감정적으로도, 매우 어린아이였을 때와 10대 초반, 10대 시절에도 어른이 되어서도. 나는 공감 능력이 매우 뛰어난 사람이다. 나는 신경다양인이고, 단어로 인지하기 훨씬 전부터 이미지와 느낌으로 세상을 본다. 나는 백만 피트 떨어진 곳에 있는 다른 사람들에게서도 고통스러운 얼굴과 트라우마에 사로잡힌 얼굴을 읽어낼 수 있다. 나의 엄마는 생존자이면서 내게 해를 끼친 사람이기도 했고 불구였는데(본인은 스스로를 절대 그렇게 부르지 않을지라도), 어린아이였던 나는 그녀가 자살경향성을 보였던 내내 그녀의 유일한 자식이자 그녀가 믿는 유일한 사람으로서 그녀를 뒷바라지했다.

그렇기에 나는 이해가 매우 빠르고, 당신의 기분을, 그리고 뭔가가 잘못되었다는 것을 정말 빨리 알아차린다. 나는 초능력이 있다. 나는 당신이 어떤 기분인지 당신이 그걸 느끼기도 전에 알아차린다. 나는 돈 주고 살 수 없는 최고의 연기 탐지기이자 화재경보기, 일산화탄소경보기다. 나는 응급 구조요원이다. 나는 불타는 건물로 달려가서 부리나케 해결책을 내놓는 사람이다.

나는 내 평생 이런 일로 칭찬을 받아왔는데, 이제 이 일은 펨 감정노동이라고 불리며, 불구의, 미친 사람의, 생존자의 일이기도 하다. 그리고 나는 이게 내가 할 일이고 나의 가치라고 내면화해왔다. 내가 하도록 숙련된 일이고, 내가 예쁘지도 않고 보호받을 만하지도 않아 보였을 때 나를 가치 있게 만들어준 일이라고.

또한 만약 나나 당신이 말해질 필요가 있는 것을 정확히 옳은 방식으로 말한다면, 세상은 구해질 것이고 혁명이 올 것이고 나는 죽지 않으리라고 생각한다. 또한 나는 복합적인 외상 후 스트레스 장애, 해리성 정체감 장애, 그 밖의 많은 것들을 안고 있고, 그래서, 이 모든 걸 갖고 있는 내 친구가 말했듯 "나는 엿 먹이기 쉽다". 만약 당신이 내가 뭔가를 했다고 말하면 나는 이렇게 답할 거다. "잠깐만, 그런 일이 일어났다고? 내가 그렇게 말했다고?" 또한 나는 신경다양인이면서도 그 사실을 수년간 이해하지 못했기 때문에 수없이 패닉에 빠졌다. **씨발, 단어들이 의미와 구어 사이의 번역에서 또 길을 잃어서 개판이 됐네? 난 괴물이야, 난 이제 큰일났고 사람들은 화가 났어!** 그래서 나는 모든 걸 제대로 잘하기 위해 정말 애를 쓴다. 내가 제대로 해내지 못했을지도 모른다는 생각이 들 때면 대뇌변연계가 **싸워 도망가 얼어붙어 달래줘 죽을 때까지,** 라고 내 몸에다 명령하는 방식에 정말로 많이 스트레스를 받는다.

마지막으로, 나에겐 생존자로서의 내 경험을 들어주거나 나를 믿어주는 사람이 없었다. 정말로 끔찍했던 어떤 시기엔 그런 상황이 나를 거의 죽일 뻔했다. 그 경험은 피해를 겪은 그 누구도 다시는, 절대로, 나에게서든 다른 누군가에게서든 자신의 피해를 의심받지 않기를 원하는 방향으로 나를 이끌었다.

당신의 이야기는 다를 수도 있다. 하지만 이 책을 읽는 사람들 중 상당수는 자기만의 이야기를 갖고 있거나 어쨌든 내가 무슨 얘길 하고 있는지 알 것 같다. 급진주의자와 퀴어들의 세계는 앞에 쓴 모든 것을 겪어내면서 살아남은 다음 그 경험을 사회정의운동으로 가져온 사람들로 가득하다. 어쩌면 당신도 여러 가지 이유에서 자신이 무엇을 필요로 하고 원하는지를 느끼기도 전에 다른 사람들의 필요와 바람을 먼저 알아차리고 그들을 돌보도록 훈련되었을 것이다. 어쩌면 그 반대편에 자리한 적이 있었을지도 모르겠지만.

그러니까 나는 이런 역학을 목격해왔고 또 그것에 참여해왔다.

즉, 생존자이고, 퀴어-트랜스-흑인-선주민-유색인이고, 때론 어떤 면에선 펨이고, 때론 장애인이거나 빈곤층/노동계급에, 공감 능력이 뛰어나고 괴짜인 천재는 뭔가를 시도하고 **행하기로** 결심한다 — **해야 하는 그 일**을 하기로, 그리고 쓸모 있어지기로, 그 이유는 아마도 그 일에 재능이 있어서, 그 일을 좋아해서, 그리고 글 쓰고/조직하고/노래하고/치유하고/무엇이든 그 일을 하고 싶어서일 거다. 스스로가 무가치하게 여겨졌던 과거의 경험 때문일 수도 있다. 이렇게 생각하면서 — 만약 내가 쓸모 있다면 버려지지 않을지도 몰라.

그런 다음엔,

무언가 창조된다. 공연, 공간, 자원 등. 아주 멋지다. 그걸 조직한 사람은 관심을 받는다. 질문을 던지고, 지원해달라고 하고, 뭔가를 요청하고, 피드백을 주고, 더 많은 것을 요구하는 이메일을 많이 받는다.

그리고 그다음엔,

창조된 그 무언가는 훌륭하지만 완벽하진 않다. 진지한 비평도 몇 건 들어온다. 하지만 또한, 그 공감 능력이 뛰어난 펨은 엄청나게 많은 양의 혐오를 받고, 그 일이 얼마나 쓰레기 같았는지에 대해 여섯 쪽에 걸쳐 상세히 적은 블로그 글들을 보는 입장에 놓인다. 온라인에서 벌어지는 난투극과 긴 이메일들에서는 추정만 난무하고 기본 원칙이라곤 거의 없다.

그리고 마지막으로,

공격하는 사람은 (그리고 때로는 공격받는 펨도—기본적으로, 연루된 모든 사람이) 문제가 되는 그 펨에게 '해명할 책임이 있다'고 여기며 그 펨에겐 그 어떤 경계선도, 뭔가를 걸러낼 필터도 허용될 수 없다고 믿는다. 그들에겐 그 상황에 대해 잠시 생각해볼 시간도 허용되지 않는다. 유일하게 허용되는 반응은 자동적으로 사과하고 동의하는 것뿐이다.

펨 자살경향성에 대해 글을 쓰고 생각할 때, 나는 우리가 받는 이런 강렬하고 복합적인 압력을 떠올린다. 나는 문화적인, 정치적인, 혹은 치유를 위한 조직활동을 하는 펨들과 사적인 대화를 많이 나눴다. 그들은 공통적으로 일을 하며 '리더'로 가시화됨에 따라 우울, 불안, 자살충동이 솟구쳤다고 했다. 이건 아이러니한 상황인데, 왜냐하면 급진적 공동체에서 우리는 그 일을 하고 또 잘해내는 게 우리를 치유해줄 방법 중 하나라고 배우기 때문이다. 그들이 했던 일들, 그 일들은 그들 자신을 정말로 치유했고 대단하기도 했다. 하지만 이는 또한 어떤 사람들이 그들에게 격분하게 되었다는 뜻이기도 했다—자신들에게 동의하지 않을 때, 이메일 회신이 충분히 빠르지 않을 때, 누군가 실수를 저질렀을 때. 열받은 사람들—때로 온갖 젠더의 사람들, 때로 다른 펨들—은 그들을 쫓아와서는 정말 극렬한 방식으로, 때로는 공공연하게, 그들이 얼마나 쓰레기 같은지 비난했다. 때로는 정말로 일이 망쳐져서 사람들이 정당하게 분노했을 때 이런 일이 일어났다. 그러나 때로는 격노와 질투와 괴롭힘으로 그런 대립이 일어나기도 했다.

(여기서 잠시 멈춰서 해야 할 말이 있다. 온라인 공격과 '호출문화callout culture'[2] 전쟁에 대해 이야기하려 애쓰는 건 엄청 복잡한 일이다. 그에 관해 이야기하려는 생각만으로도 지친다. 어떤 사람들은 온라인상의 그 어떤 분노의 목소리도 '처분문화disposability culture'[3]에 기여하는 것으로 본다. 또 어떤 사람들은 분노를 조금만 가라앉혀달라는 그 어떤 요청도 검열이라고 본다. 나는 여기서 잠시 '리아 락슈미의 온라인 호출 보편 법칙'의 정립을 시도해본다. 나는 억압받는 사람들에게는 억압하는 사람에게 우리 목을 밟고 있는 네 발을 치우라고 말할 권리가 있다고 생각한다. 그런 분노가 정당하다고 본다. 많은 사람들은, 특히 흑인, 선주민, 유색인, 비만인, 노동계급, 장애인들은 우리가 옳지 않은 일들에 빠쳤을 때 더 사근사근하게 말하라는 얘길 들어왔지만, 나는 그런 식의 어조 검열이 옳지 않다고 생각한다. 또한 나는 때때로 사람들이 무언가에 대항한다는 명목으로 파괴적이면서도 사람 미치게 만드는 감정적 학대를 저지르거나 뒷일은 전혀 생각지 않는 온라인 만행을 벌일 수 있다고도 생각한다. 일을 잘 풀어가려고 하는 건 보통 훌륭한 일이다. 그러나 때로 사람들에겐 경계선을 그을 권리가 있고, 거기엔 다른 사람들을 쳐낼 권리도 포함된다. 내 생각에 트라우마, 학대, 억압 속에서 우리는 흔히 배신 말고는 다른 어떤 것도 경험한 적이 없고, 그래서 우리가 아는 가장 안전한 생존 방식은 누군가를 대놓고 물어뜯거나 도망치는 게 되어버렸다. 나는 반드시 지켜야 할 엄격한 법칙 같은 건 없다고 생각한다—누군가에게는 난장판인 상

황이 다른 누군가에겐 정의를 위한 올바른 요구의 현장이다. 내가 할 수 있는 건 무엇을 옳다고 느끼는지에 대한 나 자신의 내적 감각을 믿고 친구들에게 현실 점검을 요청하는 것뿐이다. 많은 것들이 동시에 참일 수 있다. 고맙다고? 별말씀을.)

나는 이런 일이 남성적인 리더들에게도 비슷하게 일어난다는 얘길 들어본 적이 없다. 퀴어 사회정의 공동체 안에서 남성적인 리더들이 언제나 1000퍼센트 감정적으로 접근 가능한 상태여야 하고, 모든 페이스북 메시지에 즉각 그리고 완벽하게 답장해야 하고, 경청해야 하고, 지원해야 하고, 사과해야 한다는 등 똑같은 기대를 받는 걸 목격한 적이 없다. 사람들은 펨들의 시간과 귀가 열려 있을 것을, 그리고 펨들이 완벽할 것을 더 당연하다는 듯이 기대한다. 기대는 점점 더 높아져서 당신은 모든 것을 완벽하고 빈틈없이 해결하고 절대로 안 된다는 말을 하지 않는 초인적 엄마가 되거나, 당신에게 던져지는 모든 분노를 다 받아 마땅한 형편없이 실패한 쌍년이 된다. 또한 논란의 대상이 된 펨을 향해 분노를 터뜨리고/거나 폭력적으로 구는 건 괜찮고 쉬운 일이라는 분위기가 있다—이는 성차별주의와 펨혐오 둘 다에 뿌리를 둔다. 결국 엄마란 소리 지를 대상이 아니면 달리 뭘 위한 것이겠는가? 백인우월주의-자본주의-식민주의-비장애중심주의-가부장제하에서 여성성이란 완벽해지거나 학대받거나 둘 중 하나가 아니면 무엇이겠는가?

내게 쫓아온 사람들 중 몇몇은 내가 너무 지쳤거나 아팠을 때, 또는 내가 다른 바쁜 일 때문에 모든 걸 다 내려놓고 어떤 일에만 전념하지 않을 때 가장 분노하곤 했다. 그들은 내게 '변명하

가장 느린 정의

지' 말라고 말하곤 했다. 하지만 누군가가 정당하게 아프거나 불구가 됐거나 소진됐거나 정신이 나갔을 때, 그런 상태를 인정하고, 주의를 기울이고, 그다음엔 어떤 문제든 대처하기 위해 함께할 다른 공간을 마련하는 게 실제로 책임지는 방법 아닌가? 이미 장애인인 사람에게 장애인인 걸 그만두라고 말하는 건 비장애 중심적이지 않은가? 우리가 아프고 지치고 미칠 수 있으면서도 접근 가능한 방식으로 책임질 수 있는 공간을 창출할 방법이 있지 않을까?

사람들이 내게 30대 내내 오클랜드에서 살았는데 이사한 이유가 뭐냐고 물을 때면 보통은 가장 흔한 이유를 댄다. 구글과 다른 테크놀로지 회사들 때문에 집세가 계속 오르는데 돈이 없어 밀려났다고, 그리고 집을 떠난 지도 오래되었으니 다시 돌아가야 했다고 말이다. 그런 말들도 사실이긴 하다. 오클랜드를 떠난 이유 중 입 밖으로 꺼내기 힘들었던 건, 그곳에서 지낸 마지막 4년 동안 꽤나 심각한 우울증과 더불어 살았다는 것이다. 우울증은 자살경향성과 만성적 불안 및 공황발작으로 발전할 수 있고, 실제로도 그랬다. 내 정신건강이 급격하게 바닥으로 처박혔던 데는 수많은 이유가 있지만 가장 큰 이유 두 가지는, 당시엔 학대라고 불러야 하는지도 몰랐던, 감정적 학대가 되어버린 몇몇 관계에서 내가 학대받는 쪽에 놓여 있었다는 점과, 엄청난 양의 감정노동을 하고 있으면서도 그런 노동의 상한선을 스스로 정할 수 있다는 걸 몰랐다는 점이다. 또한 샌프란시스코 만안 지역에서 내가 가장 가깝게 지내던 사람들 중 일부가 나를 사랑하지도, 알지도, 존중하지도 않을 뿐 아니라 내가 고꾸라지기만을 바라는 것 같은 느낌을 뭐라고 불러야 할지 몰랐다. 퀴어-트랜스-흑인-선주민-유색인들을 위한 약속의 땅에 도착했다고 생각했는데, 거기서도 상처받았던 거다. 나는 종종 공연이나 행사에 가기 위해 집을 떠나는 게 무서웠다. 이메일이나 페이스북에 들어가 메시지를 확인할 때마다 가장 먼저 드는 생각은 '누가 또 나한테 화가 났을까'였다. 모든 일 하나하나가 급박했다. 모든 일 하나하나가 똑같은 정도로 비상사태였다.

길고 조용했던 어느 한겨울에 토론토로 다시 돌아온 이후, 어떤 것들은 좀 더 분명해졌다. 내가 해오던 막대한 비중의 무급 펨 감정노동이 서서히 줄어들었다. 2010년부터 2014년까지 6~10명이 거주하는 공동주택들에서 살았는데, 그건 무급으로 주당 20시간씩 일하는 거나 마찬가지였다.

옷을 갈아입으면서도 모든 사람과 이야기하고, 내가 뭐라도 요리해 먹을 때 쓸 그릇 몇 개가 없어서 모든 사람의 그릇을 설거지해야 하고, 악덕 집주인에 대응하는―지붕은 무너지지, 수도관은 터지지, 누가 무단 침입하질 않나, 인종차별주의자 백인 남자들이 집 앞에서 자유발언대를 열고 백인 중심의 인종차별주의적 행위예술을 벌이질 않나―이 모든 일에 내 한정된 에너지를 오랜 시간 쏟아야 했다. 또한 나는 당시 소속된 곳이 최소 두 군데였고 거기서 몇 시간이고 무급노동을 했다. 웹사이트를 만들고, 회의를 조직하고, 행사를 조직하고, 이메일 답장을 하고, 기금 모금을 했다. 나는 돈을 벌기 위해 여러 가지 일을 했는데, 대부분은 트라우마가 스며 있고 고도의 집중력이 필요한 돌봄노동과 관련된 것이었다―의대생들에게 동의에 기반하고 트라우마를 인지하는 모델을 바탕으로 한 성 건강 검진법을 가르치는 일에서부터, 퀴어-트랜스-흑인-선주민-유색인 공연 집단을 공동 운영하는 일, 강간과 변혁적 정의와 친밀한 관계에서의 폭력에 대해 가르치고 이야기하는 일에 이르기까지. 나는 동료 장애인 공동체와 온라인 장애 공동체의 일원으로서 보살피고 지원하는 일을 엄청나게 많이 했다. 연례행사와 모임 공간들에서 몇몇 일들을 운영하는 큰 역할을 무급으로 맡았다. 게다가, 오 맞다, 소규모 상담 업무도 했다. 이 모든 것은 결국 내가 과도한 책임이라 부르는 곳에 이르렀다ㅡ그곳은 이 모든 일과 더불어, 비판과 의사소통과 피드백 등에 대처하기 위해 나 자신이 끊임없이 시간을 낼 수 있고 접근 가능한 상태여야 한다고 느끼는 장소였다.

내 지인들은 전부 모든 비용이 치솟는 젠트리피케이션 경제 속에서 퀴어에 브라운이거나 흑인으로서, 그리고 아프고 장애가 있는 채로 저임금으로 살아남기 위해 똑같은 정도로 노동하고 있었다. 그리고 있잖아, 그건 다 재밌었고 혁명을 위한 거였고 나는 정상적으로 사는 대신에 그럴 수 있어서 참 행운이었잖아, 맞지? 그리고 그게 날 말 그대로 살려줬던 거잖아, 맞지? 나는 돈이 없었다. 그래도 돈이 없다는 얘길 별로 안 했는데, 내가 가진 특권들에 대해 분명히 알고 있었기 때문이다. 피부색이 밝고 시민권이 있고 장학금을 받았든 아니든 간에 고등교육에 접근할 수 있었던 점 같은 것들 말이다. 하지만 나는 또한 안정된 수입 없이 접근성이 약간은 있는 임시직 일자리 대여섯 개를 전전하며 한 달에 1200달러도 안 되는 돈으로 살고 있었다. 나는, 특히 내가 아파서 침대에 누워 지내던 동안에도, 내가 언제든 과도하게 시간을 낼 수 있는 상태로 있는 것—한정된 기력을 페이스북에서 다 소진하면서도 우리 공동체를 지원하기 위해, 또 내게 돌봄과 지원이 필요할 때 보답받을 수 있다는 희망을 가질 수 있게 돌봄을 제공하는 것—이 나 자신을 위하는 길이라고 진심으로 믿었다. 이 패턴엔 노동계급 가치관도 많이 담겨 있었다. 이를테면 일단 네가 있어야 할 곳에 나와 있는 게 바로 네가 할 일이라는 식의 가치관. 소수의 리소스제너레이션Resource Generation[4] 쪽 녀석들이나 신탁 기금을 물려받은 녀석들(나는 이런 애들과 거의 어울리지 않았는데 부자들은 신경에 거슬리기 때문이다)을 제외하고는, 내가 아는 사람 중 중산층 생활수준에 가까이 다가가기라도 한 사람은 한 명도 없었다. 우리는 모두 정신없이 일하고 있었고, 모두 다 같이 정신없이 일한다는 윤리의식을 갖고 있었다. 무료 나눔과 크라우드펀딩이 당신을 구할 것이다. 여기에는 또한 내가 자살 충동을 안고 있던 노동계급 엄마의 자식이었고, 그녀가 나를 자신의 상담사이자 뭐든 털어놓는 사람, 가장 친한 친구이자 비밀지기, 그녀의 기분을 그녀 자신보다 더 빨리 알아차리는, 공감을 잘하고 똑똑하고 자폐적인 아이로 길렀다는 몇몇 요인들도 분명히 작동했다.

그래서 나는 어떻게 이 모든 일을 노동으로 볼 수 있는지 전혀 몰랐다. 며칠 쉬는 날을 정하거나 약간의—그걸 뭐라고 부르지?—상한선을 정해두어야 한다는 것도 전혀 몰랐다. 이 모든 게 스트레스를 준다는 것도 몰랐다. 그게 다 '노동'이라는 생각을 전혀 못했다. 내가 왜 그토록 항상 불안하고 고갈되어 있는지 어느 정도 이해하고 있었지만 정말로 이해한 건 아니었다. 내가 아는 모든 사람이 나처럼 일하고 있었고, 그래서 그저 그렇게 하는 게 옳다고 생각했다. 그러나 자주 침대에 누워 전기장판을 중간 온도로 맞춰놓고 넷플릭스를 보는 둥 마는 둥 하면서 진심으로 이런 기분을 느끼곤 했다─만약 당장 죽어 없어져도 회의에 나타나지 않을 때까지 내 죽음을 알아차리는 사람은 거의 없을 거야.

나는 이 모든 것을 정말 몰랐다─이 모든 일이 정말로 노동이고, 내가 지친 건 너무 열심히 일해서이지 게을러서가 아니란 것을, 그리고 내게는 약간의 고요함과 자기만의 공간이 필요할 수도 있다는 것을, 과도하게 접근 가능한 상태로 있는 게 나를 죽이고 있다는 것을, 토론토로 이사하고 그동안 해왔던 일의 90퍼센트가 떨어져나갈 때까지 정말 몰랐다. 내가 속한 집단들은 수천 마일 떨어진 곳에 있었고, 나는 아주 잠깐의 시간도 대부분 단 한 명과 함께 지내고 있었다. 그게 어떤 느낌이었냐면…… 음, 평화로웠다.

갑자기 시간이 훨씬 더 많아졌다. 선택지도 많아졌다. 그리고 고요해졌다. 그래서 내 정신건강은? 더 좋아졌다. 훨씬 많이 좋아졌다. 나는 사랑받았다, 내가 일하지 않고 있는데도. 울 시간이 있었다. 생각할 시간도 있었다. 내가 좋아하고 나를 좋아하는 사람들에 둘러싸여 있었다. 그래서 알았다. 와우, 그 모든 게 노동이었어. 그게 노동이었구나. 그 모든 학대. 그건 다 학대였어.

한동안은 할 말을 찾을 수 없었다. 끊임없이 공동체에 대해 이야기하지만 실제로는 너무나 사납고 얄팍했던 도시, 예쁘거나 인기 있거나 활력이 넘치지 않는 사람에겐 누구도 별로 신경쓰지 않는 도시에 사는 게 얼마나 해롭고 힘들었는지에 대해 뭐라 말해야 할지 몰랐다. 샌프란시스코 만안 지역을 사랑과 감정과 치유의 장소라고 맹신했었기 때문에 더 아팠다. 나는 잘해내기 위해서, 공연자이자 제작자가 되기 위해서 그곳에 갔고, 그걸 해냈다. 하지만 또한 내 인생을 걸었던 곳에서 공격당했다고 느꼈다. 나는 이야기하고 싶다―정치적인 공동체 안에 당신의 정체성과 노동을 합쳤을 때 무슨 일이 일어나는가에 대해.

나는 학대도 많고 신경다양인도 많아서 사회로부터 고립되는 일이 많았던 한 가족 안에서 꽤나 내놓은 자식처럼 길러졌다. 우리 집에는 밖에서 말해선 안 되는 게 많았고, 비밀이 많았고, 더 큰 세상에 대한 두려움도 많았다. 아이였을 때부터 나는 결심했다. 나는 세상을 원해. 나는 자라서 대가족과 커다란 집을 갖길 원해. 이게 특히 중요했던 이유는, 아마도 부모로부터 정말로 힘들게 도망 다녀야 할 것이고, 부모로부터 냅다 도망쳐 나와야 할 것이고, 생물학적 가족을 잃으리란 걸 알았기 때문이다.

10대 후반에서 20대 초반에는 꽤나 강렬한 일들에서 살아남았다―나를 학대하는 파트너에게 거의 살해당할 뻔했고, 고국을 떠났고, 부모에게 기억나는 어린 시절의 성적 학대에 대해 말하자 시설에 처넣겠다는 위협을 받았고, 내 이민 후원자이기도 했던 파트너에게서 몇 년 동안 스토킹과 살해 협박을 받았고, 심각한 만성질환으로 매우 아팠다.

너무 아팠고 너무 미쳤고 너무 가난했고 물리적으로 학대받는 관계에 너무 시달렸던 그 시기에, 나는 고립으로 거의 죽기 직전까지 갔다. 나는 사회적 자본이 없었다. 나는 가난했고, 예쁘지 않았고, 내가 경험하고 있던 학대에 대해 말하는 걸 멈출 수가 없었고, 이제 막 살아남았고, 만성질환으로 아팠는데 당시는 사회정의 공동체 안에 장애 공동체도 장애를 존중하는 태도도 거의 없는 시기였다. 모든 사람이 젊고 비장애인이었고 정상인스러웠다.

약간 덜 아프고 합법적으로 일할 수 있게 되면서, 내가 사는 도시에서 내 자리를 재건했던 방법 중 하나는 도움을 주는 사람이 되는 거였다. 나는 오롯이 나 자체로 가치 있다고 믿지 않았다. 나는 예쁘지도 않고 정상도 아니고 상처 없는 사람도 아니었다. 나는 많은 사회정의 봉사활동을 시작했다. 퀴어 청소년 작문 서클을 시작했고, 시를 썼고, 많은 일을 조직했다. 나는 공동체를 믿었다, 언제나. 나는 항상 친구들이랑 꾸린 가족과 함께 일을 해결할 수 있으리라 믿었다. 누구와도 갈등을 일으키지 않으려고, 그리고 어떤 갈등이든 일어났다면 즉각 부드럽게 해결하기 위해 매우 열심히 노력했다. 나는 정말로 열심히 일했고 매우 관대했다. 나 자신이 없어서는 안 될 존재란 걸 증명한다면, 쓸모 있다는 걸 증명한다면, 버려지지 않을 것이고, 내 자리를 갖게 될 것이고, 유용한 사람이 되어 사랑받거나 사랑 비슷한 무언가를 받을 것이라고 믿었다. 왜냐하면 나의 내면은 사랑스럽지 않지만 내 쓸모는 사랑받을 만했기 때문에.

내 글쓰기 경력은 부분적으로는 이런 것들을 토대로 쌓아올린 것이다. 나는 공동체를 기반으로 하는 작가가 되었다. 내 공동체를 위해 글을 쓰고 또 나 자신을 위해 글을 썼다. 나는 공동체에 기반을 둔 시인이란 민중을 위한 신문이자 언론인이자 도구를 만드는 자, 즉 민중을 위해 일하고 쓰는 사람이고, 그래서 민중을 따라야 한다는 관념을 기꺼이 받아들였다.

　나는 가족이 없었고, 그래서 정말로 강렬하게, 내 삶이 거기에 달렸다는 듯이, 괴짜 고아처럼 '공동체'로부터 사랑받는 데 전념했다. 내 글쓰기가 경력이 되도록. 내가 조금이라도 가치 있거나 쓸모 있다고 느낄 수 있도록.

　이는 매우 흔한 일이다. 또한 위험한 일이다.

　나에게 어떤 것들은 걸러낼 필터를 가져도 된다고 말해준 사람은 아무도 없었다. 모든 사람이 나를 좋아하는 건 불가능하다고 말해준 사람도 아무도 없었다. 사생활을 가져도 괜찮다고, 어떤 정보 요청은 거절해도 된다고 말해준 사람도 전혀 없었다. 공동체를 위해서 글을 쓸 수 있지만 또한 쓰고 싶고 써야 한다고 느끼는 나만의 감각에 따라 글을 써도 된다고, 그리고 가끔은 공동체를 향해 저리 꺼지라고 해도 된다고 말해준 사람도 없었다. 모든 비판이나 논평을 100퍼센트 액면 그대로 받아들일 필요는 없다고 말해준 사람도 아무도 없었다. 어떤 사람들은 단지 질투가 나거나 트리거가 눌려서, 혹은 분노 때문에 폭언을 퍼붓기도 한다고 경고해준 사람도 아무도 없었다. 나를 쓰레기 같다고 욕하는 이메일이나 메시지에 일일이 답장하지 않는다고 해서 나쁜 사람이 되는 건 아니라고 말해준 사람도 아무도 없었다. 만약 낯선 사람이나 잘 모르는 사람이 공격하면 나는 나 자신을 보호할 수 있고, 반드시 대답할 필요도 없고, 그들을 제지할 수 있으며 내 목을 내어줄 필요가 없다는 것을 말해준 사람도 아무도 없었다. 내가 예술을 창작할 수 있고 일을 할 수 있을 뿐만 아니라 사랑받고 가치 있을 수 있다고, 단지 내가 쓸모 있어서, 일을 해서,

리더십을 보여서가 아니라 나만의 방식대로 사랑받고 가치 있을 수 있다고 말해준 사람이 아무도 없었다.

이건 내 이야기지만, 다른 많은 사람들의 이야기이기도 하다.

아무도 내게 말해주지 않았다. 하지만 이제 나는 스스로에게 말한다. 그리고 오늘날의 다른 펨, 노동계급, 장애인 리더들에게 말한다. 당신의 마음을 보호하라고.

경계선을 그어도 괜찮다.

불완전해도 괜찮다.

당신이 일하든 일하지 않든 사랑받는 관계를 구축하는 건 괜찮고 또 좋은 일이다.

모든 사람의 엄마가 되기를 거부해도 괜찮다.

모든 사람의 이메일에 즉각 답하지 않아도 괜찮다.

실수도 하고 또 그 실수를 만회하고 바로잡기도 할 거라고 예상하면서 관계를 만들어가도 괜찮다.

누군가 당신을 저격하면 심장을 내주지 않고 스스로를 좀 보호해도 괜찮다.

당신은 재생 가능하면서도 한정된 자원이다.

당신은 위로받을 자격이 있다.

1 [역주] 에식스 헴필(Essex Hemphill)은 아프리카계 미국인 시인이자 커밍아웃한 게이로서 아프리카계 미국인 게이 공동체를 위해 활동한 인권운동가다.

2 [역주] 호출문화(callout culture)는 특정인이 공개적으로, 이를테면 SNS에서 그들의 행동이나 말에 대해 해명할 것을 강력하게 요구받는 경향을 뜻한다.

3 [역주] 처분문화(disposability culture)는 징벌적 제재만이 잘못한 사람에게 책임을 묻는 유일한 방법이라고 여기는 문화를 뜻한다.

4 [역주] 리소스제너레이션(Resource Generation)은 미국 전역 17개 도시에 지부를 둔 전국적인 규모의 비영리단체로, 홈페이지(www.resourcegeneration.org)의 소개에 따르면 "부와 계급 특권을 가진 젊은이들이 재산과 권력의 공평한 분배를 위해 노력하는 리더가 되도록 지원하고 조직하는 것"을 목표로 한다. 공식 홈페이지는 다음과 같다. www.resourcegeneration.org

18장

극복하지 않기, 고쳐지지 않기, 살 가치가 있는 삶을 살기

비장애중심주의에 반대하며
생존자로 살아가는 미래를 향하여

오늘날의 모든 생존자들에게: 당신의 시간은 소중하고, 당신의 에너지도 소중하고, 당신도 소중합니다. 당신의 사랑은 소중하고, 당신의 관계도 소중합니다. 나는 소중하다는 말을 귀엽다는 뜻으로 쓰는 게 아닙니다. 소중하다는 말은 가치를 헤아릴 수 없고, 거대하고, 강력하고, 초월적이라는 뜻입니다.

— 해나 해리스-수트로Hannah Harris-Sutro[1]

치유는 위험한 작업입니다. 치유는 투쟁에 몸담기 시작하는 것에 관한 일입니다. 트라우마가 생기면 우리는 트라우마가 생겨난 우리 몸속의 그 공간으로부터 멀어집니다. 그리고 그곳에 들어갈 때면 트라우마가 다시 깨어나면서 너무도 아픕니다. 나는 그 몸이 스스로를 기억할 수 있는 장소를 만들어내는 데 관심이 있습니다. 비록 그게 아플지라도요. 그곳에서 우리의 기분은 더 나아질 수도 있지만, 그게 목표는 아닙니다. 우리의 목표는 더 잘 투쟁하는 것입니다.

— 수전 라포

고쳐지지 않기, 붙잡히지 않기

최근 나는 새로운 치료사를 찾다가 한 치료사에게 상담을 한 번 받아보았는데, 그녀는 나에게 진심으로 이런 질문을 했다. "그러니까, 당신은 20대에 치료받으면서 어린 시절의 성적 학대가 해결됐다고 생각하시나요?"

나는 딱 30초 동안 입을 벌린 채 그녀를 빤히 쳐다보았다.

나는 그 치료사에게 큰 기대를 걸고 있었다. 그녀는 유색인 여성으로 자신의 웹사이트에 세자르 차베스Cesar Chavez[2]가 남긴 말을 인용해 걸어놓았다. 그녀의 경력에는 지역의 치유정의 센터에서 일한 경험도 있었다. 그녀는 자신이 "트라우마에 정통"하다고 말하면서 생존자들과 함께 일하는 것을 자신의 전문 분야 중 하나로 꼽았다. 그거 참 좋네, 그치? 게다가 그녀는 내가 지난 7년간 상담받았던 다른 치료사보다 더 저렴한 가격을 책정했다. 7년을 만난 원래 치료사는 내가 만나본 가장 똑똑하고 가장 괴짜 같은 치료사 중 한 명이었지만 오클랜드에 살았고, 나는 그 동네가 너무 비싸져서 떠밀려왔다. 어쩌면, 멀리 사는 치료사와 스카이프로 상담하는 것보다는 이 지역의 치료사와 직접 만나는 게 좋을지도? 하지만 나는 지금 새로운 치료사의 상담실에서 입을 떡 벌린 채, 믿었던 도끼에 발등을 찍히고 있었다.

나중에 알고 보니 우리는 서로 트라우마, 치유, 생존자라는 것에 대해 정말 다르게 이해하고 있었다. 그녀는 정말로 아동기 성적 학대를 관리해야 할 무언가로, 극복할 수 있고 그런 다음 '넘어갈' 수 있는 무언가라고, 상처 봉합용 테이프를 붙여 아물게 할 수 있는 정도의 상처라고 여겼던 것이다. 나는 생각했다. **내가 겪은 학대는 해결할 수 있는 무언가가 아니야. 통증 척도로 나타낼 수 있는 숫자가 아니야. 네오스포린**Neosporin[3]**으로 없앨 수 있는 간단한 상처가 아니야. 내 트라우마는 빌어먹을 5막짜리 오페라야. 내 가장 좋은 흉터로 만든 화려하고 튼튼한 옷이고, 종자種子 보관소이고, 구텐베르크 성경이고, 작은 비행기로 올라가 맞서는 뇌우이고, 산맥이고, 천체도에 기록할 초신성이야.**

나는 마음을 가라앉히고 간신히 이런 말을 할 수 있었다. "전 정말로 그런 식으로 생각하지 않아요—저는 제가 트라우마로부터 배우고 트라우마를 치유하는 평생의 여행을 하는 중이라고 생각해요. 무슨 말인지 아시겠죠?" **무슨 말인지 알겠지, 그렇지?**

그녀는 '**물론이지, 불쌍한 사람, 저렇게 생각하게 내버려두자**'라는 표정으로 나를 보며 슬쩍 웃었다. 그리고 나는 그곳에 다시 가지 않았다. 그런 치료사는 드물지 않다. 생존자라는 상태를 '고치거나' '치료cure해야' 할, 극복해야 할 어떤 것으로 여기는 생각, 그리고 치료가 가능하고 쉬울 뿐 아니라 그게 유일하게 바람직한 선택지라는 생각은 숨 쉬는 것만큼이나 일반적이다. 이는 비장애중심주의적 관념에 깊이 뿌리를 내리고 있는 개념이다—뭔가 잘못되었다면 치료되거나 망가져 있거나 둘 중 하나일 뿐 그 둘 사이엔 아무것도 없고, 어떤 식으로든 장애가 있는 심신에 거주한다는 건 확실히 아무런 가치가 없다는 생각.

이런 생각은 생존자들에게도 유혹적이다. 우리는 성적 학대나 폭행을 겪고 살아남은 데서 비롯된 고통과 트라우마가 끝나길 바란다. 누가 안 그러겠나? 그게 뭐가 문제겠는가?

생존자로서 살아 있는 사람들은 어디에나 있지만, 그에 관한 이야기는 거의 없다. 내가 이 글을 쓰는 동안 #미투운동—생존자들이 침묵을 깨고 우리가 생존자임을 명명하도록 용기를 북돋아준 운동으로, 2006년 흑인 생존자 활동가 타라나 버크Tarana Burke[4]가 처음 시작했다. 그다음엔 2017년 말 북미의 몇몇 백인 여배우와 언론인들이 그 운동을 자기들이 처음 발견한 양 얘기하면서 다시 확산되었고, 이후 수많은 평범한 생존자들이 생존자 문제에 대해 발언하고 생각하고 주장하고 조직화하면서 이 운동은 자체적 생명력을 갖게 되었다—이 상원의원들과 유명한 백인 남자들을 많이 끌어내렸지만 그보다 더 중요한 것은, 우리의 이야기를 말하는 생존자들의 폭발적 움직임이 만들어졌다는 점이다. #미투운동에서 내가 가장 좋아하는 부분은 적어도 그 운동이 언론을 타는 동안만큼은 생존자로서 살아가는 경험을 바꿔놓았다는 것이다. 행복하고 안전한 가족을 갖지 못했고 그에 대해 이야기하고 싶어 하는 괴상한 사람은 나뿐인 것 같았던, 너무도 자주 괴물 같고 외롭게만 느껴졌던 경험이 저기 바깥세상에서도 강간과 아동기 성적 학대가 일반적이며 대부분의 사람이 생존자라는 진실을 인지하는 경험으로 변화했다.

만약 당신이 질병관리센터와 FBI의 발표를 들먹이며 출생 시 지정성별 여성인 성인의 33퍼센트와 아동 25퍼센트만이 학대당했으니 내가 "대부분의 사람이 생존자"라고 쓴 부분은 틀렸다고 주장하고 싶다면, 내가 당한 수차례의 강간 중 그 어느 사건도 경찰에 신고하지 않았으며 내가 아는 사람들 대부분 역시 그랬다는 점을 고려해보길 바란다. 장애 아동들이 가정, 학교, 병원, 치료 시설에서 직면하는 특정한 종류의 성적인 학대에서부터 의례적 학대ritual abuse[5]에 이르기까지, 선주민들이 기숙학교와 위탁가정에서 겪는 성적 학대에서부터 유색인 트랜스 여성들이 끊임없이 직면해온 트랜스여성혐오적 성적 괴롭힘에 성노동자들이 경험해온 성폭행에 이르기까지, 감금 체계가 '진짜 강간'으로 간주하지 않는 형식의 성적 학대·폭행·폭력도 많다. 젠더 비순응 아동이 시스젠더 아동보다 성적 학대를 당할 위험이 훨씬 더 높다는 새로운 연구들도 있다. 1000명 이상의 트랜스젠더를 대상으로 한 2011년의 한 연구에선 50퍼센트 이상이 삶의 어느 시점에 성폭력을 경험한 적이 있으며, 성인 성폭력 생존자 중 72퍼센트가 아동기 성적 학대 생존자이기도 하다는 결과가 나왔다.[6]

흑인단속법Black Codes[7]과 인디언법Indian Act[8]으로 거슬러올라가면, 형사법 체계는 무엇이 성적 폭력으로 명명될지와 얼마나 많은 성적 학대가 신고되고 기소될지를 고의적으로 최소화하기 위해 세워졌고, 그러한 체계가 가두고 추방하고 싶어 하는, 특권이 별로 없는 사람들이 저지르는 극히 낮은 비율의 성적 학대만을 심각하게 취급했다. 유색인 퀴어 펨 장애인으로 살아오면서 나는 내가 데이트하거나 어울려 지낸 사람이 생존자가 아니라는 사실을 알게 되면 놀라곤 했다. 그건 마치 유니콘을 발견한 것만 같았다. 이성애자 백인 세계에서도 크게 다르지 않다고 들었다. 온갖 곳에 학대가 존재함을 부인하는 것—즉 성적 학대는 틀림없이 드문 일이고, 우리가 알고 사랑하는 복잡하고 매력 있고 재능 있는 사람들이 바로 옆에서 저지르는 일이라기보다는 겉보기에도 확실히 무섭고 근본적으로 끔찍한 사람이 어딘가 다른 데서 저지르는 짓이라는 믿음—은 아동기와 성인기 성적 학대가 계속 일어나도록 허용하는 것의 큰 부분을 차지한다.[9] 최근 다시 반복되고 있는 #미투운동은 성이 흉기로 쓰이는 게 한 줌의 슬픈 사람들에게만 닥치는 드문 일도 우연한 비극도 아니라는 사실이 알려지는 공간을 창출했다. 그리고 그것이 물과 공기처럼 도처에 자리한 억압 체계라는 것을 알렸다. #미투운동은 또한, 정말로, 강간이란 무엇인가에 대한 이해를 확장해 '진짜, 고전적인 강간'으로 간주되지 않는 성적 폭력의 형식들을 강간에 포함시켰다. 생존자들이 마침내 우리 자신의 성적 경험에 대해 목소리 낼 공간을 갖게 되었기 때문이다. 비록 많은 작가들이 백래시를 주도하며 미투를 싸잡아 욕하는 상황일지라도 나는 성적 학대와 성폭력이 무엇인가에 대한 논의를 확장한 생존자들의 용기가 이루 말할 수 없이 반갑다.

이 모든 지식은 위험한 정보다. 이 모든 게 완전히 다 드러난다면 세상은 쪼개질 것이다. 과거에도 지금도 위험한 지식이다. 생존자로서 우리는 종종 무력감을 느끼고, 실제로도 힘을 갖지 못할 때가 많다―우리가 학대자에게 책임을 물을 수 없을 때, 형사법 체계가 인종차별적이고 창녀혐오적일 때, 우리가 살아남았다는 이유로 처벌받는 사람들일 때. 하지만 우리는 또한 엄청나게 강력하다. 강간 그리고 생존자로 살아간다는 것에 대한 우리의 이야기는 뇌운이고 성운이다. 거대하고 멋진 그 이야기들이 세상으로 나온다면 강간문화를 무릎 꿇릴 수 있을 것이다.

강간문화는 이를 알고 있다. 그래서 강간문화는 생존자 지식을 관리하고 진압하고 짓누르기 위해 많은 것을 만들어낸다. 생존자-산업복합체는 성폭력 생존자들을 관리하고 억제하고/거나 그들에게 해결책을 제공하는 일을 하는 제도, 관행, 신념의 그물망이다. 그 범위는 거대해서, 강간 키트를 관리하는 간호사들에서부터 12주 과정의 집단 치료 세션을 굴리는 YWCA 치료사들에 이르기까지, 경제적 형편에 따라 요금이 조정되는 클리닉에서 받을 수 있는 유일한 치료인 6주 과정의 '문제 해결 중심' 치료에서부터, 누가 '완벽한 피해자'인지를 결정하고 또 피해자 보상

기금을 받기엔 너무 난잡하고 가난하고 흑인이고 브라운이고 미쳤거나 트랜스라서 자격이 없는 사람이 누구인지를 판단하는 경찰과 지방검사에 이르기까지를 망라한다. 생존자의 진실과 분노에 대한 관리와 진압은 비영리-산업복합체와 매우 유사하게 작동한다. 그곳은 많은 사람들이 지극히 선의로 일하는 곳이지만, 닉슨 대통령 시대에 반대 의견을 관리하고 진압하기 위해 발명된 곳이기도 하다.

생존자-산업복합체가 이 모든 강력하고 다루기 힘든 생존자 감정과 진실을 관리하는 가장 주요한 방법 중 하나는 '좋은' 혹은 '고쳐진' 생존자라는 개념을 배치해두는 것이다. '좋은' 생존자는 당신이 토크쇼나 드라마에서 보는 가상의 생존자로, 석 달 정도 치료를 받고 다 나은 사람이다. 학대는 어렴풋한 기억으로만 남았고, 물리적인 것이든 감정적인 것이든 눈에 보이는 흉터는 하나도 없고, 눈에 보이지 않는 흉터에 관해서는 이야기하지 않는 사람이다. 그는 '다음 단계로 넘어갔다'. 그는 학대에 대해 아예 말하지 않거나, 학대 경험을 배려해서 맞춰주거나 접근성을 보장해주는 일 따위를 필요로 하지 않는다. 그는 자신이 겪은 학대를 자신이 맺는 관계, 직장, 가족 안으로 끌어오지 않는다. 그는 그딴 걸로 당신을 귀찮게 하지 않는다. 이런 종류의 '좋은' 생존자를 나는 한 번도 직접 만나본 적이 없는데, 왜냐하면 그런 사람은 존재하지 않기 때문이다.

이와 반대로, '나쁜' 생존자는 아직도 '망가져 있는' 사람이다. 아직도 제정신이 아니고, 아직도 트리거에 시달리고, 아직도 비통해하고, 아직도 기억하고 있는 사람이다. 그는 아직도 당신에

게 기억하게 만든다. 그들은 짜증나게 한다. 그렇지 않나? 누구
도 그런 사람과 데이트하길 원하지 않는다. 그들은 울고, 공황발
작을 겪고, 침대 밖으로 나올 수 없고, '그 일을 극복'하지 못한다.
그리고 이 모든 것 때문에 그들은 나약하다. 안 그런가? 그들은
고쳐지지 않으려고 나약한 게 틀림없다. 그 모든 치료를 받고도
아직 '나아지지' 않았다고? 아이고. 그들은 세상 속에 숨겨진 비
밀인 강간문화를 알아본다—매일, 항상 존재했으나 말해지지 않
았던 것을. 그들은 그 비밀에 관해 이야기한다. 대중문화와 일상
생활에서 '나쁜' 생존자는 대체로 자리에 없지만 또한 언제나 존
재한다. 그들은 마음속에 '맺힌' 게 있는 펨들로 당신은 틴더Tinder
에서 그들을 왼쪽으로 넘기고 지나쳐버리는데, 그건 그들이 지
나치게 드라마틱해 보이고, 언젠가 자살하고 나면 슬픈 어조로
'망가졌지만 이제는 평온한'이라고 묘사되는, 쌍년, 히스테리 환
자, 레즈년 같아 보이기 때문이다.

세상은 우리에게 백만 가지 방식으로 이런 고정관념들을 이
야기하지만, 우리 또한 스스로에게 같은 이야기를 한다. 우리는
그런 고정관념들로 스스로를 고문한다. 그리고—솔직해지자—
그것들은 유혹적이다. 고정관념은 모든 것을 단순하게 느끼도록
만들어준다. 만약 우리가 일부 생존자들이 그저 너무 짜증나고
쌍년 같다고, 너무 통제 불능이라고 믿는다면, 우리는 저 정도는
아니라며 그 쌍년들과 거리를 둠으로써 우리 자신을 더 낫게 느
낄 수 있는 것이다.

치료된다는 약속, 평화로워질 수 있는 간단한 방법이 있다는
약속, '좋은' 생존자라는 개념 안에 담긴 이런 거짓말들은 유혹적

가장 느린 정의

이다. 물론 우리는 기분이 더 나아지길 원한다. 젊은 생존자로서 나는 매일 일분일초를 고통 속에 살았고, 그렇게 살고 싶지 않았다. 섹스도 하고 싶었다. 내 몸으로부터 멀리 떨어져 나와 온 세상이 텔레비전처럼 보이는 걸 멈추고 싶었다. 나를 깨진 유리잔처럼 느끼고 싶지 않았다. 온종일 언제나 내가 겪은 근친 성폭력 기억에만 시달리는 대신 다른 걸 생각하거나 이야기할 수 있게 되길 바랐다. 이런 것들을 원한 이유는 너무 힘들었기 때문이고, 항상 이 모든 우울한 것들에 관해 얘기하면 주변 사람들은 상상 속에서건 실제로건 눈알을 굴리면서 나를 못 견뎌하기 때문이었다.

내가 원하는 건 더 있었다. 나는 우리 가족이 저지른 학대와 세대 간 폭력의 순환을 중단하길 원했다. 나는 어른이 되어 폭력적이지 않은 관계를 맺고 싶었다. 순교가 아니라 기쁨을 알고 싶었다. 무엇보다도 행복하고 싶었고, 자유, 기쁨, 해방을 알고 싶었다. 그런 것들이 실제로 어떤 느낌인지 몰랐음에도 불구하고, 그리고 몰랐기 때문에 더더욱.

이런 바람들은 강력하고 맹렬한, 생존자의 자유에 대한 꿈이다. 이런 꿈들 속에서 나는 우리의 가장 맹렬한 힘 안에 수많은 생존자들이 있는 것을 본다. 생존자들이 일으키는 혁명이 있다. 이것은 강간이 도처에 있음을 기억하고, 그 추악함을 제대로 기억하기를 고수하고, 우리가 결코 본 적 없는 새로운 세상을 창출하기 위해 우리의 가장 깊은 꿈들을 활용하는 생존자들의 혁명이다.

덜 고통스럽기를 원하거나 고통을 다르게 경험하길 원하는 건 잘못된 일이 아니다. 세대 간에 트라우마가 전해지는 현상을 바꾸길 바라는 건 잘못된 일이 아니다. 하지만 그런 욕망들이 우리 대부분에게 더 편안하고 덜 고통스럽기 위한 치료 모델로서 유일하게 주어진 비장애중심주의적 치료 모델로 스며들 때, 상황은 좀 더 복잡해진다. 그런 모델, 그리고 성공적이고 고쳐졌거나, 망가졌고 좆됐거나의 가혹한 이분법은 오랜 기간 생존자들이 겪는 자살경향성과 분투의 원인 중 하나다. 나는 나 자신을 포함해 생존자들이 서른 살, 마흔 살, 쉰 살, 예순 살이 되고 더 나이가 들어서도 여전히 트리거에 눌리고 애통해하고 기억하면서 실패감과 자기혐오와 씨름하는 것을 보아왔다. 우리가 아직 그 신화적인 '치료된 장소'에 다다르지 못했을 때 말이다. 이 글을 쓰면서, 나는 장애인 생존자로서 내가 하는 일이 어떻게 나를 계속 살아 있게 하고 번영하게 하는지를 말하고 싶다. 그 일은 그런 이분법을 무효화하고, 분석하고, 그런 이분법이 품은 독성을 비장애중심주의라고 명명하는 일, 그리고 불구의 투쟁과 지식, 생존자의 투쟁과 지식을 한데 합치는 일이다. 이는 내가 성인이 되어서도 여전히 미쳐 있고 흉터를 가지고 있어도 이것이 곧 실패했다는 표지가 되지 않는, 새로운 생존 모델의 지도를 그리는 일이다.

치료, 불구, 생존자

내 친구 블리스 버노우Blyth Barnow는 백인 노동계급 펨 생존자 성직자다. 두어 달 전 그녀가 인스타그램에 올린 사진을 보고 나는 깜짝 놀랐다. 어떤 워크숍 발표 자료 이미지였는데, 이런 말이 적혀 있었다. **생존자의 기술은 어떻게 사역事役으로 번역되는가?** 그 바로 아래엔 다음과 같은 말들이 적혀 있었다. **경계선, 텍스트 안에서 치유의 순간을 발견하기, 뉘앙스, 정신건강에 찍힌 낙인을 없애기, 건강한 자기-가치와 자기-품위를 발견하는 과정.**

기술. 생존자의 기술. 일을 잘하는 사람으로서의 생존자. 생존자임에도 불구하고가 아니라 생존자이기 때문에 리더가 되는 생존자. 블리스가 올린 글에서 생존자는 뭔가를 잘하는 사람으로, 생존자로 살아온 삶으로부터 발현된 특별한 기술을 갖고 있는 사람으로 묘사되었고, 이는 내가 생존자 공동체에 깊숙이 결합해온 지 20년 이상 지났는데도 내 평생 처음 접하는 얘기였다.

생존자로 존재하는 게 결코 기술 같은 게 아니라 잘못으로만 여겨지는 방식과, 비장애중심주의가 장애인을 개인적이고 비극적인 건강상의 결함으로 바라보는 방식에는 깊은 유사성이 있다(내 말이 의심스럽다면, 장애가 있는 태아가 어째서 결코 장애인 태아로 불리지 않고 선천적 결함으로 불리는지 생각해보라). 내가 장애정의 워크숍을 이끌 때 가장 가르치기 어려운 순간 중 하나는 사람들이 장애의 결함 모델에서 빠져나오도록 할 때다. 내가 장애인 지혜와 기술에 관해 이야기할 때나, 장애인들을 역사와 문화와 운동이 있는 존재로 이야기할 때, 강의실 안의 텅 빈 눈빛들이 나를 죽인다. 많은 비장애인들에겐 장애를 개인적 비극이자 그 누구도 선택하지 않을 상태가 아닌 다른 무언가로 생각하는 것 자체가 젠장, 거의 불가능할 정도다. 장애의 결함 모델에 의하면, 장애에서 좋은 건 아무것도 없고, 기술이나 탁월함 따위도 없다. 우리는 치료되어야 할 잘못일 뿐이다. 유일하게 좋은 불구는 치료된 불구, 존재하길 그만둔 불구뿐이다. 치료는 치유이고 제거다.

그리고 치료는 생존자의 대화를 오염시킨다. 치유를 갈망하는 생존자들은 치유를 찾아 의료-산업복합체로 가지만, 학대로부터 치유될 유일한 방법이 치료라는 관념을 직면하게 될 뿐이다. 이 믿음은 고쳐졌거나 아니면 망가졌거나의 이분법과 수치심을 조장한다. 이 이분법은 우리가 **치료되는** 게 아니라 **번영하는** 생존자 미래를 상상할 수 없게 막는다.

내가 젊은 생존자였을 때, 나는 상담사들에게 언제 '그것'이 나아질지, 언제 '그것'이 사라질지를 물어보곤 했다. '그것'이란 말로 내가 의미했던 건 '매일 플래시백을 겪고 끊임없이 트라우마의 땅에 있다고 느끼는 것'과 '조금이라도 트라우마 기억과 경험을 갖고 있는 것 자체' 사이의 무언가였다. 재능 있고 사랑스러운 한 치료사가 다정하게 건네준 말에 나는 몸서리쳤는데, '그것'은 결코 완전히 사라지지 않을 테지만 내 삶은 내가 인식조차 할 수 없을 만큼 많이 변할 것이고 변할 수 있으며, 고통과 트라우마와 학대 기억에 대한 경험도 변화할 거라는 말이었다.

나를 담당했던 상담사는 내게 수년 동안 만성적 고통에 귀 기울임으로써, 또 만성적 고통이 변모하는 세월을 거치면서 나중에 배우게 될 무언가를 전달하려고 최선을 다해 노력했다. 공동체, 도구, 지원, 다양한 이야기와 서사에 접근하게 될 때 고통과 트라우마에 대한 경험은 완전히 바뀔 수 있을 거라고 말이다.

하지만 젊은 생존자였던 나에게 몇몇 치료사들과 학대에 관한 페미니즘 서적들을 포함해 전망을 제공해준 것들은 대부분

이런 식이었다. 만약 내가 치유를 제대로 수행한다면, 서른 살이나 마흔 살쯤 되었을 때 생존자라는 것을 드러내는 가시적인 징후는 하나도 갖고 있지 않은 생존자가 될 것이다. 더 이상 미치지도 않고, 결코 공황 상태에 빠지지도 않고, 남이 잘못 건드린다고 해서 펄쩍 뛰지도 않고, 분노나 비탄이나 슬픔이나 두려움이나 공포에 무릎을 꿇는 일도 결코 없는 사람이 될 것이라고. 학대는 사라질 거고, 나는 새사람이 된 것처럼 잘 지낼 거고, 또는 한 번도 학대당하지 않은 사람만큼 잘 지낼 것이라고. 이러한 생존자다움에 대한 전망은 비록 억압에 반대하는 페미니즘으로 코팅을 했을지라도, '좋은' 생존자라는 전형을 모방한 것이었다.

이런 세계관에서는 내가 플래시백, 트라우마, 고통, 트리거를 한 번이라도 겪는다면 그건 곧 내가 실패하고 있다는 의미였다. 생존자다움에서. 치유에서. 고치는 일에서. '악순환을 깨부수는 일'에서의 실패. 실패하지 않는 건 내 평생의 과업이자, 다른 모든 게 달린 목표가 된다.

그리고 그때도 지금도, 나는 '극복하지' 못했다는 데 깊은 수치심을 느끼며 고군분투하는 생존자들을 본다. 30대, 40대, 그이상 나이를 먹었을 때도 트리거가 눌리면 다시금 자살경향성으로 빠져들고 마는 생존자들을 본다─그건 단순히 트리거가 눌려서만이 아니라, 우리가 아직도 '안 고쳐졌다'고 스스로를 자책하고 있기 때문이다. 새로운 기억 또는 트라우마나 슬픔의 새로운 경험이 우리에게 오면, 우리는 우리가 실패하고 있다고 생각한다.

나는 이런 질문들에 대한 답이 비장애중심주의에 관한 장애정의의 분석을 생존자 문화 안으로 들여오는 데 있다고 믿는다. 성적 학대나 물리적 학대를 겪은 생존자들은 광기, 복합적인 외상 후 스트레스 장애, 다중성, 또는 기타 트라우마에 뿌리를 둔 정신적 차이를 갖고 있으며, 이들은 장애 공동체의 일부다. 우리가 불구로서 개발해온 기술, 집단적 접근성을 요청하고 비장애 중심주의적 관념들에 저항하는 바로 그 기술들이, 생존자로서 우리의 피해를 복구하고 스스로를 구원하는 방법에 아주 중요한 부분일 수 있다.

우리가 고쳐지지 않을 때, 극복하지 못할 때, 우리가 40대에도 60대에도 그 이상 나이를 먹어도 여전히 트리거에 눌리고 여전히 감정에 휘둘리고 여전히 치유 중일 때, 우리는 실패한 것이 아니다. 우리는 기억하는 중이고, 우리 생존자의 삶으로부터 배우는 중인 것이다. 우리는 우리의 흉터에 헉, 하고 놀라는 모델로부터 그 흉터를 통해 가능한 한 많은 것을 배우길 원하는 모델로 이동하는 중이다. 생존자다움에 대한 전통적인 관념에서 '기억하기'란 학대 기억이 우연히 떠오른 다음에 끝이 나는, 시간제한이 있는 과정으로 생각된다. 하지만 또 다른 생존자 유니버스에서 우리는 계속해서 확장 중이다—우리는 항상 기억하고 있고, 다시 기억하고, 우리의 상처가 무엇을 의미하는지를 생각하고 있다. 우리는 우리의 생존자 경험에서 지식을 채굴하는 중이다.

그리고 나는 위험한 질문을 던진다. 더 많은 생존자들이, 그리고 우리가 구할 수 있는 치료사들과 치유 공간들이, 치유에 대한 미친 불구 아이디어를 갖는다면 어떻게 될까? 즉 치료에 관한 것이 아니라 가능성의 확장, 배움, 우리 생존자의 광기를 전부 사랑하려 노력하는 것, 그리고 우리 공동체를 미쳐도 정말로 괜찮은 곳으로 바꾸는 것에 관한 생각을 품는다면 어떻게 될까? 장기적인 슬픔을 위한 모델들이 있다면 어떨까? 우리의 직장과 가정에 슬퍼해도 괜찮은 공간이 — 슬픔에 장기 유급휴가를 많이 준다든지 — 더 있다면? 만약 우리의 공동체들이 슬픔을 골칫거리로 여기는 대신에 신성하고 귀중하며 생명을 주는 지식의 원천이라고 정말로, 정말로 믿는다면 어떤 모습이 될까? 만약 나쁜 생존자들이 좋은 생존자라면? 모든 생존자들이 우리의 난장판 안에서 아름답다면?

그리고 훨씬 더 위험한 질문을 감히 던지고 싶다. 어떤 것들은 고쳐질 수 없다면? 만약 어떤 것들은 정말로 예전과 결코 같아질 수 없고, 그게 대단히 좋지는 않을 수도 있지만 그래도 괜찮을 수 있다면? 나는 치유를 믿고, 아무도 가능하리라 생각지 못했던 너무나 놀라운 방식으로 치유가 일어난다고 믿는다. 하지만 또한 궁금하다. 만약 어떤 트라우마로 인한 상처는 정말로 절대 사라지지 않는다면, 그러면서도 우리가 여전히 좋은 삶을 살 수 있다면 어떨까? 어떤 것들이 치유될 수 없다는 믿음은 급진적인 사람이든 아니든 거의 모든 사람에게 저주나 다름없다. 우리는 충분한 사랑과 훌륭한 기술과 기도로 무엇이든 바꿔놓을 수 있다고 믿는다. 하지만 어떤 것들은 바꿀 수 없다면?

일라이 클레어는 친부로부터 고문당하고 학대당해 생긴 트라우마를 치유하려는 노력에 관해 이렇게 쓴다.

20년 전 나는 몸과 마음과 감정으로부터 유리된 채, 겁에 질린 채, 사람과의 접촉을 두려워하면서, 환청을 듣고 환영을 보면서, 자살을 계획하면서 세상 속을 헤쳐나가고 있었다. 이 훼손된 상태를 처리하든지 결국 죽게 되든지 둘 중 하나여야 한다는 게 명백해졌을 때, 내가 원했던 건 치료되는 것뿐이었다.

나는 수년간 치료와 바디워크에 시간을 들였다. 자기관리를 실천하고 나를 지지해줄 네트워크를 구축했다. 공동체를 찾았다. 수치심을 파헤쳤다. 〈밤을 되돌려라〉 행진을 조직하는 데 힘을 보태고, 강간 예방 훈련 프로그램들을 모아서 정돈하고, 아동학대에 관한 글을 썼다. 나는 치료를 향한 내 욕망을 직접 밝힌 적이 한 번도 없다. 하지만 나는 부서진 나 자신을 정말로 간절하게 고치고 싶었고, 내가 어린 시절과 청소년기에 경험한 24년간의 고문이 그저 더는 존재하지 않는 곳으로 나아가고 싶었다. 나는 잃어버린 세월을, 기억을, 자아를 회복하기 위한 노력에 거의 10년을 바쳤다—내가 결코 치료되지 않으리란 걸 알기 전까지. (⋯⋯) 나는 내가 예전만큼 자주 트리거와 환각의 사악한 손아귀에 잡히지 않는다는 점에 감사하다. 그렇긴 해도 과거가 또다시 내 심신을 관통하며 두들겨댈 거라는 걸 안다. (⋯⋯) 나는 내가 앞으로 치료되진 않으리란 걸 알게 되었다. 나는 이처럼 변경할 수 없게 산산이 부서진 상태를 가시화하기 위해 망가짐brokenness 이라는 개념을 주장한다.[10]

이어서 클레어는 이렇게 쓴다. "치료는 회복탄력성, 생존, 골절과 균열과 이음매의 거미줄을 무시한다. 치료의 약속이 강력한 이유는 바로 우리 중 누구도 망가지길 원치 않기 때문이다. 하지만 궁금하다. 만약 우리가 우리의 망가짐을 받아들이고 주장하고 포용한다면 무슨 일이 일어날까?"

나도 궁금하다. 만약 우리가 고쳐지거나 실패하거나의 이분법이 과연 맞는지를 실험한다면 무슨 일이 벌어질지. 만약 우리가 우리의 좋고, 복잡하고, 엉망이고, 때로는 고통스러운 삶들이 성공적이라는 걸 우리 자신에게 알려준다면 어떻게 될까.

2017년에 생을 마감한 백인 퀴어 남부 펨 사진작가인 우리 친구 아만다 '아칸소 센 언니' 해리스의 장례식에서, 블리스는 직접 쓴 추도문 〈망가진 것들Broken Things〉을 낭독했다. 그 글에서 그녀는 '킨츠기'라는 일본식 도자기예술에 관해 이야기하는데, 킨츠기란 깨진 그릇에서 깨진 부분을 숨기기보다는 오히려 강조하고 찬미하기를 추구하는 방식으로 수선하는 공예 기법이다. 깨진 두 조각을 도로 붙인 이음매는 황금이나 다른 빛나는 원소가 섞인 광택제로 메워진다—이는 "대체의 철학이 아니라 경외, 숭배, 복원의 철학이다". 그녀는 말한다. "나에겐, 그 모든 것에 매우 펨다운 무언가가 있다. 꾸미기가 숭배의 형식이자 뭔가를 한데 묶는 형식이라는 생각. 우리의 균열, 우리의 상처 또한 아름다울 수 있다는 생각. (……) 치유하는 방법을 배우면서 우리는 또한 수선하는 방법을 배워왔다. 우리는 보이지 않기로 되어 있었던 무언가를 가져와 증폭하고, 과한 것으로 만들고, 그 위에 황금을 입힌다."[11]

나는 우리 늙은 쌍년들의, 여전히 여기 존재하는 삶들 전체에 황금을 입히고 싶다.

울고 웃는 나이 든 쌍년 생존자

젊은 생존자로서 나는 생존자들의 글을 엄청 많이 읽었다—유색인 페미니스트의 글, 포에트리 슬램, 도로시 앨리슨Dorothy Allison[12] 유의 글들. 그런 글을 읽으면서 알게 된 건 날것의 진실을 말하는 게 치유가 될 수 있다는 거였다. 도망치는 것도 치유가 될 수 있다. 누군가의 좆을 자르는 것도 치유가 될 수 있다(고맙게도 내가 스무 살 때 로레나 보빗Lorena Bobbitt이 뉴스에 나왔다).[13] 섹스도 치유가 될 수 있고, 고독도, 닫힌 문도 치유가 될 수 있다. 시간과 공간과 침묵도.

그다음에 무슨 일이 일어났는가에 대한 이야기는 많이 보지 못했다—한동안 치유를 위해 노력한 이후 장기적으로 생존자로 살아간다는 것은 어떤 모습일지에 관한 이야기 말이다.《아주 특별한 용기The Courage to Heal》[14]에서 본, 결국 나는 내가 겪은 강간에 대해 별로 생각하지 않는 정상적이고 괜찮은 가정주부나 사회복지사가 될 거라는 막연한 격려 말고는. 그렇게 되거나 자살하거나 두 가지 선택지만 있는 것 같았다.

중년이거나 더 나이 들어서도 행복하고 아직 삶이 끝나지 않은 펨 생존자들의 이야기와 사진들을 접했더라면, 그 사람들이 내게 큰 의미가 되었으리라고 생각한다. 예전보다는 트리거에 덜 눌리지만 여전히 파트너에게 쏘아붙일 때가 있고, 특정 방식으로 만지면 얼어붙고, 멋진 한 달을 보낸 다음에 공황발작의 한 주를 보내고 그다음엔 기분풀이 여행이라도 잠시 다녀와야 하는 사람들. 자기 나름대로 성공했지만 적어도 1년에 몇 번씩 정신건강이 심각하게 엉망진창으로 망가지는 사람들. 최고로 멋진 퀴어 가족을 선택했지만 또 완전히 예측 불가능한 방식으로 그 관계가 결딴나버린 사람들. 자신의 학대 경험과 관련해 모든 걸 다 알고 있다고 생각했지만 마흔두 살의 어느 날 잠에서 깨어나서는 **젠장, 아무래도 엄마가 우리 사촌언니도 학대한 것 같은데. 그 언니는 나랑 닮았고 엄마가 언니한테 '특별한 친밀감'도 가졌는데.** 이런 생각이 들거나, 또는 **내가 자유로워진 데 마냥 감사하지 않고 엄마가 없다는 사실에 몹시 화가 나고 슬프면 어떡하지?** 하는 생각이 드는 사람들. 매우 풍요로운 삶을 살아도 학대받은 기억은 결코 희미해지지 않는 사람들.

이런 이야기들이 아직 충분하지 않으니, 여기 내 이야기를 좀 풀어보겠다. 나는 마흔세 살이고 멋진 유색인 펨 파트너, 집세를 보태기 위해 방 한 칸을 스튜디오 공간으로 임대한 백인 장애인 퀴어 예술가 친구, 또 한 명의 룸메이트, 그리고 두 마리의 고양이와 함께 살고 있다. 우리 집은 큰 나무들과 블랙베리 덤불이 우거지고 비밀스러운 개울이 흐르는 시애틀 남쪽의 그린벨트 구역에 있다. 웬디스버거에서 10분 거리이기도 하다. 나는 내 파트너를 사랑한다. 그리고 파트너가 내게 준 생존자-유색인-펨 사랑은 내 마음과 내 보지와 내 삶을 바꾸어놓았다. 함께 산다는 건 놀랍도록 멋진 일이지만, 전혀 예상하지 못한 방식으로 엄청나게 힘들기도 했다ㅡ이 집으로 이사하고 나서, 이 세상에서 과거에 겪은 학대로 인한 그 모든 외상 후 스트레스 장애가 나를 후려쳤다. 그 모든 트리거를 헤쳐나가는 건 현실적인 일이다. 나는 친구들을 사랑한다. 그리고 공황발작으로 이틀 동안 몸져눕는다.

가끔은 이에 대해 아직도 깊은 수치심을 느끼지만 나아지려고 애쓰는 중이다. 나는 아직도 내가 '미쳤다'는 점과 낙인찍힌 (모녀 사이, 어린 시절의) 아동 성 학대 생존자라는 점 둘 다를 둘러싼 깊은 수치심을 풀어내고 있다. **풀어내고 있다**는 말의 의미는 한창 하루를 잘 보내다가도, 섹스를 협상하거나 워크숍을 진행하다가도 때때로 한 대 세게 얻어맞는 순간이 찾아온다는 뜻이다.

나는 내가 받은 학대에 대해 아직도 슬픔을 느낀다. 나는 엄마를 갖지 못한 걸 비통해한다. 그리고 나는 내가 그냥 이 좆같은 슬픔을 느끼게 놔둔다. 왜냐하면 그건 좆같이 슬픈 일이니까. 2년 전 어머니날 다음 날, 엄마가 없다는 비통함이 내 무릎을 꺾었다. 나는 오랫동안 쓰러진 자리에 머물렀고, 일정을 죄다 취소해버리고는 잠옷을 입고 일했고, 생각했던 것보다 며칠 더 오래 울었고, 그러는 게 싫었지만 선택의 여지가 없었다. 나는 슬픔이 거기에 있는 줄도 몰랐다.

내 행복은 엉망이다. 엉망 그 자체다. 나는 방어적일 수 있고 지독하게 고집이 셀 수 있다. 나는 틀릴 수도 있다. 나는 자제력을 완전히 잃을 수도 있다. 나는 얼어붙을 수도 있다. 몇 시간이고 자위할 수도 있고 침대 밖으로 나가지 못할 수도 있다. 나는 상을 탈 수도 있다. 나는 친구들을 위해 저녁 식사를 만든다. 나는 내가 겪은 강간에 대해 육체적으로 플래시백을 겪는다. 아직도. 나는 아직도 내 가족과 대화하는 것이 두렵고, 내가 자라난 동네를 방문하는 건 절대 태연하게 혹은 탈출 계획 없이 그냥 할 수 있는 일이 아니다. 나는 몇 달을 아주 즐겁게 보내고도 전선에 걸려 넘어져 바닥에 열린 문 아래로 빨려들어가서 몇 주를 보낸다. 때로는 깊은 정신적 고통을 경험한다. 때로는 상황이 변하기도 한다.

나에겐 도구가 많다. 아티반, 기도, 상담, 제단이 있고, 지갑 속에는 변증법적 행동 치료The Dialectical Behavior Therapy, DBT[15] 카드가 있고, 엄청나게 많은 팅크제와 온갖 광석들이 있다. 때로 나는 운전대를 잡았는데 여기가 어디인지 모를 때가 있다. 나는 프린스턴, 햄프셔, UC데이비스에서 공연한다. 나는 슈퍼 생존자나 슈퍼 장애인이 아니다. 나는 기뻐하고 슬퍼하고 분노하고 외로워하고 비통해하고 발견하는, 슈퍼 파워를 가진 불구 생존자다.

나는 고쳐지길 바라지 않는다. 만약 고쳐진다는 게 기억이 표백된다는 뜻이라면, 내가 이 생존의 기적을 통해 배워온 것들을 잊어버린다는 뜻이라면. 내가 생존자로 살아간다는 것은 개인적인 문제가 아니다. 나는 생존한 우리 모두의 영적 공동체를, 그리고 지식을 원한다. 나는 고쳐지길 바라지 않는다. 세상을 바꾸길 원한다. 나는 살아 있고, 깨어 있고, 슬퍼하고, 기쁨으로 가득 차길 원한다. 그리고 이미 그렇게 하고 있다.

1   [역주] 해나 해리스-수트로(Hannah Harris-Sutro)는 소마티스 치료사,
    타로 점술가, 작가, 퀴어 요가 강사이다. 홈페이지는 다음과 같다.
    www.bodywitchery.com

2   [역주] 세자르 차베스(Cesar Chavez)는 멕시코계 이민 3세인 미국의
    노동운동가로, 1962년 전국농장노동자협회(National Farm Workers
    Association, NFWA)를 공동 설립했다.

3   [역주] 네오스포린(Neosporin)은 미국에서 흔히 쓰이는 항균 연고의
    일종이다.

4   [역주] 타라나 버크(Tarana Burke)는 미국의 흑인 사회운동가로, 성폭력에
    취약한 10대 유색인 여성들이 자신의 피해 사실을 익명으로 드러낼 수 있도록
    지원하며 성적 학대와 폭력에 대한 사회적 인식을 높이기 위한 캠페인으로
    2006년 미투운동을 창시했다.

5   [역주] 의례적 학대(ritual abuse)는 체계적이고 장기간에 걸쳐 지속되는
    성적, 신체적, 심리적 학대로 보통 피해자들이 유아기일 때부터 일상적으로
    의례화된 학대를 반복하여 가함으로써 피해자들을 침묵시키는 유형의
    폭력이다. 주로 종교 단체나 생활 시설, 교육기관 등에서 자행되어왔다.

6   Andrea L. Roberts, Margaret Rosario, Heather L. Corliss, Karestan
    C. Koenen, and S. Bryn Austin, "Childhood Gender Nonconformity:
    A Risk Indicator for Childhood Abuse and Posttraumatic Stress
    in Youth," *American Academy of Pediatrics*, February 2012. http://
    pediatrics.aappublications.org/content/early/2012/02/15/peds.2011-1804

7   [역주] 흑인단속법(Black Codes)은 17세기부터 제정된 흑인 노예제도와 미국
    남북전쟁 이후 남부 지역을 중심으로 다수 제정된, 흑인 차별을 정당화한
    법률의 총칭이다.

8   [역주] 인디언법(Indian Act)은 1876년 제정된 캐나다 연방법으로,
    이누이트와 메티스 이외의 캐나다 선주민에 대한 등록제 및 보호구역 관리,
    토지 사용, 교육, 보건의료 등에 관한 규정을 담고 있다.

9   아동기 성적 학대에 관한 몇 가지 급진적 관점은 다음 단체들의 활동을
    살펴보라. 제너레이션파이브(Generation Five), 샌프란시스코만안지역
    변혁적정의집단(Bay Area Transformative Justice Collective),
    거울회고록(Mirror Memoirs).
    [역주] 제너레이션파이브 관련 자료는 transformharm.org/
    resource_author/generation-five를 참조하라. 샌프란시스코만안지역
    변혁적정의집단 홈페이지는 batjc.wordpress.com, 거울회고록 홈페이지는
    mirrormemoirs.com이다.

10 Eli Clare, "Feeling Broken," in *Brilliant Imperfection*, Durham, NC: Duke University Press, 2017, 159-160.
[역주] 우리는 이 인용문을 직접 번역했지만 이 책의 한국어판이 있으니 참조 바란다. 일라이 클레어, 《눈부시게 불완전한》, 하은빈 옮김, 동아시아, 2023.

11 Blyth Barnow, "Broken Things: A Eulogy," *Femminary*, February 27, 2017. https://femminary.com/2017/02/27/broken-things-a-eulogy

12 [역주] 도로시 앨리슨(Dorothy Allison)은 미국의 백인 레즈비언 펨 작가로, 계급투쟁, 성적 학대, 아동학대, 페미니즘, 레즈비언에 대한 글을 써왔다. 대표작으로 《캐롤라이나의 사생아》(신윤진 옮김, 이매진, 2014; *Bastard Out of Carolina*, New York, NY: Dutton, 1992)가 있다.

13 [역주] 결혼 이후 남편으로부터 오랫동안 성적 학대와 강간에 시달린 로레나 보빗이 1993년 남편 존 웨인 보빗의 성기를 절단한 사건을 지칭하며, 이 사건은 당시 대중의 관심을 끌었다. 아내는 심신미약과 일시적 정신착란에 의한 정당방위로 무죄를 선고받았지만, 남편 또한 강간이 아니라 합의에 의한 부부 간 성행위였음을 주장하여 무죄판결을 받았다. 1995년 이혼한 로레나는 가정폭력 피해자와 자녀를 위한 재단을 설립했다.

14 [역주] Ellen Bass & Laura Davis, *The Courage to Heal: A Guide for Women Survivors of Child Sexual Abuse*, New York, NY: Perennial Library, 1988(엘렌 베스·로라 데이비스, 《아주 특별한 용기: 성폭력 생존자들을 위한 영혼의 치유》, 이경미 옮김, 동녘, 2000). 2008년에 20주년 개정판이 미국에서 나왔고 같은 번역자, 같은 출판사, 같은 제목으로 2012년에 개정판의 한국어판이 나왔다.

15 [역주] 변증법적 행동 치료(The Dialectical Behavior Therapy, DBT)는 경계선 성격장애(borderline personality disorder, BPD)를 치료하기 위해 미국의 심리학자 마샤 리네한(Marsha M. Linehan)이 1994년 개발한 다면적 치료 프로그램으로, 현재는 자살경향성, 자해, 약물 남용, 우울증, 외상 후 스트레스 장애, 섭식장애, 성 학대 생존자 치료에도 사용되고 있다.

19장

불구 계보, 불구 미래

스테이시 밀번과의 대화

리아: 스테이시, 당신이 페이스북에 올렸던 불구 둘라 실천crip doulaing[1]에 대한 글 기억하나요? 그거 보고 짜릿했어요. 당신은 장애 문화/공동체를 낳는 일이나 다른 종류의 장애 등등에 관해 멘토가 되어주고 조력자가 되어주는 불구들에 관한 이 완전히 새로운 언어를, 우리가 이미 항상 하고 있지만 비장애중심적 세계에선 설명할 언어가 없는 무언가로 상정했어요. 이에 대해 더 얘기해줄래요?

스테이시: 고마워요, 리아. 저는 스스로를 장애인으로(혹은 더욱더 장애인으로) 재탄생시키는 사람들을 돕기 위해 많은 유색인 장애인들이 엄청나게 많은 일을 하는 모습을 봅니다. 여기엔 많은 것들이 있을 거예요—아마도 약을 처방받는 방법, 휠체어를 타는 방법, 활동보조인을 고용하는 방법, 식단을 변경하는 방법, 데이트하는 방법, 섹스하는 방법, 필요한 걸 요청하는 방법, 의사소통 수단이나 언어를 전환하는 방법, 지적장애와 더불어 사는 방법, 약을 끊는 방법 등등을 배우는 것과 같은 일들이요. 장애인이 되거나 비장애 정도의 스펙트럼을 따라 옮겨가는 이행 그 자체는 종종 비가시화되곤 해요. 이런 변화들을 부를 이름조차 없을 정도로요. 우리에겐 장애인 되기나 손상이 더 심해지는 것에 관해 이야기할 방법이 없어요. 저는 사회에 이런 이행을 묘사할 언어도, 그 이행에 필요한 지원도 없다는 게 바로 장애가 있는 사람들이 삶에서 직면하는 비장애중심주의와 고립에 대해 말해주는 것 같다고 느껴요. 물론 이를 설명하기 위한 말이 아직은 없죠. 불구 개입이 없으면 우리는 종종 우리의 심신 안에 그리고 이 비장애 중심

적 세계 안에 어떻게 존재해야 할지를 홀로 남아서 알아내야
합니다.

가장 훌륭한 불구 멘토십/코칭/모델링은 '장애 둘라십disability
doulaship'이에요. 우리 ─ 당신과 나 ─ 는 둘라입니다. 저는 자신
의 여정을 지나면서 저를 믿어주고 저에게 자신을 도울 영광
을 베풀어준 모든 사람에게 감사해요. 그리고 같은 방식으로
저를 도왔던 모든 사람에게 감사해요. 저의 생존과 회복탄력
성은 거기에 의존해왔어요.

리아: 맞아요, 맞아요. 그리고 장애 정체성으로 들어오는 걸 죽음
이 아니라 탄생으로 보는 건 정말 거대한 패러다임 전환이죠.
비장애 중심적 문화에선 그 이행(들)이 죽음으로 여겨지는데,
그 이행을 시간이 흐르면서 우리 심신이 불구의, 신경다양성
의, 농인의, 아픈 사람의 정체성으로 진화해가는 일련의 탄
생으로 바라보는 것이니까요. 즉, 장애인이 되어가면서 거치
는 삶의 단계와 의례들이 있다는 점, 이런 장애가 있는 심신
이 다친 상태로 고정된 게 아니라 그 자체로 창조적이고 진화
하는 전략들이라는 점을 명명하는 것이죠. 장애를 우리가 태
어나는 공간으로, 특히 혼자서가 아니라 다른 장애인들에게
지지받고 환영받으면서 태어나는 공간으로 명명하는 것, 그
다음에 우리가 새로운 장애를 획득하거나 그동안 계속 존재
해온 것들을 부를 단어를 발견할 때마다 몇 번이고 다시 명명
하는 것이 바로 패러다임 전환인 거죠. 그렇게 따뜻한 조력을
받아 탄생한 공간은 개개인이 장애를 경험할 수 있는 방식 전
체를 바꿀 뿐만 아니라 장애 공동체가 형성될 수 있는 방식들

가장 느린 정의

까지도 변화시키는 그릇을 창조해냅니다.

그리고 불구 둘라 실천은 사람과 사람 사이에 일어나는 역학이자, 동시에 새로운 장애정의 공간을 창출하는 역학입니다. 제가 그런 역학을 느꼈던 순간이 언제였냐면, 와 진짜, 이제는 저 자신을 정말로 정치화된 장애 공동체의 일원으로 느낄 수 있지만, 2007년 즈음이었나 그때는 제가 아프고 장애가 있는 퀴어-트랜스-흑인-선주민-유색인 공동체를 막 찾기 시작한 때였거든요. 아마 2008년이었던가? 그쯤이었어요. 10년이 지난 지금, 저는 아프고 장애가 있는 퀴어-트랜스-흑인-선주민-유색인 젊은 세대를 봅니다. 그들은 사회정의 이슈이자 삶의 이슈로서 비장애중심주의에 대해 말하는 걸 덜 힘겨워하는 것 같고, 동시에 보고 있으면 짜릿해지는 새로운 문화적 공간들을 창출하고 있어요. 얼마 전 저는 몇몇 아프고 장애가 있는 유색인 펨들이 오클랜드에 있는 어느 집에서 BDSM파티를 연다면서 접근성 관련 안내를 상세히 적어놓은 온라인 게시물을 봤어요. 그들은 트라우마, 동의, 장애 정치, 비장애중심주의에 대해 논의하는 것이 일반적인 일로 여겨지는 성적 문화를 창출하려 노력 중이에요. 비록 완벽하진 않아도, 그리고 접근 가능한 공간을 찾기 어렵게 하는 폭력적인 젠트리피케이션 부동산시장에 맞서 분투하고 있긴 해도요. 그곳들에 직접 찾아가본 적은 아직 없지만, 이런 문화는 제가 경험한 퀴어 성문화보다 몇 광년은 앞서 있는 것 같아요! (저는 접근할 수 없는 게 너무도 많았거든요. 휠체어 접근성도 없었고, 농인 접근성도 없었고, 향기 문제도 접근성이 고려되지 않았어요. 또 사람들이 섹스를 하는 걸 떠올릴 때, 섹스하는 방법을 생각할 때 장애인은 아예 거기 끼지도 못했어요.) 그리고 저는요, 우리가 조직했던 둘라 실천이 있었기에, 우리가 이야기하고 지지하고 함께 어울려 시간을 보내고 글을 쓰고 또 공유했기 때문에 이런 게 가능했다고 생각해요. 또 QWOCMAP(유색인 퀴어 미디어 접근 프로젝트Queer Women of Color Media Access Project의 약자로, 매년 샌프란시스코 만안 지역에서 열리는 유색인 퀴어 여성 영화제)가 그 아름답고 따뜻한 홍보물에 무향으로 참석해달라고 적어놓은 걸 볼 때요. 이 영화제를 이끄는 사람들은 노동계급 흑인, 아시아인, 중년, 일부 장애인이고, 그 홍보물에선 그런 요청을 기본적으로 집단적 사랑과 지지에 관한 일로 여기고 있어요. 저는 그런 것들이 얼마나 서로를 사랑하고 지지하는 우리의 관계들로부터 온 것인지를 생각해요. 하지만 와 멋지다, 하면서도 동시에 또 이런 생각이 들어요. 이 모든 조직화의 역사가 1~2년 안에 잊히는 건 아닐까? 왜냐하면 그게 불구 역사에서 늘 일어나는 일이니까. 특히 노동계급 흑인, 선주민, 브라운, 아프고 장애가 있는 펨들의 풀뿌리 조직화 역사에서 일어나는 일이기 때문이죠. 이런 조직화는 비장애인 유색인 또는 백인 불구의 세계에서는 레이더망에 잡히지도 않고, 연구되지도 주목받지도 않아요. 그럼 우리는 그런 일이 일어나는 걸 어떻게 막을 수 있을까요? 우리의 계보는 무엇인가요? 백인 장애인 역사에서는 잘 거론되지 않는 경우가 많은, 우리보다 먼저 온, 우리가 불러내는 불구들은 누구이고 그런 불구 공간은 무엇인가요?

스테이시: 제 경우에 장애인 퀴어-트랜스-흑인-선주민-유색인으로 살면서 가장 힘들었던 경험 중 하나는, 우리의 존재가 거의 눈에 보이지도 않고 우리가 존재한다는 인식도 별로 없다는 점, 그리고 우리가 누구이고 어디서 왔는지를 알아내는 일을 우리가 홀로 남아서 알아내야 한다는 점이었어요. 자신을 포함한 계보를 이해하고 창출하려는 그런 투쟁을 꼭 유색인 장애인이나 퀴어들만 하는 건 아니지만, 그래도 어려운 일이에요. 우리에게 주어진 그리고 우리가 선택한 가족 서사들 속에 우리 자신과 비슷한 사람이 없을 수도 있어요. 아무도 수화를 쓰지 않는 청인 가족에서 자라난 농인들의 이야기는 너무도 많죠. 아니면 제 이야기를 해볼게요. 저는 직계가족에서 유일한 장애인이었어요. 그들은 저를 사랑했지만, 치유가 필요하거나 상황을 혼자서 '극복할' 정신력이 필요한 망가진 상태로 장애를 보는 틀 바깥에서 제 삶을 개념화할 도구를 갖진 못했죠. 2, 3세대가 장애인인 가족에 관한 얘기를 들으면, 예를 들어 왜소증이나 골형성부전증과 더불어 살거나 그런 장애가 있는 아이들을 자랑스럽게 키우고 있는 몇 안 되는 친구들의 이야기를 들으면 제 마음은 벅차게 부풀어올라요.

저는 제 자신과 내 사람들을 찾기 위한 발굴 작업에 평생을 쓴 것 같아요, 능동적으로든 수동적으로든. 근데 사실 거의 언제나 실질적으로 보여줄 성과는 많지 않아요. 장애정의에 관한 시와 사랑하는 불구 퀴어들과의 관계뿐이죠.

만약 당신이 저처럼 휠체어 사용자라면, 특히 유색인에 여성이고 젠더의 경계 지대를 통과하는 퀴어라면, 누가 당신을 재현한 인물로 여겨질까요? 프랭클린 루스벨트? 아니면 〈글리 Glee〉[2]에 나온 아이? 역사는 우리 삶을 기록할 만하다고 여기 지 않거나 우리 이야기를 전할 만하다고 여기지 않기가 일쑤 였어요. 우리 삶이 가치 있는 것으로 여겨진 경우 그 서사들 은 우리와 닮지 않았고, 우연히 기적적으로 어떤 서사들이 우 리와 닮아 보일 때는 온통 비장애중심주의투성이라서 손상 이 있는 당사자가 자기 삶에 대해 느끼는 방식과 그 이야기를 기록한 사람이 그 당사자에게 투사한 비장애중심주의를 구 분해내기가 어려워요.

우리가 같은 시대를 살고 있을 때조차 서로를 찾아 나서는 건 곧잘 위험한 일이 되곤 합니다. 장애인들은 일상적으로 너무 도 많은 폭력을 직면하고 있어요. 손상을 갖고 있다고 시인 하는 건 흔히 양육권을 잃거나 신체적 자율성, 일자리, 또는 그 이상을 잃는 결과로 이어질 수 있고요. 흑인 퀴어 장애인 활동가인 제 친구들 모야 베일리Moya Bailey와 인디아 하빌India Harville을 비롯해 많은 사람들은, 흑인 공동체가 불구 정체성에 공감하고 장애에 열린 태도를 보일 수도 아닐 수도 있는 방 식에 정복과 노예제의 폭력적인 역사가 미친 영향을 이해하 기 위해 많은 노력을 쏟아왔습니다. 특히 너무도 자주 고립과 폭력, 죽음을 초래해온 비장애중심주의 체계 안에서 장애 정 체성이 한 사람에게 "노동과의 관계에서 취약해진다는 걸 인 정"할 것(베일리의 표현)을 요구하는 경우에 말이죠.

동시에 우리는 장애인들이 처음부터 생존하고, 저항하고, 공 동체를 이끌어왔다는 걸 알고 있어요. 우리는 시간을 가로지르고 비행기를 타고 넘나들며 우리 자신을 찾는 이 작업을 합니다 — 장애 아동들이 숙제를 끝내도록 도운 다음 잡지에 휘갈겨 쓴 편지를 서로에게 보내고, 설거지를 하면서 조상들을 불러내고, 문자메시지와 온라인 그룹을 통해 삶의 우스꽝스러움을 웃어넘기고, 우리의 경험을 사진과 짧은 온라인 게시글로 기록하는 등등의 일을 하면서요. 리아, 당신은 급진적인 유색인 여성 조상들이 자신들이 마주한 그 모든 내면화된 비장애중심주의는 그대로 둔 채로 우리 권리를 주장한 건 아닐지 생각해보는 글을 썼죠. 정말 알기 어려운 문제죠. 저는 종종 이런 게 궁금해요. 만약 장애정의 활동가들이 30년, 40년, 50년 전으로 시간 여행을 가서 컴바히강집단Combahee River Collective[3]이 형성되던 시대나 《내 등이라 불린 다리》가 쓰인 시대에 비장애중심주의에 반대하는 인식틀을 공유한다면, 우리는 어떤 이야기를 나누게 될까. 우리는 그들과 식탁에 앉아 어떤 대화를 나눌까요? 저는 장애를 기능적으로 창출하는 체계적 억압 환경에서 살아가는 것에 대한 우리의 분석이, 교차성과 억압에 대한 그들의 이해와 공명할 거라고 생각해요. 또한 장애에 대해 열려 있는 태도라든지 심지어 어떤 사람들이 자신의 장애 정체성에 자긍심을 갖는 태도는 그들에게 전해지지 않을지도 모른다고 상상하기도 해요. 이해할 수 있을 거 같은 게, 우리가 그런 개념들을 구축하는 데는 그들의 작업이 필요했으니까요.

저의 계보는 복잡합니다. 그 계보엔 이제는 떠나보낸 친구들, 정치적으로 많은 걸 공유하진 않았지만 지금 제가 살고 있는 삶을 너무도 살고 싶어 했고 제가 늘 기리는 장애인 친구들도 포함됩니다. 아직 다 알지는 못하는 한국인 조상들도 포함되고요. 해리엇 맥브라이드 존슨Harriet McBryde Johnson[4]과 로라 허시 같은 일부 백인 장애 여성들도 포함돼요. 그들의 유산 모두가 중요하고 저의 일부를 이룹니다.

리아: 젊은 비장애인들은 항상 이래요. **우리의 나이 든 퀴어들은 어디 있지?** 하지만 우리가 보통 어디에 있는지─일찍 잠자리에 들고 너무 비싸지 않은 곳이죠─, 그런 곳으로 가면서 무엇을 얻고 또 무엇을 잃는지가 제겐 꽤나 분명해요. 신경다양인인 저의 뇌와 느린 몸은 어떤 종류의 접근 가능한 퀴어-트랜스-흑인-선주민-유색인 시골 공동체를 정말로 원하지만, 제가 공연자로서 끊임없이 현장에 있지 않으면 얼마나 빨리 잊힐지 정말로 무섭기도 해요.

우리는 스스로에게 질문해보아야 해요. 장애인 퀴어-트랜스-흑인-선주민-유색인이 노년기를 잘 지내게 해줄 조건들은 무엇일까요? 제겐 접근 가능한 공동체 공간을 창출하는 것도 그런 조건 중 하나예요. 오클랜드로 처음 이주했을 때 몇몇 인기 있는 유색인 퀴어 여성 댄스파티들이 오후에 열리는 걸 보고 놀랐어요. 오후 2시부터 8시까지 열리는 흑인과 라틴계를 위한 퀴어 공간들이었는데, 공짜(혹은 5달러) 바비큐를 제공했고 앉을 자리도 많았어요. 접근성 높은 공간들이었죠. 접근성이란 단어를 아무도 사용하지 않았는데도, 저도 가서 춤추는 게 가능한 곳들이었어요. 거기 있는 동안 50, 60대 여성들을 봤어요─그들이 그렇게 춤을 추고 어울려 놀면서 유색인 퀴어 여성들의 사회적 세계에 속해 있을 수 있는 모습을 요. 우리가 퀴어 트랜스 흑인 브라운 장애인으로서 스스로를 정말로 가치 있게 여길 때, 우리의 공간들이 어떻게 보일지도 변화해갑니다─하지만 제가 경험해온 이런 일들은 우리가 그런 변화를 이미 만들고 있었다는 걸 입증해줘요! 우리는 서로를 잊지 않으려고 애쓰는 방법을 알고 있어요.

제 삶엔 나이 든 장애인 퀴어-트랜스-흑인-선주민-유색인들이 있기도 하고 없기도 해요. 세상을 떠난 사람들이 있고, 나이 든 사람들은 별로 없죠. 노년기는 그냥 찾아오는 상태가 아니에요. 장애인 퀴어-트랜스-흑인-선주민-유색인의 노년기는 이 시기가 존재하도록 지지해주는 체계들에 의존합니다─적당한 집세, 젠트리피케이션이 없는 동네, 접근 가능한 사회적 공간들, 대기자 명단이 10년 치나 밀려 있지는 않은 '섹션 8Section 8'[5] 또는 공공주택의 존재, 연 소득 보장, 접근 가능한 일자리. 이런 것들의 존재 여부는 우리가 나이 들며 살아갈 가능성에 영향을 미칩니다.

제가 마흔 살이 된 이후로 지난 몇 년 사이, 저보다 어린 장애인 퀴어-트랜스-흑인-선주민-유색인들이 저를 '연장자'라고 부르기 시작했어요. 그들이 저를 존경스럽고 뭔가 배울 만한 사람으로 보는 건 영광이지만, 조금 절망적인 느낌이 들기도 해요. 그들이 저를 연장자로 부르는 이유 중 하나가 그들이 아는 사람 중 가장 나이가 많은 장애인 퀴어-트랜스-흑인-선주민-유색인이기 때문이란 걸 알거든요.

아프고 장애가 있고 미쳤고 신경다양인이면서 나이 든 사람

중 많은 이들이 나이가 정말로 많이 들 때까지 살진 못합니다. 때로 그 이유는 장애가 진행되기 때문이지만, 체계적 억압 때문이기도 해요. 제가 아는 아프고 장애가 있는 퀴어-트랜스-흑인-선주민-유색인 연장자 중 너무도 많은 이들이 트레일러하우스 주차장이나 모텔에서 살고 있거나 형편없는 가족에게로 되돌아갔어요. 더 나은 선택지가 없었거든요. 자기 계급과 자기가 살던 곳에서 미끄러져나갈 때, 그런 사람들은 젊고 힙한 퀴어들에게 정말로 굉장히 빠르게, 정말로 비가시화됩니다.

제가 아는 다른 연장자들은 더 많은 선택지를 갖고 있었음에도 나이가 들어가면서 세상을 떠났어요. 나이가 들어도 접근성이 열악한 상황은 좀처럼 나아지지 않으니까요. 20~30대 때 우리는 글을 쓰고 조직하고 비장애 중심적 공간에 비집고 들어가면서, 우리가 비장애인들의 눈에 띄도록, 그들이 우리를 신경쓰도록 억지로 우리 자신을 드러내려 했던 것 같아요. 근데 마흔이 넘어서면서 우리는 이렇게 됩니다. 좆까라 그래. 우리는 지쳤고 더 이상은 같은 방식으로 우리 자신을 밀어붙일 수 없어요. 20년의 투쟁으로 우리는 마음이 부서졌고 아주, 아주 지쳐버렸어요—1980년대 후반부터 해왔던 그 '접근의 기초' 얘기를 지금도 계속하고 있는 건 정말 엿 같은 일이거든요. 우리 친구들은 죽었고, 우리 동네는 젠트리피케이션에 잡아먹혔고, 클럽에는 저 늙은 여자/호모/부치가 누군지 전혀 모르는 스물두 살짜리들뿐이죠. 우리의 심신은 자본주의에 결코 들어맞지 않는데, 나이 들수록 그 어긋남은 더 커집니다.

**우리가 묘사하고 싶은, 우리 자신이 탄생하는 순간에는 어떤
것들이 있을까요?**

스테이시: 조라 닐 허스턴Zora Neale Hurston[6]이 이런 말을 했어요. 질문
하는 시기가 있고 답을 하는 시기가 있다고. 솔직히 말해서,
저는 지금 완전히 무너진 시기를 살고 있어요. 나날이 통증이
한층 더 심해지고 진행성 신경운동계 장애의 진행 속도가 급
격히 빨라져서 힘든 시간을 보내는 중이에요. 제겐 항상 진행
성 장애가 있던 터라 생활 방식에서의 커다란 변화(예를 들면,
6학년에 보행을 덜 하게 된다든지, 10학년에 전동휠체어 사용자가 된
다든지, 12학년에 기관절개술을 받는다든지)에 제 자신을 적응시
키려면 뭐가 필요한지를 알아요. 하지만 변화는 여전히 힘들
고 고통스럽고, 이번에는 더 힘들어요. 평생 동안 피해온 그
모든 가장자리에 그 어느 때보다도 가까이 가 있는 순간들이
있더라고요─비통함의 가장자리, 자긍심의 가장자리, 제가
절대 하지 않을 거라 생각했던 것들의 가장자리, 수치심의 가
장자리. 그리고 전 어쩐지 여전히 그 벼랑 끝에 매달려 있고,
때로는 거기서 춤을 추고 있는 것 같기도 해요. 지난주 병원
침대에서 혼자 울고 있었을 때처럼요. 제 경험에 공감하지도
않는 성직자들과 신세 한탄 잔치를 벌이는 대신, 성령이 저를
찾아왔고 저는 제가 들어야 할 말들을 스스로에게 직접 해주
었습니다. 아니면 또 지난주에, 중환자실에서 퇴원해 혼자 있
는 게 두려웠던 때와 같은 순간들 말예요─불안을 품고 겁에

질려 있는 대신 사람들에게 그 진실(나 너무 무서워)을 말하고, 곁에 와서 앉아 있어달라고, 또는 와서 자고 가달라고 말하는 저를 발견했거든요. 병원에서 나오고 처음 84시간 동안은 온종일 공백 없이 지원을 받았어요. 제가 짐이라는 감각은 여전히 목구멍에서 불타고 있지만, 그 순간 긴급하게 필요한 것이 늘 이깁니다. 불구 실용성만큼 더 불구 같은 게 없죠. 저는 눈사태를 타고 내려가고 있는데 어딘가 들이받고 멈출 때까진 일이 어떻게 될지 알 수 없어요. 그래서 지원이 필요해요. 많은 지원이.

지원을 받아도 괜찮다는 걸 배우고 자신을 연민하는 법을 배우고 있는 것과 마찬가지로, 슬픔에 잠겨 있어도 된다는 걸 배우는 중이에요. 저는 제가 낮은 곳으로 가게 놔두고 있어요. 거기에 머물 시간적 틈을 주고, 그다음에 저를 꺼내주러 갑니다. 또 저는 제게 현실에서 벗어나 쉴 기회를 줍니다. 등장인물들이 자기 모습을 변화시키거나 아바타를 경유해 자기 몸을 떠나는 얘기가 나오는 판타지 영화를 보면서 많은 시간을 보내요. 그런 영화들을 보고 또 봐요. 제가 좋아하는 게 그런 거여도 괜찮아요. 우리 같은 심신은 우리에게 많은 것을 요구하죠. 우리는 불완전할 수가 있고, 우리는 우리를 거쳐가는 쓰레기 같은 것들을 감당할 수 있어요. 저는 이 삶에서 어떤 것이든 도움을 받을 수 있다는 점에 감사해요.

다시 태어난 저는 항상 새로운 우선순위를 갖고 있어요. 저는 그 우선순위가 인도하는 대로 따라갑니다. 이번엔 시간과 건강이 허락하는 한 장애가 있는 제 연인과 더불어 삶을 살아가려고요. 그리고 전에는 하지 못했던 방식으로 제가 우리 공동체와 우리 사람들에게 쓸모 있을지도 모를 이 경험을 통해 성령이 나를 변화시키게 두려고요. 다른 모든 건 그런 것들을 중심으로 이루어져요. 고통과 상실은 뚜렷해지고, 정제됩니다. 때때로 불구 삶은 아주 명료해요. 저는 이 세상에서 제가 어떻게 살고 싶은지를 알고 있어요. 저는 여기에 존재하기 위해 싸웁니다.

당신은 어떻게 불구 조상들을 찾았나요? 당신의 조상들은 장애와 비장애중심주의에 대해 당신과 똑같이 느끼나요? 당신은 그들로부터 무엇을 배웠나요? 당신은 그들에게 무엇을 가르치고 있나요?

리아: 저는 그들을 우연히 만났어요. 그들을 발굴했죠. 그들을 찾기 위해 투쟁했어요. 그들을 꿈꿨고요. 다른 이들도 그들을 공유했죠. 저는 그들을 기억했어요. 마치, 아, 제가 열여덟 살 때 제 엄마가 되어주었던 한 여자분을 기억하듯이요. 이 이야기는 장애 이야기인데 왜냐하면 우리는 서로에게 조언을 해주는 두 명의 미친 펨이었거든요. 저는 이런 질문들에 대해 생각해요. 마샤 P. 존슨과 실비아 리베라가 둘 다 만성적으로 아팠고 트라우마 생존자였고 미친 유색인 트랜스 여성이었고 성노동 조직활동가였으니까 그들이 우리의 불구 조상이라고 주장하는 건 어떤 의미일까 하는 질문이요. 그러면 우리가 광기를 힘으로, 또 흑인과 브라운 트랜스 여성들의 찬란한 정신장애인 정치 활동으로 이해하는 방식에 어떤 새로운 길

이 펼쳐지게 될까요?

제 자신의 계보에서는, 저는 몇 년 동안 항상 제가 스물두 살에 우리 가족 중 처음으로 장애인이 되었다고 말했지만, 좀 더 나이 들면서는 회백척수염과 더불어 살았던 엄마의 이야기가 떠올랐어요. 그건 묻혀 있으면서도 격렬하게 현존하는 이야기였는데, 왜냐하면 엄마는 살아남기 위해 자신의 장애를 벽장 속에 숨겼지만 그 고통과 신체적 차이는 우리 집을 꽉 채우고 있었거든요. 우리가 장애 이야기를 시작할 때면, 그 이야기들이 우리 삶의 모든 실타래에 엮여 있다는 걸 너무도 자주 깨닫게 됩니다.

이 조상들이 장애와 비장애중심주의에 대해 저와 똑같은 방식으로 느낄지는 잘 모르겠어요. 전 모르죠. 아마 아닐 것 같아요! 그들은 어떤 악질적인 비장애중심주의와 고립을 내면화하고 있었을 것 같아요. 아니면 아마 그들도 제가 생각하는 것과 똑같은 것들을 다 생각했지만 전해지거나 기록되지 않은 것일 수도 있어요. 그걸 말할 사람이 없었거나, 그들을 돌보는 사람 중 누구도 그 얘길 들어주지 않았겠죠. 어쩌면 그들은 꼭 내면화된 비장애중심주의만은 아닌, 저와는 근본적으로 다른 방식으로 장애를 경험했을지도 모릅니다. 알 수 없죠. 떠오르는 대로 얘기해보는 거예요. 저는 우리의 장애인 조상을 찾아 거슬러올라가는 일이 정치적인 일이라고 믿어요. 저는 누가 장애인이고 그들의 유산이 장애정의 공간으로서 무엇을 뜻하는지에 대해 언제나 알지는 못하는 공백 속에, 그 기도의 공간에 앉아 있는 게 맞다고 생각해요. 저는 우리가 지식을 앞으로 뒤로, 그 너머의 또 너머로 전달하고 있는 것 같아요. 산 자보다 죽은 자와 더 가까운 것도 또 다른 종류의 불구 관계예요. 저는 제가 제 삶에서 분명하게 드러내고 있는 가능성들을, 죽은 자들이 그들 삶에서 구현할 수 있었거나 또는 그럴 수 없었던 가능성들로 생각해요. 하지만 어느쪽이든 그들이 없었다면 저는 여기 있지 못했을 거예요. 그들 불구 흑인 브라운의 퀴어함은 우리가 그걸 이야기하고 기억하기 때문에 살아 숨 쉬게 됩니다.

그리고 궁금해요. 살해당했거나 일찍 죽은 우리 사람들 모두를 비롯해 이렇게 넘쳐나게 많은 조상들도 우리 불구 자산의 일부일까요? 우리는 우리 고인들을 애도하고, 우리 자신도 고인이 되지만, 우리 고인들이 또한 무기이자 자원, 종자 은행이 될 수도 있는 걸까요?

불구 미래성crip futurity에 대한 생각도 많이 해요. 우리를 제거해야 하는 개인적이고 의료적인 결함이라고 말하는 세상에서, 우리에게 과거와 계보와 문화가 있다고 분명히 표현하는 건 급진적인 일입니다. **그리고** 같은 이유로, 아프고 장애가 있는 사람들, 농인, 신경다양인, 그리고 미친 퀴어/트랜스/흑인/브라운인 사람들에 의한 그리고 이들을 위한 해방된 미래를 꿈꾸는 것 또한 급진적인 일이고요. 비장애중심주의는 우리를 기근 상태에 몰아넣는데, 이 말은 우리가 그저 하루라도 더 생존하기 위해―보호책이 부족하거나 제거되었거나 혹은 둘 다라서 생매장당하지 않으려고―싸우고 있다고 느끼는 경우가 많다는 뜻이에요. 그래서 장애정의의 혁명적인 미래가 무엇일지를 상상하는 건 **엄청나게 거대한** 일이에요. 특히 바로 지금, 우리 중 너무도 많은 이들이 한창 '자, 이제 파시즘이 시작됐고 저들은 불구들한테 먼저 쳐들어올 거고 비장애인들은 아무도 그걸 알아채지 못할 거야'라고 생각하며 고통받고 있을 때 말예요. 환자보호 및 부담적정보험법과 미국장애인차별금지법이 폐지되지 않도록, 시설에 갇히지 않도록, 기본권을 보장받기 위해 싸우는 건 종종 그 반작용으로 우리를 공황에 빠지고 겁에 질리고 얼어붙게 합니다. 이 모든 게 우리가 무엇을 반대하는가뿐만 아니라 무엇을 지향하는가를 상상하기 어렵게 만들죠. **하지만** 지금이 바로 급진적인 장애정의 미래를 상상하는 일이 가장 중요해지는 시점입니다.

당신의 영적인 삶에서 장애정의는 어떤 요소로 작동하나요? 그리고 그게 당신의 계보와 어떻게 연결되나요?

리아: 저는 기독교인이길 그만둔 사람들의 아이로 자랐어요. 양쪽 가족 다 개종을 강요당했고 기독교 공간 안에서 많은 폭력을 직면했거든요. 그들은 기독교를 떠났지만 그들이 알던 기독교로부터 여전히 많은 상처를 안고 있었고, 저는 뭔가 다른 걸 원했어요. 생존자 아이로서, 저는 숲으로 도망쳐 달과 대화하면서 위로받고 영적인 것과 연결된다고 느꼈어요. 나이가 들면서는 도서관에 있는 마법 숭배wicca에 대한 책들부터 다른 퀴어-트랜스-흑인-선주민-유색인 친구들까지 다양한 전승 경로를 통해 지구에 기반하고 조상들을 사랑하는 영성에 대해 많이 배웠어요.[7] 그 친구들은 자기 조상들에 대해, 그

리고 남아시아인으로서 카스트제도나 가부장제, 힌두교 민족주의 없이 우리의 영적 전통과 다시 연결되려고 노력하는 방법들에 관해 이야기해줬어요.

그래서 저는 제단에 불구 조상들을 모셔놓고 그들을 위해, 그리고 그들에게 기도합니다. 그들에게 도와달라고 요청합니다. 글 쓸 때 영감을 달라고 요청하고, 올바른 관계를 맺도록, 공동체 안의 문제나 갈등에 대처하도록, 생존하도록, 의료-산업복합체와 관련되어야만 하는 상황에 대처하도록 도와달라고 요청합니다. 지금 그 제단에 올라간 사람들에는 바바 이브라힘 파라자제, 레슬리 파인버그, 타우레 데이비스, 갈바리노, 글로리아 안잘두아, 프리다 칼로, 오드르 로드, 엠마 데번쾨르Emma Deboncoeur[8]가 있어요. 그들은 우리가 여기에 있고 계속 있어왔으며 복잡한 방식으로 영웅적이었음을, 그리고 우리가 말도 안 되는 상황에서 살아남았고 말도 안 되는 일들을 해왔다는 것을, 복잡한 질문들에 대처해왔고 항상 그 모든 답을 찾았던 건 아니라는 사실을 상기시켜줍니다. 그들은 제가 어딘가로부터 온 존재임을, 우리가 장애정의운동을 하는 첫 번째 사람들은 아니라는 것을, 그리고 우리가 불완전한 사람들로서 의미 있는 일을 할 수 있다는 걸 상기시켜줍니다. 사회정의운동 공간에 있는 사람들은 조상들을 성인聖人으로 추앙하는 경우가 너무도 많은데 저는 이런 경향에 저항하는 게 중요하다고 생각해요. 장애인 조상들의 불구에 관한 생각들로 계보를 잇기. 왜냐하면 완벽함이라는 개념은 비장애중심주의적이고 우리는 당연히 '완벽'하지 않으니까요! 그리고 우리는 여전히 가치 있어요.

스테이시: 저는 미국 남부에서 복음주의 기독교인으로 자랐어요. 아주 진이 빠졌죠…… 부모님은 캐롤라이나에 있는 모든 치유 서비스에 저를 데려갔어요(텔레비전 전도사 베니 힌Benny Hinn의 영상 중에 제가 나오는 것들도 있답니다). 저는 주일학교 교사로도 일했고, 학교에서 기도 행사를 조직할 정도로 완전 범생이였어요. 제가 장애인이라서, 그리고 이후에는 퀴어라서 하느님에게 사랑받지 못하고 망가진 사람이라는 말을 듣는 건 자아 감각에 정말로 커다란 영향을 미쳤죠. 어떤 사람들은 진짜로 엄마가 저지른 원죄 같은 것 때문에 제가 장애인이 된 게 틀림없다고 생각했어요. 교회에서 절 괴롭히던 애들이 제가 "충분한 신앙심이 없었기 때문에" 하느님으로부터 치유받지 못한 거라고 말했을 때, 저는 부모님과 같은 종류의 기독교인으로 살길 그만뒀어요. 그때가 열세 살이었어요.

저는 제 신앙을 위해 많은 노력을 해왔고 놀랍게도 하느님을 믿는 길로 되돌아왔어요. 제게 신앙은 회복탄력성 연습에서 커다란 부분을 차지하는데, 그게 제가 가진 많은 질문에 답해주기 때문이에요. 저는 장애인들이 우리 자신 그대로 완벽하다는 걸 알아요. 왜냐하면 저는 꽃을 만들고 쥐와 개와 별을 만든 그 똑같은 손에 의해 우리가 만들어졌음을 알고, 모든 게 그 자체로 완벽하다고 믿으니까요. 저는 신이 우리가 정의를 위해 분투하길 바란다는 걸 알아요. 왜냐하면 신은 사랑이고 "정의는 공적 공간에서 드러나는 사랑의 모습(코넬 웨스트Cornel West의 말)"이니까요. 저는 고통이 왜 생기는지는 몰라요. 하지만 고통이 신을 아프게 한다는 건 알고 있고, 힘든 순간들에도 제 곁에 있는 사랑들을 통해 신이 저와 함께라는 걸 느껴요.

당신에게 불구 자산이란 어떤 의미인가요?

리아: 저는 항상 관대함을, 그리고 '불구 친절'을 추구합니다. 불구 친절이란 우리의 자산이자 기술이에요—우리가 서로의 고통스러운 얼굴을 알아차리고 의자를 제공하는 일, 사람들을 지원하는 업무와 관련하여 도울 일이 있는지 조심스레 물어보는 일, 말 걸지 않고 앉아 있는 일, 공황발작이 일어난 사람 옆에 팅크제 한 병을 갖다두는 일, 휠체어 탑승이 가능한 승합차를 구입하려는 누군가를 위해 수천 달러를 모금하는 일, 모르는 사람에게 남은 처방약을 보내주는 것과 같은 일들 말이죠. 이는 집단적으로 알아차리고 집단적으로 힘을 쏟는 것입니다. 이는 목격되는 것입니다. 긴장을 풀고, 확장하고, 그저 존재하도록 허용되는 것입니다.

불구 친절은 또한 자동적으로 일어나지 않아요. 저는 이 불구 친절 안에서 미아 밍구스의 '접근 친밀성'이라는 관념을 심화하고 싶습니다. 미아의 유명한 글 〈접근 친밀성Access Intimacy〉은 불구들끼리 서로의 접근 필요를 이해하는 경험을 사랑과 교감이 일어나는 장소로 명명했고, 그 글은 다른 많은 아프고 장애가 있는 퀴어들과 마찬가지로 저에게도 장애정의 지식의 토대가 되어주었어요. 하지만 그 글을 읽다보면 어떤 부분에선 서로의 접근 필요를 이해하는 일이 자동적으로 일어나는 마법 같은 과정처럼 보입니다. 저는 그런 생각엔 반대하고 싶어요. 접근 친밀성이 종종 장애인이 가진 고도의 능력이고 우리는 마법처럼 특별하고 멋진 일을 행하긴 하지만, 저는 접근 친밀성을 하나의 과정이자 배워갈 수 있는 기술이라고 주장하고 싶습니다. 저는 장애인으로서 우리가 항상 서로의 필요를 '그냥 바로 안다'고 믿을 때 위험하다고 생각해요—불구들에겐 정말 서로의 '일들'을 알아보는 여러 방법이 있다는 것을 인정하면서도, 우리가 필요로 하는 것을 함부로 추정하지 않고 서로에게 물어보아야 한다는 것도 인정했으면 좋겠어요. 또한 비장애인들이 우리 지식을 요청하고 존중함으로써 접근 친밀성을 배우고자 애쓸 수 있고 이미 그렇게 하고 있다고 분명히 말하는 게 매우 중요하다고 생각해요—그렇지 않으면 우리는 우리를 위해 뭔가 할 수 있는 사람이 우리밖에 없는 이곳에 갇혀버릴 테니까요. 저는 **모든 사람**이 불구 지식을 갖길 원해요.

불구 자산은 또한 우리가 정상이게 하는 선물이에요. 선물이죠, 맞아요. 당신은 추리닝 바지를 입고 살 수 있고, 제 앞에서 장루 주머니를 갈 수 있고, 정말로 정말로 이상할 수도 있고요. 당신이 화장실로 이동하는 데 드는 시간은 정상이에요. 저는 너무도 많은 비장애인들이 장애나 광기나 질병과 부딪치면 그저 완전히 당황해버리는 모습을 봅니다. 모든 사람이 몸을 담그고 있는 비장애 중심적 수치심이 너무도 깊기 때문이지요. 제가 수치심을 떨쳐냈다는 건 아니에요—가끔 사람들은 우리에게 이런 말을 툭 던지곤 하거든요. "오, 난 수

가장 느린 정의

치심에서 완전 자유로운 너희 장애정의 쪽 사람들이랑은 달라." — 전 여전히 항상 수치심을 붙들고 완전 씨름하고 있어요. 하지만 우리 자산 중 일부는 수치심으로부터 멀리 떨어진, 장애가 있는 심신을 가져도 괜찮은 그런 자그마한 공간들을 창출하고 있어요.

스테이시: 리아, 당신이 알려준 그 개념은 완전 패러다임 전환이었어요! 불구 자산이라니. 그게 뭔지 정의하는 데까지 들어가진 않을 건데, 불구 자산에 대해 생각하는 것만으로도 그 자체로 완전 불구스러운 것 같다는 말은 하고 싶어요. 저는 장애인들이 주로 능력의 결여나 한계에 관심을 두기보다는 자신이 가진 것들에, 그리고 사이 공간space between[10]에 자기 시간과 노력을 집중하면서 비장애인들은 절대 생각지 못할 것들을 생각해내는 걸 매일같이 봅니다. 약간 감동 포르노처럼 들릴지도 모르지만, 우리는 정말 이런 식으로 몹시 창의적인 해결책들을 생각해내요. 저는 3인치 계단에 운동화를 벗어서 걸쳐놓고 그 위로 휠체어를 굴리는 식으로 경사로를 만들 수 있어요. 시각장애인 친구들이 텍스트를 읽어주는 서비스를 이용해서 짓궂은 장난을 치는 걸 본 적이 있고요. 제 친구 리로이 무어가 알려준 건데, 해리엇 터브먼이 그렇게 많은 경로를 정찰할 수 있었던 방법 중 하나가 자신의 외상성 뇌손상을 이용해서 큰 소리로 혼잣말하는 거였다고 해요. 사람들은 그녀를 미친 여자라고 생각하고 싹 무시했던 거죠. 지금은 모든 사람이 사용하는 문자메시지도 청각장애인들을 위한 보조기술로 만들어진 거였어요. 저는 때때로 공공장소에서 낯선

사람들이 제가 말을 못한다고 생각하게 내버려둠으로써 정말 많은 시간을 절약한답니다. 우리에겐 우리가 마음껏 쓸 수 있는 정말 많은 것들이 있고 세상 사람들 대부분은 그걸 전혀 모르죠. 이런 상황은 우리가 갖고 놀 수 있는 커다란 도구 상자를 제공해줄 수 있어요.

비장애중심주의와 관련해서 당신 곁을 계속 맴돌며 괴롭히는 건 무엇인가요?

리아: 이런, 스테이시. "곁을 계속 맴돌며 괴롭힌다"는 표현을 써줘서 고마워요. 저라면 그런 표현을 생각하지 못했을 텐데. 밤마다 저에게, 제 마음속 통로에 찾아와 괴롭히는 비장애중심주의의 유령과 비통함을 포착해주는 표현이네요.

너무도 많은 것들이 유령처럼 튀어나와 저를 괴롭혀요. 비장애인 흑인-선주민-유색인 조직이 1년이나 몇 달이나 한 계절 동안 장애와 비장애중심주의를 신경쓰고선 그다음엔 결국 잊어버리는 꼴을 보면서 너무도 많은 불구 슬픔이 제 안에 쌓였어요. 저는 지금 시애틀에 살고 있는데, 사람들이 '세상에, 아프고 장애가 있는 퀴어-트랜스-유색인들의 천국이네!'라고 말하는 도시죠. 저는 그게 좀 웃긴데 왜냐하면 그들이 '커다란 장애정의의 현장'이라고 생각하는 건 고작 20명 정도거든요! 빌리 레인이나 E. T. 러시안 같은 이들이, 그리고 다른 많은 사람들이 수십 년간 장애운동을 해왔음에도 여전히 비장애인 퀴어들은 "그게 뭔데?"라고 대꾸하는 커다란 간극이 있어요. 비장애인 퀴어들에게 우리는 어디로 간 건지 궁금한,

또는 심지어 궁금하지도 않은 유령들이에요. 그들은 그냥 이 따금 아주 잠깐씩 우리를 생각할 뿐 우리와 관계를 유지하기 위한 불구 세계의 지식을 붙잡지 않아요. 그러니까 그들의 삶을 꾸려가는 방식과 공간들을 쌓아가는 방식에서 체계적인 변화를 만들지는 않는다는 뜻이죠.

저를 괴롭히는 건 제가 비장애 유색인 활동가들에게 망각되는 방식이에요. 어떻게 대부분의 사람들이 우리와 함께하는 걸 중요하게 생각한다면서도 비장애 속도로 움직이는 데서 얻는 이점과 성과를 포기하지 않으려 하는지가 절 괴롭혀요. 그들은 지속가능성에 대해 립서비스는 하겠지만, 그게 다예요. 자기들이 얼마나 비장애중심주의 반대에 전념하는지를 보여주는 증거로 자기들이 만든 공간에서 장애인들이 3년 동안 조직화 활동을 할 수 있었다고 내세우지만, 그 이후에 우리가 계속 활동하지 못하게 지원을 중단해버렸던 방식은 싹 지워버립니다.

또한 불구로서의 쓰라림crip bitterness이 있는데, 거의 모든 비장애인들은 그 쓰라림이 우릴 고립시킨다는 걸 이해하지 못해요. 왜냐하면 그들은 우리가 곁에 있는 게 '거슬리거나' 우리의 존재 때문에 '우울'해지면 그걸 견디지 못하고 함께 일하는 걸 조용히 중단해버리거든요. 25년이나 활동한 다음에도 기본적인 접근성을 위해 싸우는 데 처박혀 있어야 한다는, 그 마모되어가는 느낌에 대한 이해가 부족해요.

이런 질문이 제 주위를 맴돌며 괴롭혀요. 우리의 모든 일과 삶이 기억될까? 누구에게, 어떻게? 제가 아는 대부분의 장애정의 활동가들은 우리의 작업이 멋대로 갖다 쓰이고 빼앗길까봐 굉장히 신경이 곤두서 있어요. 그럴 만한 이유가 있죠. 저 역시 그게 걱정되지만, 우리가 고의적으로 지워지진 않을까에 대해서도 똑같이 걱정이 돼요. 저는 우리의 일이 종종 소규모로, 무시된 채로, 언더그라운드에서 번성한다고 믿어요. 저 자신도 그런 틈새에서 번성하고요. 하지만 저는 장애인 퀴어-트랜스-흑인-선주민-유색인들이 서로를 찾아내고, 우리 일을 찾아내고, 우리의 패러다임을, 우리의 도구를, 우리의 과학을, 우리의 유용한 조언들과 예술과 사랑을 찾아내길 원해요. 사적인 관계에서의 파국 한 번만으로도 한 공동체가 접근 불가능해지거나 수년간의 활동이 지워져버리기도 하거든요.

장애정의 아카이브는 아직 없어요. (또 하나의 할 일이죠.) 저는 우리가 서로의 아카이브라는 것을 스스로에게 상기시킵니다. 언제든 아프고 장애가 있는 사람이 서로를 기억하고 운동사의 순간들을 기억할 때마다, 우리는 우리의 역사를 기념하고, 우리 스스로 존재함을 증언합니다.

마지막으로, 제가 알았던 죽은 이들이 유령처럼 곁을 맴돕니다. 제 첫 번째 퀴어 사랑은 자살하고 싶어 하는 또 다른 펨이었고, 저는 평생 동안 로맨틱하게, 성적으로, 친구로서 미친 펨들을 사랑해왔어요. 그들 중 많은 이들이 더 이상 여기 없어요. 어제 창고로 쓰는 벽장을 정리하다가 제 아카이브를 샅샅이 살펴보게 됐어요 — 퀴어-트랜스-흑인-선주민-유색인 조직화운동 20년 동안 쌓인 서류 더미, 잡지, 카드, 행사 홍보물들을요. 제가 '와, 2010년은 확실히 달랐네'라고 온라인에다 쓴 걸 본 누군가 제게 더 자세히 설명해달라고 했을 때, 첫 번째로 든 생각은 그땐 얼마나 많은 사람들이 살아 있었는지였어요. 우리가 여기에 계속 살아 있게 도와주는 도구들을 만들고 공유하기 위해 싸우는 것만큼이나, 제가 사랑하는 펨들을 계속해서 잃을 거라는 사실이 저를 괴롭혀요.

스테이시: 우리의 그리움의 무게로 마음이 무거워지네요. 때론 저도 그래서 괴로워요. 우리 조상들, 현재 살아 있는 장애인들, 그리고 앞으로 올 장애인들의 그 모든 꿈들. 제가 우리를 위해 원하는 것, 우리가 스스로와 서로를 위해 원하는 것이 너무도 많아요. 시설에서, 일일 프로그램에서, 보호작업장에서, 길에서, 버스에서, 어디서든 제가 만났던 모든 사람들은 세상이 주지 않는 너무도 많은 것을 원했고, 그걸 누릴 자격이 있었어요. 저는 제가 접근할 수 있는 모든 것에 어마어마한 특권과 책임감을 느껴요. 얼마나 많은 장애인들이 그와 같은 접근성을 공유하지 못하는지가 저를 괴롭힙니다. 걱정해주고 대화를 나눌 수 있는 누군가가 주변에 있다든가, 어디에 살지, 뭘 입을지, 뭘 먹을지, 누가 몸에 손을 댈 수 있게 할지를 선택하는 등 기본적인 것들에조차 접근할 수 없는 사람들이 많으니까요. 처음 샌프란시스코 만안 지역으로 이사했을 때, 저는 생존자로서의 죄책감을 많이 짊어지고 있었어요. 제가 알던 사랑하는 이들이 원했고 마땅히 누릴 자격이 있었지만 그러지 못했던 삶을 제가 살게 되었다는 죄책감이었죠.

당신의 유산이 무엇이 되길 원하는지 생각해보셨나요? 미래를 상상하고, 과거의 트라우마를 헤쳐나오고, 현재를 살아내는 그 모든 일을 당신은 어떻게 한꺼번에 해왔나요?

리아: 오 이런, 모르겠어요. 그래요, 그래. 생각해봤어요. 저는 머릿속으로 제 부고 기사를 자주 써요. 저는 제 가족 안에 있던 학대의 악순환을 깨부순 사람으로 기억되길 원해요. 제가 그걸 이뤄낸 그 엉망진창이고 현실적이고 구체적인 방식들이 학대를 끝내기 위한 여러 가능한 모델 중 하나로 기억되길 원해요. 저는 제가 이야기를 통해 세상을 바꾸는 데 기여한 작가로, 스토리텔링 공연자로, 풀뿌리 지식인으로 기억되길 원해요. 저는 우리가 장애인 흑인-선주민-유색인으로 함께 모였던 그 깨지기 쉽고도 강인한 공간들이, 우리가 드나들던 출입구들이 기억되길 원해요. 저는 함께 어울리고, 드러눕고, 웃고, 서로의 생각을 문자로 주고받고, 서로의 의료적 필요를 지지하고 지원해주고, 서로를 잊지 않고, 세상을 바꾼 많은 사람 중 하나로 기억되길 원해요. 제가 기도하는 크고 작은 변화가 장애정의의 미래를 만들 거예요. 저는 클럽에서 휠체어에 앉은 당신과 함께 지팡이 춤을 추던, 또는 함께 소파에 둘러앉아 일을 꾸미고 웃으면서 놀던 그 펨으로 기억되길 원해요.

스테이시: 저는 제가 남기는 유산이 장애인들을 사랑하는 것이길 원해요. 그게 제 인생 이야기이자 평생의 일이었어요. 장애인들을 사랑함으로써 저는 저 자신을 사랑하게 돼요.

1   [역주] '불구 둘라'에 대한 설명은 7장 243쪽을 보라.

2   [역주] 〈글리(Glee)〉는 2009년부터 2014년까지 방영된 미국의 뮤지컬
    드라마로, 극중 휠체어를 타는 백인 시스젠더 이성애자 남학생이 등장한다.

3   [역주] 컴바히강집단(Combahee River Collective)은 1974년 미국 보스턴을
    거점으로 앤절라 데이비스(Angela Davis), 오드르 로드, 체리 모라가, 바버라
    스미스(Barbara Smith) 등이 만든 유색인 페미니스트 단체로, 그 이름은
    1863년 해리엇 터브먼의 주도로 진행된 노예해방을 위한 군사 활동을 칭하는
    이름에서 따온 것이다. 이 단체는 백인 중산층 여성 중심의 페미니즘운동이
    유색인 여성에게 시급한 사안을 다루지 않는다는 점을 비판하며 활동했다.
    주요 활동 중 하나로 유색인 여성을 위한 출판사 키친테이블프레스를
    설립했다. 이 출판사는 유색인 여성들이 세운 세계 최초의 출판사로, 인종,
    민족, 국적, 연령, 사회경제적 계급, 성적 지향에 상관없이 모든 유색인 여성의
    글을 알리고 글쓰기를 고취할 목적으로 세워졌다. 이 출판사를 통해 수많은
    유색인 페미니스트들이 사회 비평서와 문학 작품과 에세이를 출간했다.

4   [역주] 해리엇 맥브라이드 존슨(Harriet McBryde Johnson)은
    신경근육질환(neuromuscular disease)으로 인한 장애가 있었던 미국의
    작가, 변호사, 장애인권운동가이다. 장애 관련 칼럼, 수필, 소설 등을 꾸준히
    썼으며 대표작으로 《일찍 죽기엔 너무 늦은: 삶에서 나온 거의 진짜인
    이야기(Too Late to Die Young: Nearly True Tales from a Life)》(New York,
    NY: Picador, 2005)가 있다. 생명윤리학자이면서 장애인 안락사를 지지하는
    피터 싱어(Peter Singer)와의 대담이 2003년 《뉴욕 타임스》에 게재된 것으로
    유명하다. 이 대담은 장애정의 활동가 앨리스 웡이 엮은 선집 《급진적으로
    존재하기》에 〈말로 다 할 수 없는 대화(Unspeakable Conversations)〉란
    제목으로 수록되었다.

5   [역주] 섹션 8(Section 8)은 미국 연방 정부 주택도시개발부의 저소득층
    주거지원 정책 중 하나인 주택 바우처제도다. 지원 대상 세입자가 가구
    월 소득의 30퍼센트를 주거비로 내고 나머지 금액은 정부가 임대인에게
    직접 지불하는 방식이다. 신청서를 제출하면 해당 지역 지원 대기자 목록에
    등록된다.

6   [역주] 조라 닐 허스턴(Zora Neale Hurston)은 미국의 흑인 여성 작가,
    인류학자, 영화제작자로 주로 미국 남부의 흑인 차별과 억압을 다뤘다.
    대표작으로 《그들의 눈은 신을 바라보고 있었다(Their Eyes were Watching
    God)》(Philadelphia, PA: J. B. Lippincott Company, 1937)가 있다.

7   [역주] '지구에 기반한 영성(earth-based spirituality)'은 지구를 대지
    모신(母神)으로 숭배하는 다양한 신앙 전통을 뜻한다. 페미니즘의 다양한

지류 중에서도 지구와 자연과 모성의 힘을 중시하는 에코 페미니즘 쪽에서 그리스신화에 등장하는 대지의 여신인 '가이아(Gaia)'를 숭상하는 흐름이 있다. '마법 숭배(Wicca)'는 역사적으로 전 세계 곳곳에 퍼진 다양한 마법 숭배 전통을 통칭하는 이름으로 쓰이며, 현대에 와서는 SF 판타지 소설, 영화, 게임 등에서 적극 차용되어 종교적 색채가 대부분 지워진 채 문화 콘텐츠 중 하나로 소비되는 경향이 있다. 한편, 영국에서는 1950년대 은퇴한 공무원인 제럴드 가드너(Gerald Gardner)가 서구의 마법 관련 밀교 전통을 이것저것 모아 'Wicca'라는 이름을 내걸고 새로운 신비주의 종교를 창시했고, 종교학계에서는 현대 이교도의 새로운 형식으로 이를 연구 중이다. 어떤 확고한 교리가 통일되어 있다기보다는 오컬트를 추종하는 이들이 여러 신이나 마법 관련 다양한 전통을 이 종교에 덧붙이는 식으로 확장되어온 것으로 보인다. 창시자인 가드너는 동성애혐오자였으나 이후 이 종교를 실천하는 이들 중엔 성소수자 공동체에 열린 태도를 보이는 사람들도 있다.

8   [역주] 엠마 데번쾨르(Emma Deboncoeur)는 유색인 트랜스젠더 활동가로 샌프란시스코를 기반으로 전국의 트랜스젠더 건강권과 양질의 의료서비스 접근 보장을 위한 운동 단체 프로젝트헬스(Project Health)에서 일했으며 2018년 작고했다. 프로젝트헬스는 엠마의 뜻을 기려 UC버클리와 UC샌프란시스코 재학생 중 유색인 퀴어 및 트랜스젠더 학생에게 우선권을 주는 '엠마 데번쾨르 트랜스 건강 장학금(Emma Deboncoeur Trans Health Scholarship Fund)'을 운영 중이다.

9   [역주] 코넬 웨스트(Cornel West)는 미국의 철학자, 신학자, 사회주의 정치운동가, 사회 비평가, 배우, 방송인이다. 대표 저서로 《인종이 중요하다(Race Matters)》(Boston, MA: Beacon Press, 1993)와 《민주주의가 중요하다(Democracy Matters)》(New York, NY: Penguin Books, 2004)가 있고, 미국의 인종차별주의와 가부장주의를 비판하는 활동을 해왔다. 2024년 현재 미국 대선에서 무소속 후보로 출마를 준비 중이라고 알려져 있다.

10 [역주] 여기서 '사이 공간(space between)'은 이분법적 위계(능력/장애, 건강/병, 도덕/부도덕, 쓸모 있음/없음, 선/악 등등)로 재단될 수 없는 그 사이의 공간을 뜻하는 것으로 보인다.

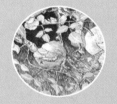

리아 락슈미 피엡즈나-사마라신하는 노동계급 퀴어 유색인 페미니스트 장애인으로 북미 장애정의운동을 일궈온 주요 활동가 중 한 사람이다. 단행본 분량의 저작이 한국에 소개되는 것은 이번이 처음이지만 동료 장애정의 활동가인 앨리스 웡이 엮은 선집《급진적으로 존재하기: 장애, 상호교차성, 삶과 정의에 관한 최전선의 이야기들》에 피엡즈나-사마라신하의 글이 한 편 실려 있다.[1] 산문집 형식의 단독 저서로는 두 번째인 이 책은 한국에도 조금씩 소개되기 시작한 장애정의에 관해 이야기한다.[2]

　이 책은 장애정의를 가장 본격적으로 소개하는 텍스트지만 저자가 서문에서 짚었듯 정치적 선언, 비판적 분석, 자전적 수필, 운동과 일상의 모든 영역에서 접근성을 살리기 위한 온갖 팁 등 다양한 정보와 지식의 층위가 뒤섞여 있다. 또한 저자가 제안하는 "장애정의 만들기"에는 사람들이 '접근성'을 논할 때 대개 떠올리는 건축환경이나 제도에 한정되지도 않고 통념적으로 '사회운동'이나 '노동'으로 산정되는 경우가 드문 크고 작은 일들이 포함된다. 저자는 이런 뒤섞임과 흩뿌려짐이 장애정의를 이루고 있음을 강조하면서, "이 중 어느 하나라도 없으면 무의미하다"고 단언한다. 이 덧대어지고 튀고 흘러넘치고 샛길로 빠졌다가 또 다른 곳에서 다시 만나고 느슨하게 연결되는 장애정의 실천들을, 그리고 이런 다채로움을 고스란히 담아내는 이 책의 글쓰기 방식을 한국의 독자들이 이해하기 쉽도록 돕고자 이 옮긴이 해제는 크게 다섯 가지 주제로 성긴 약도를 그려봤다. 첫째, 장애정의운동에 대한 간략한 소개. 둘째, 이 책에서 장애정의를 아우르는 키워드가 왜 '돌봄', 그것도 '돌봄노동'인가에 관한 이야기. 셋째, 이 책에서 제시하는 장애 지식의 계보를 만들고 전수하는 실천들. 넷째, 번역어에 대한 고찰. 그리고 마지막으로 이 책의 제목을 원제와 다르게 붙인 이유.

1. 장애정의운동

장애정의운동은 '사회정의social justice'라는 이름을 쓰는 엄청나게 다양한 의미와 오랜 역사를 품은 운동 흐름 안에서도 '환경정의environmental justice', '변혁적 정의transformative justice' 같은 이름으로 본격화된, 가장 소외되고 차별받는 교차적 위치들을 바탕으로 구조적 불평등에 맞서는 운동들과 더불어 1990년대 중반~2000년대 초반에 구체화되었다.[3] 이 책의 서문과 1장에서 설명하듯, 장애정의운동은 아프고 장애가 있는 퀴어-트랜스-흑인-선주민-유색인을 중심에 놓는 교차적 운동이다. 장애정의운동은 단일 쟁점 정치에다 법적 소송을 주요 운동 전략으로 채택하는(따라서 백인 지배적이고 중산층과 시민권자 중심의) 미국의 제도권 장애운동이 포괄하지 못하는 삶을 위한 운동, 즉 가장 가난하고 신분이 불안정하고 삶이 위태로우며 다층적 차별과 억압을 겪고 있으면서도 장애인권을 논하는 자리에서마저 늘 뒤편으로 밀려나는 이들에 대한/이들을 위한/이들이 주도하는 당사자운동이다.[4] 트랜스 활동가이자 법학자인 딘 스페이드Dean Spade가 2009년에 쓴 글에서 사회운동 단체들에서마저 저소득층 유색인 젠더퀴어 장애인들이 의사결정과 가장 먼 곳에서 저임금 고강도 노동의 잡일을 도맡아 하는 현실을 비판했듯,[5] 장애정의운동이 주목하는 이들, 장애정의운동을 만들어온 이들은 그 노동은 폄하되고 기여도는 부정되고 업적은 도용당하는 착취의 역사를 반복적으로 겪어왔다. 이 책은 그런 역사를 끈기 있게 기록하고, 하찮게 여겨지던 일들과 존재들에 이름과 의미를 부여하고, 지워진 이들을 기억하고, 차별과 억압에 짓눌려 벽장 속에 있는 이들의 곁에 있어주고, 먼저 이승을 떠난 이들을 애도하고 떠날지도 모르는 이들을 살리려 애쓰면서, 수많은 이들이 남긴/남기고 있는 자국과 앞으로 나아갈 길을 울퉁불퉁하면서도 아름다운 곡선으로 그린다.

백인-중산층-남성-시스젠더-이성애 중심으로 정의되지 않는 장애운동을 도모한다는 것은 그저 운동 참여자와 대상을 저런 항목에 맞지 않는 이들로 한정한다는 뜻은 아니다. 서문에 인용된 패티 번의 글이 분명히 밝히듯, 비장애중심주의가 제국주의, 식민주의, 인종차별주의, 성차별주의, 계급주의, 퀴어혐오와 트랜스혐오, 기독교우월주의 등의 억압 체계와 단단히 맞물려 있다는 통찰이 장애운동의 바탕이 되어야 한다는 뜻이다. 비장애중심주의는 이런 억압 체계들에 정당화의 구실을 공급해주며 공생 관계를 이룬다. 이런 억압 체계들은 사회적 소수자들의 특성이나 존재 자체를 병리화하고, 가장 주변화된 교차적 위치에 놓인 장애인들을 잠재적 범죄자 취급한다.[6] 또한 식민화와 전쟁을 통해 장애화된 심신을 양산한다. 최근 장애정의운동이 이스라엘의 팔레스타인 학살에 맞서는 운동을 진행하는 것은 이런 맥락에서다.[7] 그러므로 피엡즈나-사마라신하는 "비장애중심주의를 깨부수는 해방의 전망을 확고히 하는 일이 곧 사회정의의 일환"임을 천명한다(서문).

서문에 수록된 장애정의운동의 10가지 원칙에서 드러나듯이 운동에서는 공동체를 돌보고, '공동체'로 불릴 범위를 확대하여 급진적인 교차적 연대를 구축하고, 서로의 차이를 연대의 걸림돌이 아니라 자원으로 가져갈 다양한 공동체 돌봄 실천을 모색하는 과업이 운동의 큰 부분을 차지한다. 장애정의운동이 국가를 상대로 기본적인 인권 보장과 복지제도들을 지키고 확대하기 위한 투쟁을 계속하면서도 백인 중심의 제도권 장애운동과 달리 운동을 법·행정·시민권·국가의 틀에 한정하지 않는 방식으로 공동체 돌봄에 힘을 쏟는 이유는 "인종차별적이고 식민주의적인 비장애중심주의를 토대로 건설"된 국가가 교차적으로 가장 주변화된 위치에 있는 장애인들을 구해주지 않으리라는 사실을 뼈저리게 알고 있기 때문이다(서문). 따라서 장애정의운동은 해방의 전망을 국가에 의존하지 않는 방향으로 재구성하고자 부단히 노력한다. 또한 해방을 위해서는 교차적 연대가 필수적임을 강조하며 다른 모든 사회정의운동의 비장애 중심성을 바꾸려 노력하는 한편, 장애정의운동 안에서도 소외되는 이들이 없도록, 기존의 운동 틀에서 배제되는 존재와 삶과 필요들을 어떻게 운동에 통합할 것인지를 치열하고도 섬세하게 고민한다. 그래서 이 운동의 모토이자 이 책을 관통하는 신조는 "우리는 그 누구도 뒤에 남겨놓지 않고 함께 움직인다"이다.

2. 장애정의와 돌봄노동

이 책의 원제 *Care Work: Dreaming Disability Justice*에서 드러나듯, 이 책의 가장 큰 특징은 그 누구도 뒤에 남겨두고 가지 않도록 가장 낮고 교차적인 곳에 근거하는 장애정의운동을 '돌봄' 그리고 '돌봄노동'이란 키워드로 구조화한다는 점이다. 돌봄의 중시는 어찌 보면 시대적 흐름으로, 이 책의 논의는 한편으로 근대적 사유를 떠받치는 자율적이고 독립적인 주체 개념의 허상을 폭로하고 모든 삶의 근본적인 상호의존성을 사유와 사회제도의 근간으로 놓고자 한 장애운동과 장애학의 기조를 바탕으로 하고, 다른 한편으로는 평등하고 민주적인 공존과 공생을 위해 돌봄 윤리를 보편적 가치로 올리고 정책 및 제도를 포함한 사회 전 영역에서 돌봄을 중심에 두는 동시대 페미니즘 돌봄 이론 및 사회정의 담론들과 공명한다.[8] 동시에 이 책의 중요성은 사회 전반의 제도와 정책은 물론 페미니즘과 좌파 담론들에서마저 자주 인식/인정의 사각지대에 놓이고 돌봄의 대상으로만 호명되는 아프고 장애가 있는 저소득층/빈곤층 퀴어 유색인들의 자리에서, 이들을 주체로 돌봄 구조와 담론을 재편한다는 점에 있다.

한편으로 피엡즈나-사마라신하는 이런 교차적 위치의 장애인들에게는 '돌봄'이 '치료'와 마찬가지로 꺼려지는 용어일 수밖에 없던 맥락을 짚는데, 돌봄을 비장애인이 장애인에게 일방적이고 시혜적으로 내려주는 것으로 틀짓는 지배적 돌봄 모델인 '자선 모델' 아래서는 장애인들은 자신의 돌봄 필요를 충족하지도 못하고 제대로 된 돌봄에 접근할 수도 없이 폭력이나 학대로 돌봄을 경험하는 경우가 많기 때문이다. 동시에 다른 한편 피엡즈나-사마라신하는 비장애인 정책 결정자며 학자들이 생각하는 것보다 훨씬 더 일상적으로 장애인들 간 돌봄 실천이 이미 활성화되어 있음을 보이면서 이런 돌봄을 교차적 특수성에 맞춘 '생존노동'으로 의미화한다. 폭력을 피해 가출한 청소년, 노숙인, 미등록 이주자 등 복지의 마지노선에서도 밀려나는 사람들, 주 정부나 연방 정부의 지원만으로는 돌봄 필요를 채우기에 턱없이 모자란 사람들 간의 일상적 돌봄은 바우처 쿠폰이나 처방받은 약을 나눠 쓰고, 식료품점까지 거동할 수 있는 사람이 음식을 사다주고, 장애인 택시에 미등록 장애인을 활동보조인으로 말하고 같이 태우고, 다들 가난해도 굶어 죽을 위기에 처한 사람에게 긴급히 몇십 달러라도 보내는 등 소소해 보여도 당장의 생존에 필요한 일들로 채워진다. 또한 2017년 미국의 태평양 북서부 지대를 뒤덮었던 대형 산불 사태나 2019년 이후 코로나19 팬데믹 기간 같은 재난상황에서 정부와 사회가 장애인들을 제일 먼저 포기했을 때, 장애인 공동체는 마스크를 구해서 나눠주고 간이 공기정화 필터를 만드는 법을 알리는 등 서로를 구하려 노력했다.[9] 이처럼 피엡즈나-사마라신하는 가난하고 아프고 장애가 있는 퀴어-트랜스-흑인-선주민-유색인들이 매일 벌이는 생존 투쟁 또한 서로를 살리는 진짜 운동이고 노동이며 창조적 실천임을 주장한다.

돌봄을 공존과 공생의 근간이자 필수 요소로, 서로를 살리고 함께 살고자 애쓰는 노동으로 이해하는 관점에서 이 책은 장애운동의 핵심 개념인 '접근성access'도 "공동체를 위한 사랑의 행위"로 재개념화한다(3장). 1장 역주 12에서 설명했듯 접근성은 비장애 중심적인 '편의' 개념을 대체하며 장애운동의 패러다임을 바꾼 중요한 개념으로, 장애운동 및 학계는 건축환경에서의 접근성을 넘어 사회·문화·정치·경제 전반에 대한 접근성을 광범위하게 모색해왔다.[10] 접근성은 장애뿐 아니라 젠더·섹슈얼리티·인종·계급 등 다른 범주들의 쟁점을 연결하고 연대하는 교차성 정치의 척도이자 실용적 도구로 고찰되고 있다. 그럼에도 비장애 중심적 사회에서는 여전히 접근성을 비장애인들이 장애인들에게 시혜적으로 내려줄 수도 있고 거둘 수도 있는 부가적 서비스처럼 취급하는 경향이 있다.[11] 따라서 장애정의 활동가들은 이처럼 시혜적이고 기계적인 접근성 개념화를 문제시하면서 접근성을 상호의존성에 근거한 개념으로, "우리가 서로에게 줄 수 있는 집단적 기쁨이자 선물"로, 공존과 공생에 필수적인 "사랑의 행위"로 재개념화한다(서문). 이때 접근성을 '사랑'으로 설명한다는 것은 인권운동을 낭만화하는 것이 아니다. 한편으로 상대방을 마지못해 챙기는 척이라도 해야 하는 귀찮은 짐으로 보는 대신 접근성을 관계의 기본으로 삼고 최대한의 접근성을 마련하려 애쓰는 노력은 상대방을 사람으로 존중하는 애정 어린 연대라는 의미에서 "급진적인 사랑의 행위"가 된다(3장). 다른 한편 접근성을 사랑으로 고찰하는 일은 우리가 누구를 어떻게 사랑하는가의 문제가 항상 이미 정치적이라는 사실을 비판적으로 논하는 작업이기도 하다.[12] 이런 맥락에서 접근성, 연대, 장애정의를 적선이나 파이 나누기 식의 권리 다툼으로 치부하지 말고 사랑의 형태 중 하나로 논의하자는 것은 장애와 비장애, 장애인과 비장애인에 관한 우리의 생각·인식·느낌의 기반을 어떻게 근본적으로 바꿀 수 있을지를 함께 고민해보자는 요청이다. 그리고 이런 점에서 '접근성=사랑'은 그 누구도 뒤에 남겨두고 가지 않을 것이며 모든 존재가 그 모습 그대로 존중받고 돌봄받고 살아있게끔 해야 한다는 매우 급진적이고 궁극적인 윤리적·정치적 비전이다.

여기서 주목해야 할 점은, 이 책이 사랑, 연대, 돌봄을 그저 마음만 먹으면 뚝딱 해결되는 일처럼 다루지 않는다는 점이다. 피엡즈나-사마라신하가 돌봄을 무엇보다 돌봄'노동'으로 강조하는 이유는 돌봄을 교차적 특수성에 맞춘 '생존노동'으로 재개념화하기 위해서기도 하지만 동시에 돌봄의 불평등한 구조를 드러내기 위함이다. 이 구조를 외면한 채 돌봄을 낭만화한다면 돌봄은 성차별적 사회에서 그러하듯 여성들에게, 퀴어 공동체 안에서도 여성적으로 젠더화된 사람들에게, 또 인종차별주의-제국주의-식민주의의 역사 아래 돌봄 관련 노동을 떠맡아왔던 유색인들에게 다시금 떠넘겨진다. 그것도 '공동체 돌봄'이라는 미명 아래 무급노동의 형식으로 감정노동까지 더해서 말이다. 따라서 이 책에서 공동체 돌봄에 대한 논의는 '같은 장애인끼리 다 이해할 수 있다'는 식의 동일성에 대한 환상을 경계하면서 사랑과 노동, 구조적 불평등과 서로의 차이로 인한 문제들을 섬세하게 짚어가며 고민을 거듭한다. 서로의 장애 종류와 정도가 달라 서로에게 필요한 돌봄이 너무도 다를 때 공동체 돌봄은 이 차이를 어떻게 풀어갈 것인가. 사랑이 이런 어려움을 안고 가려는 노력을 뜻한다 해도 사랑이 돌봄의 중심에 놓일 때 사랑받지 못하는 사람들은 어떻게 소외되는가(이는 교차적 차별과 억압을 견디다 못해 방어적 성격이 굳어진 상당수의 장애인과 인간관계에 어려움을 겪는 신경다양인들에게는 큰 문제다). 이미 저임금 생계노동에 시달리는 가난한 장애인들이 무임금 돌봄 나눔을 어느 선까지 버틸 수 있을까. 공동체 돌봄마저 젠더와 인종의 격차를 따라 불평등하게 부과되는 문제를 어떻게 할 것인가.

이 책의 돌봄 논의에서 가장 빛나는 부분은 바로 이 불가피한 갈등과 모순과 복잡한 난제들을 어느 것 하나 뒤에 남겨두지 않고 함께 가려 노력한다는 점이다. 예를 들어 '불구 친절' 개념을 통해 불구끼리 접근성과 돌봄에 대한 서로의 필요를 이해하는 경험을 사랑과 교감으로만 설명하는 대신 서로의 차이를 평생 배우고 익히는 고도의 장애 기술이자 지식의 과정으로 정립하고(19장),[13] 돌봄이 다시금 누군가에게 학대가 되지 않도록 지속가능한 돌봄 모델을 다각적으로 모색하면서,[14] 공동체 모두가 계속해서 함께 노력할 지향점을 안내하고자 애쓴다. 이런 논의들이 건강한 비장애 심신 대신 이미 늘 아프고 미치고 지친 상태를 기본값으로 놓고 그 안에서 상호돌봄을 모색한다는 점이 중요하다. 이런 점에서 이 책은 다양하게 아프고 장애가 있는 사람들이 그런 상태 그대로 자신과 서로를 돌볼 방안을 만들어가는 다양한 성공 사례뿐 아니라 실패의 사례도 소개하고 고찰한다. 즉 대중운동, 노동, 공/사 이분법에 대한 우리의 통념이 전제하는 비장애 중심성을 문제시하면서 만성적으로 아프고 장애가 있는 몸들이 어떤 대안 공간을 창출하고 치열한 저항적 실천을 쌓아올렸는지를 증언하는 한편으로, 서로의 차이가 공동체 돌봄의 실패를 불러오는 순간마다 포기하지 말고 그 실패와도 더불어 살고자 하는 마음을 놓치지 않으려면 우리의 인식틀과 환경구조를 어떻게 바꿔야 할지를 논의한다. 피엡즈나-사마라신하가 바라는 것은 아프고 미치고 부서진 채로도 잘 살 수 있는 불구 미래다. "나는 대부분 퀴어이고 트랜스인 성인으로서 행복하게 사는 모델을 만드는 데 관심이 있다. 우리가 리더가 될 수 있고, 그래도 여전히 취약할 수 있고, 우리가 영원히 행복하지는 않을 가능성을 열어두는 그런 모델. 산산이 부서졌다가 고쳐서 다시 만드는 것을 실패가 아니라 삶의 한 경로로 아우르는 인생 모델들; 회오리바람과 소용돌이로 간간이 끊기는, 코아틀리쿠에/칼리/오야의 에너지가 절단하는 모델. 그리고 그 자체로 선물인 모델."(12장)

3. 장애정의의 계보를 만들고 전수하는 실천들

이 책에는 다양한 범위와 층위에서 저자가 경험하고 참여해온 장애정의 실천들이 예시되며 이 모든 실천은 공동체를 살리는 돌봄노동이라는 공통점을 갖는다. 이 절에서는 그중 이것이 왜 돌봄노동이고 장애정의에 속하는지 이해하기 어려울 수 있는 종류의 활동들에 초점을 맞춰, 지배적 권력 체계들에 맞서 소외된 존재들을 위한 장애정의운동과 지식의 계보를 만드는 과업이 어떻게 이런 활동들과 맞닿아 있는지를 부연하고자 한다.

(1) 대항담론으로서의 대체의학과 토속신앙

이 책의 특징 중 하나는 신탁, 예언, 타로와 별자리를 포함한 다양한 점술, 여러 토속신앙에서 나온 의식들, 저렴하게 접근할 수 있는 대체의학 요법이나 각종 살림 팁이 중요하게 다뤄진다는 점이다. 이 책 5장이나 윙의 회고록을 보면 이것이 다양한 인종적·민족적 뿌리를 갖고 다양한 장애정의 실천을 펼치는 활동가들에게서 어느 정도 공유된 태도라는 걸 알게 된다. 사실 제이와 나는 둘 다 무신론자이고 딱히 믿는 것이 없다 보니 신앙 관련 내용이 나올 때마다 약간 거리를 두기도 했고, 또 저자가 알려주는 민간요법 중에 부정확하거나 최근 위험성이 알려진 것들도 있어서 독자들이 섣불리 따라 하지 않도록 당부하는 역주를 꼼꼼히 달아야 했다. 그럼에도 이런 잡다한 지식·신앙·실천이 어째서 장애정의에 포함되는지, 그 맥락과 의의를 볼 필요가 있다.

먼저 저자를 포함한 저소득층/빈곤층 유색인 퀴어 장애인들의 의료 접근성이 매우 낮다는 점을 고려해야 한다. 메디케이드처럼 미국의 살인적인 의료보험 체계를 보완할 저소득층 의료보장제도가 있긴 하지만, 매년 산더미 같은 서류를 준비해서 까다로운 심사를 통과해야 하고 수시로 검열당하며 겨우 받은 지원도 정치적 상황에 따라 자주 삭감되곤 한다.[15] 더욱이 법적 장애인으로 인정받기 어렵거나 시민권자가 아닌 경우 복지 체계의 지원을 거의 기대할 수 없다. 따라서 의사 처방 없이 살 수 있는 허브나 천연 한방제제 등으로 일상적 통증을 관리하는 팁을 공유하고, 약을 처방받을 수 있는 사람이 그럴 수 없는 사람에게 약을 나눠주는 일이 이런 어려운 상황을 헤쳐나갈 돌봄의 한 형태로 제시되는 것이다. 이런 점에서 이 책에서 소개하는 대안적 접근법들은 심신의 '건강'을 둘러싼 구조적 불평등에 대한 대응으로 발전한 것들이다. 여기서 의료적 돌봄의 공유 경제는 종종 합법과 불법의 경계를 넘나드는 모양새를 띠는데, 일례로 (마약과의 단절을 강조하는 대신) 마약 오남용을 막고자 약물 검사지와 아편길항제를 배포하는 지하 네트워크(1장)까지 장애정의운동에 포함하는 이유는 마약중독이 단순한 개인의 일탈이 아니라 미국의 의료-산업복합체의 결탁으로 인한 광범위한 피해의 결과라는 점을 인식하고 그런 구조적 폭력에서 벗어나기 힘든 개인들을 돌보고자 하기 때문이다.[16] 또한 책 곳곳에서 무향 세정제와 흑인과 브라운에게 맞는 무향 샴푸의 필요성을 강조하는 것이 개인적 호불호를 남에게 강요하는 유난스러운 짓이 아니라 모두의 접근성을 위한 장애정의 실천인 이유는 3장에서 지적하듯 화학물질로 인한 질병 및 장애가 계급과 인종적 불평등의 문제에 깊이 얽혀 있기 때문이다. 살충제, 농약, 청소용 화학 물품을 사용하는 저임금 고강도 노동은 저소득층 유색인들에게 편중되어 있고, 가난한 유색인일수록 도시 내 오염 지역과 오염 시설이 있는 장소에 거주한다. 또 선주민들의 암 발병률이 지나치게 높은 현상은 선주민 강제 이주지 중 하나인 네바다 사막에서 핵실험이 꾸준히 실행된 역사와 무관하지 않다. 따라서 화학 민감성으로 아프고 장애가 생긴 사람들에게 관심을 기울이는 일은 단일 쟁점 정치 형식으로 가시화되는 경우가 많은 주류 환경운동에 인종·민족·계급·장애 불평등을 통합하는 장애정의운동이 된다.[17] 그럼에도 환경운동은 여전히 배부른 백인 중산층의 기호처럼 '화이트워싱'되고, 자본의 논리에 따라 가난한 유색인 장애인이 접근할 수 있는 제품들이 화학장애에 안전한 제품일 확률은 낮다. 그러므로 흑인과 브라운이 직접 만들거나 저렴하게 구할 수 있는 무향 제품에 대한 정보 공유가 아프고 장애가 있는 가난한 유색인들의 일상을 개선하는 데 필요한 운동이기도 하다는 점을 이 책은 보여준다.

정신건강 측면에서 이 대안적 접근법들은 이 책에서 중요하게 다루는 주제인 퀴어 유색인 장애인들의 트라우마와 자살사고 문제에 연결된다. 사회적 소수자성이 중첩된 이들은 성폭력을 포함한 각종 폭력을 아동기부터 경험하는 일이 많고, 가족의 학대로부터 도망쳐나와도 가난하고 갈 곳 없는 유색인 퀴어 장애인으로서 또 다양한 폭력적 상황에 놓인다. 이런 일들이 쌓이다보면 어느 순간 툭 하고 삶을 내려놓게 될 위험이 커지는 것이다. 서문에서 피엡즈나-사마라신하가 "생존자로 살기"도 "장애정의의 일부"라고 말할 때, 이 말은 한편으로는 18장에서 설득력 있게 논하듯 생존자에 대한 비장애중심주의적 모델 — 한 점의 그늘도 없이 정상성 규범에 부합하는 삶으로 '복귀하는' 것을 '완치'로 규정하고 트라우마를 하루빨리 '극복'하지 않으면 실패자로 보는 관점 — 에서 흉터와 더불어 살아가고 흉터로부터 배우는 치유 모델, 아프고 슬픈 채로도 괜찮은 곳으로 공동체를 바꿔나가는 치유 모델로의 전환을 의미한다. 다른 한편 이 말은 사회적 소수자성이 중첩된 위치에서는 다양한 권력 체계들의 교차가 매우 복잡한 상흔을 남기므로 이런 상흔의 치유에도 교차적 접근이 필요하다는 뜻도 담고 있다. 이 상흔과 치유에는 돈, 정보, 관계망을 포함한 자원 접근성 문제, 여전히 지속되는 차별적 구조의 문제, 관점·감수성·인식틀에 관련된 문제들이 죄다 얽혀 있다. 교차적 위치에 놓인 이들 상당수는 정신분석이나 심리상담 같은 주류 치료법에 접근하기엔 너무 가난하다. 어쩌다 접근 기회를 얻어도 중산층 이상의 백인-시스젠더-이성애-비장애 중심적인 기득권 관점에서 전혀 이해받지 못하기 쉽다. 중첩된 사회적 소수자성이 이해받지 못할 때 정신병원에 감금당하거나 경찰에게 사살당할 위험은 엄청나게 커진다. 따라서 이런 상처에 교차적으로 접근하는 일은 결국 제국주의, 자본주의, 계급주의, 인종차별주의, 성차별주의, 이성애중심주의, 시스젠더중심주의, 비장애중심주의 등의 거대한 권력 체계들과 맞서 싸우는 문제가 된다.

이런 맥락에서 대체의학, 대안적 치유법, 마음 기댈 곳을 마련하는 점술과 신앙 실천은 일종의 저항운동의 성격을 띤다. 즉,

이는 사회적 소수자 집단을 통제하고 관리하기 위한 우생학적 수단으로 쓰여온 서구의학에 맞서, 강제로 지식의 계보가 끊기고 '공중보건'의 명분 아래 빈번히 '청소'당해온 이들이 지금도 진행 중인 식민지화에 저항하여 당사자들의/에 대한/에 의한 대항담론을 구축하는 작업이다. 노예로 끌려와 북미 대륙에 살게 된 흑인들, 강제 이주·집단적 살해·문화적 말살을 겪어온 선주민들, 미국의 전력 공급 식민지 및 핵실험장으로 쓰인 카리브해 제도와 태평양 지역에서 온 유색인들에게는 백인들이 짓밟고 끊어버린 자신들의 계보를 찾아서 지식과 역사를 재정립하는 작업이다. 또한 저자가 WSCCAP라고 부르는 백인우월주의-자본주의-식민주의-비장애중심주의-가부장제 중심의 '완치' 모델에 대항하여 아프고 망가진 모습 그대로 더불어 살아갈 수 있는 장애정의 치유 모델을 만들어가는 작업이다. 그리고 이런 관점에서 기존의 토속신앙에 들러붙은 계급제나 가부장제, 배타적인 민족주의, 여성혐오나 퀴어혐오, 장애혐오 등을 떼어내어 어떤 면에서든 차별적이지 않은 영적 전통을 재창출하려는 노력이 수반된다. 이러한 저항운동들은 16장에서 예시했듯 법원 앞 집회에서 조상들에게 기도를 올리고, 서로를 먹이고, 공권력에 의한 침탈·감금 경험 때문에 피해자 지지 방청을 위해 법원에 들어가는 단계부터 힘들어하는 서로를 다독일 방법으로 땅과 신체적으로 접촉하는 치유 의식을 펼치는 일처럼 느리고도 섬세하게 모두를 돌보는 형태로 나타난다.

(2) 불구 조상과 계보 되찾기

앞의 사례에서 '조상'을 부르는 행위가 장애정의 실천에 포함된 것은 그리 놀라운 일이 아닌데, 이는 다양한 인종적·민족적 뿌리를 존중하는 의미인 동시에 여러 사회적 소수자운동에서 대항담론을 구축하는 과업의 일환으로 자주 해온 일이기 때문이다. 달리 말해 '조상 만들기' 또는 '되찾기'는 각 운동이 주체로 호명하는 인구 집단이 생존하고 투쟁하고 고유의 자긍심과 지식을 일궈온 역사—그동안 지배층에 의해 무시되고 지워졌던 역사—를 발굴하여 계보를 새로이 잇는 실천으로 중요하다.[18] 책의 첫머리부터 조상에 대한 밀번의 글을 싣고 불구 계보와 조상을 불구 미래와 연결하여 논한 밀번과의 대담을 마지막 장에 배치할 정도로, 불구 조상은 이 책에서 중요한 키워드로 자리한다. 그렇다면 누가 불구 조상이며 어떤 의미로 조상을 불러내는가?

첫째, 불구 조상은 인종적·민족적으로 대를 이은 혈연관계라기보다는 기리고 연결되고자 하는 관계들을 뜻한다. 차별과 억압의 역사를 공유하는 이들, 그 안에서 생존을 위해 고군분투한 이들, 가혹한 현실에서도 서로를 돕고 살리고자 애썼던 이들 모두가 불구 조상이 된다. 조상 개념을 적극적으로 장애정의 담론에 들인 스테이시 밀번은 〈양말의 계보: 내가 물려받은 장애운동의 유산〉에서 "시설에서 창밖을 바라보며 더 나은 삶을 꿈꿨던 장애인들", "전쟁과 이주로 인해 사랑하는 것들을 잃은 사람들", "미국 남부에 살았던 퀴어들"을 조상으로 불러낸다.[19] 둘째, 앞의 글에서 밀번은 이 조상들의 공통점이자 자신과 연결되는 특성을 "열망"으로 꼽았고, 이 책의 첫머리에 실린 글에서는 함께 살아남기 위해 서로를 돌본 사람들, 약한 이들을 내치는 대신에 "취약함의 힘"과 "서로를 존엄하게 붙들어주는 방법"을 알고 있던 사람들을 조상으로 부른다. 이런 점에서 불구 조상은 (19장에서 피엡즈나-사마라신하가 이야기하듯) 현재의 장애정의운동이 나올 토양을 마련해준 이들이다. 불구 조상은 장애와 교차성 이슈에 무관심하거나 적대적인 환경에 둘러싸여 힘들게 투쟁하는 현재의 사람들에게 "우리가 장애정의운동을 하는 첫 번째 사람들은 아니라는" 연결감과 소속감을 부여해준다.[20]

셋째, 반드시 무언가 눈에 띄는 성과가 있거나 완전무결하고 우러러 본받을 이들만 불구 조상이 되는 것은 아니다. 19장의 대담에서 밀번은 "이제는 떠나보낸 친구들, 정치적으로 많은 걸 공유하진 않았지만 지금 제가 살고 있는 삶을 너무도 살고 싶어 했고 제가 늘 기리는 장애인 친구들"을 불러내고, 피엡즈나-사마라신하는 어린 자신을 학대한 가해자이자 본인도 장애인이면서 결코 그 사실을 인정하지 않았던 어머니마저 자신의 계보에 넣는다. 이는 좋은 면에서든 나쁜 면에서든 나의 삶과 얽혀 있고 나를 여기까지 오게 한 관계들, 현재의 나를 이루는 역사를 잊지 않는다는 의미다. 나아가 피엡즈나-사마라신하는 '완벽함'이라는 개념 자체가 비장애 중심적이며, 불구 조상은 우리가 불완전한 모습 그대로 가치 있음을 알려주는 계보이기도 하다는 점을 짚는다. 이와 연관해서 넷째, 불구 조상은 힘들고 막막할 때 정신적으로 의지하고 기도할 대상으로 소환되기도 하지만 현재의 우리가 일방적으로 배우고 따르는 관계는 아니다. 한편으로 피엡즈나-사마라신하는 이 과거의 불구 조상들이 비장애중심주의나 교차성에 대해 갖는 견해와 경험, 본인의 장애와 맺는 관계가 현재의 장애정의운동과는 다른 지점을 이야기하면서 현재의 렌즈로 과거를 획일화하지 않을 접근법을 모색한다.[21] 다른 한편 피엡즈나-사마라신하가 트라우마·질환·장애가 있어도 본인을 장애인으로 정체화한 적은 없는 이들을 불구 조상으로 불러올 때, 이는 다른 사회적 소수자 특성으로 이미 차별받는 상황에서 장애나 질병까지 밝혀졌다가는 더 큰 폭력에 노출되거나 일자리를 잃을 수 있어서 장애인으로 정체화하지 못하는 사람들을 이해하고 이들을 공동체로 초대하는 연대 행위이기도 하다.[22]

다섯째, 불구 조상에서 끌어내는 의미와 의의는 조상을 필요로 하는 이가 살아온 궤적과 장애 특성에 따라 달라질 수 있다. 각자가 처한 위치성에서 나온 통찰들은 불구 조상에서 출발해 장애정의운동의 방향성을 매우 다양하게 구체화한다. 예를 들어 피엡즈나-사마라신하가 장애인 정체성을 거부한 이들을 단순히 비장애중심주의를 내면화한 동족 혐오자로 재단하는 대신 계급·민족·인종·국적·젠더 등의 차원에서 다각적으로 주변화된 삶의 어려움을 나름대로 헤쳐나가려 애썼던 불구 조상으로 숙고할 때, 여기엔 아무런 의료적 돌봄도 받지 못한 채 보행장애가 있는 다리를 끌고 먼 거리를 일하러 다녀야 했던 가난한 외국인 노동자인 어머니와의 복잡한 관계가 반영된다. 성노동을 통해 번 돈으로 가난하고 갈 곳 없고 몸도 마음도 아픈 퀴어 유색인 청소년들을 먹이고 재운 실비아 리베라와 마샤 P. 존슨처럼 공동체 돌봄에 힘쓴 이들을 불구 조상으로 기리는 데에는 본인이 바로 그런 청소년이었던 경험이 영향을 미친다. 또한 피엡즈나-사마라신하는 만성적으로 아픈 심신과 더불어 살아가며 많은 시간을 침대에서 보내는 자신의 삶을 프리다 칼로처럼 자주 앓아누운 채 치열하게 작업했던 이들의 삶과 잇대고 글로리아 안잘두아의 '경계' 이론[23]에 엮어 짜면서, 아프고 장애가 있는 이들, 전통적인 사회운동의 정의에 맞게 몸을 공적 공간에 출현시키지 못하는 사람들의 정치적·예술적·경제적 실천을 언어화하여 '침대에서 운동하기'의 계보를 가시화한다.[24] 그리고 아파도 참고 공연했던 팝스타 프린스를 불구 조상의 계보에 잇댈 때, 이 연결은 아파서 일을 거절했다간 생계가 끊기기에 아파도 참고 일할 수밖에 없는 노동자들의 현실을 드러내고, 아프고 장애가 있는 사람들을 노동생산성의 반대편으로 밀어놓고 '세금이나 축내는 자들'로 규정하는 비장애 중심적 자본주의 관점과 달리 이들이 항상 이미 노동하고 있음을 밝히고, 그럼에도 이들의 노동이 어떻게 비가시화되고 가치 절하되는가를 비판하고, 가난하고 아프고 장애가 있는 이들이 무리하지 않고 일할 수 있는 지속가능한 노동 모델을 모색하는 방향으로 나아간다.

나아가 19장에서 "마샤 P. 존슨과 실비아 리베라가 둘 다 만성적으로 아팠고 트라우마 생존자였고 미친 유색인 트랜스 여성이었고 성노동 조직활동가였으니까 그들이 우리의 불구 조상이라고 주장하는 건 어떤 의미일까 (……) 그러면 우리가 광기를 힘으로, 또 흑인과 브라운 트랜스 여성들의 찬란한 정신장애인 정치활동으로 이해하는 방식에 어떤 새로운 길이 펼쳐지게" 될지 질문할 때, 불구 조상 되찾기는 급진적으로 장애정의의 미래를 그리는 과업과 연결된다.[25]

(3) 불구 둘라

이처럼 불구 조상 되찾기를 통해 불구 공동체와 불구 기술 및 지식의 역사를 과거에서 현재로 잇는 과업은 다시 미래로 이어지는데, 그 중요한 연결 고리 중 하나가 '불구 둘라'다. 임신 기간과 출산 및 임신 중지 전후에 재생산 행위 당사자 또는 가까운 주변인에게 신체적·정서적 조언과 위안을 제공하도록 훈련된 비의료인 전문가를 뜻하는 '둘라'란 용어를 가져와 밀번이 만든 신조어 '불구 둘라'는 새로이 장애인이 된 이들 또는 선천적 장애인일지라도 고립되어 살아온 이들에게 장애 세계를 안내하는 장애인 멘토를 가리킨다. '장애인이 되느니 죽는 게 낫다'는 믿음 아래 장애인들을 사회적으로도 물리적으로도 죽음으로 몰고 가는 비장애 중심적 사회에서는 비장애인이었다가 장애인이 되는 변화, 건강한 비장애인에서 아프고 쇠약한 상태(그럼에도 여전히 '비장애인'으로 기능할 것을 기대받는)로 옮겨가는 변화, 손상이 점점 심해지는 변화를 설명할 언어도 도울 방법도 없다. 그 자리를 장애에 대한 공포와 불안, 고립감과 자괴감이 채울 뿐이다. 이에 대항하여 불구 둘라는 장애 공동체로의 진입을 돕고, 장애인이 되자마자 갑작스레 낯설고 적대적으로 변해버린 부조리한 세상에 굴복하지 않을 용기와 지혜를 나눠주고, 장애와 더불어 살아갈 때 필요한 다양한 기술과 지식을 전수하고, 정서적 지지를 제공하고 때론 긴급한 돌봄 필요를 지원하면서 비장애에서 장애로의 이행을 일종의 통과의례나 '트랜지션'으로 경험할 수 있도록 돕는다. 이는 "장애 정체성으로 들어오는 걸 죽음이 아니라 탄생으로 보는" "거대한 패러다임 전환"으로, "개개인이 장애를 경험할

가장 느린 정의

수 있는 방식 전체"뿐 아니라 "장애 공동체가 형성될 수 있는 방식들까지도 변화시키는" "새로운 장애정의 공간을 창출"한다(19장). 이런 실천들은 더 많은 이들을 살리고, 더 많은 이들이 살 만한 세상을 만드는 대업에 필수적이다.

4. 번역어에 대한 고찰

이 책에는 풀뿌리 운동으로 자라온 장애 정치의 용어들이 중요하게 등장하는데 미국의 맥락에서 만들어진 것인 만큼 번역어를 정하는 일에 고민을 거듭했다. 한편으로는 그 맥락을 최대한 살리고, 다른 한편으로는 이에 상응할 만한 한국의 운동적 맥락과 연결되는 한글 단어로 번역하기 위해 노력했다. 여기서는 몇 가지 주요 용어를 짚고자 한다.

(1) crip, cripping, cripped-out

먼저 'crip'은 《망명과 자긍심》의 옮긴이 해제에서 설명한 대로 '불구'로 번역했다.[26] 그 글에서 제시한 설명을 요약하면서 추가 설명을 덧붙이자면, 'cripple'이라는 장애인 비하 용어[27]에서 파생된 crip은 퀴어 정치의 'queer'와 마찬가지로 그런 멸칭으로 불리던 당사자들이 수치스러워하며 숨는 대신에 적들의 언어를 탈취하여 자긍심의 언어로 바꿈으로써 지배적 가치 위계의 전복을 꾀한―그리고 드물게 성공한―당사자 용어다. 그리고 한국에서는 2010년 초반부터 crip의 번역어로 '불구'를 타진하는 논의가 장애학 연구자들 사이에서 나오기 시작했고, 2018년 장애여성공감이 내놓은 '시대와 불화하는 불구의 정치' 선언문[28]부터 미국 장애 정치에서 crip의 정치적 함의와 지향에 상응하는 한국 장애 정치 용어로서 '불구'가 본격적으로 등장했다.

둘째, cripping은 이 책에서는 '불구화하다'로 번역했다. 이 개념은 퀴어 정치에서 나온 'queering'이란 용어에 호응하여 퀴어-장애 교차적 정치에서 만들어진 것으로, 이전에 썼던 글에서는 queering을 '퀴어하게 만들기', cripping을 '크립하게 만들기'로 번역해서 이 개념들을 소개한 바 있다.[29] 한국의 퀴어 연구에서는 'queering'을 '퀴어링'(동사형으로는 '퀴어링하다')으로 음차해서 사용하는 경향도 보인다. 하지만 crip 개념이 한국의 장애운동에서 '불구'란 용어로 자리잡았기에 우리는 cripping도 '불구'에 맞춰 번역어를 정하기로 했다. 문제는 '퀴어하게 만들기'에 어울리게 고치자니 '불구하게 만들기'는 '퀴어+하다'처럼 외래어와 동사의 조합이 아니라서 영 어색해 보였다(한국어에서는 '불구로 만들기'가 더 익숙한 단어 조합이겠으나 그건 cripping의 의미 및 이론적·정치적 효과와는 맞지 않았다). 이런 어려움 때문에 최근 나온 퀴어 장애 관련 번역서 중엔 다시금 '불구'란 용어를 버리고 '퀴어링'에 맞춰 '크리핑'으로 음차하는 경우도 있지만, 우리는 한국 장애운동에서 쓰이고 있는 용어인 '불구'를 살리면서 그나마 조금 덜 어색한 방식(물론 일상어 기준에서는 마찬가지로 어색하지만 적어도 학계에서 개념어를 만들 때 자주 쓰는 방법인 글자 뒤에 '화化'를 붙이는 방식)을 따라 잠정적으로 '불구화하기'로 번역했다. 다른 글에서 나는 '불구화하기' 개념을 이렇게 설명했다.

불구화하기는 크게 두 가지 의미를 띤다. 첫째, 이는 '장애화 disablement'에 맞서는 정치적 위치성을 어떻게 체현하고 실천할 것인가에 관한 것이다. 장애화가 비장애 중심적 사회에서 심신의 다양성과 차이를 (열등함, 결핍, 비정상으로 의미화되는) '장애'로 낙인찍고 차별을 정당화하는 프로세스를 가리키는 말이라면, 불구화는 그러한 부당한 가치 위계와 낙인에 맞서 "장애를 다르게 사유할 가능성을 제시하기 위해" "모든 위치를 진지하게 고려하고 다양한 몸, 정체성, 위치에 책임감을 느끼는 장애학 및 장애운동"(케이퍼, 2023: 51)을 만들려 노력하는 비판적인 정치적 위치성을 지향하는 것이다. 둘째, 불구화하기는 이런 정치적 위치성에서 출발하여 비장애중심주의를 해체하는 방법론으로, 퀴어 이론의 '퀴어화하기(또는 퀴어하게 만들기, queering)'로부터 배운 것이다. 이는 사회 전역에 내재된 "비장애 신체 중심적 가정과 그것의 배타적 효과들을 폭로하기 위해 주류 재현이나 관행을 전환시키는" 비판 실천으로, "정상과 결함의 구분이 자의적임을 드러내고, 인간성을 동질화하려는 시도들에서 파생되는 부정적인 사회적 문제를 폭로"하며, 다양한 풍자와 도발적인 전유를 통해 비장애중심주의의 절대적 권위에 균열을 내고, 낙인찍힌 위치에서 겪어온 억압과 차별의 고통을 지금과는 다른 세상을 만들기 위한 자원으로 바꿔놓는다(Sandahl, 2003: 37).

'불구화하기'는 처음부터 교차성을 전제한다. 《불구 이론》(Crip Theory, 2006)에서 불구 개념을 이론적으로 정립한 퀴어 장애학자 로버트 맥루어Robert McRuer는 처음부터 이 개념을 퀴어와 장애의 교차를 바탕으로 구상했고, 더 광범위하게 확장하여 인종, 젠더, 섹슈얼리티, 계급의 문제, HIV/AIDS, 노숙인, 국경을 넘나드는 이주노동자와 난민들의 몸의 교차 속에서 발전시킨 바 있다. 불구는 '누가 장애인인가'를 계속 식별하려 들고 장애인과 비장애인의 분리를 자연화하려는 담론들에 맞서, 현재의 편협한 장애인 인정 체계에 포함되지 못하는 사람들은 물론이고 비장애중심주의와 다른 이데올로기들이 결탁해서 만들어내는 폭력—모든 존재에게 강제적 비장애 신체성과 강제적 비장애 정신성에 맞출 것을 명령하는 동시에, 젠더·섹슈얼리티·인종·민족·국가·계급 등의 권력 구분선을 따라 특정 존재들을 미치거나 아프거나 장애가 있는 존재로 규정하여 차별하고, 전쟁·빈곤·열악한 노동환경·환경 파괴 등 취약성을 산출하는 요인들을 전 지구적으로 불평등하게 분배함으로써 장애를 불평등하게 생산해내는 모순적인 폭력—에 휘말린 더 많은 다양한 위치를 장애 정치로 끌어들이는, 연대와 연합을 위한 이름이다.[30]

cripped-out이란 표현은 책 전체에서 여섯 번 등장하는데 번역어를 따로 정하기 어려워 '불구화된'으로 잠정 번역했다. 정확한 정의는 찾아보기 힘들지만, 피엡즈나-사마라신하가 이 표현을 쓸 때는 위에서 설명한 '불구화하기'가 성소수자 정치에서의 'out'의 용법과 느슨하게 얽혀 있음을, 즉 'out'이 주로 '커밍아웃coming out'과 관련되긴 하지만 '아웃팅outing'과 완전히 거리를 둘 수도 없는 방식으로 쓰이고 있음을 볼 수 있다. "우리의 불구화된 이미지들로 운동이란 무엇인가에 대한 전통적 통념들을 바꿔나가는 방식"(1장), "전통적인 바람직함의 정치보다 좀 더 불구화되

　　　　　　　　　　　　　　가장 느린 정의

고 이상한 무언가"(3장), "그 자리엔 괴팍하고, 인기 없고, 까다로운 사람들도 다 초대되었다. 왜냐하면 가장 불구화된 사람들은 가장 사회적으로 고립되어 있고 그런 자리를 가장 필요로 하기 때문이었다."(3장), "우리만이 제공할 수 있는 특별한 종류의 삐뚤빼뚤하고 불구화된 치유를 제공할 방법"(5장), "우리의 일이 존나 불구화될 필요가 있다"(6장), "기나긴, 아름다운, 불구화된 삶을 살아가자"(7장). 여기 인용문 대부분이 '불구화하기'와 '커밍아웃'의 당당하고 저항적·전복적·대안적인 힘을 담아내고 있다면, 이 중 3장 두 번째 문장 "가장 불구화된 사람들은 가장 사회적으로 고립되어 있고"가 애매하게 튀어 보일 것이다. 하지만 여기서 out은 자발적으로 자신을 드러내고 세상을 바꾸는 태도(커밍아웃)와 자기 의지와 상관없이 소수자성이 드러나고 마는 상황(아웃팅)이 중첩된 상태를 다 담아낼 수 있다. 즉 위험한 환경에서도 커밍아웃했기에 가장 불구화되었을 수 있고, 또는 가장 눈에 띄는 장애라서 차별·폭력·혐오에 더 자주 노출되어 사회의 부당함에 빠져 죽지 않기 위해 매번 힘껏 몸부림쳐야 하는 상황에 놓이기에 가장 불구화되었을 수도 있다. 또는 신체질환과 정신질환이 겹친 노숙인 퀴어 유색인 장애인처럼 빈곤과 집 없음, 인종·민족·젠더 측면에서 가장 주변화된 위치가 중첩되어 장애가 더욱 부정적 의미로 두드러지는 상황이라서 가장 불구화되었을 수도 있다. 'crip out'이 아니라 'cripped-out'인 것은 이런 휘말림까지 담아내고자 함은 아니었을까 짐작할 뿐이다. 어쨌든 '커밍아웃', '아웃팅'처럼 퀴어 정치의 용어들은 음차가 대부분이라서 crip 관련 용어들의 한글화 전략을 (정말 어쩌다보니 일방통행로에

들어와버린 것처럼) 진행 중이던 우리가 참고할 만한 점을 찾기 어려웠기에, 일단은 '불구화된'이란 번역어로 이 단어를 임시로 붙잡아두었다. 이런 용어들에 대해 하나의 번역어에 안주하는 대신 이 표현들에 담긴 의미와 의의, 효과를 함께 논의하면서 나아갈 때 이 용어들은 우리 삶에 실천적 도구로 자리할 수 있을 것이다.

(2) 정신장애인 당사자 용어들

이 책에는 정신질환 및 장애가 있는 당사자들의 공동체와 운동에서 형성된 용어들이 계속 등장한다. 최근 출간된 당사자운동 관련 참고문헌들[31]에서 쓰인 번역어와 우리의 번역어는 겹치는 듯 다른데, 어느 쪽의 번역이 맞다기보다는 우리가 어떤 의미와 맥락을 살려 번역어를 정했는지를 말하고 싶다.

예를 들어 대문자로 표기된 Mad에 대해 《미쳤다는 것은 정체성이 될 수 있을까?》의 역자들은 한글 번역어를 찾는 대신 '매드'로 음차한다. 이는 Queer를 '퀴어'로 음차하는 것과 마찬가지로, 이 개념들이 지배적인 가치 위계에 대한 저항과 자긍심을 담은 당사자 정체성의 용어로 만들어지고 사용되는 맥락을 살리기 위해서는 mad의 사전적 의미인 '미친'이나 '정신 나간'이란 표현—달리 말하자면 지배 질서가 부과한 부정적 의미를 안고 있는 용어—을 쓰는 것보다 음차가 나으리라고 판단한 것이다.[32] 이 취지에 매우 동의하면서도 우리는 이 책의 저자가 섞어 쓴 Mad, Madness, Crazy, mad, crazy를 '광기'나 '미친'으로 번역했는데, 이는 두 가지 맥락을 고려해서였다. 한편으로, 피엡즈나-사마라신하는 이 용어들을 당사자 공동체가 일군 자긍심의 정치 용어로 사용하는 동시에 여전히 '자긍심'만으로는 설명할 수 없는 복잡다단한 감정과 경험을 담아내는 의미로 사용한다. 즉, 피엡즈나-사마라신하는 아프고 미친 사람이라서 다르게 이해할 수 있고 다르게 행할 수 있는 돌봄과 저항의 실천들을 풀어내면서 부서지고 망가지고 불완전한 상태로도 아름답고 가치 있는 삶을 역설한다. 그러면서도 동시에 아프고 미친 상태가 요동치면서 그럭저럭 꾸려가던 삶이 문득문득 무너져내리는 현실을 드러내고, 썩어가는 집구석을 치울 힘도 없어 쓰레기와 같이 썩어가거나 "자살하고 싶고 몇 주 동안 냄새나는 똑같은 잠옷 바지를 입고 있을 땐"(15장) 퀴어/장애 공동체에서마저 고립되기 얼마나 쉬우며 사랑과 돌봄을 받기 얼마나 어려운지를 이야기한다. 이 책에서 이 두 측면이 대립하지 않는다는 점이 중요하다. 동시에 두 측면 중 어느 한쪽이 다른 쪽으로 완전히 흡수될 수도 없고 두 측면이 평온하게 공존할 수도 없다는 점도 중요하다. 아프고 미친 사람으로 살아간다는 것은, 저항과 오욕과 자괴감과 울분과 삶과 죽음과…… 좋고 나쁨이 깔끔하게 나뉘지 않는 진흙 구덩이에 처박히고 그 안을 헤매다 겨우 올라오면 다시 처박히길 반복하는 것이다. 헤쳐나올 때마다 마주하는 지평이 달라질 수는 있겠지만, 피엡즈나-사마라신하가 설득력 있게 주장하듯 이는 결코 비장애 중심적 사회가 기대하고 요구하는 '완치'와는 같지 않다. 이렇게 개념어로서가 아니라 일상에 녹아든 mad, crazy와 '더불어 살아가는' 경험, 이 단어들이 명사로뿐만 아니라 형용사로 삶에 붙어 있고 삶을/삶과 함께 움직이는 이 체현—그리고 '나는 왜 이렇게 미쳤지'와 '그래, 나는 미쳤다!'를 번갈아 오가며 자신과 세상을 다르게 바꾸어가는 경험 — 을 번역에 담아내려면 음차로는 부족할 것 같았다. 물론 '미친', '광기' 같은 단어들에 오랫동안 축적된 부정적인 의미의 힘을 생각하면 이런 단어들을 당사자 용어로 전유하거나 번역어로 사용하는 일은 늘 신중해질 수밖에 없다.[33] 하지만 다른 한편 앞서 말했듯 한국의 당사자운동 담론에서 crip을 '불구'라는 용어로 적극 끌어들인 방식을 고려하면, 또 한국 페미니즘운동사에서 여성들을 단속하는 멸칭 중 하나로 쓰이던 '미친년'을 '그래, 나/우리 미친년이다, 어쩔래!'라며 당사자들의 도발적 저항의 언어로 되찾는 실천이 반복적으로 출현해온 역사를 고려하면(이는 정확히 '퀴어'가 영어권에서 당사자 용어로 재전유된 방식이다), 잠정적이나마 '미친'이란 번역어를 사용하는 것도 괜찮으리라고 판단했다.

본문의 서문과 4장에서 역주로 안내했듯이,[34] 이 책에서 저자가 섞어 쓰는 psychiatric survivor와 psychic survivor, "psych" survivor를 전자는 '정신의학적 생존자'로, 앞 단어를 줄인 뒤의 두 단어는 '정병 생존자'로 번역했다. 후자의 번역어는 한국에서 2010년대 초중반부터 정신장애인 당사자 용어로 주로 SNS에서 부상한 '정병러'(정신병의 줄임말 '정병'에 '무엇을 하는 사람'이나 '어떤 물건이나 특징을 가진 사람'을 의미하는 영어 접미사 '-er'이 붙은 신조어)에서 따온 것이다. (최근에는 트랜스젠더를 병리화하는 혐오 세력에 맞서 '젠더 아픔이'라는 용어를 자조적이고도 저항적으로 사용하는 퀴어들이 유사한 맥락에서 '정신 아픔이'란 당사자 용어를 쓰는 경향도 보인다).

psychiatric survivor를 '정신의학적 생존자'로 직역한 것은 이 책의 주제를 살리기 위해서였다. 이 개념은 무난하게 '정신질환 생존자'로 번역되기도 하지만, 우리는 '정신질환'이라는 중립적 표현—엄밀히 말하자면 직접적인 혐오나 비하의 의미를 담지 않을 수 있다는 점에서 중립적인 동시에, '병'의 사회구조적 원인을 지우고 개인의 책임으로 돌리는 은밀한 혐오의 방식으로 자주 쓰여왔다는 점에서는 중립적이지 않은 용어—대신에 '정신의학'과 '생존자'를 붙여놓았을 때의 저항적 효과에 주목했다. 피엡즈나-사마라신하는 4장에서 psychiatric survivor를 이렇게 설명한다. "학대와 정신병리화로부터 살아남은 생존자들survivors of abuse and psychiatrization." 이런 정의를 통해 피엡즈나-사마라신하는 사회·정치·역사·경제적 구조와 환경과 무관한 '그냥 미친 자'들이 따로 있는 것이 아니라 바로 그러한 구조와 환경에 의해 '정신질환자'나 '정신장애인'이 규정되고 생산된다는 관점을 취한다. 이 관점에서 볼 때 '정신의학적 생존자'라는 개념에는 크게 세 가지 층위의 문제가 얽혀 있다.

첫째, 역사적으로 계급·인종·민족·국적·젠더·섹슈얼리티·장애 등의 권력 체계들에서 하위에 놓이게 되는 이들에게 (실제 정신건강 상태와 무관하게) '미친 사람'이란 이름표가 붙여졌고, 또한 지배적인 담론 질서에 순응하지 않는 저항의 움직임에 광기라는 딱지가 붙여졌다. 퀴어들, 가부장제를 따르지 않는 여자들, 백인들 기분을 거스르는 흑인들과 유색인들은 정신병동에 감금되고 고문당하곤 했다. 둘째, 이처럼 차별적이고 억압적인 세상에서 그런 권력 구분 체계들의 하위에 놓이는 사람들은 어릴 때부터 열악한 삶을 견디느라 정신적으로 취약해지며 극심한 우울증, 공황, 착란, 조현병 등을 얻게 될 확률도 커진다. 이 때문에 차별·억압·학대를 견디던 이들이 실제로 병을 얻고 나면, 다시금 사회구조적 원인이 개인 탓으로 돌려지는('네가 정신병자니까 그런 취급을 받는 거지, 사회 탓만 하지 말고 노력해서 나을 생각을 해라') 억울함의 악순환에 빠지게 된다. 셋째, 4장에서 중요하게 다룬 에드먼드 유 살해 사건처럼, 미등록 이주자만이 아니라 유학이나 취업비자로 들어온 이주자라도 조현병 같은 진단을 받으면 대학이나 직장에서 쫓겨나 순식간에 빈곤과 거주 위기를 겪게 되고, "미친 노숙인 아시아계 이민자 남성" 같은 소수자성이 중첩되어 있다는 이유만으로 위험 분자로 찍혀 경찰의 총에 맞아 사망할 위험이 커진다. 최근에는 미국에서 조울증을 앓던 한인 여성이 병원으로 가기 위해 도움을 요청했으나 출동한 경찰이 총으로 살해한 사건이 있었다. 한국에서도 정신병원에서의 감금과 고문으로 인한 환자 사망 사건이 잇따라 가시화되고 있다.[35] '정신질환자'가 되는 순간, 본인에게 들이닥친 정신건강 위기에 대처할 새도 없이, 문자 그대로 의료 권력과 공권력으로부터 '생존'해야만 하는 긴박한 상황에 놓이게 되는 것이다. "정신병리화로부터 살아남은 생존자들"이란 표현은 이런 복잡한 맥락을 담은 정치적 용어다. 따라서 우리는 '정신질환'이 결코 객관적이고 중립적인 분류가 아니라 이토록 다양한 권력관계들이 충돌하거나 연합하고 차별과 억압의 역사가 어지러이 중첩되는 세상에서 사람들의 정신을 분류하고 관리할 권위를 가진 정신의학이 생산한 이름표이기도 하다는 점을 좀 더 드러내기 위해, 그리고 그러한 분류와 관리에 가장 많이 고통받은 사회적 소수자들이 만들어온 당사자 저항운동의 맥락을 좀 더 담아내고자, 잠정적으로 '정신의학적 생존자'로 번역했다.

5. 느린 연대를 기억하고 또 만들며

이 한국어판의 제목 《가장 느린 정의: 돌봄과 장애정의가 만드는 세계》는 이다연 편집자님이 제안해주신 것이다. 원제대로 번역하자면 책 제목은 《돌봄노동: 장애정의를 꿈꾸다》겠지만, 우리는 편집자 선생님의 말씀대로 제목이 독자들에게 다가가는 첫 통로라면 이 책의 반짝반짝 빛나는 이야기들을 담기에 원제는 조금 평이해 보인다는 우려에 동의했다. 편집자 선생님은 원고를 읽으면서 가장 인상 깊었던 대목이 장애정의를 어떻게 실행해야 하는지 묻는 비장애인에게 저자가 "장애정의는 느려"라고 답한 부분(7장)이었고, 책 곳곳에서 강조되는 '아무도 뒤에 남겨두지 않는다'란 신조가 돌봄과 장애정의의 핵심이자 가장 많은 사람에게 닿을 메시지라고 느꼈기에 이런 의미를 '가장 느린 정의'란 제목으로 담자고 하셨다. 이 엄청나게 멋진 제안에 모두가 동의했다.[36]

공교롭게도 제이와 나, 편집자 선생님 모두 만성적으로 아프고 기력 고갈이 일상인 노동자들인지라 이 한국어판 작업도 느리게 진행되었다―슬프게도 모두가 과로하고 있는데도 그랬다. 작업의 마지막 두 달은 제이도 심하게 아프고 나도 면역 문제로 안질환이 이 시기 내내 기승을 부려 매 순간 통증으로 정신 나갈 것 같은 상태에서 원고를 수정하고 이 옮긴이 해제를 썼다. 그러면서 피엡즈나-사마라신하가 아픈 사람들의 창조적 실천 방식으로 드러내고자 한 '침대에서 글쓰기/운동하기'가 그 표현만큼 쉬운 일도 아니고 실제로 자주 누울 수 있는 일도 아니라는 생각을 했다(나는 노트북 살 돈이 없고 오랜 세월 함께한 데스크톱 컴퓨터로 모든 마감을 했으니 아플 때 누워서 일하는 건 장비 문제로 불가능했고 최소한 머리 가눌 힘이 있으면 어떻게든 의자로 기어올라야 했다). 통증이 너무 심해 생각이 가닥가닥 끊겨나가 문장 하나도 제대로 못 만드는 시간이 길어질 때, 원래 넣던 녹내장 약에 결막염 약까지 추가해 안약 7종류를 각각 하루 세 번씩 넣어도 눈꺼풀엔 진물이 그치질 않고 눈앞은 뿌옇고 점점 나빠지기만 해서 이러다 실명의 그날이 당겨지는 건 아닐지 두려워하며 일을 붙들고 있을 때, 매번 제시간―건강한 비장애인의 시간―에 맞춰 마감을 끝내지 못하는 나 자신이 징그러워질 때, 자주 아프다보니 밀린 일과 개 산책을 병행하는 데 실패해서 우리 왓슨이를 엄마네 맡기고 또 맡기고 그러고도 일을 못 끝내 바로 데려오지 못하는 나 자신을 혐오할 때, 그러다 어느 멋지고 훌륭한 책의 '감사의 말'에서 저자가 동료들의 이름을 하나하나 부르면서 그 많은 이들과 함께 공부하고 연구하고 운동했던 역사를 뿌듯하게 내보이는 대목을 읽었을 때 나는 슬프고 부끄러웠던 것 같다. 아마 내 남은 인생은 지금껏 그래왔듯 동료라고 부를 만한 관계는 제대로 만들지 못할 거고, 글과 현장을 연결하지도 못하고 그저 집에서 혼자 일하다가, 더 이상 눈이 안 보이게 되어 겨우겨우 해오던 글쓰기도 번역도 못하게 되면 모두에게서 조용히 잊히고 사라질 것 같아서.

가장 느린 정의

피엡즈나-사마라신하가 평생 가난하고 아픈 프리랜서 노동자로 살아오며 언제든 밥줄 끊길 걱정을 하는 것처럼, 나도 내가 어떻게 지금껏 살아 있는지 신기해하고 막막해하면서 통증으로 부스러지는 시간을 임시방편으로 그러모아 살고 있다. 늘 시간과 기력이 모자라 허덕이고, 심신에 터지는 크고 작은 증상들에 휘둘리고, 매번 마감에 늦어 못 믿을 사람이 되고, 일하다 앓아눕다 조금 나아지면 다시 일하다 앓아눕길 반복하고, 통증과 씨름하며 일 하나 겨우 끝내면 썩어가는 집구석을 치울 새도 없이 밀린 다른 마감들로 넘어가고, 나이 들었어도 아직 정정한 반려견의 산책 욕망 하나 제대로 충족시켜주지 못하고 산책과 몸살의 쳇바퀴를 돌며 좌절하는 매우 좁은 세계를 살아간다.[37] 그럼에도 두 권의 책을 함께 번역한 섬세하고 다정하고 진중하고 멋진 친구 제이, 그리고 책을 못 내고 있던 동안에도 나를 믿어주신 고마운 분이자 퀴어·장애·페미니즘 분야에서 정말 중요한 책들이 빛을 볼 수 있도록 애쓰시는 이다연 편집자 선생님처럼, 몇 년 동안 얼굴 한 번 보지 못해도 온라인으로 연락하고 책을 기다리고 함께 만들어온 인연들이 있다는 건 엄청나게 큰 위안과 도움이 된다. 물론 감사하게도 한동네 살며 내가 앓아누울 때면 왓슨이를 맡아주시고 종종 생계비도 못 벌 때면 굶어 죽지 않게 도와주신 엄마와 언니 덕에 목숨을 부지해왔다. 그래도 이와 더불어 내가 지금의 나 자신으로 살 수 있었던 건 온라인 인연들 덕분이기도 하다. 이 책 1장에 나온 온라인 퀴어 장애 공동체가 고립된 이들에게 상호돌봄과 지지의 장소가 되어줬던 것처럼, 나는 온라인 인연들 덕분에 아픈 사람이자 퀴어로 계속 존재할 수 있었고 내 정체성과 교차적 연대의 정치에 대해 배우고 성찰할 수 있었고 그런 주제로 강의하고 글 쓰고 번역하는 사람으로 살 수 있었다. 이 책이 아프고 장애가 있고 삶이 불안정하고 고립되어 있고 서울 위주의 비장애 중심적 행사들로부터 소외되어 있는 독자들에게 그런 느슨한 연결로써 조금이라도 도움 되길 바라는 마음이다.

2024년 가을,
산책 짧아 쑝에 안 찬다고 책상 아래서 한숨 쉬고 있길래
"심심하면 집안일 할래?" 물었더니
갑자기 눈 꼭 감고 자는 척하는 왓슨이와 함께

전혜은

1 레아 락시미 피에프즈나-사마라시냐, 〈아직도 야생의 꿈, 세상의 끝에서 장애정의를 꿈꾸다〉(원제는 "Still Dreaming Wild Disability Justice Dreams at the End of the World").

2 피엡즈나-사마라신하는 먼저 시집을 세 권 출판했고 첫 번째 산문집은 이 책 11장에 소개된 회고록 《더러운 강》이다(저자의 출판 목록은 다음을 보라. https://brownstargirl.org/category/books/). 장애정의에 대한 다른 책의 한국어판으로는 《급진적으로 존재하기》(2023)와 더불어 앨리스 웡의 회고록 《미래에서 날아온 회고록》(2024)이 출간되어 있다. 또한 앨리슨 케이퍼의 저서 《페미니스트, 퀴어, 불구: 불구의 미래를 향한 새로운 정치학과 상상력》은 '장애정의'란 용어를 쓰지 않지만(서문에 소개되었듯 이 개념은 2015년 장애정의집단이 공식화했고 케이퍼의 책은 2013년 출간되었다) 장애정의의 교차성과 접근성의 정치에 대한 이론적 자원과 주제별 분석을 제공하는 중요한 책으로 함께 읽어볼 필요가 있다.

3 사회정의에 대한 최근의 담론 지형을 살펴보려면 다음을 참조하라. 딘 스페이드, 《21세기 상호부조론: 자선이 아닌 연대》, 장석준 옮김, 니케북스, 2022(Dean Spade, *Mutual Aid: Building Solidarity during This Crisis (and the Next)*, New York and London: Verso Books, 2020); 뤼카 샹셀, 《지속 불가능한 불평등: 사회정의와 환경을 위하여》, 이세진 옮김, 김병권 해제, 니케북스, 2023(Lucas Chancel, *Insoutenables Inégalités: Pour une Justice Sociale et Environnementale*, Paris: Les Petits Matins, Institut Veblen, 2017); *Unsustainable Inequalities: Social Justice and the Environment*, Cambridge, MA: The Belknap Press of Harvard University Press, 2020). 변혁적 정의운동에 대한 설명은 이 책 1장 역주 41과 4장, 5장을 보라. 한편 '1990년대 중반~2000년대 초반'이란 시기 추정은 이 책 4장에 근거한 것이다. 4장에서 저자는 장애정의운동의 계보로 다양한 풀뿌리 운동을 불러내면서, 환경정의나 변혁적 정의운동이 그런 명확한 이름이 만들어지기 한참 전부터도 다양하게 사회적으로 주변화된 위치의 사람들이 각자의 자리에서 부당함과 싸워온 움직임을 운동의 계보에 포함하듯, 장애정의운동 또한 구심점이 될 개념만 없었을 뿐 2005년 장애정의집단의 설립 이전부터 곳곳에서 다양하고 산발적으로 형성되어왔으며 변혁적 정의 같은 다른 사회정의운동과도 연관되어 있음을 증언한다.

4 이 운동은 같은 시기에 퀴어 장애학자 로버트 맥루어가 백인-중산층-(시스젠더) 이성애자-남성 중심으로 제도화된 장애학에 맞서 가장 교차적이고 위태롭고 취약한 위치를 살아가는 이들을 위한 담론적 실천으로 제안한 '불구 이론'과 공명한다(McRuer, 2006).

5 일라이 클레어의 《망명과 자긍심》에 수록된 딘 스페이드의 글 〈2판 후기〉를
   보라.

6 이 책은 주로 가난한 유색인 장애인들(특히 정신장애인)이 공권력으로부터
   공격받는 사례를 다뤘지만, 사실 한국에선 인종과 계급이 장애와
   교차하여 만들어내는 다층적 억압을 논하는 단계까지 가지도 못하고
   그저 장애인이란 이유만으로 대중교통 이용을 거부당하고 공적 공간에
   나와서는 안 되는 불법적 존재로 취급된다. 한국에서 이동권 보장을 포함해
   사회 전 영역의 접근성 보장을 요구하는 장애인들의 거리 정치가 어떻게
   범죄화되어왔는지를 보여주는 절박한 투쟁의 기록으로 다음을 보라.
   박경석·정창조, 《출근길 지하철: 닫힌 문 앞에서 외친 말들》, 위즈덤하우스,
   2024.

7 저자가 속한 변혁적 정의와 장애정의운동 단체
   폐지와장애정의집단(Abolition and Disability Justice Collective, ADJC)'이 낸
   성명을 보라. abolitionanddisabilityjustice, "Statement of Solidarity with
   Palestine from the ADJC," 2021.5.20. https://abolitionanddisabilityjustice.
   com/2021/05/20/statement-of-solidarity-with-palestine-from-the-adjc/
   단체 이름에 들어간 '폐지'는 계급·인종·민족·국적·젠더·섹슈얼리티 등의
   차원에서 교도소와 장애 시설을 포함한 감금 체계들이 서로 연결되어 있다는
   통찰에서 발전한 '폐지주의abolitionism'를 뜻한다. 이 책 4장과 일라이
   클레어, 《망명과 자긍심》 중 〈[2판 서문] 단일 쟁점 정치에 도전하다: 10년
   뒤의 회고〉를 보라. 또한 다음의 논문도 참조하라. Vanessa E. Thompson,
   "Policing in Europe: Disability Justice and Abolitionist Intersectional
   Care." *Race & Class* 62.3, 2021, 61-76.

8 사회정의운동에서의 돌봄 논의는 앞서 소개한 딘 스페이드의 《21세기
   상호부조론》과 더불어 다음을 보라. 더 케어 컬렉티브, 《돌봄 선언:
   상호의존의 정치학》, 정소영 옮김, 니케북스, 2021(Care Collective, *The Care
   Manifesto: The Politics of Interdependence*, London: Verso, 2020). 페미니즘
   돌봄 이론들은 돌봄의 의무가 여성에게 쏠리고 돌봄노동이 여성들이 주로
   맡는 노동이기에 가치 절하되는 이중의 차별을 문제시하여 돌봄의 가치를
   재조명하고 돌봄을 크게 윤리와 노동의 두 가지 측면으로 이론화하며
   발전해왔다. 대표적으로 다음을 보라. 캐롤 길리건, 《다른 목소리로: 심리
   이론과 여성의 발달》, 허란주 옮김, 동녘, 1997(Carol Gilligan, *In a Different
   Voice: Psychological Theory and Women's Development*, Cambridge, MA: Harvard
   University Press, 1993); 조안 C. 트론토, 《돌봄 민주주의》, 김희강, 나상원
   옮김, 박영사, 2024(Joan C. Tronto, *Caring Democracy: Markets, Equality, and*

Justice, New York: New York University Press, 2013). 그리고 장애정의운동이 형성되어가던 때와 비슷한 시기에 부상한 페미니즘 장애학은 기존의 페미니즘 돌봄 이론에 장애 관점을 통합하여 기존 돌봄 이론 및 정책의 비장애 중심성을 비판하고 장애인을 돌봄의 중심이자 주체로 놓는 방향으로 나아갔다. 비장애인 어머니의 위치에서 장애 돌봄을 이론화한다는 한계와 돌봄 윤리를 낭만화한다는 비판을 받기도 하지만 학계의 흐름을 이끌어온 대표적 여성학자의 책들이 한국어판으로 출간되어 있다. 에바 페더 키테이, 《돌봄: 사랑의 노동—여성, 평등, 그리고 의존에 관한 에세이》, 나상원·김희강 옮김, 박영사, 2016(Eva Feder Kittay, *Love's Labor: Essays on Women, Equality and Dependency*, New York: Routledge, 1999); 에바 페더 키테이, 《의존을 배우다: 어느 철학자가 인지장애를 가진 딸을 보살피며 배운 것》, 김준혁 옮김, 반비, 2023(Eva Feder Kittay, *Learning from My Daughter: The Value and Care of Disabled Minds*, New York: Oxford University Press, 2019). 한국 내 논의로는 예를 들어 다음을 보라. 조한진희 외, 《돌봄이 돌보는 세계: 취약함을 가능성으로, 공존을 향한 새로운 질서》, 동아시아, 2022; 고윤경, 〈생산으로서 돌봄: '사회적 재생산'을 넘어 '함께-다르게-되기의 노동'으로〉, 《여/성이론》 49, 2024, 92~106; 김순남, 〈토론문〉, 《여/성이론》 49, 2024, 107~111.

9 7장에서 피엡즈나-사마라신하는 재난상황의 이런 공동체 돌봄 실천이 호흡기 질환이 있는 장애인들의 생존 지식을 더 많은 사람에게 알리는 장애 지식 전수의 실천이기도 하며, 장애인은 쓸모없는 존재라는 비장애 중심적 인식과 달리 환경문제가 심각해질수록 이미 환경문제를 겪으며 살아온 장애인들이 보유한 지식이 모두를 살리는 데 도움이 된다는 사실을 강조한다. 코로나19 팬데믹 기간의 돌봄운동/노동에 대한 자세한 설명은 아직 번역되지 않은 피엡즈나-사마라신하의 신간 《미래는 장애인이다: 예언, 사랑의 기록, 애도의 노래(The Future Is Disabled: Prophecies, Love Notes, and Mourning Songs)》(Vancouver: Arsenal Pulp Press, 2022) 1장을 보라.

10 예를 들어 섹슈얼리티 영역을 접근성 개념으로 재사유하는 논의로 다음을 보라. Robert McRuer and Anna Mollow, Ed., *Sex and Disability*, Durham and London: Duke University Press, 2012. 또한 케이퍼의 《페미니스트, 퀴어, 불구》는 공간뿐 아니라 시간성과 미래와 관련해서 접근성을 논하는 연구로서, 접근성을 "장애를 다르게 사유하고자 하는 열망"에 연결한다(케이퍼, 2023, 382쪽).

11 특히 한국에서 장애인들이 지하철조차 타지 못하게 공권력으로 막는 짓거리는 정확히 이런 생각을 반영한다. 또한 이런 편협한 폭거에 대응하느라

한국에서는 접근성에 대한 논의가 여전히 매우 기본적인 권리 담론
이상으로 나아가지 못하는 상황인데, 이는 장애운동의 한계가 아니라 비장애
중심적이고 장애혐오적인 사회의 문제로 봐야 한다.

12 웡,《미래에서 날아온 회고록》중 〈왜 '#접근성은사랑'인지 깨닫자〉참조.

13 매우 구체적인 차이와 서로 다른 접근 필요에 대응하는 매우 구체적인
기술·지식·노동으로서의 '불구 친절'에 대한 사유는 한국의 장애운동에서도
따로 고민하며 발전시켜온 것이기도 하다. 다음을 보라. 장애여성공감,
《어쩌면 이상한 몸: 장애여성의 노동, 관계, 고통, 쾌락에 대하여》중 이진희,
〈실패를 위한 활동, 포기하지 않는 몸〉, 오월의봄, 2018.

14 지속가능한 돌봄 모델에 대한 고민은 이 책의 모든 주제에 이어져 있는데,
5장에서 언급되고 16장에서 길게 다뤄지는 'self-care'에 대한 고찰도
포함된다. 'self-care'는 흔히 '자기관리'로 번역되고 우리도 이 번역어를
사용했으나 이 책에서 이 용어가 두 가지 상반된 의미로 논의된다는 점을
설명할 필요가 있다. 하나는 신자유주의적 자본주의 논리의 '자기관리'이고,
다른 하나는 치유정의 관점에서의 '자기돌봄'이다. 전자는 자본주의 생산성을
충족시키기 위해 노동자를 재생산하는 관리 프로세스로, 장애에 대한
의료화/개인화 모델에서 비장애 중심적으로 정의되는 'care'와 연결되어
있다. 즉 다치거나 아프면 모두가 완치를 목표로 해야 하고, 질환이나
장애를 얻어 '쓸모없는' 존재가 되지 않도록 미리 관리해야 한다는 명령이다.
이는 산업재해의 책임마저 노동자 개인에게 옮기고 국가와 기업의 책무를
방기하는 책임의 개인화(responsibilization)의 작동 방식이다. 다음을 보라.
주디스 버틀러·아테나 아타나시오우,《박탈: 정치적인 것에 있어서의
수행성에 관한 대화》, 김응산 옮김, 자음과모음, 2016(Judith Butler and
Athena Athanasiou, *Dispossession: The Performative in the Political*, Cambridge:
Polity Press, 2013). 16장 서두에 나온 노동활동가의 글이 self-care를 모조리
이 전자의 의미로 해석하여 노동자에겐 그딴 것이 필요 없다고 주장한다면,
피엡즈나-사마라신하는 그런 논리를 떠받치는 비장애중심주의를 지적하면서
장애인들이 아픈 심신과 생계노동의 균형을 맞추며 지속가능한 삶을
꾸리기 위해서는 자기돌봄이 필요함을 역설한다. 이는 사람을 쓰고 버리는
일회용품처럼 취급하는 짓에 공모하지 않기 위해서라도 자본주의와
비장애중심주의의 논리에 잡아먹히지 않는 돌봄 정치를 좌파운동 안에서도
고민해야 한다는 요청이다.

15 웡,《미래에서 날아온 회고록》2부 1장 〈나의 메디케이드, 나의 생명〉을 보라.

16 1990년대 중반부터 제약회사 '퍼듀 파마(Purdue Pharma)'가 말기암
환자에게만 처방되어야 하는 중독성 강한 마약성 진통제 오피오이드 계열

'옥시콘틴(OxiContin)'을 일반 진통제로 속여 마케팅했고 엄청난 로비를 벌였다. 돈을 받은 의사들은 옥시콘틴을 무분별하게 처방했고 돈을 받은 언론과 정계는 그 부작용에 대해 수십 년간 침묵했다. 그로 인해 지금까지 수십만 명이 약물 부작용으로 사망했고 수백만 명이 마약중독자가 되었으며, 우여곡절 끝에 몇 년 전 옥시콘틴의 판매가 중지되자 남겨진 중독자들은 불법적으로 대규모 유통된 합성 마약 펜타닐에 집어삼켜졌다. 자세한 논의는 다음을 보라. 벤 웨스트호프, 《펜타닐: 기적의 진통제는 어쩌다 죽음의 마약이 되었나》, 장정문 옮김, 소우주, 2023(Ben Westhoff, *Fentanyl, Inc.: How Rogue Chemists are Creating the Deadliest Wave of the Opioid Epidemic*, New York: Atlantic Monthly Press, 2019).

17 이 주제에 대한 선구적 연구로 다음을 보라. Mel Y. Chen, "Unpacking Intoxication, Racialising Disability." *Medical Humanities 41.1,* 2015, 25-29; *Intoxicated: Race, Disability, and Chemical Intimacy across Empire*, Durham, NC: Duke University Press, 2023. 한편 기존의 비장애 중심적 환경운동이 환경오염으로 인한 질병 및 장애를 악마화하는 경향이 있음을 비판하며 환경정의운동과 장애정의운동이 함께 갈 필요성과 가능성을 논하는 글로는 앨리슨 케이퍼, 《페미니스트, 퀴어, 불구》 중 7장 〈접근 가능한 미래, 미래 연합〉을 보라.

18 예를 들어 흑인 페미니즘의 계보로 아마존 전사를 불러낸 작업은 다음을 보라. 오드리 로드, 《블랙 유니콘》, 송섬별 옮김, 움직씨, 2020(Audre Lorde, *The Black Unicorn: Poems*, New York and London: Norton, 1978), 이 아마존 전사의 계보는 《암 일지》(Audre Lorde, *The Cancer Journals*, New York, NY: Penguins Books, 2020[original 1980])에서는 유방암으로 절제 수술을 받고 한쪽 가슴으로 살아가는 여성들과 연결되어 재정립된다.

19 《급진적으로 존재하기》에 수록된 밀번의 글 〈양말의 계보: 내가 물려받은 장애운동의 유산〉, 397쪽. 원제는 "On the Ancestral Plane: Crip Hand Me Downs and the Legacy of Our Movements"으로, 윙의 《미래에서 날아온 회고록》 420쪽에서 〈내 조상들의 지평에서: 크립의 전승과 우리 운동의 유산〉이란 제목으로 소개한 글이 바로 이 글이다. (다른 책들에 인용된 글을 알아보기 어렵다는 점이 원제와 다른 한글 제목을 새로이 지을 때의 고충 중 하나다.)

20 이런 맥락에서 역사에 기록되지 못한 장애인들이 어떻게 살아남고 서로를 돕고 비장애 세계를 헤쳐나갔는지에 대한 더 많은 당사자 서사의 필요성이 제기된다. 앨리스 윙의 아카이빙 기획 '장애 가시화 프로젝트'처럼 한국에서도 이런 기록 작업이 운동의 한 형식으로서 꾸준히 치열하게 나오고 있다. 예를

들어 다음을 보라. 홍은전,《노란 들판의 꿈: 그들의 배움, 그들의 투쟁, 그들의 일상》, 노들장애인야학 기획, 봄날의책, 2016; 장애여성공감,《어쩌면 이상한 몸》; 정창조 외,《유언을 만난 세계: 장애해방열사, 죽어서도 여기 머무는 자》, 비마이너 기획, 오월의봄, 2021; 홍은전 외,《전사들의 노래: 서지 않는 열차를 멈춰 세우며》, 비마이너 기획, 오월의봄, 2023; 박경석·정창조,《출근길 지하철: 닫힌 문 앞에서 외친 말들》.

21 이는 퀴어 역사 연구에서도 중요하게 다뤄지는 주제로, 과거의 퀴어한 존재들을 현재의 퀴어를 정의하고 이해하는 틀로 해석해도 되는지, 현재 통용되는 '동성애자', '트랜스젠더' 등의 범주 구분을 과거의 존재들에게도 적용할 수 있는지 등의 문제에 신중한 접근이 이뤄지고 있다. 한국 연구로는 예를 들어 다음을 보라. 루인, 〈캠프 트랜스: 이태원 지역 트랜스젠더의 역사 추적하기, 1969~1989〉,《문화 연구》1.1, 2012, 244~278.

22 장애인이면서 백인 중산층(그리고/또는 남성)인 장애학자들이 아픈 사람들을 장애인 범주에 들이지 않거나 반대로 아픈 사람들은 그저 내면화된 장애혐오로 인해 장애인으로 정체화하지 않는 것이리라 단정하는 경향과 비교할 때(《퀴어 페미니스트, 교차성을 사유하다》에 수록된 전혜은, 〈'아픈 사람' 정체성〉 참조), 피엡즈나-사마라신하의 이런 입장은 장애인 정체성의 형성과 인정의 문제가 단일 쟁점 정치적 관점으로서는 제대로 논의될 수 없으며 교차적 접근이 필수적임을 역설한다는 점에서 중요하다. 이와 유사하게 맥루어는《불구 이론》의 마지막 장에서 주로 백인 중산층 장애학자들이 비장애인들을 설득할 방안으로 제시하는 '시간이 지나면 우리 모두 언젠가 장애인이 된다'는 보편화 담론이 원래 의도와 달리 비장애인과 장애인을 이분법적으로 갈라놓고 장애를 아직 도래하지 않은 미래의 일로 밀어놓는 효과를 문제시하면서, 일자리를 잃으면 추방될 위험 때문에 결코 장애인으로 정체화하지 않는 외국인 노동자들의 경우처럼 이미 도래한 장애와 그 장애에 대한 인정의 괴리를 교차적 억압의 관점에서 분석할 장애 이론의 필요성을 역설한 바 있다(McRuer, 2006).

23 경계성과 교차성에 대한 안잘두아 이론에 대한 짜임새 있는 설명으로 다음의 글을 보라. 박미선, 〈글로리아 안잘두아의 교차성 이론: 초기 저작에서 《경계지대/경계선》까지〉,《여성학 연구》24.1, 2014, 95~126.

24 사실 이 계보 가시화 작업은 만성질환 및 장애가 있는 페미니스트들이 꾸준히 시도해온 일이다. 그리고 한편으로는 당사자들이 아프다보니 자주 사라져서, 다른 한편으로는 노동과 운동에 대한 비장애 중심적 규범 때문에 자주 지워져서 명맥이 끊겨온 일이기도 하다. 예를 들어 한국계 미국인 예술가 요한나 헤드바의 〈아픈 여자 이론〉을 보라.

Johanna Hedva, "Sick Woman Theory," *Mask Magazine*, 2016.3.2. www.maskmagazine.com/not-again/struggle/sick-woman-theory. (이 글이 최초 공개된 웹진 주소는 2020년 이후로 검색되지 않는다. 대신 여기서 PDF를 다운받을 수 있다. https://www.kunstverein-hildesheim.de/assets/bilder/caring-structures-ausstellung-digital/Johanna-Hedva/cb6ec5c75f/AUSSTELLUNG_1110_Hedva_SWT_e.pdf. 또한 한국어판 무료 번역은 다음의 웹주소에서 만나볼 수 있다. https://off-magazine.net/TRANSLATE/hedva.html)

25 여섯째, 가까운 이들의 죽음을 자주 겪는 사회적 소수자들에게 조상을 기리는 일은 상실과 슬픔을 안고서 계속 살아가고 서로를 살리기 위한 일이기도 하다. 코로나19 팬데믹이 한창이던 2020년, 스테이시 밀번은 불구 조상의 대열에 합류했다. 윙,《미래에서 날아온 회고록》중 〈조상과 유산〉을 보라.

26 좀 더 긴 설명은 일라이 클레어의 《망명과 자긍심》 말미에 붙인 전혜은, 〈옮긴이 후기〉, 300~303쪽을 보라.

27 'cripple'은 사전적 의미로는 '절름발이'로 번역될 수 있겠지만, 사실 영어권에서는 그보다 훨씬 심한 의미를 담은(아마도 한국어의 '병신'에 맞먹는) 욕으로 절대 사용해서는 안 되는 혐오 표현이라고 한다. 그런데 사실 crip이 queer와 같은 위상을 가진 용어로 자리잡는 중간 과정에선 cripple이 그 저항과 전복의 당사자성을 담은 용어로 도발적으로 사용되기도 했다. 대표적으로 20대 후반에 다발성 경화증을 진단받아 휠체어 사용자로 살아간 백인 여성 페미니스트 작가 낸시 메어스가 1980년대 중반부터 cripple을 그런 의미로 사용했고(관련 저서로 다음을 보라. Nancy Mairs, *Plaintext: Deciphering a Woman's Life*, Tucson, AZ: University of Arizona, 1984; *Waist-High in the World: A Life Among the Nondisabled*, Boston, MA: Beacon Press, 1997), 일라이 클레어도 피엡즈나-사마라신하도 cripple을 crip의 의미로 혼용한다. 따라서 《망명과 자긍심》에서와 마찬가지로 이 책에서도 crip과의 연관성을 살려 cripple을 '불구자'로 번역했다.

28 장애여성공감, 〈'시대와 불화하는 불구의 정치' 선언문: [시대와 불화하는 불구의 정치④] 장애여성공감 20주년 선언문〉, 《오마이뉴스》, 2018.2.1. https://www.ohmynews.com/NWS_Web/View/at_pg.aspx?CNTN_CD=A0002400624

29 《퀴어 페미니스트, 교차성을 사유하다》에 수록된 전혜은, 〈장애와 퀴어의 교차성을 사유하기〉, 19쪽.

30 전혜은, 〈장애로부터 교차성의 방법론과 연대를 구체화하기: 앨리슨 케이퍼(2023),《페미니스트, 퀴어, 불구: 불구의 미래를 향한 새로운 정치학과

상상력〉〉,《한국여성학》39.4, 2023, 190~192. 이 인용문에 나온 참고문헌은
다음을 보라. Carrie Sandahl, "Queering the Crip or Cripping the Queer?:
Intersections of Queer and Crip Identities in Solo Autobiographical
Performance," *GLQ: a Journal of Lesbian and Gay Studies* 9.1, 2003, 25-56.
인용문의 설명에 약간의 오해의 소지가 있어 부연하자면, crip을 '신조어'로
창조한 사람이 맥루어는 아니다. 엄밀히 말해 crip은 1980년대부터 다양하고
광범위한 장애 관련 문화에서 자생적으로 당사자 용어로 형성되는 과정을
거쳤고, 이 용어를 이론적 개념으로 정립하려는 시도가 맥루어와 더불어
인용문에서 언급한 캐리 샌달(Carrie Sandahl) 같은 연구자들의 작업에서
진행되다가, 맥루어의 저서《불구 이론》에서 공식화되었다고 볼 수 있다.

31 이 책의 번역이 늦어지는 동안 반갑게도 정신장애운동에 대한 중요한
텍스트가 상세한 역주와 함께 번역 출간되었다. 정신장애운동(들)의 역사와
맥락, 다양한 입장에 대한 꼼꼼한 논의는 모하메드 아부엘레일 라셰드,
《미쳤다는 것은 정체성이 될 수 있을까?: 광기와 인정에 대한 철학적 탐구》,
송승연·유기훈 옮김, 오월의봄, 2023(Mohammed Abouelleil Rashed,
*Madness and the Demand for Recognition: A Philosophical Inquiry into Identity and
Mental Health Activism*, Oxford: Oxford University Press, 2019)를 보라. 이
한국어판의 역자 선생님들이 쓰신 글도 도움이 될 것이다. 예를 들어 다음을
보라. 송승연, 〈정신장애인의 대안적 접근으로서 Mad Studies에 대한 탐색적
연구〉,《비판사회정책》59, 2018, 297~345; 〈정신장애인 당사자운동과 인정
요구, 그리고 대항서사에 대하여:《미쳤다는 것은 정체성이 될 수 있을까?》를
중심으로〉,《문화과학》115, 2023, 267~286; 유지훈, 〈아빌리파이,
매드프라이드 그리고 화학적 사이보그〉,《에피》16 '장애와 테크놀로지'
특집, 2021. 또한 한국의 당사자 관점에서 나온 생생한 증언록이자 현실적인
도움을 제공하는 중요한 지침서로는 리단,《정신병의 나라에서 왔습니다:
병과 함께 살아가는 이들을 위한 안내서》(하주원 감수, 반비, 2021)를 보라.
한편 이 텍스트들이 공통적으로 지적하듯, '정신질환'과 '정신장애'는
신체질환 및 장애만큼이나 다양하고 광범위하며 같은 진단명이나 비슷한
증상으로 묶일 수 있는 경우라도 개개인의 다른 병력·유전·사회환경·경제적
형편 등 수많은 요인의 영향으로 개인마다 엄청나게 다른 경험을 겪기 때문에
'정신장애운동'이나 '당사자운동'으로 묶이는 운동들도 서로 다른 쟁점에
다른 접근법, 다른 이해관계를 갖고 있다는 점을 유념할 필요가 있다. 예를
들어 앞의 책들이 다루는 정신장애와는 또 다른 맥락에서 진행된 자폐인
당사자운동(들)의 복잡한 역사와 쟁점에 대해서는 존 돈반·캐런 저커,
《자폐의 거의 모든 역사: 자폐는 어떻게 질병에서 축복이 되었나》, 강병철

옮김, 꿈꿀자유, 2021(John Donvan and Caren Zucker, *In a Different Key: The Story of Autism*, New York, NY: Crown, 2016)가 번역 출간되어 있다. 정신장애인 당사자운동들에 대해 자세히 알고 싶다면 이 책들이 도움이 될 것이다.

32 《미쳤다는 것은 정체성이 될 수 있을까?》의 1장 〈정신장애운동과 인정에 대한 요구〉 40쪽 역주를 보라.

33 이 문제를 통찰력 있게 고찰한 글로는 일라이 클레어, 《망명과 자긍심》의 2부 1장 〈프릭과 퀴어〉를 보라.

34 서문 역주 32와 4장 역주 11을 보라.

35 미국의 사건은 다음의 기사를 보라. 김미나, 〈뉴저지 한인 여성, 경찰 총격에 사망…… "물통 들고 있었을 뿐"〉, 《한겨레》, 2024.8.9. https://www.hani.co.kr/arti/international/international_general/1152983.html 한국의 사례는 다음의 기사를 보라. 고경태, 〈"죽음의 격리·강박 원천 금지"…… 정신병원개혁연대 출범한다〉, 《한겨레》, 2024.8.2. https://www.hani.co.kr/arti/society/society_general/1154427.html; 김진이, 〈"정신병원은 더 이상 고문실 용납 안 돼"〉, 《비마이너》, 2024.8.27. https://www.beminor.com/news/articleView.html?idxno=26844

36 부제목 '돌봄과 장애정의가 만드는 세계'에서 '돌봄'과 '장애정의'를 '세계'에 잇는 동사로 '만드는'을 넣자는 제안은 내가 했다(편집자 선생님의 제안은 '불러올'이었다). 이는 한편으로 퀴어 유색인 중심의 교차성 정치에서 더 다양하고 더 많은 존재가 살 만한 세상을 만드는 미래 지향적 과업을 가리키는 용어로서 '세계 만들기(world-making)'가 쓰였던 흐름을 이어받기 위해서다(예를 들어 다음을 보라. José Esteban Muñoz, *Cruising Utopia: The Then and There of Queer Futurity*. 10th Anniversary Edition, New York, NY: New York University Press, 2019[original 2009]). 그리고 다른 한편으로는 이 책에서 역설하듯 장애정의운동이 더 나은 미래를 위한 미래 지향적 과업이기도 하지만 동시에 과거부터 지금까지 퀴어 유색인 장애인들이 일궈온 다양한 실천들이 이미 그러한 과업에 연결되어 있다는 것, 그래서 장애정의는 한참 먼 미래의 언젠가 일어날 일이 아니라 역사적으로 '우리'가 해온 투쟁의 역사를 잇고 우리가 바라는 세상을 지금 여기에 만들고자 분투하는 현재진행형 과업이라는 점을 담아내기 위함이다.

37 만성적으로 아픈 사람들이 심각하게 아플 때 날려먹은 시간을 보충하기 위해 덜 아플 때 더 많이 과로해야 하는 아이러니를 너무도 잘 설명한 글로 《급진적으로 존재하기》에 수록된 엘런 새뮤얼스, 〈크립 타임을 보는 여섯 시선〉(Ellen Samuels, "Six Ways of Looking at Crip Time")을 보라.

장애정의

Alland, Sarah, Khairani Barokka, and Daniel Sluman, eds. *Stairs and Whispers: D/deaf and Disabled Poets Write Back*. Rugby, UK: Nine Arches Press, 2017.

Autistic Hoya. https://www.autistichoya.com

Autistic Self Advocacy Network. http://autisticadvocacy.org

Autistic Self Advocacy Network, "Autism and Safety Toolkit: Safety Tips for Self-Advocates." https://autisticadvocacy.org/wp-content/uploads/2017/11/Autism-and-Safety-Pt-2.pdf, 2018.

Bailey, Moya. "Race and Disability in the Academy." *Sociological Review*. November 8, 2017. https://www.thesociologicalreview.com/blog/race-and-disability-in-the-academy.html

Ben-Moshe, Liat, Chris Chapman, and Allison C. Carey, eds. *Disability Incarcerated: Imprisonment and Disability in the United States and Canada*. New York: Palgrave Macmillan, 2014.

Bianco, Neve. "My Apparatus." *Model View Culture*. September 8, 2014. https://modelviewculture.com/pieces/my-apparatus

The Body Is Not an Apology. https://thebodyisnotanapology.com/

Brown, Lydia X. Z., E. Ashkenazy, and Morénike Giwa Onaiwu, eds. *All the Weight of Our Dreams: On Living Racialized Autism*. DragonBee Press, 2017.

Brown, Lydia X. Z., Leroy Moore, and Tallia Lewis. "Accountable Reporting on Disability, Race, & Police Violence: A Community Response to the 'Ruderman White Paper on the Media Coverage of Use of Force and Disability." https://docs.google.com/document/d/117eoVeJVP594L6-1bgL8zpZrzgojfsveJwcWuHpkNcs/edit?usp=sharing

Canaries, http://wearecanaries.com/tag/carolyn-lazard/

Clare, Eli. *Brilliant Imperfection: Grappling with Cure*. Durham, NC: Duke University Press, 2017. [한국어판: 일라이 클레어, 《눈부시게 불완전한: 극복과 치유 너머의 장애 정치》, 하은빈 옮김, 동아시아, 2023]

_____. *Exile and Pride: Disability, Queerness, and Liberation*. Durham, NC: Duke University Press, 2015. [한국어판: 일라이 클레어, 《망명과 자긍심: 교차하는 퀴어 장애 정치학》, 전혜은·제이 옮김, 현실문화, 2020]

The Deaf Poets Society. https://www.deafpoetssociety.com/

"Disability and Access Toolkit." Showing Up for Racial Justice. http://nb.showingupforracialjustice.org/disability_access_toolkit

"Disability Solidarity: Completing the 'Vision for Black Lives.'" *Harriet Tubman Collective*. https://harriettubmancollective.tumblr.com/post/150072319030/htcvision4blacklives

Disability Visibility Project, https://disabilityvisibilityproject.com

Donovan, Colin, and Qwo-Li Driskill, eds. *Scars Tell Stories: A Queer and Trans (Dis)ability Zine*. Seattle: RESYST, 2007.

Driskill, Qwo-Li. *Walking with Ghosts: Poems*. Cromer, UK: Salt Publishing, 2005.

Ejiogu, N., and Syrus Marcus Ware. "How Disability Studies Stays White and What Kind of White It Stays." New York: Society for Disability Studies Conference, City University of New York, 2008.

Eminism.org, http://eminism.org/

Hershey, Laura, *Spark Before Dark*. Finishing Line Press, 2011.

Johnson, Cyree Jarelle. "Black Cripples Are Your Comrades, Not Your Counterpoint." *Huffington Post*. February 2, 2017. https://www.huffingtonpost.com/entry/black-cripples-your-comrades-notcounterpoint_us_589dbb37e4b094a129ea32b8

_____. *Slingshot*. New York: Nightboat Books, 2019.

Kafer, Allison, *Feminist, Queer, Crip*. Bloomington, IN: Indiana University Press, 2013. [한국어판: 앨리슨 케이퍼, 《페미니스트, 퀴어, 불구: 불구의 미래를 향한 새로운 정치학과 상상력》, 이명훈 옮김, 오월의봄, 2023]

Kaufman, Miriam, Cory Silverberg, and Fran Odette. *The Ultimate Guide to Sex and Disability: For All of Us Who Live with Disabilities, Chronic Pain, and Illness*. San Francisco: Cleis, 2003.

Kim, Eunjung. *Curative Violence: Rehabilitating Disability, Gender, and Sexuality in Modern Korea*. Durham: Duke University Press, 2017. [한국어판: 김은정, 《치유라는 이름의 폭력: 근현대 한국에서 장애·젠더·성의 재활과 정치》, 강진경·강진영 옮김, 후마니타스, 2022]

Koyama, Emi, with Adrie. "Adrie's Guide to Service Animal: Laws, Rights, and Maneuvers for People Living with Disabilities." Portland, OR: Confluere Publications, 2015. http://www.confluere.com/store/pdf-zn/serviceanimals.pdf

Lazard, Carolyn. "How to Be a Person in the Age of Autoimmunity." https://static1.squarespace.com/static/55c40d69e4b0a45eb985d566/t/58cebc9dc534a59fbdbf98c2/1489943709737/HowtobeaPersonintheAgeofAutoimmunity+%281%29.pdf

Lorde, Audre. *A Burst of Light*. Mineola, NY: Ixia Press, 2017 (first printing, 1988).

_____. *The Cancer Journals: Special Edition*. San Francisco: Aunt Lute Books, 2006.

Lowe, J.S.A. "How to Be Seriously Mentally Interesting: A Primer for Beginners." Medium. July 25, 2015. https://medium.com/@jsalowe/how-to-be-seriously-mentally-interesting-a-primer-for-beginners-d1b22490ac65

M., Bri. *Power Not Pity* podcast. http://www.powernotpity.com

Milbern, Stacey and Patty Berne, with Dean Spade. "Ableism Is the Bane of My Motherfucking Existence," "My Body Doesn't Oppress Me, Society Does," and "The Ability to Live: What Trump's Health Cuts Mean for People with Disabilities." Part of the No Body Is Disposable series by the Barnard Center for Research on Women, May 25, 2017. https://vimeo.com/218963640

Mingus, Mia. "Access Intimacy, Interdependence and Disability Justice." *Leaving Evidence*. April 12, 2017. https://leavingevidence.wordpress.

com/2017/04/12/access-intimacy-interdependence-and-disability-
justice/

_____. "Changing the Framework: Disability Justice." *Leaving Evidence*.
February 12, 2011. https://leavingevidence.wordpress.com/2011/02/12/
changing-the-framework-disability-justice/

Moore Jr., Leroy Franklin. *Black Kripple Delivers Poetry & Lyrics*. Lake Isabella,
CA: Poetic Matrix Press, 2015.

Morales, Aurora Levins. *Kindling: Writings on the Body*. Cambridge, MA:
Palabrera Press, 2013.

_____. *Medicine Stories*. Revised edition. Durham, NC: Duke University Press,
2018.

Ndopu, Eddie. "Decolonizing My Body, My Being." The Feminist Wire,
December 2012, http://thefeministwire.com/2012/12/a-photo-
essaydecolonizing-my-body-my-being/

People of Color and Mixed-Race Caucus. "Statement of the People of
Color and Mixed-Race Caucus from the Queer Disability Conference,
2002." http://www.billierain.com/wp-content/uploads/2010/02/queer-
disability-POC-.pdf

Radical Access Mapping Project. https://radicalaccessiblecommunities.word
press.com

Rain, Billie. "Class Disability and Social Darwinism." *The Billie Rain Show*.
February 2, 2013. http://www.billierain.com/2013/02/06/class-
disability-and-social-darwinism/

Russian, E.T. *The Ring of Fire Anthology*. Seattle: Left Bank Books, 2014.

Sins Invalid. "Access Suggestions for a Public Event." January 24, 2017.
http://sinsinvalid.org/blog/access-suggestions-for-a-public-event.

_____. "Access Suggestions for Mobilizations." January 24, 2017. http://
sinsinvalid.org/blog/access-suggestions-for-mobilizations

_____. *Sins Invalid: An Unashamed Claim to Beauty*. New Day Films, 2013.

_____. *Skin, Tooth, and Bone: The Basis of Movement Is Our People: A Disability
Justice Primer. Available from info*sinsinvalid.org

Solomon, Rivers. *An Unkindness of Ghosts*. New York: Akashic, 2017.

Taylor, Kara, and Jennie Duguay. "Can Broken Be Whole?" GUTS, no. 7
(November 2016). http://gutsmagazine.ca/broken/

Tovah. "Crip Lit: Towards an Intersectional Crip Syllabus." *Autostraddle*. May

23, 2016. https://www.autostraddle.com/crip-lit-an-intersectionalqueer-crip-syllabus-333400/

"26 Ways to Be in the Struggle—Beyond the Streets." *Tikkun Daily*. December 18, 2014. http://www.tikkun.org/tikkundaily/2014/12/18/26-ways-to-be-in-the-struggle-for-liberation-beyond-the-streets/

Ware, Syrus Marcus, Joan Ruzsa, and Giselle Dias. "It Can't Be Fixed Because It's Not Broken: Racism and Disability in the Prison Industrial Complex." In *Disability Incarcerated: Imprisonment and Disability in the United States and Canada*, edited by Liat Ben-Moshe, Chris Chapman, Allison C. Carey. New York: Palgrave Macmillan, 2014.

Wear Your Voice. https://wearyourvoicemag.com

When Language Runs Dry: A Zine for People with Chronic Pain and Their Allies. http://chronicpainzine.blogspot.com

Wong, Alice. *Resistance and Hope: Essays by Disabled People*. Disability Visibility Project, 2018.

감정노동

Hoffman, Ada. "Autism and Emotional Labour." January 30, 2018. http://www.ada-hoffmann.com/2018/01/30/autism-and-emotional-labour/.

Morrigan, Clementine. "Three Thoughts on Emotional Labor." *GUTS*. June 12, 2017. http://gutsmagazine.ca/emotional-labour/

Thom, Kai Cheng. "8 Lessons That Show How Emotional Labor Defines Women's Lives." *Everyday Feminism*. June 15, 2016. http://everydayfeminism.com/2016/06/emotional-labor-womens-lives/

Weiss, Suzannah. "50 Ways People Expect Constant Emotional Labor from Women and Femmes." *The Body Is Not an Apology*. January 28, 2018. https://thebodyisnotanapology.com/magazine/50-wayspeople-expect-constant-emotional-labor-from-women-and-femmes/

Willes, Brett Cassady. "Femme Kinship Is Magic." *GUTS*. January 13, 2017. http://gutsmagazine.ca/femme-kinship-is-magic/

자살 및 심각한 정신적 문제 관련 자료

Bornstein, Kate. *Hello, Cruel World! 101 Alternatives to Suicide for Teens, Freaks and Other Outlaws.* New York: Seven Stories Press, 2006.

Directory of Crisis Respite Houses. https://power2u.org/directoryof-peer-respites/

Icarus Project Crisis Toolkit. http://theicarusproject.net/welcome-tothe-crisis-toolkit/

Monster Academy. https://monsteracademymytl.wordpress.com.

National Queer & Trans Therapists of Color Database. http://www.nqttcn.com/

Thom, Kai Cheng. "8 Tips for Trans Women of Color Who Are Considering Suicide." *Everyday Feminism.* November 7, 2015. http://everydayfeminism.com/2015/11/for-trans-women-considering-suicide/.

___. "Stop Letting Trans Girls Kill Ourselves." *Who Will Walk These Wooden Streets?* November 2, 2016. http://sintrayda.tumblr.com/post/152630841778/stop-letting-trans-girls-kill-ourselves-not-a

Trans Lifeline. (Staff will not call the cops no matter what, is for trans and gender nonconforming folks and friends/allies, voice and text.) https://www.translifeline.org/, 877-565-8860.

Wright, Cortez. "Learning to Live with Wanting to Die." This Body Is Not an Apology. June 10, 2018. http://thebodyisnotanapology.com/magazine/learning-to-live-with-wanting-to-die/

깊은 슬픔, 트라우마, 위기를 견디는 데 단기적이고 즉각적으로 도움이 될, 몸에 기초한 방법들을 제공하는 흑인, 퀴어, 펨들이 만든 여러 자료

"Care for Ourselves as Political Warfare." http://adriennemareebrown.net/2014/12/10/caring-for-ourselves-as-political-warfare/

"Just Healing Resources." https://justhealing.wordpress.com/resourcing-the-work/

"Survival Tips for Radical Empaths." http://adriennemareebrown.net/2016/11/10/survival-tips-for-radical-empaths/

화학적 상해와 향기 접근성

"Fragrance-Free Femme of Color Genius." https://www.brownstargirl.org/blog/fragrance-free-femme-of-colour-realness-draft-15

"MCS Accessibility Basics." http://www.billierain.com/2011/03/12/mcs-accessibility-basics/

"3 Steps to Organizing a Fragrance-Free Event." http://www.billierain.com/2011/05/01/3-steps-to-organizing-a-fragrance-free-event/

치유정의

Bad Ass Visionary Healers. https://badassvisionaryhealers.wordpress.com/.

Harriet's Apothecary. http://www.harrietsapothecary.com

Just Healing. https://justhealing.wordpress.com/

Midnight Apothecary. http://midnightapothecary.blogspot.com/

Midnight, Dori. "More Healing, More of the Time." *Midnight Apothecary.* October 17, 2012. http://midnightapothecary.blogspot.com/2012/10/more-healing-more-of-time.html

Padamsee, Yashna Maya. "Communities of Care, Organizations for Liberation." *Naya Maya.* June 19, 2011. https://nayamaya.wordpress.com/2011/06/19/communities-of-care-organizations-for-liberation/

Page, Cara. "Reflections from Detroit: Transforming Wellness & Wholeness." June 2010. https://inciteblog.wordpress.com/2010/08/05/reflections-from-detroit-transforming-wellness-wholeness/

Raffo, Susan. "The Medical Industrial Complex with Gratitude to Mia Mingus, Patty Berne and Cara Page (Plus Others)." November 28, 2017. http://susanraffo.blogspot.com/2017/11/the-medical-industrialcomplex-with.html

Third Root. https://thirdroot.org/

Werning, Kate. *Healing Justice* podcast. https://www.healingjustice.org

3장 〈접근 가능한 공간 만들기는 우리 공동체를 위한 사랑의 행위다〉의 초기
버전은 2010년 6월 〈집단적 접근성 창조하기〉 웹사이트(https://creatingcol
lectiveaccess.wordpress.com)에 처음 실렸다.

4장 〈불구 도시 토론토: 1997~2015년, 어떤 순간들에 대한 그다지 짧지는
않은 불완전한 개인사〉의 초기 버전은 다음의 선집에 수록되어 있다.
Marvellous Grounds: Queer of Colour Formations in Toronto, edited by
Jin Haritaworn, Ghaida Moussa and Syrus Marcus Ware, Toronto:
Between the Lines, 2018.

5장 〈아프고 미친 치유자: 치유정의운동에 대한 그리 짧지 않은 개인사〉의 초기
버전은 〈치유정의운동에 대한 그리 짧지 않은 개인사, 2010~2016년(A
Not-So-Brief Personal History of the Healing Justice Movement, 2010–
2016)〉이란 제목으로 《마이스 매거진(MICE magazine)》 2016년 2호에
실렸다.

6장 〈불구 섹스의 순간들과 인정의 욕정: E. T. 러시안과의 대화〉는 미아
밍구스의 장애정의 블로그 〈증거를 남기기〉에 처음 실렸다. https://leavin
gevidence.wordpress.com/2010/05/25/video-crip-sex-crip-lust-and-
the-lust-of-recognition/. 2010.5.25.

7장 〈아포칼립스를 불구화하기: 장애정의에 대한 나의 담대한 꿈〉은 2018년 5월 20일 비영리 진보 뉴스 《트루스아웃(Truthout)》에 〈트럼프-아포칼립스에서 생존하기, 우리에겐 담대한 장애정의 꿈들이 필요하다(To Survive the Trumpapocalypse, We Need Wild Disability Justice Dreams)〉란 제목으로 처음 실렸다. https://truthout.org/articles/to-survive-the-trumpocalypse-we-need-wild-disability-justice-dreams/

8장 〈(노동계급/가난한 천재 장애인 유색인 펨을 중심에 두는) 공정거래 감정노동 경제를 위한 소박한 제안〉은 포틀랜드 기반 페미니스트 저널 《비치(Bitch)》 2017년 여름호에 처음 실렸다.

11장 〈'인간 정신의 승리' 따윈 엿 먹어라: 퀴어 장애인 유색인 펨의 회고록 《더러운 강》을 쓰는 일, 그리고 전통적인 학대 생존자 서사들에 "엿 드세요"라고 말하는 기쁨에 관하여〉는 2015년 9월 17일 〈제3의 여성 맥박〉 블로그(www.thirdwomanpulse.com)에 처음 실렸다.

13장 〈너무도 많은 시간을 침대에서 보내며: 만성질환, 코아틀리쿠에, 창조성에 관해 글로리아 안잘두아에게 쓴 편지〉는 퀼리 드리스킬과 아우로라 레빈스 모랄레스와 함께 쓴 다음의 글에서 일부분을 가져온 것이다. Qwo-Li Driskill, Aurora Levins Morales and Leah Lakshmi Piepzna-Samarasinha, "Sweet Dark Places: Letters to Gloria Anzaldúa on Disability, Creativity, and the Coaltlicue State", in *El Mundo Zurdo 2: Selected Works from the 2010 Meeting of The Society for the Study of Gloria Anzaldúa*, edited by Sonia Saldívar-Hull, Norma Alarcón, and Rita E. Urquijo-Ruiz, San Francisco: Aunt Lute Books, 2012.

16장 〈장애정의에 기초하고 노동계급과 빈곤층이 주도하는, 해방을 위해 치열하고도 지속가능하게 일하는 완전 멋진 모델을 위하여〉는 좌파 온라인 저널 《오거나이징 업그레이드(Organizing Upgrade)》 2012년 여름호에 수록되었다.

18장 〈극복하지 않기, 고쳐지지 않기, 살 가치가 있는 삶을 살기: 비장애중심주의에 반대하며 생존자로 살아가는 미래를 향하여〉는 다음의 선집에 수록되었다. *Whatever Gets You Through: Twelve Survivors on Life after Sexual Assault*, edited by Stacey May Fowles and Jen Sookfong Lee, Vancouver: Greystone Books, 2019.

가장 느린 정의

초판 1쇄 펴낸날   2024년 11월 18일
지은이   리아 락슈미 피엡즈나-사마라신하
옮긴이   전혜은·제이
펴낸이   박재영
편집   임세현·이다연
마케팅   신연경
디자인   조하늘
제작   제이오
펴낸곳   도서출판 오월의봄
주소   경기도 파주시 회동길 363-15 201호
등록   제406-2010-000111호
전화   070-7704-5240
팩스   0505-300-0518
이메일   maybook05@naver.com
X(트위터)   @oohbom
블로그   blog.naver.com/maybook05
페이스북   facebook.com/maybook05
인스타그램   instagram.com/maybooks_05

ISBN   979-11-6873-132-5 03300

만든 사람들
책임편집   이다연
디자인   조하늘